사회과학도를 위한

연구조사 방법론

김 렬

博 英 社

머 리 말

과학적 연구조사방법의 교재로 『사회과학조사방법론: 정책연구의 원리』를 출판한 지 벌써 8년이라는 세월이 흘렀다. 사회현상에 관한 체계적인 연구를 통해 과학적 지식을 얻는 방법을 설명하려는 의도에서 '사회과학조사방법론'이라고 하였다. 그러나 '정책연구의 원리'라는 부제에서 알 수 있듯이, 정책학 분야에 있어서 현상에 관한 연구조사와 문제 해결을 위한 방법을 중심으로 하고 있었다. 그러한 점에서 과학적 연구의 절차와 활동을 일반적으로 제시하는 데는 다소 한계가 있었음을 솔직히 인정하지 않을 수 없다.

이후 학부와 대학원에서 연구조사방법론 강의를 계속하면서, 사회과학 전반에 걸쳐 경험적 연구를 효과적으로 수행하는 방법에 대한 교재의 필요성을 더욱 절감하였다. 이에 학부생들의 연구조사 활동뿐만 아니라 대학원생들의 학위논문 작성에 실제로 유익하게 활용될 수 있는 교재의 집필을 다시 시도하게 되었다. 사회과학 분야에 보편적으로 적용 가능한 연구조사방법을 제시하려는 의도에서 『사회과학도를 위한 연구조사방법론』으로 서명을 정하였고, 독자들에게 쉽고 깊이 있는 공부를 위한 종합적 안내자로서 역할을 충실히 하고자 노력하였다.

본서의 전체 내용은 6개의 편으로 나누어지고, 이는 다시 21개의 장으로 구성된다. 먼저 6개의 편은 과학적 연구에 대한 기초이해(제1편)와 과학적 연구의 단계별 활동(제2편~제6편)으로 그 내용이 크게 구분된다. 과학적 연구의 단계별 활동(제2편~제6편)은 문제 형성(제2편), 연구 설계(제3편), 자료 수집(제4편), 자료 분석(제5편), 결과 제시(제6편)로 세분화된다. 이는 과학적 연구의 일반적 절차, 즉 연구문제를 형성하고, 연구문제를 해결하기 위한 설계를 행하고, 연구설계에 따라 자료를 수집하고, 수집된 자료를 분석하여 그 결과를 제시하는 과정에 따른 것이다.

다음으로 각 편의 내용을 보면, 제1편에서 제5편까지 각 편은 모두 4개의 장, 제6편은 1개의 장으로 구성된다. 과학적 연구에 대한 이해를 통하여 방법론의 기초를 제공하는 제1편(과학적 연구의 이해)은 제1장에서 과학적 연구의 의의와 특징, 제2장에서 과학적 연구의 목적과 유형, 제3장에서 과학적 연구와 이론을 살펴본 다음, 제4장에서 과학적 연구의 절차를 개괄적으로 제시한다.

과학적 연구의 절차에 따라 구성된 제2편부터 제6편까지는 과학적 연구의 단계별 구체적인 연구활동을 포함한다. 첫 번째 단계로서 제2편(문제 형성)은 제5장에서 연구문제의 형성, 제6장에서 기존문헌의 검토, 제7장에서 연구모형의 정립, 그리고 제8장에서 연구가설의 설정에 관하여 설명한다. 과학적 연구의 두 번째 단계인 제3편(연구 설계)은 제9장에서 연구설계의 본질, 제10장에서 인과관계의 추론, 제11장에서 연구설계의 타당성을 살펴본 다음, 제12장에서 사례연구, 서베이연구, 내용분석, 실험연구 등의 설계방법을 소개한다. 과학적 연구의 세 번째 단계인 제4편(자료 수집)은 제13장에서 개념화와 조작화, 제14장에서 측정과 척도, 제15장에서 표본조사와 표본추출, 제16장에서 질문지법, 면접법, 관찰법 등 자료수집의 방법을 설명한다. 과학적 연구의 네 번째 단계인 제5편(자료 분석)은 제17장에서 자료의 편집 · 보완 · 조정 등 자료분석을 위한 사전 준비활동들을 다루고, 제18장부터 제20장에서 각각 통계적 · 관리과학적 · 경제적 분석기법을 개괄적으로 소개한다. 과학적 연구의 마지막 단계인 제6편(결과 제시)은 제21장에서 연구보고서 작성을 통한 결과보고의 내용과 형식체제를 설명한다.

이와 같은 내용을 포함하는 본서는 대학교에서 학업을 수행하는 학생들뿐만 아니라, 정부 혹은 연구기관에서 특정한 연구조사를 수행하는 공무원이나 연구원, 그리고 공무원임용고시, 사회조사분석사 및 정책분석평가사 등 시험을 준비하는 독자들에게도 유익하게 사용될 수 있다. 학부생, 공무원 및 수험생은 과학적 연구의 일반적 절차에 따른 구체적인 활동을 이해하는 데 중점을 두어, 제5편(자료 분석)에서 논의된 각종 통계적 · 관리과학적 · 경제적 기법들은 생략하여도 좋을 것이다. 그러나 대학원생이나 연구원은 제5편(자료 분석)을 포함한 전체 내용뿐만 아니라 각주도 충실히 살펴보아야 할 것이다. 또한 본서와 더불어 최근 출간된 여러 훌륭한 교재를 참고함으로써 구체적인 분석기법에 대한 보다 폭넓은 이해를 가질 필요가 있다.

막상 집필을 하려고 하니, 많은 분들의 지도와 배려에 의지하지 않을 수 없었다. 방법론 분야의 여러 은사님들의 강의와 선배 · 동료 교수님들의 훌륭한 저서가 본서의 근간이 되고 있다. 다양한 연구조사방법론에 대한 체계적인 정리를 해 보고자 하였으나, 저자의 역량 부족으로 기존의 체제와 다른 분들의 지식을 단순히 각색하거나 보완한 느낌을 버릴 수가 없다. 뿐만 아니라, 잘못 이해하고 있거나 미진한 부분도 상당히 많음을 절감하고 있다. 내용상 오류나 부족한 점은 전적으로 저자의 책임이며, 차후에 계속 보완하고자 하니 독자들의 기탄없는 질책과 비판을 진심으로 기대한다.

본서는 저자의 노력으로만 이루어진 것이 아님은 분명하다. 제자들의 학구적인 열망과 자극이 본서를 완성하는 데 가장 큰 힘이 되었다. 또한 영남대학교 행정학과 교수님들의 아낌없는 격려에 감사드리며, 원고의 정리와 교정에 수고한 박은미 박사, 고수정 박사, 석사과정의 곽재현 양에게 고마움을 전한다. 특히 맞춤법의 사용에 많은 가르침을 주신 국어교육과 서종학 학장님의 도움도 잊을 수 없다. 그리고 출판을 흔쾌히 허락해 주신 안종만 회장님과 편집을 정성스럽게 맡아 주신 나경선 선생님을 비롯한 박영사 관계자 여러 분들께 깊은 사의를 표한다.

항상 믿음과 성원을 주는 가족들에게 변함없는 사랑을 보내면서...

정해(2007)년 설날

압량벌 연구실에서

김 렬

차 례

제 1 편 과학적 연구의 이해

제2편 문제 형성

제 6 장 기존문헌의 검토

제 7 장 연구모형의 정립

제 3 편 연구 설계

제 4 편 자료 수집

제13장 개념화와 조작화

제14장 측정과 척도

제16장 자료수집방법

제 5 편 자료 분석

제17장 자료분석의 기초

제19장 관리과학적 분석

제20장 경제적 분석

제 6 편 결과 제시

제1편

과학적 연구의 이해

제 1 장 과학적 연구의 의의와 특징

과학적 연구는 어떤 현상에 대해 의문을 갖는 데서 출발하며, 그와 관련된 기존 이론의 바탕 위에서, 그에 대한 잠정적인 해답을 제시한 후, 그 해답의 진위를 경험적으로 검증하는 일련의 과정을 거친다. 이러한 과정을 통해 기존 이론이 확인되거나 새로운 이론이 개발되며, 그 이론적 지식에 바탕을 두어 의문이나 문제를 해결하게 된다. 이와 같은 과학적 지식을 획득하는 과정이나 방법을 체계적으로 탐구하고 논의하는 학문이 연구조사방법론이다.

제 1 절 과학의 의미와 목적

1. 과학의 의미

우리는 일상생활에서나 학문 연구와 관련하여 '과학'이라는 말을 자주 사용한다. 이렇게 흔히 사용되는 용어이지만 사람이나 상황에 따라 그 의미의 차이가 있을 수 있다. '과학'의 영어 단어에 해당하는 'science'는 라틴어 'scire(알다)'에서 유래한 'scientia'에서 온 것이며, 그 어원에서 보듯이 '아는 것' 또는 '아는 방법'을 뜻한다. 즉, 과학은 "보편적인 진리나 법칙의 발견을 목적으로 한 체계적인 지식"이며(국립국어연구원, 1999: 562), 더 나아가 그러한 '지식을 습득하고 탐구하는 방법(a method of inquiry)'을 의미한다.

이처럼 과학은 지식 자체를 지칭함과 동시에 그러한 지식을 획득하는 방법을 포함하고 있다. 따라서 과학은 "의문이나 문제의 해결 혹은 특정한 지식획득의 과정"을 의미하며(남궁근, 2003: 6), 그러한 과정을 거쳐서 생산된 지식이 과학적 지식이며 그 지식 자체를 과학으로 간주하기도 한다. 또한 과학적 지식이 현실적으로는 이론으로 표현되고 있다는 점에서 보면, 과학은 "해결가능한 문제를 과학적 방법을 사용하여 이론을 도출하는 과정"으로 정의된다(채서일, 2006: 29).

2. 과학의 목적

과학의 의미로부터 과학의 기본 목적이 현상이나 사실을 설명하는 과학적 지식이나 이론을 제시하는 것임을 알 수 있다. 과학적 이론이란, 현상을 설명하고 예측할 목적으로 변수간의 관계를 상세히 기술함으로써 현상에 대한 체계적인 견해를 제시하는 것이다. 예를 들어, 심리학자는 인간의 행동을 각각 설명하기보다는 여러 가지 행동을 망라하여 연관 지을 수 있는 변수 간의 관계를 정립하여 인간의 일반적인 행동을 예측할 수 있게 한다. 이와 같은 과학의 기본 목적을 구체적으로 살펴보면 다음과 같다.

첫째, 과학은 이론을 연구의 대상으로 하는 것이지, 결코 가치관이나 철학을 연구의 대상으로 하는 것이 아니다. 즉, 과학은 '존재(what is)'하는 것에만 관심을 갖고 있으며, 가치관이 개입된 '당위(what should be)'에 대해서는 관심을 갖지 않는다.

둘째, 과학은 변수들 사이의 관계를 기술하고 설명하려는 데 목적이 있다. 다시 말해서, 과학은 변수들 사이의 관계를 정립하고 이에 의해 설명되는 현상에 대한 체계적 관점을 제공함으로써 현상을 있는 그대로 파악할 수 있게 한다.

셋째, 과학은 규칙성을 발견하고 알리는 데 목적이 있다. 즉, 과학은 우리가 속한 자연이나 사회 현상 속에 존재하는 논리적이고 지속적인 경향을 찾아 알리고자 한다. 현상을 관찰하고 이해하며 규칙성을 발견하고 설명하기 위해서는 무엇보다도 변수들 사이의 인과성(causality)을 밝히는 것이 과학에서 매우 중요한 과제로 간주된다.

넷째, 과학은 이론을 바탕으로 현상을 예측하는 데 목적이 있다. 다시 말해서, 과학은 관찰되고 설명된 결과를 유추하여 미래의 사건, 현상 등을 예측할 수 있게 한다.

제 2 절 과학적 연구의 의의

1. 연구의 의미

우리는 일상생활이나 학문 활동에 있어서 '연구'라는 말을 흔히 사용한다. 연구란 사전적으로 "어떤 일이나 사물에 대하여서 깊이 있게 조사하고 생각하여 진리를 따져 보는 일"로 정의된다(국립국어연구원, 1999: 4342). '연구'의 영어 단어인 'research'는 '다시 탐색(re-search)'하는 일로서, 다시 한 번 정밀하게 살펴보고 확인한다는 의미를 지니고 있다.[1] 다른 사람에 의해 이미 개발된 아이디어나 연구결과를 다시 검토할 수 있으며, 과거에 알려지지 않은 새로운 문제를 연구하는 경우도 있다. 어떤 경우이든 연구자가 무엇인가를 알고 싶어서 하나의 주제에 대하여 철저히 탐구한다면, 그 사람은 연구를 하고 있다고 말할 수 있다.

이처럼 연구란 실제적인 것이든 학문적인 것이든 의문(question)이나 문제(problem)에 대한 해답을 얻는 과정을 뜻하고 있다. 다시 말해서 연구는 의문이나 문제를 해결하거나 이를 위한 지식을 얻는 행위 혹은 절차를 의미한다고 볼 수 있다. 따라서 연구는 특정한 문제에 대해 의문을 갖는 데서 출발하여, 그 문제에 대하여 잠정적인 해답을 제시한 후, 그 해답의 진위를 검증하는 일련의 과정을 거치게 된다(남궁근, 2003: 1).

2. 연구의 방법

일상생활 혹은 학문세계에서 의문이나 문제를 해결하는 방법, 또는 이를 해결하는 데 필요한 지식을 획득하는 방법은 매우 다양하다. Charles Pierce에 따르면, 사회적으로 오랫동안 형성되어온 선례나 관습 등에 의하거나, 특정한 자격 혹은 권위가 있는 사람이나 조직에 의존할 수도 있으며, 사람이 지닌 감각이나 자명한 명제에 호소하거나, 과학적인 방법 등에 의할 수 있다(Kerlinger, 1986: 6~7;

1) 영어로 'research'를 '조사'로 번역하기도 하나, 흔히 '조사'란 단순히 자료를 수집하고 분석하는 활동으로 한정하여 사용된다. 경우에 따라서 'survey'를 '조사'라고 번역하며, 주로 표본을 이용한 자료 수집 · 분석활동을 지칭하기도 한다(홍종선 외, 2000: 13).

김경동 외, 1989: 151~152; 김해동, 1982: 24~48; 남궁근, 2003: 2).

이러한 방법들은 의문이나 문제를 해결하거나 지식을 얻기 위해 필요한 신뢰적 근거에 따라서 달리 나타나는 형태이다. 즉, 의문이나 문제를 해결하는 데 필요한 지식을 누가 어떻게 산출하며, 어떠한 효과가 있는가에 따라 연구방법의 형태가 달라진다는 것이다.

(1) 전통에 의한 방법

전통(tradition)에 의한 방법은 사회적으로 이미 형성되어 있는 선례나 관습 또는 습성 등에 의존하여 지식을 획득하고 의문이나 문제를 해결하는 방법이다. 이 방법에 의한 지식이 반드시 옳은 것은 아니지만, 어떤 지식이 관습이나 전통에 근거하여 쉽게 받아들여지는 이유는 주로 인간의 보수성과 이를 받아들이지 않았을 경우 받게 될 불편과 고통 때문일 것이다.

그러나 관습이나 전통은 시대에 따라 변하는 것이며 사람에 따라 그에 대한 관심과 수용의 정도가 동일하지 않기 때문에 관습에 의한 지식 형성은 한계가 있다. 이러한 방법에 의하는 경우에는 모든 사람이 알고 있는 사실만을 지식으로 받아들이게 되어 지식의 발전은 거의 불가능하게 된다.

(2) 권위에 의한 방법

권위(authority)에 의한 방법은 사회적으로 지식생산자의 자격을 인정받은 사람들의 권위에 의존하여 지식을 얻고 의문이나 문제를 해결하는 방법이다. 이는 자기 주장의 타당성과 설득력을 높이기 위하여 인품이 뛰어나거나, 전문기술을 갖고 있거나, 사회적 지위가 높은 사람을 인용하는 등 지식의 원천을 타인 또는 타조직의 권위에 두는 방법을 말한다. 여기에 속하는 사람들로서는 부족사회의 예언자, 신권정치사회의 성직자, 봉건사회의 군주, 현대사회의 학자 등이 있다.

하지만 이러한 권위적 방법은 권위의 원천이 서로 다른 경우에 견해의 불일치가 발생할 수 있으며, 동일한 원천의 권위를 가진 사람들 간에도 문제의 인식과 해결방법은 서로 다를 수 있다. 따라서 모든 신념이나 주장에 대한 조정수단으로서 권위적 방법만이 만능일 수는 없으며, 어떤 다른 방법에 의한 해결의 여지도 충분히 있을 수 있다.

(3) 직관에 의한 방법

직관(intuition)에 의한 방법은 비판의 여지가 없는 분명한 명제에서 출발하여 지식을 획득하고 의문이나 문제를 해결해 나가는 방법이다. 예를 들면, '전체는 부분보다 크다'와 같은 명제는 많은 사람들이 의심 없이 받아들인다.

그러나 직관에 의한 방법으로 인정되었거나 인정되고 있는 명제가 반드시 자명성(self-evidence)을 지니고 있는 것은 아니다. 옛날 많은 사람들에 의해 의심 없이 받아들여진 '지구는 평평하다'라는 명제는 거짓임이 밝혀졌다. 따라서 어떤 명제에 대해 의심을 품어 보는 것, 즉 우리의 직관은 시험되지 않으면 안 된다는 생각이 과학적인 사고의 출발이 될 수 있다. 또한 직관에 의한 지식형성은 부정확한 관찰, 지나친 일반화, 선택적 관찰, 자기중심적 이해 등에서 오류를 범할 수 있으므로 이를 제거할 수 있는 방법이 필요하다.

(4) 과학에 의한 방법

과학(science)에 의한 방법이란 객관성과 논리성을 전제로 경험적 증거(empirical evidence)에 의하여 지식을 획득하고 문제를 해결하는 과정이나 절차를 의미한다.[2] 이처럼 과학에 의한 방법은 논리적이며 경험적이어야 하는바, 이러한 방법에 의하여 습득된 지식이 바로 과학적 지식이며 과학적 이론의 형태로 존재하게 된다.

여기서 과학적 방법(scientific method)은 다른 방법들이 각기 지니고 있는 한계와 문제점을 극복하여 더욱 신뢰성 있고 체계적인 지식을 얻는 방법을 분명히 하고자 하는 노력으로 이해될 수 있다.[3] 과학적 지식이 합리적인 논리성을 강조하는 것이라면, 과학적 방법은 과학적 지식이 현실적으로 어떻게 만들어지고 존

---

2) 전통적 과학관은 과학을 '지식의 체계적인 집합체(a systematic body of knowledge)'라고 보는 실체설의 입장에 있었으나, 현대적 과학관은 과학을 '탐구의 한 과정(a process of inquiry)'으로 보는 과정설의 입장에 있다. 과정설의 입장에서 과학은 ① 질문에 대한 답을 구하는 절차, ② 문제를 해결하는 절차, ③ 질문에 대한 답을 구하고 문제를 해결하는 과정에서 더 효과적인 절차를 구하는 방법으로 이해되고 있다(Singleton, Straits, Straits & McAllister, 1988: 18~27).

3) 과학의 기본자세는 '증거를 보여 달라'는 것이다. 초자연적인 지식이든, 전통이나 권위에 의한 지식이든, 직관이나 사유나 감각이든, 일상적 상식이든, 그것이 믿을 만한 것이 되도록, 누구나 알아 볼 수 있는 증거를, 뜻과 여유가 있는 사람이면 누구나 같은 절차를 밟아 같은 결과를 얻어 확인하게끔 제시해야지, 그렇지 않으면 의심의 여지를 버리지 않겠다는 태도이다.

재하고 있는가를 보여주는 수단이 될 수 있을 것이다. 이와 같은 과학적 방법을 통하여 의문이나 문제를 해결하거나 이를 위한 지식을 획득하는 과정이나 절차를 연구(조사)방법(research method)이라고 하며, 이러한 방법을 체계적으로 탐구하거나 논의하는 학문이 바로 연구(조사)방법론(research methodology)이다.[4)]

3. 과학적 연구의 의미

연구가 의문을 해결하거나 이를 위한 지식의 획득 활동이나 과정이라면, 그것이 과학적 방법에 의해 이루어진 경우를 과학적 연구(scientific research)라고 할 수 있다. 즉, 연구문제를 해결하거나 이를 위한 지식을 얻기 위해, "일반현상 가운데서 관계가 있을 것으로 생각되는 가설적인 명제들을 체계적, 통제적, 경험적, 비판적으로 탐구하는 활동"을 과학적 연구로 정의할 수 있다(Kerlinger, 1986: 10; 채서일, 2006: 35).

이처럼 과학적 연구란 기존의 이론을 통하여 개발되거나 관찰된 변수들 사이의 가정된 관계를 경험적으로 검증하는 과정이나 활동을 말한다. 결국 과학적 연구를 통하여 기존의 이론이 확인되거나 새로운 이론이 만들어지며, 그러한 과학적 지식에 바탕을 두어 연구문제를 해결하게 된다. 그런데 현상과 관련된 변수간의 이론적 관계를 경험적으로 검증하는 데 있어서 여러 가지 요인들로 인해 방법론의 문제가 발생하며, 이들 요인을 제거하기 위해서는 연구의 전체 과정을 철저히 통제하여 체계적인 흐름 하에서 연구가 수행되도록 해야 한다. 여기에 바로 연구조사방법론에 대한 이해와 적용이 필요하게 된다.

---

4) '방법'이란 연구결과를 얻기 위해 사용되는 활동으로서, 이론검토, 모형정립, 설계, 표본추출, 척도구성, 측정, 자료수집, 자료분석 등을 포함한다. '방법'의 영어 단어인 'method'는 'meta'와 'hodos'의 결합인데 'meta'는 '…로부터(from) 또는 …후에(after)', 'hodos'는 '여행'을 뜻한다. 이처럼 '방법'이라는 단어에는 무엇인가를 '추구하는 것'이라는 의미가 내포되어 있다. 과학에서 '방법'은 지식을 추구하는 것이며, 따라서 과학적 방법은 지식을 추구하기 위해 사용되는 논리적인 계획이나 절차를 뜻한다(김승현 외, 2003: 19~20). 한편 '방법론(methodology)'은 '방법(method)'이라는 단어에 '논리(logos)'를 추가한 것으로, 과학적 방법에 관한 논리 또는 연구를 의미한다. 그러나 '방법론'에 관한 교재는 '연구를 수행하는 방법'을 논하는 것이므로 줄여서 '방법'을 제목으로 사용하기도 한다(안영섭, 1996: 117).

제 3 절 과학적 연구의 전제와 특징

1. 과학적 연구의 전제

과학적 연구에 있어서는 그 기본이 되는 몇 가지 가정 또는 전제가 있다(Nachmias & Nachmias, 1987: 6~9; 남궁근, 2003: 8~13). 이러한 기본가정은 과학적 논의를 진행하는 데 필요한 선행조건이며, 이들을 이해함으로써 과학적 방법의 내용을 확실하게 이해할 수 있다. 특히 사회과학적 연구에 있어서 기본이 되는 가정들을 간략히 살펴보면, 다음과 같다.

가. 모든 현상에는 질서와 규칙이 있다. 현실세계에는 질서와 규칙성이 존재하고 있다고 가정한다. 즉, 어떤 사건이나 현상은 우연히 일어나는 것이 아니라 질서와 규칙에 따라 나타난다는 것이다. 급격하게 변화하는 환경 속에도 어느 정도의 질서와 규칙성이 있고, 그러한 변화 자체도 유형화되어 있으므로 우리가 충분히 이해할 수 있다고 본다. 이러한 맥락에서 사회과학자들은 현상을 관찰하고 측정하여 질서와 규칙성을 발견하고, 이를 토대로 사회현상에 관한 이론을 형성하게 된다.

나. 모든 현상은 이해될 수 있다. 과학적 방법에서 인간은 궁극적으로 모든 현상을 이해하고 설명할 수 있다고 가정한다. 자연현상과 마찬가지로 사회현상도 어떤 규칙이나 경험적으로 입증될 수 있는 형태를 지니고 있으며, 그러한 현상은 과학적 검증에 의해 설명될 수 있다고 본다. 결국 인간의 마음에는 자연을 알 수 있는 능력뿐만 아니라 인간 자체를 알 수 있는 능력도 있다는 것이다.

다. 모든 현상에는 원인이 있다. 자연과학과 마찬가지로 사회과학에서도 사건이나 현상은 우연히 발생하는 것이 아니라 어떤 원인으로 인하여 발생하는 것으로 가정하고 있다. 어떤 원인들이 있는 한 그 사건이나 현상은 그렇게 될 수밖에 없다는 결정론적 관점(deterministic perspective)을 견지하고 있다.[5] 이러한 결

5) 사회과학에서 설명이 결정론적 모형에 근거하고 있다고 하더라도, 원인 모두를 설명하고 있다는 의미는 아니다. 즉, 결정론적 모형이 인간의 모든 행동, 사고, 감정 등을 설명하거나, 사건의 원인에 대한 모든 답변을 제시하지는 않는다는 것이다. 따라서 사회과학적 설명은 어느 정도 개연론적 인과관계(probabilistic causal relationship)의 기초 위에서 실제로 이루어지고 있다고 할 것이다.

정론은 우리의 일상생활에서 당연한 것으로 여겨지는 자유의지론적 관점(free-will perspective)과 큰 대조를 보이고 있다. 사회과학자들은 인간 삶의 모든 측면이 전적으로 결정되어 있다고 믿을 필요는 없지만, 사건이나 현상을 설명하고자 할 때는 결정론적 논리를 사용할 필요가 있다.

라. 자명한 지식은 없다. 과학적 지식이 진실이 되기 위해서는 이를 객관적으로 증명할 수 있어야 한다. 상식, 전통, 관습, 권위, 신화 등에 기초하여 자명한 것으로 받아들이는 지식이라도 과학적으로 검증되어야 한다. 이러한 회의적인 태도(skeptical attitude)는 모든 현상과 사실에 대해 의문을 가지면서 그 의문에 대한 해답을 찾는 노력으로 볼 수 있다. 그러한 노력의 과정에는 정답과 오답이 있을 수 있으며, 그 정답과 오답에 대한 판정은 결국 체계적이고 경험적인 증거에 의해서 결정된다.

마. 과학적 지식은 상대적이다. 과학적 방법에 의한 지식은 절대적이고 영원불변한 것이 아니라, 임시적이며 가변적이라는 것이다. 현재 인정되고 있는 명제는 불완전한 진리 가운데서 가장 불완전성이 적은 것으로 간주되며, 과학적 증거나 방법, 이론에 따라서 변화될 수 있는 상대적인 것이다. 이와 같은 과학적 지식의 상대성과 앞에서 언급된 회의주의는 과학의 고유한 특징인 자기수정(self-correction)을 가능하게 한다.

바. 과학적 지식은 경험에 기초한다. 현상에 대한 모든 이론적 추론의 타당성은 궁극적으로 입증되어야 함을 강조하는 경험과학의 가장 기본적인 가정이다. 과학적 지식이란 인간본성에 내재된 관념이나 순수이성(pure reason)의 산물이 아니라, 현실적 세계에 대한 경험 혹은 관찰에 근거하여 획득된 것이기 때문이다.

2. 과학적 연구의 특징

과학의 본질적 측면은 획득된(산출된) 지식(연구결과) 그 자체보다 그 지식(연구결과)을 획득하기 위한 과정이나 절차에 있다. 다시 말해서, 과학은 특정한 지식획득의 과정 및 절차이며, 이 과정이나 절차를 거쳐서 생산된 지식은 과학적 지식이 된다. 그러면 과학적 지식을 획득하기 위한 과학적 과정이나 절차는 어떠한 특징을 지니는가? 과학적 연구의 특징은 결과적으로 이에 의해 획득(산출)

된 과학적 지식(연구결과)의 특징이기도 하다.

가. 논리적(logical)이어야 한다. 과학은 근본적으로 합리적인 사고활동이기에, 과학적 설명은 이치에 맞아야 한다. 종교는 계시에 그리고 관습은 전통에 의존하지만, 과학은 논리적 사고에 의존한다. 따라서 과학적 연구의 전개과정은 논리적 근거 하에 비약이 없이 체계적으로 진행되어야 한다.

나. 객관적(objective)이어야 한다. 과학적 연구가 완전히 객관적일 수는 없지만, 가능한 주관적인 편견이나 판단을 배제하고 객관적으로 나타난 증거와 판단에 의존해야 한다. 이는 현상을 있는 그대로 파악하여야 한다는 것으로서, 다시 말해 몰가치적인 자세를 견지해야 함을 의미한다.

다. 상호주관적(intersubjective)이어야 한다. 많은 주관 혹은 가치 사이에서 서로 공통적인 것이 인정되는 성질을 간주관성 또는 상호주관성이라고 한다. 과학적 방법은 가치판단의 완전한 배제를 요구하지만 사회의 대부분 현상은 그 자체에 가치를 내포하고 있다. 따라서 사회과학분야의 어떤 연구도 완벽하게 객관적일 수 없다는 점에서 그 연구의 진행과정과 결과는 반드시 연구자 간에 서로 이해될 수 있어야 한다.[6)]

라. 체계적(systematic)이어야 한다. 연구를 진행하는 과정이 일정한 틀, 순서, 원칙에 입각하여야 하며, 연구내용의 전개도 논리적이고 체계적으로 이루어져야 한다.

마. 경험적으로 입증가능(empirically verifiable)하여야 한다. 과학의 법칙이나 이론들은 일반적으로 여러 가지 현상들을 간결하게 설명할 수 있어야 하지만, 이들도 경험적 자료를 통해서 증명될 수 없으면 아무런 소용이 없다. 과학적 방법에 의해 획득된 지식이 진실이 되기 위해서는 그 과정과 절차가 경험적으로 검증가능하여야 한다.

바. 재생가능(replicable)하여야 한다. 과학적 연구의 과정이나 절차가 분명하게 정리되어, 이를 반복하면 동일한 결과를 얻을 수 있어야 한다. 즉, 조건만 동일하면 동일한 결과가 재현될 수 있어야 한다.

사. 일반화가 가능(generalizable)하여야 한다. 시간이나 공간, 또는 대상의 측

6) 학자들 간의 견해는 같은 현상, 같은 주제를 연구하여도 항상 같게 되지는 않는다. 이러한 차이는 개념이나 변수의 일부 혹은 모두를 달리 정의하고 측정하였기 때문에 발생한다. 그러므로 간주관성은 관련된 학자들 간에 개념의 정의나 변수의 측정 등에 대하여 동의를 얻는 것이라고 볼 수 있다.

면에서 연구결과의 적용가능한 범위를 규정하여야 한다.

아. 수정가능(modifiable)하여야 한다. 역사적으로 보아 과거의 많은 과학적 이론이나 지식이 부정되거나 다른 이론이나 지식으로 대체되어 오고 있다. 과학이 궁극적인 진리를 탐구한다는 점에서, 기존의 신념이나 연구결과는 언제든지 비판되고 수정될 수 있어야 한다.

제 2 장

과학적 연구의 목적과 유형

과학적 연구는 궁극적으로 '의문이나 문제의 해결'과 '지식의 확장'을 지향하고 있으나, 그 주제 또는 문제의 특성에 따라 개별적으로 추구하는 목적은 달리 나타날 수 있다. 사회과학에 있어서 연구의 구체적인 목적은 주류 사회과학의 관점과 이에 대한 대안적 관점인 해석학 및 비판이론의 입장에 따라 상당히 차이가 있다. 이러한 연구 목적과 더불어, 자료의 형태, 논리적 전개방법, 시간적 차원 등에 따라 연구의 형태도 매우 다양하다.

제 1 절 과학적 연구의 목적

과학적 연구는 그 주제 또는 문제의 독특한 특성에 따라 다양한 목적을 가질 수 있다. 그러나 모든 연구는 궁극적으로 '의문이나 문제의 해결'과 '지식의 확장'을 지향하고 있다. 다시 말해서, 의문이나 문제를 해결하기 위하여 연구가 수행되는가, 아니면 연구결과의 유용성에 관계없이 주로 지식기반을 확장하기 위하여 연구가 수행되는가, 혹은 두 가지 모두를 위해 연구가 수행되는가에 대한 답이라고 할 수 있다.

이처럼 연구를 행하는 의도나 연구결과의 활용 측면에서 제시된 연구목적은 개별적인 연구의 구체적인 기능이나 역할을 결정하는 일차적인 원천이 된다. 즉, '의문이나 문제의 해결'과 '지식의 확장'이라는 궁극적 목적 하에 개별적인 연구가 구체적으로 추구하는 목적은 다양하게 나타날 수 있다는 것이다. 자연과학과 달리 사회과학에 있어서 과학적 연구의 구체적인 목적은 주류 사회과학의 관점과 이에 대한 대안적 관점으로 해석학 및 비판이론의 입장에 따라 상당한 차이가 있다.

1. 주류 사회과학적 관점

일반적으로 사회과학연구의 기본적인 목적은 우리가 의문을 제기한 사회현상에 관해 신뢰할 수 있는 체계적인 지식을 산출하고 축적하는 것이다. 그러한 지식을 통하여 우리가 관심을 가지는 사회현상에 대한 기술과 설명이 가능하며, 또한 미래를 예측하여 이를 바람직한 방향으로 통제하거나 개선할 수 있도록 한다.[1] 따라서 주류 사회과학적 관점에서 연구의 목적은 사회현상의 속성에 대한 기술, 설명, 예측, 통제 등에 있다고 할 수 있다.

(1) 기 술

기술(記述, description)은 연구문제나 연구대상이 되는 사건이나 현상의 속성을 정확하고 체계적으로 묘사하여 있는 그대로를 보여 주는 것이다. 즉, 현상의 속성(예: 형태, 구조, 흐름, 움직임, 변화, 다른 현상과의 관계 등)이 '무엇(what)'인가를 구체적으로 밝히는 것이다. 이러한 기술은 대체로 사전에 충분한 탐색이 이루어진 후에 가능하게 되며, 정확한 기술의 토대 위에서 그 원인과 결과에 대한 설명이나 예측이 행해질 수 있다.

예를 들어 농촌의 피폐화 현상이 더욱 심각해지면서 사회적 문제가 되어 이에 대한 연구를 한다면, 먼저 농촌의 피폐화에 관련된 다양한 자료를 수집하여 체계적으로 정리할 수 있을 것이다. 가령 지역별 혹은 부문별로 통계 자료나 사례, 설문 결과 등을 제시함으로써 농촌문제의 심각성을 있는 그대로 정확하게 묘사할 수 있을 것이다.

(2) 설 명

설명(說明, explanation)이란 연구문제나 연구대상이 되는 사건이나 현상의 속성을 단순히 기술하는 차원을 넘어, 그 사건이나 현상이 발생하게 된 원인이나 이유, 즉 인과관계(causality)를 밝히는 것이다.[2] 이는 어떤 것에 대한 궁금증을

---

1) Babbie(2001: 91～94)는 탐색, 기술, 설명 등 세 가지를, Nachmias와 Nachmias(1987: 9～14)는 설명, 예측, 이해 등 세 가지를, Schutt(1999: 11～15)는 기술, 탐색, 설명, 평가 등 네 가지를 과학적 연구의 목적으로 삼고 있다.

2) 과학적 연구에서 '설명'은 우리가 일상에서 사용하는 의미와 차이가 있다. 일상적 '설명'은 의사소통을 잘 하려는 것으로, 말의 뜻을 해설하거나 풀어서 상대방이 잘 알아듣거나 이해하도

풀어 주는 것으로서 '왜(why)'라는 물음에 대답하는 것으로 볼 수 있다. 다시 말해서, 설명은 과학적 연구를 통해서 어떤 사건이나 현상의 발생에 대하여 객관적이며 논리적으로 타당한 근거를 제시하는 것이다.

앞의 농촌 피폐화에 관한 예에서, 농촌 피폐화가 왜 심화되고 있는가를 밝히는 것이 '설명'의 목적으로 볼 수 있다. 가령 육체노동의 어려움, 농업생산성의 저하, 문화·교육기회의 상실, 농산물의 개방화 등과 같은 다양한 원인을 경험적으로 입증하거나 제시함으로써 농촌 피폐화를 설명할 수 있을 것이다.

(3) 예 측

예측(豫測, prediction)은 미래에 일어날 사건이나 현상에 대한 언명으로 정의된다. 이미 알려진 사실로부터 미지의 사건이나 현상을 연역하거나, 사건이나 현상의 발생순서에 기반을 두고 미래의 결과를 예상할 수 있다.[3] 이미 알려진 사실로부터 미지의 사건이나 현상을 연역하는 경우 예측은 그것이 발생하는 원인에 대한 충분한 이해와 설명을 전제로 한다.[4] 반면에, 사건이나 현상의 발생순서에 기반을 두어 미래의 결과를 예측하는 경우에는 그 사건이나 현상의 발생원인에 관한 충분한 설명 없이 단순히 미래의 일정 시점에 그것이 발생할 것이라는 것을 추론할 수 있으면 된다.

앞의 농촌 피폐화에 관한 예에서, 향후 농촌 피폐화가 지속될 경우 우리 농촌이 어떻게 될 것인가를 예상하는 것이 '예측'의 목적으로 볼 수 있다. 가령 식

록 하는 것이다. 그러나 과학적 연구에서 '설명'은 어떤 사건이나 현상이 왜 그리고 어떻게 일어났는가를 논증하려는 것이다. 다시 말해서, 과학적 설명은 말의 뜻을 풀어서 쉬운 말로 해설하는 것을 목적으로 하는 것이 아니라, 이론적 근거를 가지고 사건이나 현상의 발생 원인을 밝히는 것이다(강신택, 2002: 30~31).

3) Dunn(1994: 190)은 정책문제에 관한 사전 정보를 기초로 하여 사회의 미래 상태에 관한 정보를 산출하는 절차를 포괄적으로 forecasting(예측)이라 정의하고, 이는 ① 명백한 이론적 법칙이나 명제 혹은 유추에 기초한 prediction(예견), ② 단순히 과거로부터 현재까지의 추세를 미래로 연장한 것에 기초한 projection(투사), ③ 미래 상태에 대한 식견 있는 판단에 기초한 conjecture(추측) 등 세 가지 형태를 띠고 있다고 한다.

4) 과학적 설명이 '어떤 사건이 왜 그리고 어떻게 일어났는가'를 논증하는 것이라면, 과학적 예측은 '어떤 사건이 왜 그리고 어떻게 일어날 것인가'를 논증하는 것이다. 따라서 과학적 예측은 과학적 설명과 동일한 논리적 구조를 지니고 있으며, 단지 그 실용적인 면에서 차이가 있다. 즉, 설명의 경우는 설명하고자 하는 사건이 이미 일어났다는 것을 알고 그것이 발생한 원인을 밝히기 위하여 합당한 이론이나 법칙 또는 특정한 조건을 찾아내는 반면에, 예측의 경우에는 이론·법칙 또는 특정한 조건을 미리 알고 특정한 사건이 발생하기에 앞서서 그 사건을 이들(이론·법칙 또는 조건)로부터 찾아내는 것이다(강신택, 2002: 34~36).

량의 무기화나 주요 농산물 수출국에서 흉작이 발생할 경우 국내 농업의 자급자족 기반이 무너지면 어떤 불이익이나 위험이 닥칠 수 있을까 등에 대해서 경험적인 자료를 토대로 예측할 수 있을 것이다.

(4) 통 제

통제(統制, control)는 어떤 현상을 결정하는 조건을 조작하는 것이다. 즉, 어떤 사건이나 현상의 원인 또는 선행조건을 조작하여 바람직한 방향으로 이끌어 가게 하는 것을 말한다. 설명이나 예측을 통하여 인간행위 또는 사회현상이 발생하는 원인이나 선행조건을 알게 되면, 이를 조작하여 인간행위 또는 사회현상을 바람직한 방향으로 개선하거나 이끌어갈 수 있다.

앞의 농촌 피폐화에 관한 예에서, 농촌 피폐화가 지속될 경우 예측되는 여러 가지 국가적 불이익이나 위협 등 문제점에 비추어 사전에 어떤 방향으로 어떻게 통제 또는 유도해야 할 것인가에 대해 정책적 건의를 할 수 있다. 가령 농촌에 활력을 불어넣기 위하여 농대생에게 특전을 주거나, 농업의 과학화·기업화를 촉진하고, 소득증대를 위한 제반 지원책 마련 등과 같은 제안이 이루어질 수 있을 것이다.

2. 해석학적 관점

해석학적 연구는 현상학, 문화기술적 방법, 언어(분석)철학에 그 기반을 두고 있다. 해석학적 관점에서 사회과학연구의 목적은 인간행태(behavior)의 인과관계를 논증하는 것이 아니라, 우리가 살고 있는 세계와 인간행위(action)의 의미를 이해하고 해석하는 것이다. 다시 말해서, 사회과학은 인간의 본질과 그 형태에 대한 연구이므로 그 중심은 바로 인간행위에 대한 이해와 해석에 있다고 본다. 인간의 행위와 연결된 신념이나 소망 또는 목적을 알게 되면 그 행위의 의미와 의의를 이해할 수 있게 되며, 따라서 인간행위의 전체적인 배경이나 맥락에서 그에 대한 해석이 이루어져야 한다는 것이다.

해석학적 관점에서 이해는 체제 내에 있는 단위 간의 상호작용(interaction)에 대한 지식을 갖게 되는 것을 의미한다(Dubin, 1978: 19; 이준형, 2004: 46). 이처럼 상호작용에 초점을 두는 이해는 예측적 이해와 동정적 이해로 구분될 수 있다

(Nachmias & Nachmias, 1987: 13～14).

예측적 이해(predictive understanding)는 논리적 실증주의 입장에서 주장되는 것인데, 자연현상과 마찬가지로 사회현상에서도 객관적 지식을 얻을 수 있다는 것이다. 즉, 자연과학이나 사회과학 모두가 과학적 방법인 경험적 검증에 순응한다는 것이다. 반면 동정적 이해 또는 감정이입적 이해(empathic understanding)는 Max Weber에 의해 주장된 것으로, 그의 주장에 따르면 사회과학의 연구대상이 자연과학과 다르기 때문에 연구방법도 달라야 한다는 것이다. 사회과학의 연구대상인 사회현상은 인간이 만들어 내는 현상이기 때문에, 인간의 마음, 믿음, 가치 등에 대한 이해가 사회현상을 파악하는 데 포함되어야 한다는 입장이다. 즉, 사회과학의 연구자는 어떤 특정한 행위를 취한 사람의 입장에서 그 행위를 설명하여야 한다는 것이다.

3. 비판이론적 관점

비판이론은 Horkheimer, Adorno, Marcuse, Habermas 등으로 대표되는 프랑크푸르트 학파에 의해 주창되어 왔으며, 우리 사회를 비판하고 변화시킬 수 있는 내용을 명확하게 드러내는 것을 과제로 삼고 있다. 우리가 당연하게 여기는 것을 비판적으로 재조명하면서, 이론과 실천의 변증법적 매개를 통해 우리 사회의 변동을 촉진시키려는 의도를 지니고 있다.

비판이론적 관점에서 이론의 경험적 확인은 논리적 실증주의나 해석학적 입장에서처럼 통제된 관찰이나 이념형적 추리에 의존하는 데 그치지 않고 실천적인 성격을 띤 절차를 밟는다. 이러한 점에서 비판이론은 인간의 해방을 위한 실천(praxis)을 강조하고 있다고 할 수 있다. 여기서 실천이란 사회를 변혁하게 하는 의식적이고 계획적인 모든 활동을 의미하며, 자아성찰과 자아이해의 비판적 과정을 시작하도록 하는 계몽과정이다. 이러한 과정에서 활용되는 구체적 방법이 바로 '담론(談論)적 방법'이다. 따라서 비판이론적 연구에서는 담론적 분석과 실천을 동시에 추구한다고 볼 수 있으며, 이러한 비판적 연구의 필요성을 인식한 학자로는 Denhart, Argyris, Schon 등을 들 수 있다.

제 2 절 과학적 연구의 유형

과학적 연구는 여러 가지 기준에 따라 다양한 형태를 띨 수 있다. 대체로 자료의 형태, 논리적 전개방법, 시간적 차원, 연구의 목적 등에 따라 연구의 유형을 달리하고 있다.

1. 자료의 형태에 따른 분류

과학적 연구는 필요한 자료의 형태에 따라 양적 연구와 질적 연구로 구분할 수 있다. 양적 연구(quantitative research)는 경험주의에 바탕을 둔 실증주의적 연구로서, 어떠한 사건이나 현상을 측정하여 나타난 수치화된 자료를 분석하고 통계적 기법을 활용하여 그 결과를 얻는다.

반면에, 질적 연구(qualitative research)는 수치화된 자료 대신 언어의 형태로 된 자료를 사용하는 연구를 말하며, 후기실증주의자들이 선호하는 해석학적 연구 또는 사례연구에 적합한 형태이다. 현상의 기술이나 이론 구조의 발견 등에는 질적 연구가, 가설의 검증과 확인을 위해서는 양적 연구가 주로 활용된다.

2. 논리적 체계에 따른 분류

과학적 연구는 그것의 논리적 전개방법에 따라 연역적 연구와 귀납적 연구로 나눌 수 있다. 연역적 연구(deductive research)는 일반적인 이론으로부터 특정한 사례를 경험적으로 추리한다. 예를 들어 연봉제가 업무성과에 긍정적인 영향을 미친다는 이론을 접하고, 그 이론이 사실인지 확인하기 위하여 특정 조직을 대상으로 그 효과를 확인하는 연구가 이에 해당된다.

반면에, 귀납적 연구(inductive research)는 경험적으로 관찰된 사실로부터 일반적인 이론을 도출하는 연구이다. 예를 들어 특정 조직을 대상으로 연봉제의 업무성과에 대한 효과를 파악한 후, 그 결과를 일반화하여 연봉제가 업무성과에 긍정적 영향을 미친다는 이론을 이끌어내는 연구가 이에 해당된다.

3. 시간적 차원에 따른 분류

과학적 연구는 시간적 차원에 따라 횡단면적 연구와 종단면적 연구로 구분할 수 있다. 횡단면적 연구(cross-sectional research)는 어느 한 시점을 기준으로 행해지는 연구로서, 대체로 연구대상이 지리적으로 넓게 분포하거나, 사례의 수가 많거나, 또는 다수의 변수에 관한 자료를 수집하여야 할 필요가 있는 경우에 적합하다.

반면에, 종단면적 연구(longitudinal research)는 둘 이상의 시간적 간격을 두고 각 시점 또는 전체 시점에 걸쳐 연속적으로 행해지는 연구로서, 인구센서스 · 물가동향조사와 같은 시계열연구(time-series research)를 대표적으로 들 수 있다.

4. 연구의 목적에 따른 분류

과학적 연구는 탐색, 기술, 설명, 예측, 통제 등의 목적을 지니고 있으며, 이에 따라 연구의 형태도 탐색적 연구, 기술적 연구, 설명적 연구, 예측적 연구, 통제적 연구 등으로 구분할 수 있다. 여기서는 연구의 목적을 크게 기술과 설명으로 보고, 탐색 · 예측 · 통제 등을 기술이나 설명에 포함하여 연구의 목적과 형태를 논의한다.[5)]

기술적 연구(descriptive research)는 연구대상의 속성에 대하여 정확하고 상세한 정보를 제공하는 것을 목적으로 하는 연구이다. 기술적 연구는 자료의 형태에 따라 양적 연구와 질적 연구로 구분할 수 있으며, 이들 연구에서 '기술'은 서로 다른 의미를 갖는다. 양적 연구의 경우, '기술'이란 어떤 특정 모집단으로부터 추출한 대표성 있는 표본을 바탕으로 그 모집단의 특성을 밝히는 것을 말한다. 반면에, 질적 연구에서 '기술'이란 어떤 현상과 그 현상이 의미하는 바를 고찰하는 것으로, 기술하는 내용에 대한 일반화보다는 연구대상의 속성을 가능한 한 그대로 반영하면서 그들이 처한 환경, 상호작용, 의미하는바, 일상의 삶과 같은 내용들을 정확히 묘사하는 것을 중시한다.[6)]

---

5) 연구의 목적 중에서 '기술'은 '탐색'과 '예측(추세연장적 · 판단적 예측)'을, '설명'은 '이론적 예측'을 포함하는 것으로 본다.

6) 예컨대 복지수혜자에 대해 질적 기술연구를 한다면, 그 연구는 아마도 소수의 표본에 대한 심도 있는 관찰을 통해서, 부족한 재정적 지원이 수혜자들의 일상의 삶에 미치는 영향, 그들의

이러한 기술적 연구와 달리, 설명적 연구(explanatory research)는 연구대상의 속성과 관련된 인과관계를 규명하는 연구로서, 이미 알려진 기술적 연구결과를 바탕으로 그 현상이나 사실이 어떻게 왜 발생하는가를 설명하려는 것이다. 즉, 현상의 존재나 상태에 대한 기술에 만족하지 않고 일반화(generalization) 또는 미래 예측을 위한 명제를 발견하고자 하며, 이를 통해 현상이나 사건의 통제에도 관심을 가진다.

5. 기타 연구의 분류

과학적 연구는 관련되는 변수의 조작 가능성에 따라 실험연구와 비실험연구로 분류할 수 있다. 실험연구(experimental research)는 독립변수가 연구자에 의해 인위적으로 조절되는 경우에 해당되며, 비실험연구(non-experimental research)는 독립변수가 이미 노출된 상태이거나 인위적으로 조절이 불가능한 상태에서 행해지는 연구이다.

또한 과학적 연구는 그것이 행해지는 상황에 따라 구분될 수 있는데, 상황을 철저히 통제할 수 있는 실험실 내에서 연구를 하는 실험실연구(laboratory reaearch)와 실제로 현상이 일어나는 현장에서 행하는 현장연구(field research)가 있다.

생활을 위한 노력, 이웃이나 사회복지사들과 상호작용, 그러한 과정에서 그들이 받는 느낌, 또는 가족을 부양하기 위해서 그들이 의존하게 되는 것 등을 기술하게 된다. 반면 이들에 대해 양적 기술연구를 한다면, 아마도 규모가 크고 대표성 있는 표본을 바탕으로 복지수혜를 받고 있는 기간이나 연령 또는 교육수준, 가족수 등을 기술하게 된다.

제 3 장 과학적 연구와 이론

과학적 연구는 의문이나 문제의 해결을 위해 필요한 과학적 지식을 발견하는 것을 목적으로 하고 있다. 과학적 연구를 통해 발견된 과학적 지식은 과학적 이론으로 표현되고 있기 때문에, 과학적 연구는 과학적 이론의 형성을 위한 제반 활동이나 과정으로 간주된다. 따라서 과학적 연구의 기본 목적은 이론 구축에 있다고 할 수 있으며, 이론은 한 번의 경험적 검증으로 완성되는 것이 아니라 순환적인 특성을 가지면서 지속적인 검증과 수정을 통해 정교해진다.

제 1 절 이론의 의의

1. 이론의 의미

이론(theory)이라는 말은 원래 '보다(theora)'에서 유래된 것으로서, 그 용어 속에는 현상이나 사물을 정확히 보아 그것을 이해하게 함으로써 그로부터 연유되는 유사한 현상에 대한 이해를 가능하게 하는 의도가 내재되어 있다. 따라서 이론이란 어떤 현상에 대한 기술, 설명 또는 예측 등을 가능케 하는 주장이나 지식과 관련된 것으로 볼 수 있다.

넓은 의미에서 이론은 "현실세계에서 일어나고 있는 것을 나타내는 논리적으로 관련된 상징들의 체계"이며(Manheim et al., 2002: 16), "경험적 현실에 관한 진술이 논리적으로 상호 관련된 체계"라고 할 수 있다(Schutt, 1999: 35). 그러나 좁게는 "어떤 현상들 간에 일정한 관계가 있다고 말하는 진술들의 체계"로서(강신택, 2002: 24~25), "현상에 대한 설명과 예측을 목적으로 변수 간의 관계를 구체화함으로써 그 현상에 대한 체계적인 견해를 나타내는 일련의 상호 관련된 구성(개념), 정의 및 명제"로 정의되고 있다(Kerlinger, 1986: 9).

이상과 같은 견해들을 종합하면, 이론은 어떤 현상을 기술·설명하는 체계화된 진술을 의미한다고 할 수 있다. 이러한 진술은 어느 정도 규칙적인 일반성과 경험적인 검증성을 띠고 있기 때문에,[1] 현상에 대한 체계적인 이해와 설명을 가능하게 하며 이를 통해 현상들을 예측하거나 통제하는 데 도움을 준다.

2. 이론의 성격

이론이란 개념 간의 관계에 대한 일반적인 진술로서 어느 정도 법칙성을 띤 일반성과 경험적 검증가능성을 지니고 있는 것이다. 이러한 의미를 바탕으로 하여, 이론이 지닌 몇 가지의 특성을 살펴보면 다음과 같다(강신택, 1995: 58~59).

첫째, 이론의 기본적인 구성요소는 개념들이다. 즉, 이론을 구성하는 최하위의 요소는 바로 개념이 되며, 이러한 개념들이 모여 이론을 형성하게 된다. 이론이 하나의 완성된 벽돌집이라 한다면, 그것을 쌓는 데 필요한 벽돌들은 개념이라 할 수 있다.

둘째, 이론을 구성하고 있는 개념들은 법칙(일반론)에 의해 상호 연결된다. 즉, 이론은 그 구조에 있어서 개념들이 법칙이나 일반론에 의해 상호 연결되어 일정한 규칙성을 띠고 있다는 것이다.

셋째, 이론은 경험적 의미를 지닌다. 즉, 이론은 그 실질에 있어서 개념 간의 관계가 경험적으로 이해되고 검증될 수 있어야 한다는 것이다. 따라서 경험적으로 의미가 부여되지 않아 해석이 불가능한 이론은 진정한 의미에서 과학적 이론으로 간주될 수 없다.

3. 이론의 역할

이론은 그것이 사용되는 방향이나 목적에 따라 다음과 같은 기능이나 역할을 수행한다고 볼 수 있다(김해동, 1982: 65; 강신택, 1995: 64～65; 김광웅, 1997: 22

---

1) 제1장 제3절의 주 5)에서 설명하였듯이, 자연과학의 결정론적 관점에서 이론은 법칙이어야 하나 사회과학의 개연론적 관점에서 이론은 반드시 법칙이어야 하는 것은 아니다. 어떤 현상을 나타나게 하는 원인이나 이치가 규칙성이 뚜렷하여 거의 불변이라고 간주될 때 법칙이 된다. 경제학에서 '수요·공급의 법칙'과 같이, 이론이 더욱 보편화되어 진리와 같은 수준에 도달하는 경우(원리가 필연적인 규칙성을 띠는 경우)에 법칙이 된다.

6~232).

첫째, 이론은 일련의 개념들간 상호 관련성을 구체화함으로써 현상에 대한 이해와 설명을 통해 현상들을 예측하거나 통제하는 데 도움을 준다.

둘째, 이론은 과학적 연구의 기본적인 토대를 제공한다. 어떤 과학적 연구를 행할 때 이론에 의해 현상에 대한 체계적인 견해를 갖게 됨으로써 연구의 범위와 방향을 알게 된다. 다시 말해서 이론은 연구하려는 현상에 대한 개념적 준거틀(conceptual framework)의 역할을 하여, 그 현상에 대한 자료의 수집 및 분석, 그리고 결과의 처리 등에 이르기까지 기본적인 지침을 제공한다.

셋째, 이론은 과학적 지식을 간단하고 명료하게 표현해 줄 뿐만 아니라 과학적 지식의 근원이라 할 수 있는 불확실한 명제, 가설 등에 대한 판단의 기준이 되기도 한다.

넷째, 이론은 기존 지식 간의 틈을 메워 주는 역할을 할 뿐만 아니라, 다른 경험적 연구를 하지 않고서도 관련된 새로운 이론의 도출을 어느 정도 가능하게 한다.

제 2 절 이론의 구성요소

1. 개 념

개념(concept)은 어떤 사실이나 현상에 대하여 사람들이 갖게 되는 관념이나 생각을 말한다.[2] 사람들의 관념이나 생각은 언어 · 기호 · 그림 · 문자 등에 의해서 형성 · 표현되어 왔으며, 이들을 통해 우리는 세상을 이해하게 된다. 어린아이가 말을 이해하기 전에 어떤 것을 보고 '나무'로 알면서도 그 옆에 있는 것도 '나무'가 된다는 것을 모른다면, 아직은 개념이 형성되지 않았다고 볼 수 있다. 예를 들면 사회, 행정, 정책, 공무원, 기업, 단체, 기관, 서비스, 이름, 나이, 성별, 노인, 아동, 복지, 대학교, 대학원, 연구조사방법론 등 우리가 현상이나 사물을

2) 사물(事物)이란 일과 물건을 말하며, 사실(事實)은 실제로 있었거나 있는 사물(事物)이며, 현상(現象)은 사실 가운데 경험할 수 있도록 나타난 사실을 말한다. 현실적으로 사실과 현상을 구분하여 기술하는 것이 쉬운 일이 아니기 때문에, 이들을 사상(事象)이란 용어로 통합하여 사용하기도 한다. 어떤 사물 혹은 사상의 한 무리(부류, 집단, 종류 등)가 지니는 같은 성질(공통적인 속성)을 뽑아 모은 생각(관념)을 개념으로 정의하기도 한다(김대수, 1991: 13~17).

지칭하는 대부분의 것들이 개념이라고 해도 틀림이 없다.

이처럼 개념은 우리가 일상적으로 접하는 것이지만, 그것을 규정하는 일은 쉽지 않다. 왜냐하면 사물이나 현상에 대한 이해는 그것을 이해하는 개인의 가치관, 능력, 경험, 사고방식, 환경 등에 따라서 상당히 다르기 때문이다. 특히 사회과학적 진술에 있어서 개념은 성격상 직접 관찰하거나 혹은 있는 그대로 측정하기에는 너무나 추상화되어 있어 어떤 의미에서 과연 무엇을 뜻하고 있는지 쉽게 알 수가 없는 경우가 많다. 따라서 개념은 일정한 과정을 통하여 명시적으로 구체화되어야만 그 진술을 검증해 볼 수 있고 그 결과를 기술 · 설명 · 예측 · 통제 등의 목적으로 사용할 수 있다. 개념에 관해서는 다음의 제13장 제1절에서 구체적으로 살펴보기로 한다.

2. 변　수

연구를 통해 해결하려는 문제는 추상화된 개념을 통해서 경험적인 것으로 전환된다. 그런데 추상적인 개념을 경험적인 수준으로 전환시키기 위해서는 개념이 변수(variable)로 변환되어야 한다. 변수는 "숫자 혹은 값이 부여된 상징"이며(Kerlinger, 1986: 27), "둘 또는 그 이상의 값을 갖는 경험적 속성"으로 정의된다(Nachmias & Nachmias, 1987: 58). 이러한 견해에 따르면, 변수란 '경험적으로 측정 가능하도록 전환된 개념'으로서 '그 속성에 계량적인 수치를 부여할 수 있는 개념'이라 할 수 있다.

예를 들어, '공무원'이라는 하나의 개념이 있다면, '공무원의 직렬', '공무원의 직위', '공무원의 직급' 등이 변수가 되며, '공무원의 직위'라는 변수는 '국장', '과장', '계장' 등의 다양한 값(value)을 가질 수 있다. 성별, 연령, 신장, 체중, 교육수준 등의 개념은 그 자체로서 변수가 되기도 한다. 이처럼 모든 개념들이 변수는 아니지만, 모든 변수들은 개념이 된다. 변수에 관해서는 다음의 제13장 제 2 절에서 구체적으로 살펴보기로 한다.

3. 진　술

진술(statement)이란 '~은 ~이다' 또는 '~을 하다'처럼 어떤 상태나 행동을 제시하거나 개념이나 변수를 기술하는 방식을 말한다. 정형화된 이론에는 공리, 정리, 명제, 가설 등과 같은 다양한 형태의 진술들이 포함되어 있다.

공리(公理, axiom or maxim)와 정리(定理, theorem)는 주로 수학이나 논리학에서 발달된 개념이다. 공리는 증명 없이 일반적으로 두루 통하는 자명한 진리(self-evident truth)로 인정되며, 다른 명제를 증명하는 데 전제가 되는 규칙이나 원리를 의미한다.[3] 예를 들어, '두 점을 연결하는 직선은 오직 하나다' 혹은 '같은 것에 같은 것을 더하면 같다(a=b일 때, a+c=b+c)' 등과 같이 자명한 사실들이 공리이다.

정리는 정의(定義, definition)나 공리를 바탕으로 하여 이미 증명된 명제를 말하며, 보통 명제의 동의어로 사용된다. 정리는 때때로 사회과학에서 추후 증명될 수 있는 아이디어를 지칭하여 아직 이론으로 확정되기 이전 단계에 있는 명제의 하나로 간주되기도 한다.

명제(proposition)는 개념들 사이의 관계에 대한 진술로서, 한 개념이 다른 개념과 어떠한 특징을 가지고 연결되어 있는지를 나타내는 문장을 말한다. 즉, 어떤 문제에 대한 하나의 논리적 판단 내용과 주장을 언어 또는 기호로 표시한 것으로, 참과 거짓을 판단할 수 있는 내용이라는 점이 특징이다(국립국어연구원, 1999: 2151). 예컨대 '고래는 포유동물이다'와 같이 모든 형태의 선언적 진술을 의미하거나, 경험적 근거가 확인된 가설을 명제로 간주하기도 한다(안영섭, 1996: 259).

가설(hypothesis)은 명제로부터 유추되는 것으로서, 경험적으로 검증될 수 있는 진술이다. 대부분의 명제들이 경험적 검증의 대상이 될 수 있기 때문에 명제는 곧 가설이라고 말할 수 있다. 가설의 영어 단어인 'hypothesis'가 'hypo(= under)'와 'thesis(= proposition)'의 합성어인 점에서 보면, 가설은 '기초적인 명제(under-proposition = basic proposition)'인 셈이다. 일반적으로 명제가 이미 경험적 근거에 의해 확인된 가설이라면, 가설은 아직 경험적으로 확인 또는 검증되지 않은 변수 간의 관계에 대한 진술을 의미한다.

전형적인 이론들은 위와 같은 형태의 진술들을 포함하여 구성되어 있다. 그러나 모든 이론들이 이러한 진술 형태들을 반드시 포함해야 하는 것은 아니다.

---

3) 원리(原理)란 사물의 근본이 되는 이치, 기초가 되는 근거 또는 보편적 진리를 의미한다(국립국어연구원, 1999: 4709).

예를 들어 가설을 필요로 하지 않는 이론들도 있으며, 엄격한 공리에서 출발하지 않는 이론적 전개도 가능하다.

4. 패러다임

패러다임(paradigm)이란 우리말로 원형(原型)이라고 번역되며, 개별 이론들이 도출되기 위해 필요한 일종의 거시적인 관점을 말한다. 어떤 현상에 대한 구체적인 설명이나 이론을 만들기 전에, 사람들은 이미 어떤 식의 생각을 가지고 있다. 이러한 생각의 경향, 지향성 혹은 관점 등을 패러다임이라 하며, 이는 한 분야의 연구문제 해결을 위한 경향이나 관점을 조직화하고 방향을 제시해 주는 근원적인 모형 혹은 준거가 된다.[4) 예를 들어 자연과학에서 진화론이나 양자역학, 사회학에서 행태주의, 혹은 행정학에서 정치행정이원론 등이 여기에 속한다고 할 수 있다.

이처럼 패러다임은 전체적인 학문분야나 그 학문분야의 주요 영역에 특징적인 가정들과 사고형태를 지칭하거나, 한 사회과학분야의 어떤 광범위한 영역에서의 연구를 위한 틀을 가리키기도 한다. 간혹 이론의 의미를 함축하는 것으로 사용되기도 하나, 어떤 현상에 대한 직접적인 설명이 아니라는 점에서 이론과는 구별된다고 할 것이다.

제 3 절 이론의 유형

이론은 여러 가지 기준에 따라 다양하게 분류될 수 있다. 이론의 적용범위에 따라 소범위이론, 중범위이론, 일반이론 등으로 나누기도 하고, 그것이 다루는 시각이나 수준의 차이에 따라 미시이론, 중위이론, 거시이론 등으로 분류하기도 한다.

4) 과학적 혁명(scientific revolution)을 주창한 Kuhn은 패러다임을 "학문 연구 분야에서 공통적으로 믿고 수용되고 있는 세계관, 가치 체계 혹은 준거틀"로 정의하고 있다(Kuhn, 1996: 11).

1. 적용범위에 따른 분류

이론은 그 적용범위에 따라 소범위이론, 중범위이론, 그리고 일반이론으로 구분할 수 있다.

첫째, 소범위이론(narrow range theory)은 좁은 범위의 현상에만 한정하여 적용되는 이론으로서 저위이론(lower-level theory)이라고도 불린다. 이와 같은 소범위이론은 다른 소범위이론과 결합하여 중범위이론으로 발전하기도 한다.

둘째, 중범위이론(middle range theory)은 소범위이론보다는 좀 더 넓은 범위에 적용되나 일반이론보다는 한정된 측면을 지닌다. McGregor의 X이론과 Y이론, Herzberg의 동기·위생이론, Maslow의 인간욕구계층이론 등을 그 예로 들 수 있다.

셋째, 일반이론(general theory)이란 하나의 학문분야 또는 전체 학문분야의 지식을 통합하기 위하여 제시된 이론을 말한다. 소범위이론이나 중범위이론에 비하여 광범위한 적용범위를 지니기 때문에 거대이론(grand theory)이라고도 불린다. Marx의 유물론, Easton의 정치체제론 등을 그 예로 들 수 있으며, 이러한 이론은 대체로 추상화 정도가 높기 때문에 구체적인 경험적 연구의 지침이 되기는 어려운 점이 있다.

2. 분석수준(단위)에 따른 분류

이론은 그것이 다루는 시각(초점) 혹은 분석수준(단위)에 따라 미시수준이론, 중위수준이론, 그리고 거시수준이론으로 구분될 수 있다.

첫째, 미시수준이론(micro-level theory)은 개인을 분석단위로 하여 개인의 가치, 태도, 행동 등에 초점을 맞추고 있는 이론이다. 행정·정책과정의 참여자, 즉 정치인, 공무원, 주민 등의 가치관이나 행태 등에 관한 이론을 그 예로 들 수 있다.

둘째, 중간수준이론(meso-level theory)은 미시수준이론과 거시수준이론 사이의 이론으로, 분석단위가 주로 집단, 조직, 기관, 지역 등이 된다. 특정 정책과 관련된 이익집단의 행태나 이들 집단 간의 관계 등과 관련된 이론이 이에 속한다고 할 수 있다.

셋째, 거시수준이론(macro-level theory)은 국가 또는 사회 등을 분석단위로 하여, 국가 전체 또는 사회 전반에 걸친 연구를 행할 때 사용된다. 이러한 거시사회적 현상에 관한 이론은 추상화 정도가 매우 높기 때문에 구체적인 특정 영역이나 분야의 연구에 대한 적용가능성은 대체로 낮다고 볼 수 있다.

제4절 이론의 형성방법

과학적 이론을 형성하는 일반적 방법으로 연역법과 귀납법을 들 수 있다. 모든 이론이 논리적 추리와 경험적 검증에 의해 얻어지게 된다는 점에서, 이들 두 가지 방법은 논리와 경험의 결합 방식을 둘러싸고 제기되는 상이한 논리체계라고 할 수 있다. 즉, 연역적 방법은 일반적 원리를 특수한 사실에 적용하는 논리를 가지며, 귀납적 방법은 특정한 사실로부터 일반적인 원리를 이끌어내는 논리를 지니고 있다.

1. 연역적 방법

연역법(deduction)은 일반적인 원리에서 특정한 사실을 도출해가는 논리적 전개과정이다. 추상적이거나 일반적인 것에서 출발하여 구체적인 것으로 옮겨가는 사고 방법으로서 하향적 접근(top-down approach)으로 불린다. 관심 있는 연구문제 또는 주제에 대한 기존 이론이나 일반 원리에서 출발하여, 이를 시험해 볼 수 있는 구체적인 가설을 도출하고, 관련되는 경험적 자료를 수집하고 이를 통해 가설을 실제로 검증해 봄으로써, 이론의 확인을 시도하게 된다([그림 3-4-1] 참조).

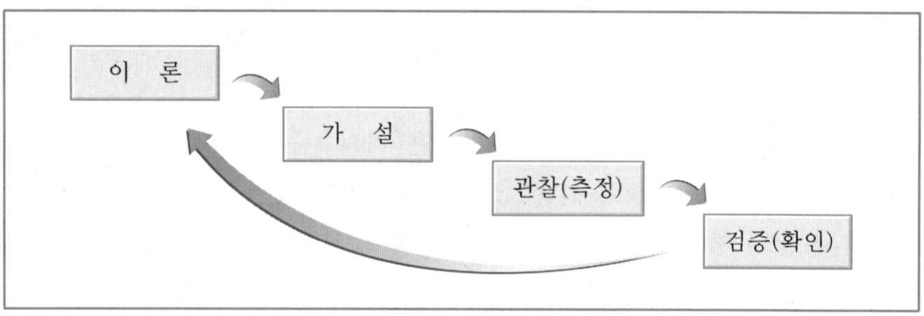

[그림 3-4-1] 연역법의 논리

이처럼 연역적 논리에서는 연구자가 일정한 이론적 전제에서 출발하여, 특정한 현상에 대한 조작적 정의를 행하고, 이를 경험적으로 검증함으로써 이론적 기대를 확인하게 된다. 결과적으로 연역적 논리는 우리로 하여금 이론을 사용하여 경험적 사실을 설명할 수 있게 한다. 이러한 연역적 논리의 간단한 예를 들면, 다음과 같다(한승준, 2000: 41).

① (이 론)	모든 사람은 죽는다.
② (조작화 및 관찰)	소크라테스는 사람이다.
③ (경험적 검증)	그러므로, 소크라테스는 죽는다.

이 경우는 '소크라테스가 죽는가 혹은 죽지 않는가'라는 개별 사건에 대한 관심이 아니라, '모든 사람은 죽는다'는 일반화된 설명, 즉 이론을 검증하기 위해 소크라테스를 동원하여 관찰하게 된다. 누구도 부인할 수 없는 소크라테스의 죽음을 통해 '모든 사람은 죽는다'라는 일반적인 이론의 옳음을 검증하는 것이다. 이처럼 연역적 논증은 이미 알려진 내용에서 명확히 드러나지 않았던 것을 확연하게 드러내 주는 방식으로 과학적 지식의 발전을 도모한다.[5] 이와 같은 형태로 논리와 경험이 결합하여 하나의 지식 혹은 이론으로 완성되는 것이 연역적 이론형성이다.

2. 귀납적 방법

귀납법(induction)은 특정한 사실로부터 일반적인 원리를 도출해 가는 논리적 전개과정이다. 구체적인 것으로부터 출발하여 추상적이거나 일반적인 것으로 옮겨가는 사고 방법으로서, 상향적 접근(bottom-up approach)이라고도 한다. 구체적으로 관찰된 자료를 통하여, 어떤 규칙성이나 유형을 발견하고, 이것을 통해 잠정적 가설을 형성함으로써 현상 속에 내재하고 있는 일반 원리를 찾아내게 된다 ([그림 3-4-2] 참조).

이처럼 귀납적 논리에서는 연구자가 관심이 있는 현상을 객관적으로 관찰하여, 그로부터 어떤 규칙성이나 일정한 유형을 발견하고, 그러한 규칙성이나

5) 연역적 논증은 '만일 전제가 옳다면, 결론은 반드시 옳은' 논리적 필연성(logical necessity)을 갖는다.

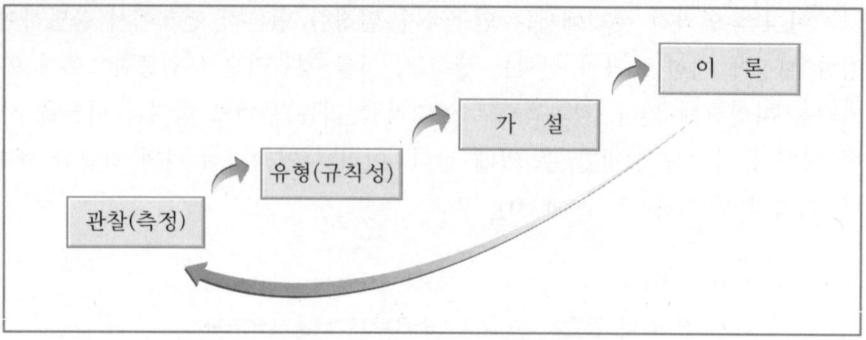

[그림 3-4-2] 귀납법의 논리

유형을 설명할 수 있는 이론을 구축하게 된다. 귀납적 논리의 간단한 예를 들면, 다음과 같다(한승준, 2000: 43).

① (경 험)	소크라테스의 죽음 발견
② (관찰 및 규칙성 발견)	많은 사람들의 죽음 발견
③ (이 론)	그러므로, 모든 사람은 죽는다.

이 경우는 먼저 소크라테스의 죽음을 경험하였고 다른 사람들도 역시 죽었음을 관찰하려는 것에서 연구를 시작한다. 관찰된 모든 사람들이 죽었음을 알게 되고, 따라서 '모든 사람들은 죽는다'는 잠정적 결론(tentative conclusion)인 이론에 도달하게 된다. 이러한 귀납적 논증은 확정적인 결론을 내릴 수 없다는 문제가 있으나, 경험세계에 관한 지식을 확장시켜 주는 역할을 한다.[6] 이와 같은 형태로 경험과 논리가 결합하여 하나의 이론으로 완성되는 것이 귀납적 이론형성이다.

3. 연역법과 귀납법의 관계

연역과 귀납의 논리는 각각 독립적으로 연구에 적용될 수 있으나, 실제의 연구과정에서는 두 가지가 동시에 그리고 보완적으로 사용된다. 일반적으로 이론은 귀납과 연역의 과정을 반복하여 되풀이하면서 형성되며, 이를 위한 과정은 이론, 가설, 관찰(측정), 일반화의 끊임없는 순환구조를 가진다([그림 3-4-3] 참조).

6) 귀납적 논증은 '만일 전제가 옳다면, 결론은 아마 또는 거의 옳은' 논리적 개연성(logical probability)을 갖는다.

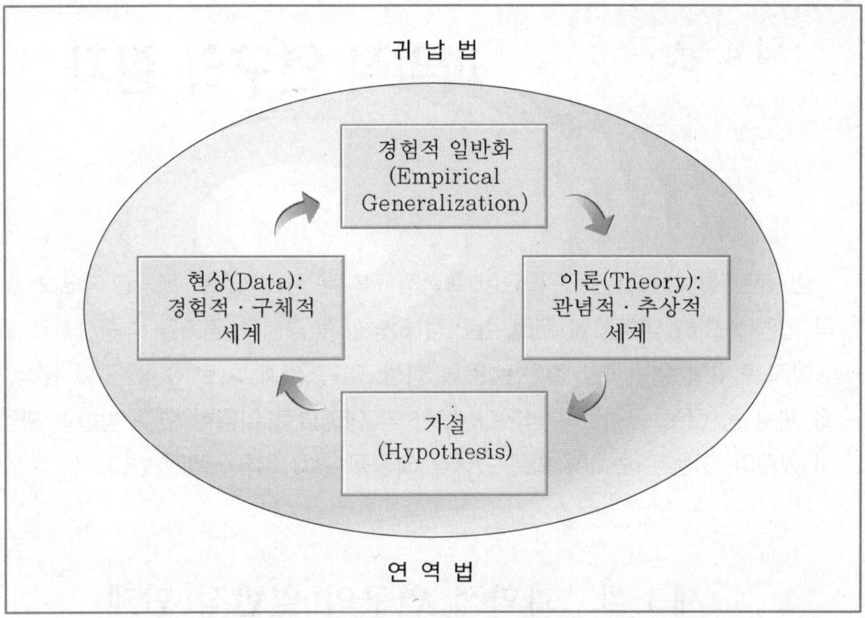

[그림 3-4-3] 연역법과 귀납법의 관계

즉, 이론으로부터 가설을 정립하고, 이러한 가설은 경험적 관찰(측정)을 가능하게 하며, 경험적 관찰(측정)을 통하여 일반화가 이루어지며, 일반화를 거쳐 기존 이론이 새로이 수정되는 과정을 되풀이하게 된다(Wallace, 1971: 18).

제 4 장 과학적 연구의 절차

연구문제를 해결하는 데 필요한 과학적 지식은 논리적으로 타당한 추리와 경험적 입증에 의해 얻어지게 된다. 논리적 타당성과 경험적 검증을 충족시키기 위한 과학적 연구의 일반적인 절차는 문제 형성, 연구 설계, 자료 수집, 자료 분석, 결과 제시 등 다섯 단계로 구성된다. 또한 각 단계별로 다양한 연구 방법과 활동들이 있으며, 이들은 순차적 혹은 연계적 과정을 거쳐 이루어지고 있다.

제 1 절 과학적 연구의 일반적 단계

연구문제를 해결하는 데 필요한 과학적 지식은 논리적으로 타당한 추리와 경험적 입증에 의해 얻어지게 된다. 이러한 지식을 획득하기 위해서 행하는 모든 과학적 활동의 전체적인 체계가 바로 연구의 과정이라고 할 수 있다. 따라서 연구과정이 과학적인 체계성, 즉 논리적 타당성과 경험적 입증을 충족시키지 못한다면, 의도하는 연구문제의 해결이 어려울 뿐만 아니라 그 연구결과도 과학적으로 수용될 수 없게 된다.

과학적 연구의 과정은 연구의 목적이나 형태 등에 따라 차이가 있으나, 일반적인 체계는 ① 문제 형성, ② 연구 설계, ③ 자료 수집, ④ 자료 분석, ⑤ 결과 제시 등 다섯 단계로 구성된다.[1] 즉, 연구문제를 형성하고, 이를 해결하기 위한 연구설계를 행하고, 이에 따라 자료를 수집하고, 수집된 자료를 분석하여, 그

1) Nachmias와 Nachmias(1987: 22~24)는 ① 문제, ② 가설, ③ 연구설계, ④ 측정, ⑤ 자료수집, ⑥ 자료분석, ⑦ 일반화 등 7단계를, 김해동(1982: 90~93)은 ① 문제형성, ② 가설구성, ③ 조사설계, ④ 자료수집, ⑤ 자료분석, ⑥ 일반화 및 보고 등 6단계를, 남궁근(2003: 83~89)은 ① 연구문제 및 가설 정립, ② 연구대상의 선정, ③ 조사설계의 선택 ④ 개념화 및 조작화, ⑤ 자료수집, ⑥ 자료분석, ⑦ 자료해석 및 보고서 작성 등 7단계를, 채서일(2006: 75~78)은 ① 문제의 제기, ② 조사설계, ③ 자료의 수집, ④ 자료의 분석, 해석 및 이용, ⑤ 보고서의 작성 등 5단계를 과학적 연구의 절차로 제시하고 있다.

결과를 제시하는 과정을 거치게 된다.

이처럼 다섯 단계로 체계화된 연구과정은 각 단계별로 과학적인 연구방법과 그에 따른 구체적인 연구활동들을 포함하고 있다. 다시 말해서 개별적인 단계 내에서도 다양한 연구활동들이 있으며, 이들도 순차적 혹은 연계적 과정을 거쳐 이루어지고 있다. 구체적 연구활동을 중심으로 과학적 연구과정을 다시 살펴보면, ① 연구문제 또는 연구주제를 선정하여, ② 관련된 기존문헌을 체계적으로 검토하고, ③ 이를 통해 이론적 모형을 정립하고, ④ 연구모형을 기초로 가설을 설정한 다음, ⑤ 가설을 검증하기 위한 연구설계를 행하고, ⑥ 이에 따라 측정도구를 개발하고, ⑦ 표본을 추출하여, ⑧ 경험적 자료를 수집하고, ⑨ 이들 자료를 처리·분석한 후, ⑩ 그 결과를 해석하여 최종적으로 보고서를 작성하게 된다.

이들 연구활동은 어느 정도 중복되기도 하며, 경우에 따라서 두 개 혹은 그 이상의 활동들이 동시에 이루어지기도 한다. 이와 같은 연구과정의 전체 체계와

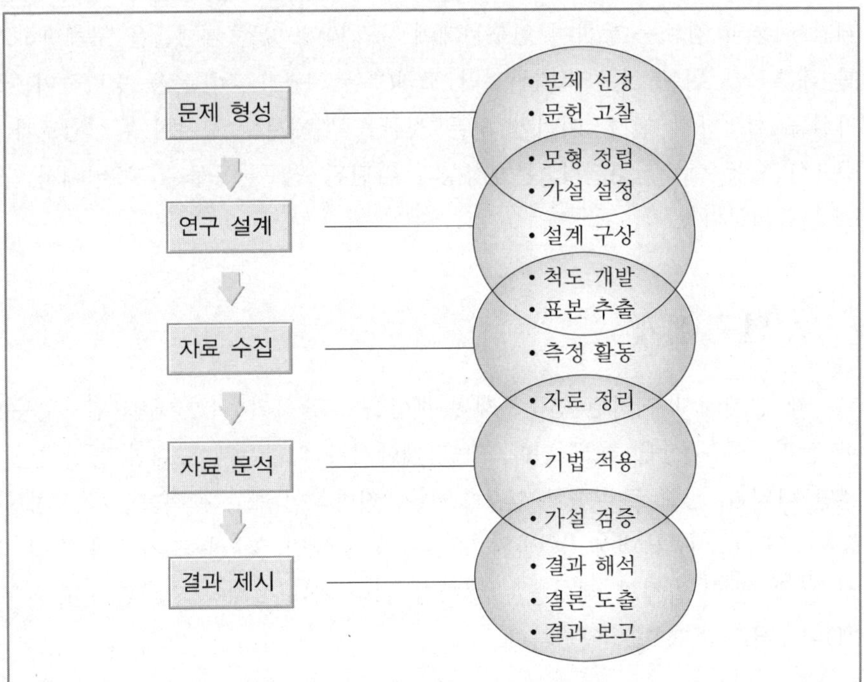

[그림 4-1-1] 과학적 연구의 단계 및 활동

다양한 연구활동은 위의 [그림 4-1-1]과 같이 제시할 수 있다.

제 2 절 과학적 연구의 단계별 활동

과학적 연구의 일반적 절차를 5단계로 구분한다면, 각 단계내에서도 다양한 연구활동이 존재한다. 이들 연구활동은 어느 정도 순차적으로 이루어지며 상호 연계적 성격을 띠고 있지만, 각 단계를 중심으로 연구활동의 내용을 개괄적으로 살펴본다.

1. 문제 형성

모든 과학적 연구는 의문이나 문제의 인지에서부터 시작된다. 이 단계에서는 먼저 연구의 주제와 목적을 분명히 하여 연구문제를 선정하며, 이와 관련된 제반 이론의 검토를 통하여 연구문제에 내재되어 있는 개념들을 구체화하고, 이를 해결하기 위한 연구의 기본적인 모형(또는 개념적 준거틀)을 정립하며 필요시 가설을 설정하게 된다. 이러한 모든 것들을 위해서는 충분한 문헌검토가 매우 중요한 활동으로 간주된다. 문제형성과 관련된 연구활동들은 제2편에서 구체적으로 살펴본다.

2. 연구 설계

제1단계에서 제기된 연구문제의 해답을 도출하기 위한 제반 연구활동에 대한 논리적인 구상을 하게 된다. 이 단계에서는 연구문제에 대한 종합적인 검토뿐만 아니라, 앞으로 수행할 연구(조사)의 전반적인 틀, 즉 적합한 연구방법(또는 유형), 연구(조사)의 대상 및 범위, 표본추출의 방법 및 절차, 자료의 수집 및 분석 등에 관한 일체의 계획을 수립하게 된다. 연구설계와 관련된 연구활동들은 제3편에서 구체적으로 살펴본다.

3. 자료 수집

제2단계에서 수립된 연구설계에 따라 연구문제의 해답을 도출하는 데 필요한 경험적 자료를 수집하게 된다. 이 단계에서는 연구문제와 관련하여 명확히 정의된 개념(변수)을 실제로 기술하거나 측정하는 방법이나 도구를 개발·적용하며, 필요시 표본조사를 위한 표본추출을 실시한다. 자료수집과 관련된 연구활동들은 제4편에서 구체적으로 살펴본다.

4. 자료 분석

제3단계에서 수집된 자료는 분석이 용이하도록 편집·분류 및 부호화하고, 부족하거나 미흡한 자료를 보완하여, 적합한 기법을 적용하게 된다. 이 단계에서는 특히 통계학·관리과학·경제학 등 다양한 분야에서 개발된 각종 기법을 활용하게 된다. 어떠한 분석기법을 사용할 것인가는 연구목적, 연구문제 및 가설, 자료의 성격 및 형태 등을 고려하여 연구(조사)의 설계단계에서 미리 결정하여야 한다. 자료분석을 통하여 얻어진 결과는 연구의 처음 단계로 되돌아가 문제형성에 영향을 미치기도 하며 새로운 연구의 계기가 되기도 한다. 자료분석과 관련된 연구활동들은 제5편에서 구체적으로 살펴본다.

5. 결과 제시

제4단계에서 얻어진 분석결과를 바탕으로 제반 논의를 행하고 보고서를 작성하게 된다. 즉, 자료분석의 결과를 구체적으로 밝히고, 이를 바탕으로 어떤 일반화가 가능하며 어떤 일반화는 불가능한지에 대한 논의, 그리고 분석결과의 타당성을 저해할 수 있는 연구(조사)방법론상의 한계는 무엇인지에 대한 검토가 뒤따라야 한다. 또한 연구결과가 이론과 실천이라는 두 관점에서 기여한 바와 향후 개선과제도 밝혀야 한다. 관련되는 이론 구축과 후속 연구에 주는 함의를 제시하고, 사회적 또는 정책적 측면에서 적용 가능성을 논의한다.

과학적 연구의 최종단계는 연구자와 연구결과 활용자(연구의뢰자, 정보이용자, 이해관계인 등) 사이에 의사소통을 이루는 것이다. 이들 간의 원활한 의사소통을 위해서 연구결과는 그것을 활용하는 사람의 이해도와 지식의 정도에 맞게 정리되어야 하며, 정리된 내용은 학술논문이나 보고서 등 문서의 형태로 기술되거나 구두로 명확하게 보고 또는 제시되어야 한다. 보고서 작성에 대한 설명은 제6편에서 구체적으로 살펴본다.

제 3 절 과학적 연구활동의 흐름도

이상과 같은 과학적 연구의 전체 과정을 흐름도의 형태로 보면, [그림 4-3-1]과 같이 나타낼 수 있다. 과학적 연구는 관심, 생각 또는 기존 이론에서부터 의문이 제기됨에 따라 시작된다. 이 과정은 그림에서 양방향의 화살표로 나타낸 것처럼 일방적인 흐름이 아니라 서로 교류되면서 최종적으로 연구문제가 형성된다. 이와 같은 쌍방향의 교류를 통해 연구문제에 대한 모형과 가설이 정립되고, 이에 기초하여 연구문제를 해결하기 위한 설계를 하게 된다. 연구문제와 관련된 개념(또는 변수)에 대한 정의를 내리고, 이를 경험적으로 측정하기 위한 방법을 구상한다. 연구의 대상 혹은 자료수집의 대상을 결정하고, 이에 대해 실제 측정을 행함으로써 필요한 자료를 수집한다. 수집된 자료는 편집과 부호화의 과정을 거쳐 정리되고, 적합한 기법을 적용하여 분석된다. 마지막으로 분석결과를 해석하여 보고서를 작성하며, 이들은 다시 이론 형성과 문제 제기의 과정으로 환류된다.

[그림 4-1-1]과 [그림 4-3-1]에 따르면, 모든 과학적 연구의 과정이 순차적인 단계와 필수적인 활동들로 이루어지는 것처럼 보일 수 있다. 그러나 실제 연구를 수행할 때, 이들 모든 단계가 빠짐없이 순서대로 진행되는 것은 아니다. 연구의 목적과 형태, 연구의 상황이나 환경, 그리고 연구문제의 성격 등에 따라 일부 단계 혹은 연구활동이 불필요하거나 생략될 수 있으며, 전체적인 순서도 달라질 수 있다. 연구를 효과적으로 수행하기 위해서는 이러한 연구과정을 하나의 전체로 보아 논리적인 흐름이 있도록 연구활동을 적절히 관리하는 것이 매우 중요하다.

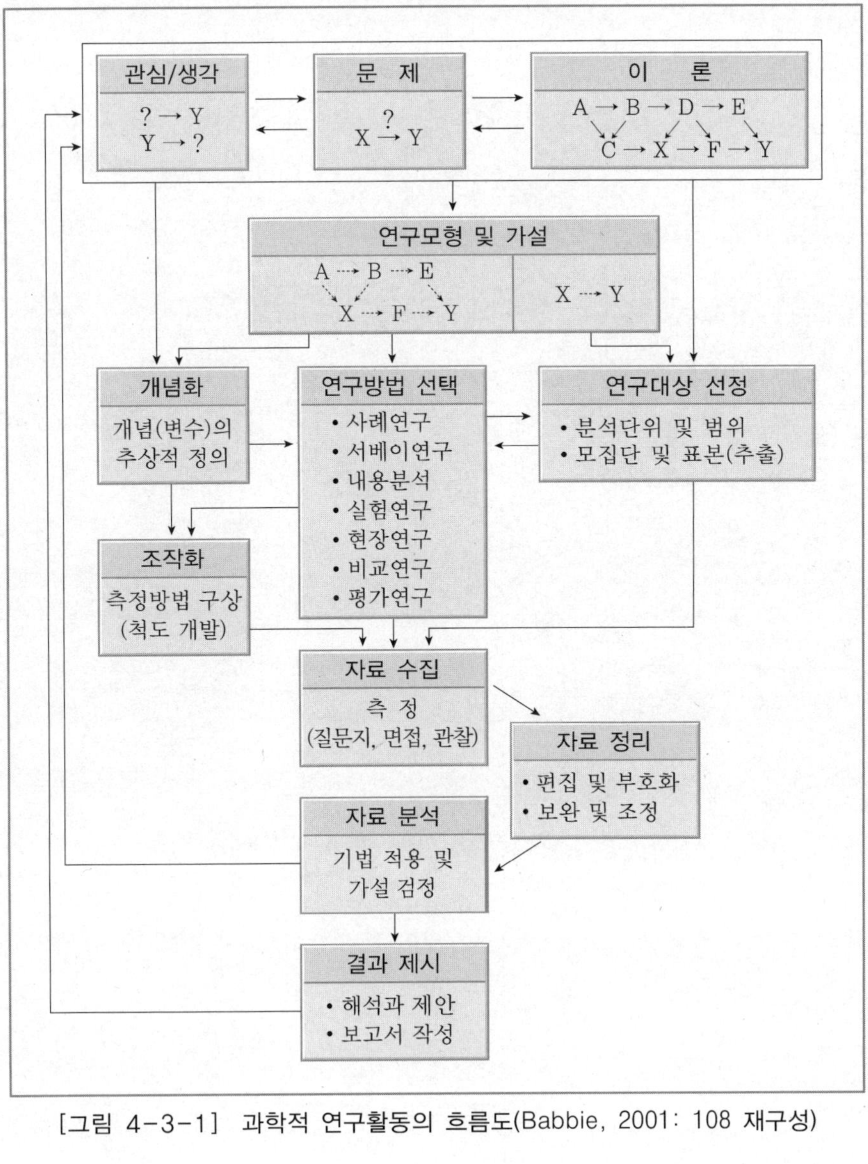

[그림 4-3-1] 과학적 연구활동의 흐름도(Babbie, 2001: 108 재구성)

제 2 편

문제 형성

제 5 장 연구문제의 형성

과학적 연구는 의문이나 문제의 인지에서부터 시작된다. 실제로 유용하고 합당한 대답이란 의문이 제대로 제기되었을 때 얻을 수 있으므로, 연구를 통하여 얻어지는 결과의 수준은 처음에 제기한 의문, 즉 연구문제에 크게 좌우된다. 또한 적절한 연구문제의 설정은 연구의 전체 과정과 방법에 밀접하게 관련되기 때문에 주의 깊게 행해질 필요가 있다. 특히 사회과학분야에서는 동일한 현상이나 사실이 사람에 따라 상당히 다르게 이해되는 경우가 흔히 있다. 따라서 과학적 연구의 첫 단계로서 연구문제의 명확한 설정은 가장 중요한 과제로 간주된다.

제 1 절 연구문제의 의미

모든 과학적 연구는 의문이나 문제를 선정하는 것에서부터 시작된다. 연구자가 외부(연구의뢰자)로부터 주어진 연구문제를 단순히 수용하여 인지하는 경우도 있지만, 대체로 연구자 자신이 특정한 연구문제를 직접 형성하는 과정을 거친다. 실제로 유용하고 합당한 대답이란 질문이 제대로 제기되었을 때만 얻을 수 있기 때문에, 연구를 통하여 얻어지는 연구결과의 수준은 처음에 제기한 질문, 즉 연구문제에 의해 크게 좌우된다. 또한 적절한 연구문제의 설정은 연구의 전체 과정과 방법에 밀접하게 관련되기 때문에 주의 깊게 행해질 필요가 있다.

특히 사회과학분야에서는 동일한 현상이나 사실이 사람에 따라 상당히 다르게 이해되는 경우가 흔히 있다. 예를 들면, 빈곤·환경오염·범죄·실업률 등에 관한 통계에 대해서 사람들은 서로 달리 이해하고 해석하는 경우가 적지 않다. 이처럼 동일한 자료나 정보가 문제의 정의와 기술 등에 있어서 사람들 사이에 갈등을 일으킬 수 있고, 또한 실제로 자주 일어나고 있다. 이는 연구자뿐만 아니라 관계인들이 현상이나 문제의 본질을 보는 관점이나 견해, 가치관 등에 있어서 차이가 나기 때문이다. 이러한 점에서 연구문제의 명확한 설정이 과학적 연구의 첫 단계로 중시되고 있다.

연구자에게 있어서 '무엇을 혹은 무엇에 관하여 연구할 것인가'를 정하는 것은 매우 어렵고 중요한 과제이다. 여기서 '무엇'이란 연구주제(research topic)를 의미하며, 연구의 효과적인 수행을 위해서 구체적인 질문(의문문)의 형태로 진술된 것이 바로 연구문제(research problem, research question)이다.[1)]

연구문제의 진술은 실제로 연구하려는 것이 무엇인지 분명하고 명확하게 알 수 있도록 구체화되어야 한다. 예를 들어, '연구문제는 …이다' 혹은 '연구목적은 …이다'라고 하기보다는, 직접적으로 'A는 어떠한 정도인가?' 혹은 'A와 B는 어떤 관련이 있는가?' 등과 같이 구체적인 의문의 형태로 질문하는 것이다.

제2절 연구문제의 원천

연구문제는 대개 막연한 의문에서 출발한다. 비록 시작은 그러하지만, 막연한 의문의 상태 자체는 연구문제가 될 수 없다. 그 막연했던 의문에 대해 나름대로의 생각과 경험, 기존 지식의 활용 등을 거쳐서 점차 구체적인 의문으로 변화해야 한다. 그러한 의문들이 다듬어져 최종적으로 연구에 적합한 문제로 만들어지게 된다. 대체로 기존 지식이 미비하거나, 사회적 요청 또는 개인의 독특한 경험과 취향 등에 의해 의문이 제기되며, 이들이 구체화되어 연구문제로 발전하게 된다.

1. 기존 지식의 미비

어떤 주제나 문제에 대하여 과학적인 연구를 수행한다는 것은 그 주제나 문제에 대한 지식이 전혀 없는 상태에서는 불가능하며 어느 정도 관련된 지식을 기초로 하게 된다. 그러나 기존 지식이 불충분하거나 상충되어 서로 모순이 있는 경우 등 기존의 지식체계로는 문제를 해결할 수 없는 경우에 연구를 시작하

1) '문제'는 사전적으로 "해답을 요구하는 물음"이며, "논쟁, 논의, 연구 따위의 대상이 되는 것"으로 정의되고 있다(국립국어연구원, 1999: 2290).

게 된다.

2. 사회적 요청

특히 응용 · 실천을 중시하는 사회과학분야에 있어서 많은 연구문제는 국가적 · 사회적 요청에 의해 발생하게 된다. 국가적 · 사회적 요청이란 정부나 각종 단체에서 특정 문제에 대한 연구(혹은 조사)를 의뢰 · 권장하는 경우를 말하며, 대체로 정치 · 경제 · 사회적 문제가 발생하였거나 발생할 가능성이 예상될 때에 이들 문제의 해결방안을 모색하기 위한 것이다. 이러한 요청에 의한 경우 연구주제는 연구자가 정하는 것이 아니라 연구(혹은 조사)를 요청한 기관에서 주로 제시하게 된다.

3. 개인적 경험

실제로 연구는 기존지식을 전제로 하거나 국가적 · 사회적 요청에 의해 연구문제가 제기되는 경우가 대부분이다. 그러나 우연히 또는 개인적 필요에 의해 연구자가 중요한 문제를 착상할 수도 있다. 연구자의 일상생활이나 직장에서 얻은 개인적 경험이나 취향을 토대로 학술적 또는 실천적 가치가 있는 연구주제를 선정하는 경우이다.

제 3 절 연구문제의 선정기준

연구문제를 선정할 때는 실제 연구의 범위나 현실적 여건뿐만 아니라 그 문제가 해결되었을 경우에 연구결과의 기여도가 얼마나 되는지 사전에 따져 보아야 한다. 적절한 연구문제의 선정은 크게 학문적 측면, 실천적 측면, 그리고 도의적 측면 등을 종합적으로 고려하여 이루어져야 한다(김경동 외, 1989: 89～90; 김해동, 1982: 96～110; 남궁근, 2003: 113～114).

1. 학문적 고려(academic consideration)

연구문제가 학문적으로 의미가 있는지, 즉 학문발전에 공헌할 수 있는지를 검토하는 것을 말한다. 이는 연구결과가 관련분야의 지식축적에 어느 정도 기여할 수 있는가와 관련된 것으로 창의성, 이론적 의의, 검증가능성 등의 관점에서 판단될 수 있다. 창의성은 연구문제가 새로운 것으로서 새로운 쟁점, 새로운 관점, 새로운 접근방법 등을 제시하는 정도를 말하며, 이론적 의의란 연구문제가 이론적으로 의미가 있어야 한다는 것이며, 검증가능성은 연구문제가 방법론적 관점에서 경험적 · 실증적으로 확인될 수 있어야 한다는 것이다.

2. 실천적 고려(practical consideration)

사회과학분야에서 많은 연구문제는 사회생활 속에서 발생하는 여러 가지 쟁점에 대처하고 이를 해결하고자 하는 노력에서 출발하고 있다. 이러한 관점에서 연구결과가 현실 문제의 해결에 도움이 되는 정도, 즉 연구결과의 효용성 또는 적용가능성 등을 중심으로 하여 연구문제를 선정하는 것이 필요하게 된다. 사회과학분야의 모든 문제가 실천적 기준에 합당하여야 한다고 단정하는 것은 무리가 있으나, 행정학이나 정책학과 같은 응용 · 실천학문의 경우 연구문제의 실천적 적합성은 매우 중요시되고 있다.

3. 도의적 고려(ethical consideration)

대부분의 연구자들이 연구문제를 선정할 때에 그 연구의 결과가 인류의 복지 또는 행복에 직·간접적으로 공헌할 것으로 짐작하는 것은 사실이다. 어떤 문제가 인류나 사회에 유익할 것인지 아니면 유해할 것인지 실제로 판단하는 것이 곤란한 경우가 흔히 있다. 그러나 선정된 문제가 인간의 기본질서나 사회윤리를 해칠 수 있거나 특정 개인이나 집단을 파괴하거나 저해할 수 있는 영역의 대상이 되어서는 안 된다. 또한 연구과정에서 개인의 사생활 침범이나 연구대상자에게 신체적 · 정신적 침해를 가할 수 있는 연구문제의 선정은 제한되어야 한다.

제 4 절 연구문제의 형성과정

모든 의문들이 그 자체로는 연구를 필요로 하는 문제가 되지 않는바, 연구문제를 형성한다는 것은 연구자가 관심을 가지는 주제에 대한 진술 혹은 질문을 만드는 것 이상을 의미한다. 연구주제가 이미 외부로부터 주어지거나 연구자 자신이 어떠한 문제를 연구하기로 작정하고 연구주제를 선정하였더라도, 이를 토대로 처음부터 구체적인 연구문제를 명확하게 정의하기는 쉽지 않다. 그러므로 연구주제를 체계적으로 탐색하여 과학적 연구가 가능한 특정 진술이나 문제를 도출하기 위해서는 상당한 노력과 주의가 필요하다. 최초의 단순한 의문이나 아이디어가 질문의 형태로 전환되고, 그것이 연구 가능한 문제가 되도록 다듬어지기 위해서는 다음과 같은 일련의 과정을 거쳐야 한다.

1. 연구주제(research topic)의 선택

연구문제를 형성하는 첫 단계는 연구주제를 선택하는 일이다. 먼저 연구자가 관심을 두고 연구하려는 분야 혹은 영역을 정하고, 그 분야 혹은 영역 내에서 특정한 주제를 선정하는 단계적 절차를 거치게 된다. 연구주제는 연구자가 연구하려는 '무엇'을 단순한 용어나 어구의 형태로 진술한 것이며, 이러한 연구주제의 하위 핵심과 앞으로 연구의 방향을 포함하여 연구문제를 형성하게 된다.

2. 연구목적(research objective)의 규정

연구주제가 선택되면, 연구를 통하여 얻고자 하는 것이 무엇인가를 결정하는 것이 필요하다. 일반적으로 과학적 연구는 탐색 · 기술 · 설명 · 예측 · 통제 등 다양한 목적을 띠고 있으며 이에 따라 연구문제가 달라질 수 있다. 따라서 연구자는 연구문제를 구체적으로 진술하기 전에 이들 목적 중 어느 쪽에 중점을 두어야 할지를 분명히 결정하여야 한다.

선택된 연구주제에 대하여 사전 지식이 별로 없는 경우에는 주제나 아이디어를 탐색하는 것이 연구목적이 되며, 연구주제에 관하여 약간의 사전 지식이 있는 경우에는 현상을 정확하게 기술하는 것이 그 목적이 될 것이다. 어떠한 현상의 원인과 그 결과에 대하여 설명하고자 할 때에는 관련된 개념(변수) 간의 관계가 연구문제로 등장하게 된다. 만약 현상에 대한 사전 정보를 기초로 미래 상태에 대한 정보를 산출하고자 하는 경우에는 역사적 변화에 대한 기술이나 개념(변수) 간의 인과관계를 설명·예측하는 것이 필요하다. 충분한 정보를 기초로 바람직한 대안이나 방향을 모색하려는 경우에는 인과적 결과에 따른 선행조건의 통제가 연구목적으로 포함될 수 있다.

3. 연구문제(research problem)의 진술

먼저, 선택된 연구주제와 관련이 있는 모든 관심사항이나 의문점을 질문의 형태로 표현하여 본다. 연구목적을 염두에 두고 질문의 형태로 표현하다 보면 그에 대한 해답을 잠정적으로 생각하게 되어 연구문제를 구성하는 데 도움이 된다. 다음으로, 제기된 질문들 중에서 가장 중요하거나 기대하는 연구결과를 잘 나타내 주는 질문을 선택하거나, 이들 중 일부를 결합하여 새로운 질문으로 재구성하여 연구문제로 삼을 수 있다.

4. 연구가설(research hypothesis)의 설정[2)]

연구문제는 그 자체로 경험적 검증이 될 수 있는 것이 아니므로 연구문제의 구체성과 연구의 방향성을 더욱 높이기 위해서 가설을 설정하게 된다. 가설은 연구문제에 대한 잠정적인 해답이며, 예상되는 연구결과를 사전에 진술하는 것을 말한다. 이는 연구문제의 진술문으로부터 직접 얻거나 또는 다양한 문헌·자료에 근거하여 도출될 수 있다.

사회과학분야의 경험적·실증적 연구에서 가설 설정은 하나의 일반적인 단계로 인식되고 있으나, 연구의 목적이나 형태 등에 따라 잠재 또는 생략되거나 전혀 불필요한 경우도 있다. 가설에 관하여는 제8장에서 구체적으로 살펴보기로 한다.

2) Majchrzak(1984: 47~52) 등은 가설 설정을 문제 형성의 한 단계로 인정하지 않고 있으나, 경험적·실증적 연구에 있어서 가설은 연구문제의 잠정적인 해답으로서 문제 형성과 불가분의 관계가 있으므로 여기서는 마지막 단계에 포함시켜 간략히 논의한다.

제 6 장 기존문헌의 검토

과학적 연구는 과학적 지식의 일반적인 맥락 속에 있어야 하기 때문에 기존 연구에 대한 검토가 필수적으로 요청된다. 연구주제와 관련된 기존 문헌을 체계적으로 검토함으로써, 연구자는 자신의 연구문제 해결을 위한 연구수행 과정에 많은 도움을 얻을 수 있다. 모든 연구가 실제로 다른 사람들의 연구를 그 토대로 삼고 있다는 점에서 문헌검토는 연구자의 특정 연구를 더 광범위한 연구 전통에 접목시키는 연구활동으로 중시되고 있다.

제 1 절 문헌검토의 의미

모든 연구는 과학적 지식의 일반적인 맥락 속에 있어야 하기 때문에 기존 연구에 대한 검토가 필수적으로 요청된다. 연구주제와 관련된 기존 연구를 사전에 체계적으로 검토하면, 자신의 연구문제 해결을 위한 연구수행에 많은 도움을 얻을 수 있다. 연구주제 혹은 연구문제가 결정되면, 그와 관련된 선행 연구결과를 철저히 탐색하여 충실히 검토한 다음, 기존 연구의 연장선에서 자신의 연구를 진행해야 한다. 가능한 한 연구과정 초기에 충실한 문헌검토(literature review)가 이루어져야 하지만, 실제로 연구의 전체 과정에서 문헌검토를 필요로 하는 새로운 사항들이 많이 나타나게 된다. 따라서 기존 문헌의 검토는 연구문제의 형성단계에서뿐만 아니라 연구의 전체 과정에 걸쳐 매우 중요한 연구활동의 하나로 간주된다.

모든 연구가 실제로 다른 사람들의 연구를 그 토대로 삼고 있다는 점에서 문헌검토는 연구자의 특정 연구를 더 광범위한 연구 전통에다 접목하는 작업에 해당한다. 이러한 점에서 연구자는 기존 문헌을 검토하는 과정에 다음과 같은 의문을 제기할 수 있다. 즉, '기존 연구들이 내가 하고자 하는 연구에 어떤 영향을 줄 수 있는가?' '내가 연구하려는 주제나 문제에 대해 다른 사람들은 어떻게 연구하였는가?' '어떤 이론들이 나의 연구주제와 관련이 있으며, 그 내용은 무엇인가?' '기존 연구들이 어떤 방법으로 연구를 수행하여 왔는가?' '기존 연구들은 관련되는 연구주제에 대하여 어떤 결론을 내리고 있는가?' '나의 연구는 기존 연구들과 어떠한 연관이 있으며 또 어떤 면에서 차이가 있는가?' '나의 연구는 기존 연구들에 어떠한 기여를 할 수 있는가?' 등과 같은 의문들이 문헌검토를 통해 해결될 수 있다.

제2절 문헌검토의 목적

기존의 연구문헌을 검토하는 가장 근본적인 목적은 연구주제와 관련된 분야에서 지금까지 수행된 연구 실태를 파악하여 향후 연구자 자신의 연구수행에 종합적인 준거기준으로 사용하기 위한 것이다. 이러한 문헌검토의 목적을 구체적으로 살펴보면 다음과 같다.

1. 아이디어의 발견

기존의 관행이나 이론적 논의에 대한 검토를 통하여 연구문제와 관련된 새로운 시각이나 연구수행에 관한 아이디어를 찾을 수 있다. 예를 들어, 선행연구들의 논리적·이론적·방법론적 연구활동을 파악하여 그 문제점을 발견하고 이에 대한 해결방안을 강구할 수 있다. 또한 선행연구의 수행과정에 나타나는 모호성을 발견하여 이를 명확하게 하고, 서로 다른 연구들을 결합하여 특정 문제에 대한 새로운 접근법을 개발하는 시각을 얻을 수 있다.

2. 기존 지식(혹은 이론)의 확인

기존의 연구문헌을 검토함으로써 이미 연구된 내용이나 현재까지의 연구진행상황을 확인할 수 있다. 따라서 연구자는 연구의 중복을 피하거나, 연구문제를 구체적으로 한정하고, 이와 관련된 가정이나 명제들을 확인할 수 있게 된다.

3. 개념적 준거틀의 규명

기존연구의 모형 혹은 개념적 준거틀을 검토함으로써 연구주제에 대한 전반적인 관점을 가질 수 있다. 연구자는 문헌검토를 통하여 선행연구에서 제시되고 있는 다양한 이론들을 파악하고 연구주제와 관련된 이론적 체계를 이해함으로써, 자신의 입장에서 관련 개념들을 정의하고 개념적 준거틀을 정립할 수 있게 된다.

4. 연구설계의 탐구

기존연구의 연구(조사)방법, 척도 또는 측정도구, 자료의 수집 및 분석 방법 등에 대한 검토를 통하여 자신의 연구를 수행하는 과정에서 발생할 수 있는 문제점과 이를 해결할 수 있는 방안에 대한 사전 정보를 획득할 수 있다.

5. 자료원의 발굴

기존의 연구에서 활용된 다양한 자료를 파악함으로써, 연구자는 자신의 연구문제를 해결하는 데 필요한 자료에 대한 이해를 제고할 수 있다. 특히 선행연구에서 활용된 자료의 적절성 정도를 검토함으로써 자신의 연구에 유용한 자료의 출처 또는 정보원을 접할 수 있게 된다.

6. 연구가능성의 판단

기존의 연구에서 활용된 자원, 시간, 연구대상(혹은 표본), 척도 또는 측정도구, 분석프로그램 등에 대한 평가를 통하여 이를 충족시킬 수 있는지를 판단해 볼 수 있다. 만약 여의치 못하다고 생각될 때는 연구범위의 축소나 연구방법의 변경, 나아가 연구주제의 변경 등을 고려할 필요가 있다.

제 3 절 문헌검토의 방법

연구자의 입장에서 필요하다고 생각되는 문헌정보를 적절히 찾아 관리하는 방법은 매우 다양하다. 무엇보다도 자신에게 적합하고 효율적인 방법을 개발하여야 하나, 어떤 방법을 사용하든 필요한 정보를 충실히 획득하고 이를 일관성 있게 정리하여 중요한 요소들이 배제되지 않도록 하는 것이 중요하다.

1. 정보의 출처 파악

연구주제와 관련되어 국내·외에서 발간된 서적·보고서·잡지·학술지·기록물 등은 어떠한 것들이 있는지를 파악하고, 이들을 어떻게 습득할 수 있는지를 알아본다. 대학도서관, 국·공립도서관(예: 국회도서관, 국립중앙도서관, 한국사회과학도서관), 사회과학 관련연구소 등에 비치된 목록을 살펴볼 수 있으며, 인터넷을 통하거나 교수·선배·동료 등에게 문의하기도 한다. 최근에는 특정 분야별 학위논문이나 정기간행물 색인 등을 하나의 큰 책으로 묶거나 통합 데이터베이스(DB)로 구축하여 도서관이나 개인에게 제공하고 있어 편리하게 이용할 수 있다.

2. 정보의 획득방법

연구주제와 관련된 정보를 획득하는 방법은 여러 가지가 있으나, 최근에는 컴퓨터를 이용한 방법이 일반화되고 있다. 컴퓨터공학과 인터넷의 발달로 과거와 같이 색인 카드를 일일이 뒤지며 찾는 문헌검색방법은 더 이상 사용되지 않고 있다.

컴퓨터를 이용하여 학술정보를 획득하는 방법에는 각 대학의 도서관에서 소장하고 있는 서적이나 논문 혹은 분야별 데이터베이스를 검색하거나, 각 분야별 데이터베이스를 연결해 놓은 상업용 서비스망을 활용하는 방법 등이 있다. 연구자가 관심을 두는 주제에 대해 아무런 정보가 없는 경우에는 검색엔진(search engine)을 통하여 관심영역의 학회나 데이터베이스가 있는지를 찾아볼 수 있다.

3. 정보의 검색절차

연구주제와 관련된 정보 검색이 적절히 이루어지려면 체계적인 계획이 필요하며, 다음과 같은 예시 절차를 충실히 수행하는 것이 도움된다.

(1) 문헌조사 범위의 확인

연구주제 또는 연구문제를 구체적인 용어로 기술하여 문헌검토를 위한 주요 단어가 쉽게 발견될 수 있도록 해야 한다. 만일 연구문제의 범위가 너무 넓으면, 과도할 정도로 많은 관련문헌이 검색된다. 이 경우 검색된 문헌 중 다수가 그 연구에 적절치 않을 수도 있으므로, 검색의 범위를 좁혀 다시 검색하여야 한다. 반면에 관련문헌이 너무 적게 나타나면, 사용되는 주요 단어 혹은 주제어를 변경하여 검색의 범위를 넓혀야 한다.

(2) 데이터베이스의 선정

사회과학분야에서 실제로 이용할 수 있는 데이터베이스는 상당히 많이 있다. 이러한 데이터베이스를 모두 찾아 볼 필요는 없으나, 최소한 세 개 이상을 찾아보는 것이 좋다. 각 데이터베이스는 찾는 방법이나 내용에 있어서 다소 차이가 있으므로, 자신의 연구주제를 고려하여 자신에게 편리한 데이터베이스를 사용하는 것이 효과적이다.

(3) 주요 단어의 선정과 조합

주요 단어 혹은 주제어는 무엇을 검색할 것인지 말해 주는 언어이다. 검색의 폭을 넓히거나 좁히려면 이들을 연결어로 적절히 상호 조합하여 사용하는 것이 효과적이다. 대표적인 연결언어로서 '그리고(and)'와 '또는(or)'을 들 수 있는데, '그리고'를 사용하면 검색의 폭이 좁아지며, '또는'을 사용하면 검색의 폭이 넓어진다.

(4) 관련문헌의 개수 조정

컴퓨터를 통하여 기존 문헌을 검색을 할 때, 관련문헌의 수를 입력하면 관련문헌의 폭을 넓히거나 좁힐 수 있다. 이처럼 문헌의 개수를 정하고자 할 경우에는 발행시기, 관련정도 등 여러 가지 옵션을 설정할 수 있다.

(5) 초록 혹은 전체내용 입수

데이터베이스를 이용하여 관련문헌 목록을 검색하다 보면, 논문의 초록(abstract)뿐만 아니라 전체 내용까지 입수할 수 있다. 먼저 초록을 검색하여 전체 내용에 대한 검토 필요성을 판단하는 것이 효율적인 검색활동이 된다.

4. 정보의 활용방법

관련 문헌을 찾은 후 이를 검토하여 그 문헌의 내용이 현재 연구하고자 하는 문제에 적절한지를 판단하여야 한다. 만약 적절하지 않다면 삭제하고, 적절하다면 그 정보를 요약하거나 이용할 수 있는 형태로 변형시켜 연구자가 필요할 때 활용할 수 있도록 관리하여야 한다.

(1) 관련문헌의 기재

관련문헌이 검색 · 선정되면 이를 꼼꼼히 검토하여 그 주요 특성을 따로 기록해 놓아야 한다. 관련문헌이 서적이나 보고서일 경우는 저자의 이름, 제목, 발행일, 발행기관 혹은 출판사, 발행지역 등을, 그리고 정기간행물에 실린 논문일 경우에는 간행물의 권, 호, 쪽수번호까지 기록한다. 이처럼 처음부터 완전하고 정확하게 문헌의 특징을 기록해 두면, 연구수행과정에서 많은 시간을 절약하고 여러 가지 혼란을 방지할 수 있다.

(2) 관련문헌의 요약

관련문헌에서 주요한 정보를 추출한 후 이를 요약하여 다시 정리하여야 한다. 단순히 전체 내용을 요약하기보다는 연구자 자신만의 범주(차원 또는 항목)를 정하여 그 내용을 범주에 따라 뽑아 담고 각 범주에 속한 주요 내용을 정리하여야 한다. 예를 들어, 연구주제와 관련된 이론 혹은 개념적 준거틀에 관한 내용, 연구방법에 관한 내용, 결과 혹은 결론에 관한 내용 등과 같이 크게 범주를 나누어, 각 범주별로 다시 세분화된 범주를 설정 · 구분하여 그 내용들을 정리할 수 있을 것이다. 이 경우 필요한 부분을 모두 포함하면서 될 수 있으면 짧게 관련정보를 압축하는 것이 좋다.

(3) 비판적 검토

관련문헌에 따라 그 수준과 포괄성은 매우 다양하다. 따라서 연구자가 문헌의 내용을 검토할 때 다소 비판적인 시각을 갖는 것이 필요하다. 문헌마다 연구자가 꼭 필요로 하는 정보가 있을 수 있거나 중요시할 만한 정보가 전혀 없는 경우도 있다. 때로는 연구자가 문헌에 수록된 정보의 중요성을 이해하지 못하는 경우도 있으므로, 연구자는 그 분야에 대한 기본적인 내용과 연구방법 등을 어느 정도 이해할 능력을 사전에 갖추고 있어야 한다.

(4) 검토결과의 정리

관련문헌을 검토하여 얻은 정보를 종합적으로 정리하고, 그 정보로 무엇을 어떻게 할 것인가를 결정한다. 연구문제와의 관련성, 정보의 양, 활용 정도 등에 따라 검토결과를 체계화하거나, 시대적인 흐름이 중요하다면 발행연도에 따라 그것을 정리한다. 검토결과는 그 양에 관계없이 가능한 한 최근의 정보를 보여주는 것이어야 한다. 오래된 정보가 적절하지 않다는 것이 아니라, 최신 정보일수록 과거의 연구결과가 집약되어 있을 뿐만 아니라 발전된 결과까지 포함하고 있을 가능성이 높기 때문이다.

제 7 장 연구모형의 정립

연구자는 연구문제와 관련된 문헌검토를 통해 얻은 관점들을 종합적으로 정리하여 하나의 모형을 마련하게 된다. 이러한 연구모형은 연구문제와 관련된 현상에 대하여 연구자가 지니는 이론적 체계를 보여주며, 이에 기초하여 연구자는 연구문제에 대한 가설을 도출해 낼 수 있다. 연구모형에서 도출된 가설이 실제 경험적 자료를 통해 검증되면, 연구모형은 하나의 이론으로서 가치를 가지게 된다.

제 1 절 연구모형의 의의

1. 연구모형의 의미

모형(model)이란 '어떤 사물을 닮은 것' 혹은 '실물을 모방하여 만든 물건'을 의미한다. 예컨대 비행기 축소물, 패션모델, 모범적 인물, 그리고 수식이나 그림 등이 모두 모형에 해당된다. 이처럼 모형은 어떤 실체를 모방하거나 추상화시켜 놓은 것으로, 아직 완전하게 기본 요소가 잡히지 않은 실체를 보는 우리의 관점을 잡아 주거나 단순화시켜 주려는 것이다(김광웅, 1997: 238). 쉽게 말해서, 우리가 알고자 하는 현상의 관계를 잘 나타내 준다고 생각하는 모습(구조)을 모형이라 할 수 있다(강신택, 2002: 28).

연구모형(research model)이라는 용어도 이론과 마찬가지로 학자들 사이에서 의미의 일치를 보지 못하고 있다. 연구모형을 이론과 같은 의미로 쓰기도 하고, 때로는 양자를 구별하여 이론이 아닌 어떤 이론적 정식화를 지칭하는 데 연구모형이라는 말을 사용하기도 한다.[1] 대체로 학술연구에서는 이론을 만들기 전에

1) 강신택(2002: 29)은 모형과 이론의 관계는 동일한 칼큐러스(calculus)에 대하여 두 가지의 해석을 하는 것과 같다고 한다. 양자의 구별은 구조적 차이나 특색에 따른 것이 아니라, 단지 경험적 내용의 차이(즉, 연구자의 관심의 차이)에 의하여 결정된다고 본다.

개념(변수)간의 관계를 그림이나 표, 수식 등의 단순한 형태로 표현하여 이해를 돕고자 모형을 활용한다. 연구목적에 비추어 부적절한 요소들을 제거하고 중요한 개념(변수)만을 선택하여, 이들 사이의 관계에 관한 하나의 이론적 시스템을 보여주게 된다.[2)]

이처럼 연구모형은 연구문제와 관련된 개념간의 관계를 구체화시켜 준다는 점에서 개념적 준거틀(conceptual framework)이라 하며, 연구문제의 해결에 필요한 이론적 원리까지 포함하고 있다는 점에서 이론적 틀(theoretical framework)로 불리기도 한다.[3)] 어떻게 지칭되든 간에 연구과정에 사용되는 모형은 설정된 연구문제를 명료하고 검증가능한 진술, 즉 가설로 바꾸는 데 필수적인 역할을 한다.

2. 연구모형의 성격

일반적인 모형이 지니고 있는 성격을 간략히 살펴보면 다음과 같다(김광웅, 1997: 238~240).

첫째, 모형은 구조적인 면에서뿐만 아니라 기능적인 면에서도 실상(實像)과 동상유질(同相類質)의 관계를 지니고 있어야 한다. 구조적으로 양쪽의 요소가 일대일의 상응관계(one-to-one correspondence)를 가져야 하며, 기능적으로 모형이 행하는 역할이 실제의 경험세계에서 이해되는 현상과 유사한 성질의 것이어야 한다.

둘째, 모형은 실상을 구조적으로 단순화한 것이다. 따라서 모형은 유추(analogy)나 은유(metaphor)의 작용을 해 줄 수 있을 정도로 간단하여야 하며, 구조면에서 복잡한 경우는 모형으로서의 가치를 상실하게 된다.

셋째, 모형은 실상의 속성을 대표하는 것이다. 실상의 모든 것이 모형과 같다고는 할 수 없으나, 모형은 실제의 특성이나 공통점을 지니고 있는 대표적인 것으로, 이를 통하여 실상을 유추하게 된다.

넷째, 모형은 이론 스케치(theory sketch)와 같은 것이다. 즉, 모형이 개념(변

---

2) 이러한 점에서 남궁근(2003: 128)은 "일련의 연구문제에 포함된 개념(또는 변수)들을 구성요소로 하고, 이들 구성요소들의 관계를 연결한 하나의 시스템"을 개념적 준거틀로 정의하고 있다.

3) 이와 함께 분석틀(analytical framework)이라는 용어를 흔히 사용하기도 하나, 엄격한 의미에서의 분석틀은 이론적인 원리보다는 경험적 자료를 체계적으로 수집 · 정리 · 처리 · 분석하기 위한 기본 방법을 제시하는 것에 중점을 둔다.

수)간의 관계를 어느 정도 설명해 주기 때문에 음악에서의 소묘곡(素描曲)과 같은 것으로 볼 수 있다.

다섯째, 모형은 용어의 활용에 있어 매우 신축적이다. 대체로 이론보다는 하위개념이지만, 군형(群型, taxonomy), 도식(圖式, scheme), 유형(類型, typology), 틀(framework) 등과 같은 용어를 대신하여 사용되기도 한다.

3. 연구모형의 기능

연구모형은 현상을 '설명'하기 위하여 사용되는 것이 아니라 이론의 구조를 '발견'하기 위한 것이다(강신택, 2002: 29). 예컨대 정책결정과정의 정치적 합리성을 규명하기 위하여 Diesing의 의사결정구조이론과 Habermas의 의사소통능력이론을 연구모형으로 사용하는 경우를 들 수 있다. 이처럼 연구자는 기존 이론들을 자신의 연구문제 해결에 필요한 모형으로 사용함으로써 그 연구주제에 관한 이론의 구조를 발견하려 한다.

연구모형은 연구자가 자신의 생각을 조직화 · 체계화한 것으로서, 연구자의 생각을 다른 사람에게 전달하는 데 효과적인 수단이 된다. 연구모형을 사용하는 이유는 무엇보다도 연구모형이 현상에 대한 인식을 가능하게 해 주기 때문이다. 다시 말해서, 연구모형을 통하여 '알찬 내용이 소상하게 담겨 있는 의미 깊은 맥락'을 파악할 수 있다는 것이다(김광웅, 1997: 240).

이와 같이 현상에 대한 인식을 가능케 하는 모형은 무엇보다도 연구문제를 명료하고 검증가능한 진술(즉, 가설)로 바꾸는 데 필수적인 역할을 한다. 연구자가 고려하여야 할 개념(변수)간의 관계를 확인시켜 줌으로써, 연구의 범위를 한정하고 가설을 설정하는 데 기초가 된다. 또한 연구모형은 도출된 연구결과의 해석에 있어서 준거기준이 되기도 한다.

제 2 절 연구모형의 구조

연구주제와 관련된 실상을 단순화한 모형은 연구문제를 명료하고 검증가능한 진술로 바꾸는 데 필수적인 역할을 한다. 이러한 역할은 무엇보다도 연구주제와 관련된 개념(변수)을 식별(識別)하고, 이들 사이의 관계를 규명함으로써 가능하다. 따라서 연구모형의 구조는 식별된 개념, 그들 간의 관계, 그리고 각 개념의 위치에 의해 이루어진다고 할 수 있다. 즉, 연구모형을 정립하려면 어떠한 개념들이 포함되며, 이들의 상호 관계는 어떠하고, 그 관계 속에서 각각은 어떻게 위치하고 있는지를 알아야 한다.

1. 구성요소의 식별

연구주제와 관련이 있는 개념(변수)이 연구모형의 구성요소가 된다.[4] 연구모형에 포함되는 개념의 식별은 목표-수단분석(means-ends analysis)에 의하거나,[5] 연구자의 아이디어, 전문가·동료와의 토론, 기존지식의 재검토, 기존자료의 검색 등을 통하여 가능하다(O'Sullivan & Rassel, 1989: 5~8).

2. 구성요소간 관계

연구모형에 포함되는 개념(변수)이 식별되면, 이들 개념간의 관계가 정해져야 한다. 그 관계의 성격은 대체로 대칭적 관계, 비대칭적 관계, 쌍방적 관계로 구분된다.

첫째, 대칭적 관계(symmetrical relationship)는 두 개념 간의 관계에서 어떤 개념도 다른 개념의 원인이 아닌 경우이다. 다시 말해서, 두 개념 간에 상관관계 또는 공동변화는 확인되나 인과관계의 방향은 알 수 없을 때이다. 두 변수 X와 Y의 대칭적 관계를 기호로 표현하면, $X \leftrightarrow Y$와 같이 양쪽 방향의 화살표로 나타낼 수 있다.

둘째, 비대칭적 관계(asymmetrical relationship)는 두 개념 간에 한 방향의 인과적인 관계가 존재하는 경우이다. 즉, 한 개념이 다른 개념에 일방적인 영향을

4) 개념은 추상성이 높은 데 비하여, 변수는 개념을 구체화하여 측정가능한 형태로 정의한 것이다. 개념과 변수에 대한 자세한 설명은 제13장을 참조하기 바란다.

5) 이러한 '인과적 모델링(modelling)'방법의 예로서 남궁근(2003: 129)은 의료보험제도에 있어서 비용지출의 급격한 증가를 억제하는 방안에 관한 연구를 들고 있다. 이 경우 의료비용의 증가라는 정책문제를 인지하고, 의료비용의 억제라는 정책목표를 종속변수로 설정하고, 그러한 목표를 달성하기 위하여 수혜자 수의 축소, 수혜서비스 유형의 축소, 서비스 단위당 비용 삭감 등의 대안이 탐색되면 이들을 독립변수로 보고 연구모형에 포함시킨다는 것이다.

미치는 인과관계를 말한다. 두 변수 X와 Y의 비대칭적 관계를 기호로 표현하면, $X \rightarrow Y$와 같이 한쪽 방향의 화살표로 나타낼 수 있다.

셋째, 쌍방적 관계(reciprocal relationship)는 두 개념이 서로에게 영향을 주고받는 관계이다. 즉, 두 개념 중 하나의 개념이 다른 개념의 원인이 되어 변화를 야기하고 또 반대로 영향을 받는 상호 인과적인 관계를 말한다. 예를 들어, 두 변수 X와 Y의 관계에서 X의 변화가 Y의 변화를 가져오고, Y의 변화는 다시 X의 변화를 가져오며, 이어서 X의 변화는 다시 Y의 변화를 가져오는 등 상호 영향을 주고받는 관계이다. 이들 두 변수의 관계를 기호로 표현하면 $X \rightleftharpoons Y$와 같이 나타낼 수 있다.

3. 구성요소의 위치

연구모형에 포함되는 개념(변수)이 선정되고, 개념간 관계의 성격이 검토되면, 모형에서 각 개념이 차지하는 위치를 설정하여야 한다. 각 개념의 위치는 구성요소들간 관계의 성격에 기초하여 설정되며, 이에 따라 선행변수, 매개변수, 조절변수, 통제변수 등의 형태를 띠게 된다. 이들의 각각에 대한 설명은 제13장 제2절을 참조하기 바란다.

제 3 절 연구모형의 형태

사회과학에서 사용되는 연구모형은 매우 복잡하고 여러 가지 형태를 띠고 있다. 이는 모형의 구조적 체계나 형식체계의 해석에 차이가 있기 때문이다. 연구모형을 구성하고 있는 구조적 요소나 이들이 행하는 기능에 따라 대체로 물리모형, 어의모형, 형식모형, 해석모형 등으로 분류할 수 있다(Kaplan, 1964: 268~272; 박용치, 1997: 134).

1. 물리적 모형

물리적 모형(physical model)은 언어나 형상과는 관계없이 물질 위주로 실상을 표시하는 모형이다. 이는 가장 오랫동안 널리 사용되어 온 보편적인 형태로서 모형 비행기나 자동차, 인형, 초상 등과 같이 실물을 축소한 상사체(相似體, analogue) 또는 모사물(模寫物)이 그 예이다. 행태과학에서의 컴퓨터 시뮬레이션(simulation), 경제학에서의 아날로그 컴퓨터에 의한 물리체계 탐색, 심리학에서의 심리연극(psychodrama, 역할연기) 등과 같은 경우에 물리모형을 사용하고 있다고 볼 수 있다.

2. 어의적 모형

어의적(語義的) 모형(semantical model)은 상징적 또는 개념적 상사체(symbolic or conceptual analogue)를 의미한다. 경제학에서 수요량 $D_x = f(P_x, I, W, P_y \cdots)$ 혹은 국민소득 $Y = C + I + G$로 표현하는 것이 그 예라고 할 수 있다. 이와 같은 모형은 명백하고 구체화된 구조를 제공함으로써 통계적 또는 수학적 도구가 적용될 수 있게 한다. 일반적으로 어떤 특정한 조건이 충족되지 않으면 사용할 수 없는 단점이 있으나, 조건의 충족 여부 및 결과에 대한 원인 등에 대한 규명이 가능하여 이론 형성에 도움을 준다.

3. 형식적 모형

형식적 모형(formal model)은 주로 도표 혹은 그림 형태로 개념 간의 관계를 표현하는 것을 말한다. 연구문제와 관련된 주요 개념을 구성요소로 선정하고,

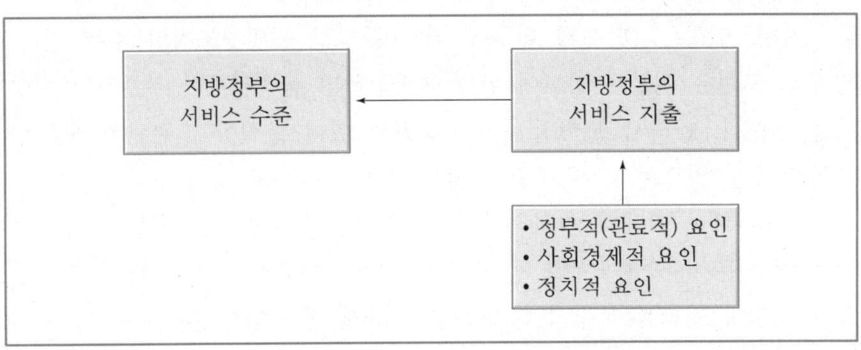

[그림 7-3-1] 형식적 모형의 예

이들의 관계를 추상화하여 보여준다. 예를 들어 지방정부의 서비스 수준에 영향을 미치는 요인들을 살펴보는 연구에서 [그림 7-3-1]과 같은 연구모형이 설정될 수 있을 것이다.

4. 해석적 모형

해석적 모형(interpretive model)은 형식적 모형의 기능을 보완하는 것으로서 이론적인 영역과 경험적인 영역을 일치시키는 역할을 한다. 해석적 모형은 추상적인 이론의 구체적인 실례(實例)라고 볼 수 있기 때문에, 이를 통해서 우리가 알고 있는 것으로부터 그와 유사한 다른 문제에 관한 가설을 도출해 낼 수 있다. 이러한 모형은 학문연관적 접근법 또는 종합학문적 접근법에 유용하게 활용되고 있는데, 예를 들어 의식과 정보 과정을 환류라는 견지에서 두뇌과학(cybernetics)모형으로 다루는 것은 심리학 분야와 커뮤니케이션 분야의 흥미를 같은 초점에 맞추고 있다.

제4절 연구모형의 한계

연구모형은 추상화의 작용을 통하여 실체를 대신하고 있기 때문에 여러 문제점과 한계를 지닐 수밖에 없다. 따라서 모형을 정립하여 사용할 때는 그 모형이 지니는 문제점과 한계를 충분히 고려하여야 한다. 모형이 안고 있는 근본적인 문제점을 몇 가지 지적하면 다음과 같다.

첫째, 모형은 그 실제 현상에 대하여 항상 동일구조적일 수는 없다. 다시 말해서, 모형은 현상에 비하여 항상 불완전하고 불충분하여 부분적일 수밖에 없다는 것이다. 따라서 모형의 구상·정립에 있어서 실상과 관련된 모든 개념을 도입할 수는 없으며, 간혹 주요 개념을 빼놓는 경우도 적지 않다.

둘째, 모형 자체의 형식적 구조에 집착함에 따라 발생되는 문제점들이 있다. 그림·문자·숫자·부호 등 상징적 기호 및 표현 형식에 대한 지나친 강조로 말미암아 진리를 누락시킬 가능성, 지나친 단순화로 인한 누락의 위험, 엄격성과 정밀도에 대한 지나친 강조로 인한 주관적 응용성의 부족 등이 나타날 수 있다(Kaplan, 1964: 275~284).

셋째, 모형만으로 실상의 전부를 파악하려고 고집함으로써 발생되는 문제점들이 있다. 예를 들면, 모형과 실상의 불일치 때문에 양자간 일대일(一對一) 대응성이 유지되지 못하며, 모형은 실상에 대한 단순하고 한정된 형태를 대표하는 방법에 불과하고, 그 구조는 인위적 속성을 갖는다는 사실을 이해하지 못하여 혼란을 겪게 될 수 있다.

넷째, 사실적 실체주의(寫實的 實體主義, pictorial realism)에서 오는 오류가 있다(김광웅, 1997: 244~245). 모형이란 전체를 설명하는 것이 아니라 다만 전체를 아는 데 필요한 지식을 체계화시켜 주는 데 도움을 줄 뿐이다. 이를 위해서는 과학적 은유의 기능을 충분히 하여 사실적 표현으로 그것이 가능하도록 하여야 하는데, 경우에 따라 외재적 속성(exogenous properties)을 설명하거나 은유적 지시를 하지 못할 때가 있다.

제 8 장 연구가설의 설정

연구의 초기 단계에서 연구문제가 적절히 선정되었다 하더라도, 그것은 다소 불명확하며 어느 정도 추상성을 띠고 있다. 연구문제가 경험적 세계에서 이해될 수 있도록 구체화하기 위해서 가설을 제시하게 된다. 가설은 연구문제와 관련된 기존 이론들에 기초한 연구모형을 근거로 도출되며, 그것은 경험적 자료에 입각하여 검증되게 된다. 연구자는 가설의 제시를 통하여 연구문제의 초점을 명확히 함으로써 연구를 어디서부터 시작해야 할 것인지, 어떻게 전개할 것인지, 어떤 자료가 필요한지 등을 판단하는 데 도움을 받을 수 있다.

제 1 절 가설의 의의

1. 가설의 의미

과학적 연구의 일반적 절차에 따르면, 먼저 연구문제를 설정하고, 문헌연구를 통해 습득한 관련 이론들에 기초하여 연구모형 혹은 개념적 준거틀을 정립하여, 이를 근거로 가설(hypothesis)을 논리적으로 도출하고, 경험적 자료에 입각하여 가설을 검증하게 된다.

연구의 초기 단계에서 연구문제가 선정되었다 하더라도, 그것은 다소 불명확하며 어느 정도 추상성을 띠고 있다. 연구문제가 경험적 세계에서 이해될 수 있도록(즉, 경험적으로 검증이 가능하도록) 구체화하기 위해서 가설을 제시하게 된다. 가설의 설정 없이도 실제 자료를 수집・분석하여 연구문제에 대한 해답을 내릴 수 있으나, 자칫하면 연구자의 주관적인 판단이나 추측이 개입되어 연구문제에 대한 정확하고 올바른 해답을 얻지 못할 수 있다. 때때로 연구 목적에 따라 가설 설정이 불필요하거나 생략되는 경우가 있으나, 가설의 제시를 통하여 연구문제의 초점을 명확히 함으로써 연구를 어디서부터 시작해야 할 것인지, 어떻게 전개할 것인지, 어떤 자료가 필요한지 등을 판단하는 데 도움을 받을 수 있다.

가설에 대한 정의는 학자들에 따라 다르나, 연구문제에 대하여 연구자가 내린 잠정적인 해답이라고 할 수 있다. Christensen(1988: 97)은 "연구문제에 대한 최선의 예측 또는 잠정적 해답"이라 하며, 김해동(1982: 119)은 "어떤 문제에 대하여 그 타당성을 입증하기 위한 잠정적인 대답"으로 규정하고 있으며, 사전적으로는 "주어진 연구문제에 대한 예측적 해답"이라고 정의되고 있다(국립국어연구원, 1999: 43).

특히 설명적 연구에서 가설은 "두 개의 변인이나 그 이상의 변인들 사이의 관계에 대한 추정적 또는 가정적 서술문"을 의미한다(국립국어연구원, 1999: 43). 같은 맥락에서, Kerlinger(1986: 17)는 "둘 또는 그 이상 변수 간의 관계에 대한 가정적 진술," 김광웅(1997: 208)은 "변수와 변수 간의 관계를 알아보기 위해 실증단계 이전에 행해진 잠정적 언명 또는 진술" 그리고 채서일(2006: 102)은 "두 개 이상 변수 간의 관계를 검증가능한 형태로 서술해 놓은 하나의 문장" 등으로 정의하고 있다.

연구문제가 의문문의 형태로 표현되는 데 반하여, 가설은 연구문제에 대한 잠정적 해답을 선언적인 또는 가정적인 서술문 형태로 나타낸 것이다. 따라서 가설은 연구문제를 해결하기 위한 진술이며, 이러한 진술의 진위를 확인해 봄으로써 연구문제에 대한 최종적인 해답을 구할 수 있다. 이와 같은 입장에서 볼 때 가설은 실증적인 확인의 대상이 되므로 구체적인 현상과 밀접한 관련성이 있는 주장이지만 아직까지 그 진실 여부가 확인되지 않은 사실이라 할 수 있다(채서일, 2006: 102).

2. 가설의 기능

가설은 연구문제에 대한 잠정적인 해답인데, 경험적인 검증을 거쳐 그 진위가 결정되면 이론으로 인정을 받게 된다. 이러한 점에서 가설은 이론의 검증, 이론의 암시, 현상의 기술, 그리고 사회문제 해결을 통한 현실의 개선 등과 같은 기능을 수행하게 된다(Black & Champion, 1976: 135~138; 남궁근, 2003: 142~144).

첫째, 가설은 이론을 검증할 수 있도록 한다. 즉, 가설은 사회현상을 설명하기 위해 개발된 이론을 검증가능한 형태로 진술하여 이를 경험적으로 검증가능하게 한다.

둘째, 가설은 이론을 암시한다. 어떤 가설은 특정한 이론과 관련되지 않을 수도 있으나 대체로 가설의 결과로서 이론이 구성된다. 이처럼 가설을 검증한 결과를 토대로 이론이 구성되기 때문에 가설은 사회현상을 설명할 수 있는 이론을 암시 또는 제시하는 기능을 한다.

셋째, 가설은 사회현상을 기술한다. 가설이 경험적으로 검증될 때마다 그 가설과 관련된 사회현상에 관한 정보를 얻게 된다. 이러한 가설검증의 결과로서 정보의 축적은 사회현상에 대한 우리의 지식을 증대시킨다.

넷째, 가설은 현실개선의 기능을 부차적으로 수행한다. 가설검증의 결과로 얻은 지식은 현실개선을 위한 정책을 수립하는 등 사회문제 해결에 도움이 될 수 있다. 특히 행정·정책연구와 같은 실증적 연구의 경우에 이러한 사회문제의 해결 기능이 더욱 중시되고 있다.

제 2 절 가설의 구비조건

가설은 연구문제에 대한 잠정적인 해답이며, 이를 실증적으로 확인함으로써 연구문제에 대한 최종적인 해답을 얻게 된다. 이처럼 연구활동의 지침이 되는 가설은 몇 가지 특징이나 요건을 구비할 때 좋은 가설이 된다. 가설의 특징적 요건은 학자에 따라서 다양하게 지적되고 있지만, 대체로 이론적 준거성, 명백성, 구체성, 그리고 검증가능성 등 네 가지로 요약·논의된다.[1)]

1. 이론적 준거성

가설은 이론적 준거에 입각해야 한다. 다시 말해서 가설은 연구주제 혹은

1) Nachmias와 Nachmias(1987: 65)는 명료성(clear), 가치중립성(value free), 한정성(specific), 그리고 검증가능성(amenable to empirical testing)을, 채서일(2006: 102~103)은 문제해결성, 변수간 관계성, 그리고 검증가능성을 가설의 특성으로 들고 있다. 유사한 견해로서 김광웅(1997: 209~210)에 의하면, 가설은 개념적으로 명백해야 하며, 경험적으로 검증가능하여야 하고, 한정적이고 특정화되어야 하며, 실제로 적용할 자료의 수집·분석방법과 적절한 관계를 가져야 하고, 이론적 근거에 입각하여야 한다. 그리고 김해동(1982: 126~132)은 시험의 용이성, 입증의 명백성, 가설 자체의 개연성, 모집되는 지식의 양 등을 가설의 특성(요건)과 평가기준으로 제시하고 있다.

연구문제가 속한 동일 분야의 다른 가설이나 이론과 관련이 있어야 한다는 것이다. 연구주제와 관련된 이론들로 구성된 개념적 준거틀에 기초하여 연구문제에 대한 잠정적인 대답을 이끌어낸다는 점에서 가설은 이론과 분리될 수 없다. 또한 가설이 경험적으로 검증되면 이론으로 정착될 수 있는데, 이러한 점에서 가설은 이론의 발전을 위한 하나의 작업도구(working instrument)라고 할 수 있다(김광웅, 1997: 210).

2. 명 백 성

가설은 개념적으로 명백하여야 한다. 즉, 가설을 구성하고 있는 용어들의 의미는 누구나 쉽게 이해될 수 있도록 보편화되어, 그 의미의 파악이 용이하도록 명백하게 정의되어야 한다. 또한 이들 용어들이 가능한 한 조작적으로 정의되어 경험적으로 검증하는 데 어려움이 없어야 한다. 가설을 명확하게 구성하고 정의하기 위해서는 관련분야의 문헌을 검토하거나 전문가들의 자문을 얻는 것이 도움된다.

3. 구 체 성

가설의 내용은 한정적이고 구체적이어야 한다. 내용이 막연하고 추상적이며 일반적인 경우에는 무엇을 검증하여야 하는지 알 수가 없으며 검증 자체가 불가능하게 된다. 예컨대 둘 또는 그 이상의 변수들간 인과관계를 알고자 하는 경우, 인과관계의 성립 자체에 대한 가설과 함께 인과관계의 방향이나 조건 등에 대해서도 한정적으로 밝힐 수 있도록 가설이 구성될 필요가 있다. 이러한 가설의 구체성 혹은 한정성은 반복적인 연구의 가능성을 보장하고 조장한다(김광웅, 1997: 210).

4. 검증가능성

가설은 경험적으로 검증할 수 있어야 한다. 특히 인간의 행위・태도・가치관 등을 주요 연구대상으로 하는 사회과학연구에 있어서 가설은 추상적인 개념을 포함할 수밖에 없다. 이러한 경우 관련되는 개념을 명백히 함과 동시에, 조작적으로 정의하여 경험적으로 측정될 수 있도록 하여야 한다. 측정이 어렵거나 불가능한 것은 경험적으로 입증이 곤란하여 과학적 연구의 대상이 되지 못하기 때문이다.

제 3 절 가설의 유형

가설은 여러 가지 기준에 따라 분류할 수 있으며 그 분류체계에 따라 다양한 형태의 가설이 있다. 여기서는 가설의 추상성 정도, 연구의 목적, 연구의 진행과정, 변수의 수 등에 따라 구분하여 그 유형을 간략히 살펴본다.

1. 추상성의 정도에 따른 분류

가설은 그 추상 정도에 따라 경험적 균일성의 존재를 말하는 가설, 복합적 이념형에 관한 가설, 그리고 분석적 변수 간의 관계를 말하는 가설로 구분될 수 있다(김해동, 1982: 119～124; 박용치, 1997: 150～151).

경험적 균일성의 존재를 서술하는 가설은 개념(또는 변수) 간의 상관관계 등을 수적으로 표현하거나 균일성을 더욱 정확하고 과학적인 용어와 체제로 기술하여 검증하려는 가설을 말한다. 복합적인 이념형을 취급하는 가설은 경험적 균일성이 서로 어떠한 관련 아래 일정한 유형을 형성하는가를 논리적으로 검토하여 그 유형들이 서로 어떻게 관련되는가를 다루는 가설이다. 그리고 분석적 변수 간의 관계에 관한 가설은 변수 간의 관계를 분석하여 현상의 특성이나 사건 발생의 원인 또는 결정요인을 파악하려는 가설로서 추상성의 정도가 가장 높다.

2. 연구의 목적에 따른 분류

과학적 연구목적의 유형과 같이, 크게 기술적 가설(descriptive hypothesis)과 설명적 가설(explanatory hypothesis)로 나누어 볼 수 있다. 대체로 기술적 가설이 하나의 변수에 관한 것이라면, 설명적 가설은 둘 또는 그 이상의 변수들간 관계에 관한 것이다.

(1) 기술적 가설

기술적 가설(descriptive hypothesis)은 식별가설(identification hypothesis)이라고 하며, 현상이나 사실을 밝히는 것(fact-finding)을 목적으로 하는 가설이다. 어떤 변수의 성질, 형태, 크기, 위치, 분포 등에 관한 가설을 그 대표적인 예로 들 수 있다. 다시 말해서 그것이 무엇이며, 어떠한 성질이나 기능을 가지고 있고, 그 크기와 영향의 범위는 어느 정도이며, 그 형태나 모양은 어떠한 것인가 등에 관한 대답을 구하기 위한 가설이다.

기술적 가설은 궁극적으로 '무엇(what)'에 대한 대답을 구하기 때문에 기본적으로 '무엇은 ~이다(what~ is~)'라는 표현양식을 취하게 된다. 예를 들면, 'A는 ~이다' 또는 'A의 크기는 ~이다', 'A의 구성요소는 ~이다', 'A의 분포는 ~이다' 등이다.

이러한 기술적 가설의 검증을 통해 연구자는 현상이나 문제를 탐색하고 이를 있는 그대로 기술하여 그 현상이나 문제를 정확하게 파악할 수 있다. 또한 각종 대안을 탐색·기술하여 정책(의사)결정자가 이들 중 최적 대안을 선택하는데 필요한 정보를 제공하게 된다.

(2) 설명적 가설

설명적 가설(explanatory hypothesis)이란 둘 또는 그 이상의 변수들 사이의 관계를 밝히기 위한 가설이다. 즉, 변수들 사이에 어떠한 법칙이나 경험적 균일성의 존재를 발견하거나, 이들 간의 인과관계를 규명하기 위한 가설을 말한다. 법칙이나 균일성의 존재에 관한 가설은 둘 또는 그 이상의 변수들간 관계의 양상에 공통점이나 규칙성이 있음을 보여 준다(예: 수요와 공급의 관계, 그레샴의 법칙 등). 반면에 인과관계를 규명하려는 가설은 궁극적으로 '왜(why)'에 대한 대답을 구하려는 것으로, 현상의 원인이나 변수간 시간적 순서 또는 변수간 작용 및 반작용의 양상이나 크기 등을 말하는 가설이다.

설명적 가설은 결국 두 변수 간에서 실제로 일어날 수 있는 관계를 나타내기 때문에, 기본적으로 '~이면(하면) ~이다(한다)' 또는 '~일수록(할수록) ~이다(하다)'라는 표현양식을 취하게 된다. 이 양식은 대체로 '만약 선행조건이 진실이라면, 결과조건도 진실이다'라는 구조, 즉 'if A, then B'의 형태를 띠고 있다.

이러한 설명적 가설의 검증을 통해 연구자는 변수들간 관계를 고찰할 수 있으며, 특히 선행 사실의 존재를 기초로 다른 사실 또는 미래 사실의 발생을 추론할 수 있다. 또한 경우에 따라서 원인이 되는 선행 사실을 조작(억제 또는 조장)하여 사전에 바람직하지 못한 사실의 발생을 통제하거나 바람직한 사실의 발생을 유도할 수 있게 한다.

3. 통계적 검증단계에서 분류

연구의 진행과정, 특히 통계적 검증단계에서 가설은 연구가설(research hypothesis)과 귀무가설(null hypothesis)로 구분된다. 이러한 구분은 주로 설명적 가설에 해당되나, 기술적 가설의 경우에도 가능하다.

(1) 연구가설

연구가설은 대안가설(alternative hypothesis), 작업가설(working hypothesis) 또는 과학적 가설(scientific hypothesis) 등으로 불리며, 연구주제와 관련된 개념적 준거틀 혹은 연구모형으로부터 도출된 가설을 말한다. 이는 연구문제의 해답이 입증될 때까지 그 문제에 대한 잠정적인 해답으로 제시된 가설 그 자체이다. 예를 들어, '보수가 높을수록 사기가 높아질 것이다' 혹은 '보수는 사기에 긍정적 영향을 미칠 것이다' 등과 같이 변수 간의 관계(변화)가 있다는 형태로 구성된 가설이다.

(2) 귀무가설

귀무가설은 영가설 또는 통계적 가설(statistical hypothesis)이라고도 하며, 연구가설과 논리적으로 반대의 입장을 취하는 진술로서 그 진위가 직접 검증되어야 할 가설이다. 예를 들어, '보수는 사기와 무관할 것이다' 혹은 '보수는 사기에 아무런 영향을 미치지 않을 것이다' 등과 같이 변수 간의 관계(변화)가 없다는 형태로 구성된 가설이다. 이러한 귀무가설은 가설검증을 위한 자료의 수집과정에서 표본(추출)오차(sampling error)가 발생할 수 있기 때문에 특히 필요하게 된다. 일반적으로 연구는 귀무가설에 일차적인 초점을 맞추며, 귀무가설을 거부(reject)함으로써 연구가설을 입증하려고 한다.

4. 변수의 수에 따른 분류

가설은 변수로 구성되며, 하나의 가설은 하나, 둘, 또는 그 이상 여러 개의 변수를 지닐 수 있다. 따라서 가설의 기본 구성요소인 변수의 수에 따라 1변수가설, 2변수가설, 그리고 다변수가설로 구분할 수 있다. 여기서 1변수가설 또는 2변수가설은 주로 'A는 ~이다' 혹은 'A가 ~이면, B는 ~이다'와 같은 단순한 형태를 취하기 때문에 단순가설(simple hypothesis)이라 한다. 반면에, 셋 이상의 변수를 갖는 다변수가설은 'a_1, a_2, …, a_k이면 b이다' 혹은 'A가 ~이면 B가 ~인 조건하에 C는 ~이다'와 같은 복잡한 형태를 취하기 때문에 복합가설(complex hypothesis)이라고 한다.

5. 기타 가설의 분류

가설은 그것이 포함하는 내용의 범위에 따라 기본가설(grand hypothesis)과 종속가설(subordinate hypothesis)로 분류할 수 있다. 기본가설이란 하나의 줄거리가 되는 가설을 말하며, 이 기본가설을 여러 각도에서 검증하기 위하여 더욱 세분화된 가설이 종속가설이다. 따라서 종속가설은 대부분 기본가설에서 도출된 것들로서, 이 종속가설의 타당성 여부는 기본가설의 타당성 여부와 직접적으로 연결된다.

또한, 가설은 그것이 지니는 강도에 따라 결정론적 가설(deterministic hypothesis)과 개연론적 가설(probabilistic hypothesis)로 분류하기도 한다. 결정론적 가설이란 '무엇은 ~이다(하다)' 또는 '~이면(하면) ~이다(하다)'와 같이 확정적이며 단정적인 진술을 말하며, 개연론적 가설은 '~일 것이다(할 것이다)' 또는 '~이면(하면) ~일 것이다(할 것이다)'와 같이 다소 강도를 약하게 하여 진술된 가설이다.

제 4 절 가설의 설정방법

연구자는 연구문제에 대한 해답을 먼저 잠정적으로 제시하고 이를 경험적으로 검증함으로써 자신의 주관적인 판단이나 추측을 배제하여 정확한 해답을 구하려는 목적에서 가설을 설정한다. 이러한 목적을 위해 가설을 설정하는 과정에 있어서 유의해야 할 사항들을 살펴보면 다음과 같다(박용치, 1997: 161).

1. 독창적 사고과정

연구문제를 형성하는 과정에서 연구자의 직관이나 통찰력으로 가설이 생성될 수 있다. 즉, 연구문제의 의문점에 맞추어 특정한 현상의 원인이나 다른 현상과의 관계 등을 여러 가지로 추측하고 기존 연구결과들과 비교하는 과정에서 연구문제에 대한 잠정적인 해답인 가설이 도출될 수 있다. 이러한 과정에서는 해당 분야에 대한 풍부한 지식과 경험뿐만 아니라 독창적 사고력의 활용이 절실히 요청된다.

2. 이론적 연역

대체로 가설의 첫 번째 단계는 이론(연구모형)으로부터 가설을 연역해 내는 것이다. 이론(연구모형)의 진실 여부를 검증하는 하위수준으로서 가설의 중요성은 과학적 체계의 모든 최상위 수준의 가설을 모두 살펴보더라도 그 경험에 의해 확인된다는 사실에 있다(Braithwaite, 1960: 352).

3. 가설의 수

일반적으로 명제에서 지정된 단위 하나에 대하여 새로운 경험적 지표가 설정될 때마다 새로운 가설이 구성된다. 따라서 경험적 지표가 개발되는 기술과 상상에 따라 새로운 가설이 구성될 수 있다. 그러나 이론적 모형 속에 있는 모든 명제가 검증가능해야 하며 이에 따라 가설이 구성되어야 하는 것은 아니다. 가설의 수에 대한 문제는 연구에 있어서 능률의 문제와도 관련된다.

제 3 편

연구 설계

제 9 장

연구설계의 본질

연구문제와 관련된 이론적 모형에 기초하여 가설이 설정되면, 이를 경험적으로 검증하기 위하여 '어떤 형태의 연구를 어떻게 실행할 것인가'를 결정하여야 한다. 연구설계는 연구의 기본 '아이디어'에서 시작하여 그것을 구체적인 연구과정에 적용·실시하는 절차에 이르기까지 연구의 전반적인 내용을 포함한다. 따라서 연구의 전체 진행에 있어서 연구목적에 맞는 정보를 충분히 얻을 수 있도록 경제적이고 효과적인 연구설계를 하여야 한다.

제 1 절 연구설계의 의의

1. 연구설계의 의미

연구설계(research design)란 연구문제에 대한 해답을 얻도록 구상된 계획으로서, 연구 전체를 수행하고 통제하기 위한 하나의 청사진 또는 윤곽이라고 할 수 있다. 이러한 의미의 연구설계는 연구문제와 연구모형 · 가설 등에 대한 검토, 연구에 이용될 연구방법의 제시, 전반적인 연구골격의 수립, 자료수집방법 및 자료분석기법의 결정 등과 같은 실질적인 연구활동뿐만 아니라, 연구일정의 작성과 예산의 편성 등과 같은 부수적인 관리활동까지 포함하기도 한다(채서일, 2006: 76).

이처럼 연구설계는 연구의 기본 '아이디어'에서 시작하여 그것을 구체적인 연구과정에 적용·실시하는 절차에 이르기까지 연구의 전반적인 내용을 포함한다(남궁근, 2003: 86). 때로는 연구설계가 경험적 검증에 필요한 자료의 수집과 분석을 위한 계획으로 한정하여 정의되기도 하나,[1] 연구자로 하여금 연구문제에 대

1) 이처럼 단순히 자료의 수집, 분석 및 해석을 위한 계획으로 한정하여 '조사설계'라는 용어를

하여 정확한 해답을 얻을 수 있도록 해 주는 것을 기본 목적으로 하는 점에는 차이가 없다. 이러한 목적을 위해 제시되는 일련의 논리적 절차와 방법으로서 연구설계는 연구의 초기단계부터 분석결과의 해석에 이르기까지 연구 진행에 효율성을 높이는 데 주안점을 두고 짜이게 된다.

2. 연구설계의 특징

이처럼 실제 연구수행을 위한 일련의 논리적인 절차와 방법을 제시하는 연구설계는 다음과 같은 특징을 지니고 있다(김해동, 1982: 141).

첫째, 연구설계는 연구문제에 대하여 일정하게 한정된 해답만을 제공한다. 비록 연구설계가 연구문제에 대한 정확한 해답을 제공하는 데 그 목적이 있으나, 관련되는 개념(또는 변수)의 인지 및 통제 등에 있어서 한계가 있는 등 완전성을 기하기는 사실상 어렵다. 따라서 연구설계가 연구문제에 대한 해답을 구한다고 하여도 완전한 해답을 제공하지는 못하고 부분적인 해답만을 강구할 뿐이다.

둘째, 어떤 연구문제에 대해 유일하고도 완전한 연구설계란 존재하지 않는다. 연구상황, 이론적 관점, 방법론 등에 따라 다양한 연구설계가 가능하기 때문에 항상 타당하고 완전한 연구설계란 있을 수 없다.

셋째, 연구설계는 연구에 관련된 여러 가지 다양한 실제적 요인을 고려한 하나의 타협안이라고 볼 수 있다. 따라서 연구설계는 비용, 시간, 연구자 능력, 자료의 활용 가능성 등 여러 가지 요인을 복합적으로 고려하여 이루어져야 한다.

넷째, 연구설계는 수정 없이 그대로 시행해야 하는 고도의 구체적인 계획이기보다는 올바른 방향으로 연구하기 위한 하나의 청사진이라고 할 수 있다. 그러므로 연구상황의 변화에 따라 새로운 가설의 개발이나 연구설계의 수정·보완이 수시로 가능해진다.

3. 연구설계의 목적

연구설계는 연구문제에 대하여 정확한 해답을 얻도록 하는 계획인데, 구체

대신 사용하기도 한다.

적으로 다음과 같은 목적을 지니고 있다(Kerlinger, 1986: 280; 김범종, 2001: 64~66).

첫째, 연구설계는 특정 연구문제에 대한 해답을 가능한 타당하고 객관적이며 정확하고 경제적으로 강구하기 위한 것이다. 연구결과가 타당해지려면 연구과정이 체계적이고 과학적이어야 하기 때문에, 이를 위해서 연구설계가 필요하게 된다.

둘째, 연구설계는 분산을 적절히 통제하기 위한 것이다. 따라서 연구의 엄밀성을 유지하기 위하여 연구와 관련 없는 변수들의 영향을 통제할 수 있도록 연구설계를 하여야 한다.2)

셋째, 연구설계는 내적 · 외적 타당성이 있는 연구결과를 도출하기 위한 것이다. 따라서 과학적 연구의 타당성을 저해하는 요인들을 가능한 한 배제하도록 연구설계가 이루어져야 한다.

넷째, 연구설계는 가설 검증에 필요한 표본 추출과 자료 수집 · 분석을 위한 구체적인 절차와 방법을 제시하기 위한 것이다. 따라서 연구설계는 어떤 자료들이 필요하며, 이들을 어떻게 수집하고, 어떠한 분석방법을 활용하는지에 관한 구상을 보여주어야 한다.

제 2 절 연구설계의 유형

연구자는 필요한 연구방법을 선택하기 위하여 여러 가지 형태의 설계를 생각하게 된다. 그런데 앞에서 말하였듯이, 특정한 연구문제에 대해 유일하고 완전한 연구방법은 있을 수 없다. 연구에 따라서 연구문제, 연구목적, 연구상황 등이 다르므로 각각의 개별적인 연구에 대한 최선의 연구설계는 달라질 수밖에 없다. 그러나 무엇보다 중요한 것은 어떠한 연구형태가 결정되면 그러한 연구를 어떻게 수행할 것인가를 위한 계획과 방법, 즉 연구설계가 사전에 적합하게 이

2) 분산의 통제는 소위 '맥스민콘 원리(maxmincon principle)'에 의해 설명될 수 있다. 즉, ① 체계적 분산을 극대화(maximization)하고, ② 오차의 분산을 극소화(minimization)하며, ③ 외생변수의 분산을 통제(control)하여야 한다는 것이다. 체계적 분산의 극대화란 독립변수에 의해 영향을 받는 종속변수의 분산을 극대화시키는 것으로, 이를 통해 독립변수가 종속변수에 미치는 영향을 더욱 명확히 알 수 있다. 오차 분산의 극소화는 체계적 오차와 무작위 오차를 극소화시키는 것인데, 이를 위해서는 타당성과 신뢰성이 있는 측정도구를 사용하여야 한다. 또한 외생변수의 분산을 통제하기 위해서는 무작위 배정, 짝짓기, 통계방법 등을 적절히 이용할 수 있다.

루어져야 한다.

연구설계는 여러 기준에 따라 다양하게 분류되고 있으나, 여기서는 대표적인 세 가지 분류기준과 그에 따른 연구설계 유형을 간략히 살펴본다.

1. 연구의 목적에 따른 분류

연구설계는 탐색 · 기술 · 설명 · 예측 · 선택 등 연구 목적에 따라 분류할 수 있으나, 넓게 기술적 연구설계와 설명적 연구설계로 구분된다.[3)]

(1) 기술적 연구설계

기술적 연구설계(descriptive research design)는 현상이나 미래를 정확하게 기술하고 예측하는 목적을 지닌 기술적 연구를 위한 설계이다. 여기서 기술적 연구는 현상의 존재나 특징에 관한 묘사를 중심으로 하고 있으며, 주로 사례연구(case study), 현장연구(field research), 비교연구(comparative research), 현황조사(status survey), 내용분석(content analysis), 모형연구(simulation study), 서베이연구(survey research) 등을 포함한다.

(2) 설명적 연구설계

설명적 연구설계(explanatory research design)는 현상과 관련된 변수들 사이의 인과관계를 추론하는 목적을 지닌 설명적 연구를 위한 설계이다. 여기서 설명적 연구는 현상의 존재나 실태에 대한 기술에 만족하지 않고 일반화(generalization) 또는 미래 예측을 위한 명제를 발견하고자 하는 것이며, 대표적인 예로 실험연구(experimental research)와 모형연구를 들 수 있다.

2. 변수의 조작가능성에 따른 분류

연구를 실제로 수행할 때 변수의 조작가능성, 즉 통제된 조건하에서 실험(experimentation)을 행하는지 여부에 따라 실험설계와 비실험설계로 구분할 수 있다.

---

3) 여기서 연구설계의 구분기준으로 제시된 연구목적 중 '기술'은 '탐색'과 '예측(추세연장적 · 판단적 예측)'을, '설명'은 '이론적 예측'을 포함하는 것으로 간주한다.

(1) 실험설계

실험연구에서 실험을 능률적으로 수행하기 위한 계획인 실험설계(experimental design)는 실험연구의 유형에 따라 다양하게 이루어질 수 있다. 실험이 이루어지는 장소(setting)의 상황에 따라 현장실험설계(field experimental design)와 실험실실험설계(laboratory experimental design)로 다시 분류할 수 있다. 또한 실험조건의 충족 정도에 따라 전실험설계, 진실험설계, 그리고 준실험설계로 나눌 수 있다. 전실험설계(pre-experimental design)에는 단일집단 후측정설계, 단일집단 전후측정설계, 정태집단 비교설계 등이 있으며, 진실험설계(true experimental design)에는 통제집단 전후측정설계, 통제집단 후측정설계, 솔로몬 4집단설계 등이 속한다. 그리고 준실험설계(quasi-experimental design)에는 비동질적 통제집단 전후측정설계, 동류집단설계, 회귀-불연속설계, 시계열설계 등이 있다.

(2) 비실험설계

비실험설계(nonexperimental design)는 실험을 행하지 않는 연구설계로서, 여기에는 횡단면적 연구설계, 패널연구설계, 사례연구설계 등이 있다. 때로는 실험연구에 있어서 통제집단이 존재하지 않는 연구설계나 회귀-불연속설계 등도 비실험설계의 유형으로 간주하기도 한다.

3. 시간적 범위에 따른 분류

(1) 횡단면적 설계

횡단면적 설계(cross-sectional design)란 한 시점에서 다수 분석단위에 대한 자료를 기초로 하는 횡단면적 연구를 위한 설계이다. 표본으로 선택된 연구대상을 한 번만 조사하는 횡단면적 설계는 대체로 연구대상이 지리적으로 널리 분포되거나, 그 수가 많거나, 또는 많은 변수에 관한 자료를 수집해야 할 필요성이 있는 경우에 적절하다. 여론조사·시장조사·직무분석과 같은 현황연구(status research)를 위한 설계, 한 시점에서 둘 또는 그 이상의 단위를 비교하는 상관분석(correlation analysis)설계 등을 그 예로 들 수 있다.

(2) 종단면적 설계

종단면적 설계(longitudinal design)는 둘 이상의 시점에서 동일한 분석단위에 대한 자료를 기초로 하는 종단면적 연구를 위한 설계를 말한다. 이 설계는 동일한 표본에 속한 연구대상을 반복적으로 연구하게 된다는 점에서 횡단면적 설계와 차이가 있다. 인구통계조사 · 물가동향조사와 같은 시계열연구 혹은 추세연구(trend study), 특정한 경험을 같이하는 사람들의 특성을 장기에 걸쳐 연구하는 동류집단연구(cohort study), 그리고 하나의 대상을 여러 차례 연구하는 패널연구 등을 위한 설계들이 그 예이다.

제10장 인과관계의 추론

사회과학연구에서는 다양한 형태의 연구설계가 존재하기 때문에, 특정 연구문제나 자료의 성격 혹은 현실적 여건에 적합한 연구설계를 선택하게 된다. 그러나 실제로 많은 연구가 인과관계를 대상으로 이루어진다는 점에서, 인과적 추론의 원리를 이해하고 그에 따른 연구설계를 하는 것이 필요하다.

제 1 절 인과관계의 본질

1. 인과관계의 의미

탐색 · 기술 · 설명 · 예측 등 다양한 목적을 지닌 과학적 연구의 핵심 과제는 원인과 결과 사이의 관계를 밝힘으로써 현상을 설명하거나 바람직한 방향으로 통제하려는 데 있다. 따라서 많은 과학적 연구가 실제로 이러한 '인과관계(causality, causal relation, causation)'의 규명을 목적으로 진행된다고 할 수 있다. 여기서 인과관계란 원인과 결과의 관계를 말하며, 원인이란 어떤 현상(즉, 결과)을 일으키거나 변화시키는 요인 또는 그 현상이 일어나기 위해 반드시 존재해야 하는 선행요인을 의미한다.

예를 들어, 'X는 Y의 원인이다' 혹은 'X가 변하면, Y도 변한다'와 같은 변수들간 관계를 나타내는 가설들을 검증한다고 하자. 이 경우 'X'는 원인이 되는 변수로서 독립변수(independent variable)이며, 'Y'는 결과가 되는 변수로서 종속변수(dependent variable)가 된다. 제13장 제2절에서 상세히 다루겠지만, 독립변수는 종속변수의 필연적인 선행 조건으로서 원인변수, 설명변수, 예측변수 등으로 불리며, 종속변수는 독립변수에 의해 영향을 받아 변화되는 변수로서 결과변수, 피설명변수, 의존변수, 반응변수 등으로 지칭된다.

2. 인과관계의 정도

인과관계의 정도는 원인-결과 관계의 크기를 의미한다. 즉, 어느 정도 그리고 얼마나 확실하고 정확하게 원인(독립)변수에 의해서 결과(종속)변수의 값이 결정되는가를 말한다. 이러한 인과관계의 정도는 독립변수의 변화에 따라 종속변수의 값이 어떻게 변화되는가를 살펴봄으로써 알 수 있다.

제13장 제2절에서 구체적으로 설명하겠지만, 변수들 사이에 나타나는 인과관계의 정도는 무(無)관계에서부터 완전한 관계까지 있을 수 있다. 무관계(no relationship)는 어떤 변수의 변화가 다른 변수의 변화에 의미있는 영향을 전혀 미치지 않는다는 것이다. 반면에, 완전한 관계(perfect relationship)란 독립변수가 완전하게 종속변수의 값을 결정하는 경우를 말한다.

그러나 사회현상이나 인간행태에 있어서 전혀(0%) 무관하거나 완전한(100%) 관계로 설명할 수 있는 경우는 거의 찾아볼 수 없다. 사실 복잡하고 다양한 요소들이 서로 얽히고설킨 관계를 한꺼번에 설명하고 분석한다는 것은 쉽지 않은 과제이다. 따라서 실제 연구에서는 이들을 부분적으로 나누어서 두 변수간의 관계를 중심으로 하는 통계분석이 많이 이루어지고 있다. 두 변수 사이의 단순한 연관성 정도는 '피어슨 계수(Pearson's r)'와 '스피어만 계수(spearman's ρ)' 등에 의해, 그리고 인과성 정도는 회귀계수(regression coefficient)와 같은 통계적 기법에 의해 측정될 수 있다. 이들 통계분석기법에 관한 구체적 설명은 제18장을 참조하기 바란다.

3. 인과관계의 유형

인과관계는 여러 가지 형태를 띨 수 있으나, 대체로 인과관계의 방향이나 제3변수의 개입 여부에 따라 몇 가지로 구분할 수 있다.

(1) 비대칭적 · 쌍방적 인과관계

두 변수 간의 인과관계라고 하면, 우선 한 변수가 다른 변수에 일방적인 영향을 미치는 비대칭적 인과관계(asymmetrical causality)를 떠올리게 된다. 이와 더불어, 두 변수가 서로 영향을 주고받는 쌍방적 인과관계(reciprocal causality)도 현실적으로 많이 존재하고 있다. 쌍방적 인과관계란 두 변수 중 하나의 변수가 다른 변수의 원인이 되어 영향을 주고 또 반대로 영향을 받는 상호 인과적 관계를 말한다.

(2) 정 · 부 · 복합 인과관계

두 변수 간의 인과관계는 정(正), 부(負), 혹은 정 · 부의 복합 형태를 띨 수 있다. 정(正)의 관계(positive relationship)는 긍정적 방향, 부(負)의 관계(negative relationship)는 부정적 방향으로 나타나는 변수 간의 관계를 의미한다. 다시 말해서 정(+)의 관계는 두 변수값이 동일한 방향으로 변화하는 관계로서, 한 변수값의 증가(감소)가 다른 변수값의 증가(감소)를 일으키는 경우이다. 부(-)의 관계는 두 변수값이 상반된 방향으로 변화하는 관계로서, 한 변수값의 증가(감소)가 다른 변수값의 감소(증가)를 가져오는 경우이다. 그리고 복합(+/-) 관계는 두 변수값이 동일하거나 상반된 방향으로 변화하는 관계로서, 한 변수값의 증감이 다른 변수의 증감과 엇갈리는 모양을 보이는 경우를 말한다.

(3) 직접 · 간접 인과관계

두 변수 간의 인과관계에서 다른 제3변수의 개입 여부에 따라 직접 관계와 간접 관계의 형태를 지닐 수 있다. 직접 관계는 두 변수가 다른 변수의 개입 없이 직접적으로 영향을 갖는 관계이다. 다시 말하면, 독립변수가 제3변수에 의해 방해 혹은 매개를 받지 않고 직접적으로 종속변수에 영향을 미치는 관계이다. 그러나 많은 경우 변수들이 서로 직접적으로 영향을 미치기보다는 제3 변수의 개입을 통하여 간접적으로 영향을 주고받는 것이 현실이다.

제 2 절 인과관계의 조건

모든 현상들에서 인과관계를 경험적으로 증명한다는 것은 쉬운 일이 아니다. 인과관계가 있는 것처럼 보이는 수많은 현상도, 그것들이 실제 경험적으로 증명될 수 있는지를 밝히는 데 많은 어려움이 따른다. 따라서 원인과 결과 사이에 구체적으로 어떠한 조건이 갖추어졌을 때 인과관계가 존재한다고 판단할 수 있을 것인가의 문제가 등장하게 된다. 명백한 인과관계를 제시하기 위해서는 연관성 혹은 공동변화, 시간적 선후성, 비허위성의 세 가지 조건이 일반적으로 요구된다.

1. 연관성(혹은 공동변화)

인과관계의 일차적인 조건으로 원인과 결과 사이의 '연관성(association)'이 확인되어야 한다. 이는 둘 또는 그 이상의 변수가 어떤 식으로든 서로 관련되어 있어야 한다는 것으로, '공동변화(covariation)' 혹은 '동반변화(concomitant variation)'의 조건이라고 한다. 두 변수 사이에 연관성이 있다고 하려면, 어느 하나가 발생하거나 변화할 때 다른 하나도 발생하거나 변화하는 것이 관찰되어야 한다. 만약 정량적 척도로 구성된 두 변수가 있다면, 이들 간의 연관성은 두 변수의 공분산(covariance)과 상관계수(correlation coefficient)를 계산함으로써 파악할 수 있다.[1)]

예를 들어, 공공부문에서 성과급 지급과 업무능률 사이의 관계를 파악하고자 '성과급 지급과 업무능률 사이에는 정(+)의 인과관계가 있다'는 가설을 세웠다고 하자. 이는 성과급 지급과 업무능률 사이에 발생하는 변화를 관찰함으로써 인과관계의 증거를 확보할 수 있는 가설이다. 이 경우 원인변수는 성과급 지급이며, 결과변수는 업무능률이 된다. 가정된 인과관계는 증가된 성과급 지급이 업무능률을 향상시킨다는 것이며, 자료 분석을 통하여 실제로 이러한 관계가 나타나는지 조사함으로써 인과관계에 대한 공동변화를 확인할 수 있다. 여기에 가정된 인과관계를 달리 표현하면, 성과급을 줄이면 업무능률이 감소한다는 의미로 해석할 수 있다. 만일 성과급의 증가가 업무능률의 감소를 가져오거나 업무능률의 변화를 야기하지 않는다면, 성과급 지급과 업무능률 사이에 정(+)의 인

---

1) 두 변수 X와 Y의 공분산은 $Cov(X, Y) = E[(X - E(X))(Y - E(Y))]$로, 상관계수는 $Corr(X, Y) = Cov(X, Y)/\sigma_x \sigma_y$로 정의된다. 공분산의 값은 변수의 측정단위에 따라 달라지기 때문에, 측정값들을 표준화(standardization)시켜 측정단위에 따라 변하지 않는 연관성을 보여주기 위해 상관계수를 사용한다. 공분산과 상관계수는 공히 양수와 음수 모든 값을 취할 수 있으며, 그 값이 0이면 연관성이 없다는 것을 의미하고, 그 부호는 연관성의 방향을 나타낸다. 즉, 그 값이 양수(+)라면, X가 증가함에 따라 Y도 증가하는 성향이 있으며, X가 감소하면 Y도 감소한다는 것이다. 반대로 음수(−)라면, X가 증가함에 따라 Y는 감소하는 성향이 있으며, X가 감소하면 Y는 증가한다는 의미이다.

과관계에 대한 주장은 받아들일 수 없게 된다.

2. 시간적 선후성

인과관계의 추론을 위한 두 번째 조건은 원인과 결과 사이에 '시간적 선후성(time order of occurrence)'이 확인되어야 한다는 것이다. 비록 한 변수의 변화가 발생할 때 다른 변수의 변화도 따라서 관찰된다 하더라도, 이것만으로는 두 변수 사이에 인과관계가 있음을 보여주지 못한다. 한 변수가 원인이고 다른 변수가 결과임을 증명하려면 두 변수의 변화 사이에 시간상으로 무엇이 앞서고 무엇이 뒤따른다는 것을 보여 줄 수 있어야 한다. 만약 두 변수의 변화가 동시에 발생한다면, 무엇이 원인이고 무엇이 결과인지 확인할 수 없으므로 두 변수 사이의 인과성을 추론할 수 없게 된다. 또한 결과변수의 변화가 원인변수의 변화 이전에 미리 나타나게 되면, 이는 인과관계라고 말할 수 없다.

하지만, 어떤 현상이나 사건이 원인과 결과의 의미를 모두 가지는 경우가 있다. 다시 말하면, 어떠한 인과관계에서 한 변수가 원인변수이면서 동시에 결과변수의 역할을 할 수도 있다는 것이다. 예를 들어, 학력이 높은 사람이 생활수준이 높다는 주장은 생활수준이 높은 사람이 학력이 높다는 주장과 크게 다를 바가 없다. 이 경우 학력은 원인변수의 역할을 하면서 동시에 결과변수의 역할을 할 수도 있다. 이처럼 원인변수와 결과변수의 구분이 명확하지 않은 관계에서는 시간적 선후관계를 알 수 없게 되므로 이에 대한 검토는 의미가 없어지게 된다.

그러나 앞의 예와 같은 성과급 지급과 업무능률의 관계는 원인과 결과가 명확히 구분되는 관계이므로 시간적 선후관계에 따른 변화를 점검하는 것은 의미가 있다. 이 경우 성과급 지급을 특정 시점 이후부터 증가시켰다면, 업무능률의 향상은 반드시 성과급 지급이 증가된 시점이나 그 이후부터 발생되어야 한다.

성과급을 증가시킨 후 어느 정도 업무능률이 향상되었다고 가정하자. 이후 성과급을 더 증가시키지 않고 일정 수준을 그대로 유지한 상태에서도 업무능률이 지속적으로 향상되었다면, 성과급과 업무능률 사이의 단순한 인과관계를 재검토할 필요가 있다. 이 경우, 성과급이 업무능률에 영향을 주지 않을 가능성하에서 업무능률에 영향을 주는 다른 요인들을 고려해 보아야 한다. 예컨대 성과급이 사기(士氣) 혹은 근로의욕을 높이기 때문에 이러한 사기의 증가로 인하여 업무능률이 향상될 수 있다는 새로운 관계를 찾고, 이를 바탕으로 성과급 지급과 업무능률 사이의 인과관계에 대한 가설을 검증할 수 있을 것이다.

3. 비허위성

연관성과 시간적 선후성이 확인되었다 해도, 그것들만으로는 직접적으로 인과관계를 입증할 수 없다. 인과관계의 입증을 위해서는 세 번째 조건인 '비허위성(nonspuriousness)'의 확인이 필요하다. 비허위성 혹은 비허위적 관계(nonspurious relation, spurious zero relationship)란 원인변수 이외의 다른 변수로 결과를 설명할 수 없는 관계를 의미한다. 다시 말하면, 원인과 결과 사이에 나타나는 연관성과 시간적 선후관계가 다른 요인에 의해 유발되는지를 확인해 보아야 한다는 것이다. 혹시 다른 제3변수가 이러한 관계에 작용하여 영향을 미치고 있지는 않은지 등을 의심해 보고, 그러한 외부 영향들이 경험적으로 타당하지 않음을 보여 줄 수 있어야, 비로소 원래의 두 변수간 관계가 직접적인 인과성이 있음을 확신할 수 있게 된다.

성과급 지급과 업무능률 관계의 예를 다시 살펴보자. 업무능률 향상의 원인이 될 수 있는 다른 경우를 보면, 근무환경의 개선, 인간관계의 향상, 교육훈련의 실시, 휴가제도의 개선, 승진, 후생복지의 제고 등을 들 수 있다. 이들은 업무능률에 영향을 미칠 수 있는 변수들이기 때문에, 성과급 지급과 업무능률이라는 두 변수만의 관계를 파악하고자 하면, 성과급 지급 이외에 업무능률에 영향을 줄 수 있는 이들을 통제한 상태에서 분석이 이루어져야 한다.

이처럼 두 변수의 관계가 비허위적 관계인지를 판단하려면 이들 변수 간의 관계를 설명하는 제3변수가 존재하는지를 확인하여야 한다. 두 변수 간의 관계에 영향을 미치는 제3변수를 외재변수(extraneous variable)라고 하며, 이는 허위변수(spurious variable)와 혼란변수(confounding variable)의 두 형태를 띠고 있다(Langbein, 1980: 33～35). 허위변수는 원인변수와 결과변수 모두에게 영향을 미치며, 이들 사이의 공동변화를 모두 설명하는 변수를 말한다. 반면에, 혼란변수는 원인변수와 결과변수 모두에게 영향을 미치지만, 이들 사이의 공동변화를 모두 설명하지는 못하는 변수이다(남궁근, 2003: 175~178).

이처럼 허위변수 또는 혼란변수의 형태를 띠는 제3변수를 적절히 통제하지 못하면, 연구자가 관심을 두는 변수들 사이에 실제로 인과관계가 없는데도 불구하고 인과관계가 있는 것처럼 나타날 수 있다. 따라서 제3변수의 영향을 완전히 제거하지 못한 상황에서 연구자가 내리는 인과적 추론은 타당성이 낮을 가능성이 매우 크다. 그러므로 추정된 원인과 결과에 영향을 미치는 제3변수를 얼마나 통제하느냐가 인과적 추론의 타당성을 높이는 관건이 된다.[2)]

2) 이군희(2002: 223)는 제3변수를 통제하는 방법으로 무작위화(randomization), 짝짓기(matching), 통계분석에 의한 보정, 실험설계를 통한 통제 등을 제시하고 있다.

제11장 연구설계의 타당성

연구설계의 적합성을 판단하는 기준으로 내적 타당성과 외적 타당성을 들 수 있으며, 이러한 타당성 문제는 인과관계를 추론하는 설명적 연구에서 주로 논의된다. 내적 타당성은 연구의 설계 및 분석과정에서 추론된 인과관계가 어느 정도 정확한가에 관한 것이고, 외적 타당성은 그 연구의 결과를 다른 상황이나 시점에서 어느 정도까지 일반화할 수 있는가에 관한 것이다.

제 1 절 내적 타당성

1. 내적 타당성의 의미

내적 타당성(internal validity)이란 종속변수(결과)의 변화가 독립변수(원인)의 변화에 의하여 발생한 것임을 확신할 수 있는 정도를 말한다. 즉, 독립변수와 종속변수 사이의 인과관계에 대한 추론가능성이 얼마나 높은지를 보여주는 것이 내적 타당성이다. 종속변수의 변화가 독립변수만의 영향에 의해서 발생한 것이라면 내적 타당성이 높다고 할 수 있으며, 이는 두 변수 간의 인과성에 대한 경험적 검증력이 강하다는 것을 의미한다.

2. 내적 타당성의 저해요인

연구의 내적 타당성을 높이려면 가능한 순수하게 독립변수에 의한 효과만을 정확히 추출해 낼 수 있는 연구설계가 필요하다. 실제 연구에서는 독립변수 이외의 다른 요인이 종속변수에 영향을 미쳐 내적 타당성이 낮아질 수 있는데, 이처럼 내적 타당성을 저해하는 요인들은 크게 외재적 요인(extrinsic factor)과 내재적 요인(intrinsic factor)으로 구분할 수 있다.

외재적 요인은 주로 연구대상의 선정이나 배정에서 편향(bias)을 일으키는 요인을 말하며, 대표적으로 선정요인, 통계적 회귀요인, 그리고 성숙요인과 선정요인 간의 상호작용 등을 들 수 있다. 반면에, 내재적 요인은 연구를 진행하는 기간 동안 연구대상이나 그들의 속성에 나타나는 변화, 측정도구의 변화, 측정(검사) 자체의 영향 등을 지칭하며, 역사요인, 성숙요인, 소멸요인, 도구요인, 검사요인 등을 포함한다.

이처럼 연구의 내적 타당성을 위협하는 이들 요인을 구체적으로 살펴보면, 다음과 같다(Cook and Campbell, 1979: 51～55).

(1) 선정(selection)

연구대상들이 서로 '비교 가능하지 않은' 혹은 '비교될 수 없는' 성격을 가지고 있을 때, 이들을 서로 비교하는 것은 아무런 의미가 없다. 이와 같이 '비교 가능하지 않은' 혹은 '비교될 수 없는' 성격을 가진 집단들을 대상으로 독립변수의 효과를 측정하려고 할 때, 이들 집단간 결과변수에 대한 측정값의 차이는 독립변수의 효과라기보다는 단순히 두 집단의 성격이 다르기 때문에 나타날 수 있다. 이처럼 연구대상 자체를 잘못 선정하여 변수 간에 엉뚱한 관계가 발견되는 경우가 선정오류(selection bias)에 해당하며, 그 효과를 선정효과(selection effect)라고 한다.

예를 들어, 공무원을 대상으로 실시한 의식교육이 서비스 정신 향상에 어느 정도 영향을 미치는지를 알고자 한다고 하자. 이를 위해서 교육에 참가한 공무원 집단과 참가하지 않은 공무원 집단을 대상으로 서비스 정신의 정도를 측정하였다. 이 경우 교육에 참가한 공무원들의 서비스 정신이 참가하지 않은 공무원들보다 높다면, 이를 교육의 효과로만 돌릴 수는 없을 것이다. 왜냐하면, 교육에 참가한 공무원들과 참가하지 않은 공무원들 사이에는 교육 이전에 '비교 가능하지 않은' 차이가 이미 존재하였다고 볼 수 있기 때문이다. 즉, 참가자는 불참자보다 이미 서비스 정신에 대한 관심이 높았고 이를 향상하고자 하는 동기가 더 컸을 수 있다는 것이다.

이처럼 적합한 연구대상을 가지지 못한 경우에 발생할 수 있는 선정오류는 일반적으로 연구대상을 무작위로 선정하거나 각 집단에 무작위로 배정하는 과정을 통해서 해결할 수 있다. 무작위 선정이나 배정에 의해서 선정오류를 피할 수 없다면 사전에 두 집단에 대한 차이를 파악하여 분석과정에서 이를 통계적으로 수정하는 노력이 필요하다.

(2) 통계적 회귀(statistical regression)

연구대상이 극단적인 측정값을 지닌 상태에 있다면, 그 결과는 원인변수의 영향을 정확히 반영하지 못하는 경우가 발생한다. 즉, 첫 번째 측정에서 극단적인 값(최고값 또는 최저값)을 나타낸 사람들을 대상으로 두 번째 측정을 하게 되면, 두 번째의 측정값은 대체로 전체의 평균에 가까워지는 통계적 회귀의 경향을 보이게 된다. 이러한 회귀경향에 의해 나타난 측정값의 변화를 회귀효과(regression effect)라고 한다.

예를 들어 고등학교 보충수업의 효과를 파악하려는 경우, 보충수업을 실시하기 전에 시험을 실시하여 성적이 나쁜 학생들만을 대상으로 보충수업을 실시한 후에 다시 시험을 쳤을 때 성적이 향상되었다고 하자. 이러한 성적 향상이 과연 보충수업의 영향만인지에 의문이 있을 수 있다. 처음부터 성적이 나쁜 학생들은 그냥 두어도 시간이 지남에 따라 성적이 더 나빠지기보다는 그 상태에 그대로 머무르거나 약간의 향상을 보일 가능성이 더 크다. 이 경우 성적 향상이 보충수업에 의한 것인지 또는 회귀효과에 의하여 평균으로 이동한 것인지 판단하는 것은 쉽지 않다.

이처럼 극단적인 연구대상에게 일어나는 변화를 마치 독립변수의 효과로 오인할 위험은 자료분석에서 더욱 심각하게 나타날 수 있다. 어떤 정책에 대하여 매우 호의적인 태도를 가지고 있거나 극히 비판적인 태도를 가지고 있는 사람들은 평균으로 이동할 가능성이 높기 때문에 큰 폭으로 쉽게 변화할 수 있다. 하지만, 중간 정도의 태도를 실제 가지고 있는 사람은 상대적으로 변화의 폭이 회귀효과에 의하여 그다지 크게 나타나지 않는다. 따라서 회귀효과는 극단적인 값을 갖는 연구대상에게는 큰 폭의 이동 가능성을, 그리고 평균적인 값을 지닌 연구대상에게는 작은 폭의 이동 가능성을 준다. 이러한 효과는 독립변수의 영향과는 관계없이 발생하므로 그 결과를 왜곡시키게 된다.

자료수집에 있어서 질문 응답을 분석하다 보면, 응답자들이 중간의 값을 선택하는 경우를 자주 보게 된다. 예를 들어 5점 척도라면, 평균값이 3점에서 크게 벗어나지 않는 중심화 경향을 발견할 수 있는데, 이러한 현상도 회귀효과에 의하여 나타나는 것이라고 할 수 있다. 특히 사회적 약자를 대상으로 하는 정책이나 프로그램을 연구하는 경우, 통계적 회귀의 성향을 배제하기 위해 극단적인 측정값을 갖는 대상을 배제하거나 회피하는 등의 세심한 주의가 요구된다.

(3) 역사(history) 혹은 외부사건(extraneous event)

연구조사를 수행하는 과정에서 그 결과에 영향을 줄 수 있는 외부의 어떤 사건이 발생할 수 있다. 이러한 외부의 사건을 역사요인이라 하며, 이것이 종속변수에 미치는 영향을 역사효과(history effect)라고 한다. 여기서 외부사건 혹은 역사는 언론에서 대서특필되거나 역사책에서 기록될 만한 주요한 사건일 필요는 없으며, 단순히 연구조사기간과 시간상으로 일치하는 사실만을 나타내기 위해 사용된다. 따라서 일반적으로 연구조사기간이 길수록 역사효과가 발생할 가능성이 높다고 할 것이다.

예를 들어, 맞춤형 복지제도가 공무원의 근무의욕에 미친 효과에 관한 연구에 있어서 연구조사기간 중에 보수의 전면적인 인상이 이루어졌다면, 이로 말미암아 공무원의 근무의욕이 급격히 증가할 수 있을 것이다. 이러한 증가는 연구모형에서 가정한 독립변수(맞춤형 복지제도)와 종속변수(근무의욕)간의 인과관계로부터 나타난 결과라기보다는 예기치 못한 사건(보수 인상)에 의한 결과로 볼 수 있다. 이 경우 독립변수(맞춤형 복지제도)가 종속변수(근무의욕)에 미친 효과를 정확히 파악하려면 외부적인 사건(보수 인상)의 영향을 분리하거나 배제할 수 있도록 연구설계를 하여야 한다.

(4) 성숙(maturation) 혹은 시간의 경과(passage of time)

사람은 지속적으로 성장 · 변화하며, 그 성장 · 변화는 연구결과에 영향을 미치게 된다. 이처럼 시간의 경과에 따라 자연적으로 연구대상의 특성이 변화하여 그 결과에 미치는 영향을 성숙효과(maturation effect)라고 한다. 사람을 대상으로 연구조사를 진행하는 경우 그 대상자가 나이가 들고 경험이 많아지거나 또한 육체적인 피로와 지루함 등으로 말미암아 종속변수의 값이 변하게 되고 그에 따라 연구조사의 결과는 크게 달라질 수 있다.

특히 어린이는 자연스럽게 성장하면서 그 능력이 크게 늘어나게 된다. 취학

전 아동의 독서력을 증진시키는 교육프로그램의 효과를 파악하려는 예를 들어 본다. 교육프로그램의 실시 이전에 대상아동의 독서력을 측정하고(사전 측정), 그 프로그램 실시 이후에 대상아동의 독서력을 다시 측정하여(사후 측정), 이들 측정값의 차이를 교육프로그램의 효과라고 추정한다고 하자. 이 경우 사후 측정값이 사전 측정값보다 훨씬 높다고 하더라도, 교육프로그램의 실시 여부와 무관하게 그 기간 동안 어린이의 독서력은 자연적으로 향상되기 때문에, 두 측정값의 차이가 전부 교육프로그램의 효과라고 보기는 어렵다.

또 다른 예를 들면, 재가노인에 대한 보건의료서비스의 효과를 파악하고자 한다고 하자. 보건의료서비스를 수 년간 지속적으로 받았는데도 불구하고, 실제 조사에 의하면 받기 전보다 건강상태가 악화된 것으로 나타났다. 이 경우 보건의료서비스가 재가노인들의 건강에 부정적인 영향을 미쳤다고 추론하는 것은 잘못된 것이다. 노령화에 의한 건강악화, 즉 성숙요인이 그 연구의 내적 타당성을 심각하게 저해하는 요인으로 작용하였을 수 있기 때문이다.

이처럼 성숙요인에 의한 내적 타당성의 위협은 사람뿐만 아니라 사건이나 조직 · 사회 등을 대상으로 하는 연구에서도 발생한다. 예를 들어, 시간이 지남에 따라 경제구조가 발전하거나 시장규모가 커져 나가는 것 등의 경우에 나타날 수 있다. 외부적인 사건에 의한 역사효과의 문제와 마찬가지로, 시간에 따른 성숙효과를 통제하여 내적 타당성을 높이려면 그 영향을 분리하거나 배제할 수 있도록 연구설계를 하여야 한다.

(5) 검사(testing) 혹은 학습(learning)

어떤 검사나 측정을 받은 경험은 그 다음 검사나 측정의 결과에 영향을 줄 수 있다. 즉, 독립변수(원인)의 개입 여부와 관계없이 검사를 하는 자체만으로도 이후에 실시되는 검사 결과에 영향을 미칠 수 있다는 것이다. 이처럼 반복하여 검사하는 과정에서 사람들의 행동에 영향을 주어서 그 결과가 달라지는 효과를 검사효과(testing effect) 혹은 학습효과(learning effect)라고 한다.

예를 들어 학생들에게 동일한 시험을 2회 실시하였을 때, 첫 번째 시험보다 두 번째 시험에서 점수가 더 높게 나오는 것이 보통이다. 이는 학생들의 시험에 대한 기억들이 그 결과에 작용할 수 있기 때문이다. 또 다른 예로서 어떤 지방자치단체의 정책홍보에 따른 주민의 태도 변화를 파악하려는 경우를 보자. 정책홍보를 행하기 전·후 응답결과에서 차이가 없었다면, 그 홍보의 효과가 없는 것으로 결론을 내릴 수 있는가? 일반적으로 사람들은 일관된 태도를 유지하려는 경향이 있을 수 있기 때문에, 홍보를 접하기 전의 태도를 기억하여 그 이후에도 일관된 태도를 취하도록 노력하게 된다. 이 경우 역시 나중의 측정 결과가 먼저 측정한 결과에 영향을 받기 때문에 검사효과 혹은 학습효과에 의한 결과로 간주할 수 있다.

이처럼 검사효과가 발생하게 되면, 독립변수의 변화가 원인이 되어 결과가 변하였는지, 혹은 첫 번째 검사로 말미암아 두 번째 검사에 더 익숙해져서 결과가 변하였는지에 대한 구분을 할 수 없게 된다. 그러므로 과연 얼마만큼이 순수하게 독립변수에 의한 효과인지 정확하게 알 수 없기 때문에 내적 타당성이 낮아지게 된다. 또한 이러한 검사요인은 연구결과를 일반화할 수 있는 상황을 제약하기 때문에 외적 타당성에도 심각한 영향을 미칠 수 있다. 연구의 타당성을 확보하려면 사전검사(사전 측정)를 하지 않은 집단을 선택하거나 사전검사(사전 측정)를 위장하여 인지할 수 없도록 세심한 주의를 기울여야 한다.

(6) 도구화(instrumentation)

동일한 측정도구를 적용할 때 발생할 수 있는 검사효과와 달리, 상이한 측정도구를 사용할 때 측정값이 다르게 나타나는 왜곡 현상을 도구(변화)효과(instrument variation effect) 혹은 도구화(instrumentation)라고 한다. 이러한 효과는 하나의 개념에 대하여 서로 다른 척도, 측정도구 또는 측정기준을 적용하는 경우에 발생되는 문제로서 연구의 내적 타당성을 저해한다.

만약 어떤 시험의 채점에 있어서 채점자의 기준이 달라지거나 측정도구가 주관식 문제에서 객관식 문제로 변경된다면, 그 결과가 동일하다고 확신할 수 없게 된다. 예를 들어 정책홍보의 효과를 파악하려는 경우, 홍보를 실시하기 전에 주민의 태도를 측정하는 질문 문항과 홍보를 실시한 이후에 주민의 태도를 측정하는 질문 문항이 서로 다르다면, 비록 같은 개념을 측정하지만 측정도구가 상이하여 두 측정이 서로 유사하다고 볼 수 없다.

이와 같은 도구효과는 측정대상이 사람일 경우에 더욱 심각하게 나타나게 된다. 사람들의 가치, 의견, 선호도, 태도 등에 대한 측정은 주로 질문지법이나 면접법에 의해 이루어지는데, 질문 문항이나 면접자가 달라지면 그에 따라 서로 다른 측정값을 가질 수 있는 위험에 빠지게 된다. 이 경우, 동일한 문항으로 구성된 질문지를 사용하거나 동일한 면접자가 면접을 진행함으로써 그 위험을 다소 줄일 수 있다. 이처럼 가급적 동일한 혹은 표준화된 측정도구를 사용함으로써 도구효과를 최소화하여 내적 타당성을 높이려는 노력이 필요하다.

(7) 소멸(mortality)

연구조사를 진행하는 과정에 연구대상이 소멸하는 경우가 종종 발생할 수 있다. 이처럼 특정 집단을 대상으로 하거나 특정 조건하에서 자료의 추적이 불가능하여 결과를 왜곡시키는 경우, 소멸효과(mortality effect)가 나타나게 된다. 연구대상으로 참여 혹은 포함 여부를 스스로 결정하게 할 경우에는 선정요인의 효과가 발생할 수 있으나, 연구대상으로 참여하거나 포함된 이후에 중도포기(drop-out) 여부를 스스로 결정하게 할 경우에는 소멸요인의 효과가 나타날 수 있다.

예를 들어, 학생들은 특정 과목에 흥미가 없거나 너무 어렵다고 생각하면 중도에 포기하는 경향이 흔히 발생한다. 혹은 환자가 의사의 치료를 받다가 더 이상 치료를 받지 않거나 사망하게 되면 치료프로그램에서 탈락하게 된다. 또는 사회복지서비스의 대상고객이 해결하고 싶은 문제가 전혀 개선되지 않았다고 인식하면 그 서비스를 거부하게 된다. 이처럼 소멸 혹은 상실로 인하여 남아 있는 연구대상과 처음의 연구대상은 서로 다른 특성을 가지게 되며, 이들을 고려하지 않고 그 결과변수에 대한 측정값을 비교하는 것은 문제가 있다. 금연프로그램에 있어서도 중도탈락자보다 수료자는 금연성공률이 더 높은 것처럼, 끝까지 프로그램에 남아 있는 사람들은 일반적으로 중도탈락한 사람보다 성취수준이 높은 편이기 때문이다.

연구대상의 소멸 혹은 탈락에 따른 내적 타당성 문제를 해결하기 위해서는 상당한 노력이 필요하다. 소멸 혹은 탈락된 대상을 면밀히 파악하여 이들이 전체의 연구결과에 영향을 미칠 수 없도록 하여야 한다. 실험실연구에서는 외재변수의 통제가 가능하고 연구기간이 짧아 대상 소멸이 거의 없는바, 연구대상의 소멸에 따른 효과는 대부분 현장연구에서 많이 나타나는 현상이라고 할 수 있다.

(8) 불확실한 시간적 선후성(time order)

두 변수 간의 시간적 선후성에 대한 불확실성은 인과관계에 대한 파악을 어렵게 한다. 특히 시간적 선후성을 경험적으로 보여줄 수 없는 비실험연구에서는 인과관계의 방향을 결정하기가 곤란할 때가 많다.

예를 들어, 어떤 연구에서 금연프로그램을 마친 대상고객이 그 프로그램을 중단한 대상고객보다 흡연할 가능성이 낮다는 것을 발견하였다고 하자. 이 경우, 금연프로그램이 참여자에게 흡연을 하지 않도록 영향을 미쳤는지, 혹은 더 이상 흡연을 하지 않아서 그 프로그램을 완수했는지 모호하다는 것이다. 이 연구는 단지 금연프로그램 완수와 흡연 가능성이라는 두 변수가 상호 연관성을 가지고 있음을 보여줄 뿐, 이들 사이의 시간적 선후성을 경험적으로 제시하지 못하여 두 변수 간의 인과관계에 대한 효과적인 입증을 하지 못하고 있다.

(9) 상호작용(interaction)

지금까지 논의한 바와 같이, 연구의 내적 타당성을 위협할 수 있는 요인들은 매우 다양하다. 이들 요인은 각각 독립적으로 작용하기도 하지만, 대체로 둘 또는 그 이상의 요인들이 복합적으로 상호작용하여 내적 타당성에 영향을 주게 된다.

예를 들어, 도시 지역과 농촌 지역의 학생들을 대상으로 학업능력의 발달에 관한 연구를 한다고 하자. 더 좋은 환경에서 자란 도시지역의 학생들이 농촌지역의 학생들보다 성숙의 속도가 더 빠를 수 있다. 이들 집단을 연구대상으로 선정한다면 선정효과가 발생하며, 도시지역 학생 집단과 농촌지역 학생 집단의 성숙 속도가 다르므로 선정요인과 성숙요인의 상호작용효과(interaction effect)도 나타나게 된다.

3. 내적 타당성의 확보방안

앞에서 보았듯이, 독립변수 이외의 다양한 요인들이 종속변수에 영향을 주어 실제 연구결과를 왜곡시켜 내적 타당성을 저해할 수 있다. 내적 타당성을 저해하는 요인들을 적절히 통제하지 못하면, 연구자가 관심을 가지는 변수들 사이에 실제로 인과관계가 없는데도 불구하고 인과관계가 있는 것으로 나타날 수 있다. 이처럼 이들 요인들의 영향을 완전히 제거하지 못한 상황에서 연구자가 내리는 인과적 추론은 그 타당성이 낮을 가능성이 매우 크다. 따라서 인과적 추론의 타당성은 무엇보다도 추정된 원인과 결과에 영향을 미치는 요인들을 얼마나 적절히 통제할 수 있느냐에 달려 있다. 이들 요인들을 적절히 통제하는 방법을 구상하는 것이 바로 연구설계에 있어서 가장 중요한 활동이라 말할 수 있다.

내적 타당성의 저해요인을 통제하는 방법은 다양하게 나타날 수 있다. 일반적으로 무작위 배정(random assignment), 짝짓기(matching), 통계분석에 의한 보정 등을 들 수 있으나,[1] 각 요인에 따라 그 영향을 통제하는 방법은 서로 달라질 수 있다. 역사요인을 통제하려면 가능한 연구조사기간을 제한하여 그 요인들의 효과가 나타나지 않도록 하여야 하며, 성숙요인을 통제하려면 연구조사기간을 제한하거나 빠른 성숙을 보이는 표본을 가능한 회피하는 것이 필요하다. 선정요인과 소멸요인의 경우에도 무작위 배정이나 짝짓기 등과 더불어 사전 측정을 통하여 이들 요인의 발생을 배제하도록 노력하여야 한다. 검사요인의 효과를 통제하려면 사전 측정을 인지하지 못하도록 하거나 눈에 띄지 않는 측정방법을 강구할 필요가 있다. 그리고 도구요인의 영향을 통제하려면 표준화된 측정도구와 동일한 측정기준을 사용하는 것이 요구된다.

제 2 절 외적 타당성

1. 외적 타당성의 의미

외적 타당성(external validity)은 연구결과를 일반화할 수 있는 정도를 말한다. 즉, 특정 집단을 대상으로, 특정 시기에, 특정 상황에서 연구한 결과를 다른 집단, 다른 시기, 다른 상황에 일반화할 수 있는 범위에 관한 것이다. 내적 타당성이 특정 연구에서 인과적 추론이 얼마나 진실한가에 관한 것이라면, 외적 타당성은 그러한 인과적 추론의 진실이 다른 집단, 다른 시기, 다른 상황에도 적용될 수 있는가에 관한 것이다. 따라서 연구의 내적 타당성이 높다고 해서, 그것

1) 무작위 배정이란 연구대상이 되는 집단들을 동질적으로 구성하기 위한 방법인데, 연구대상을 각 집단에 무작위로 할당하여 어떤 연구대상이 전체 집단에 배정될 확률이 동일하게 되도록 하는 것이다. 반면에 짝짓기란 무작위 배정이 어렵거나 불가능할 경우, 관련되는 변수들의 관점에서 유사한 것끼리 연구대상을 짝지어 각 집단에 배정하는 방법이며, 주로 실험집단의 연구대상과 유사한 짝을 찾아 통제집단에 배정하게 된다.

이 저절로 일반화될 수 있는지의 여부를 결정하는 것은 아니다.

이처럼 연구결과의 일반화와 관련된 외적 타당성의 문제는 대체로 다음과 같은 세 가지 관점에서 논의될 수 있다.

첫째, 일반화가 가능한 대상 집단에 관한 문제이다. 이는 특정한 모집단으로부터 추출한 표본을 대상으로 실시한 연구의 결과를 다른 모집단, 예를 들면 다른 연령집단, 다른 사회계층, 다른 문화집단, 다른 직종집단 등에 대하여 적용할 수 있느냐 하는 것이다.

둘째, 일반화가 가능한 시기에 관한 문제이다. 이는 특정한 시기에 집행된 독립변수의 효과에 대한 결론을 토대로 유사한 정책이나 프로그램을 다른 시기에 실시하여도 유사한 결론에 도달할 수 있느냐 하는 것이다.

셋째, 일반화가 가능한 상황이나 환경에 관한 문제이다. 예를 들면, 시범적인 정책이나 프로그램의 집행에서 나타난 효과를 토대로 실제 상황 하에서 그 정책이나 프로그램이 운영될 때에 시범 상황에서와 같은 효과가 나타날 수 있느냐 하는 것이다.

2. 외적 타당성의 영향요인

실제 연구에서는 여러 가지 요인으로 인하여 외적 타당성이 낮아질 수 있는데, 외적 타당성에 영향을 미치는 주요 요인들을 살펴보면 다음과 같다(Cook and Campbell, 1979: 73∼74).

(1) 표본, 상황 및 과정의 대표성(representativeness)

대부분의 연구는 표본을 추출하여 행하게 된다. 표본으로부터 도출된 특정한 결과들이 일반화될 수 있기 위해서는 먼저 표본이 모집단을 적절히 대표하여야 한다. 또한 표본뿐만 아니라 연구의 상황이나 절차 등도 모집단을 적절히 대표하는 것이어야 한다. 예를 들어, 종합부동산세의 신설에 대한 여론을 파악하기 위해 강남지역 주민 100명만을 표본으로 선정하였다면 그 연구결과의 외적 타당성은 문제시될 수 있다.

(2) 연구의 반응성(reactivity)

연구대상 자신이 특정한 연구의 대상이 되고 있다는 것을 인식하면, 평상시와는 다르게 행동할 수 있다. 이와 같이 자연스럽지 못한 반응을 하게 됨에 따라 나타나는 결과들은 그렇지 않은 일반 사람들에게서 나타나는 결과들과는 다를 가능성이 매우 크다. 이러한 반응효과를 일명 호손효과(Hawthorne effect)라고 하며,[2] 이는 해당 연구의 결과에 상당한 영향을 미치며 그 결과의 일반화에도 많은 지장을 가져온다. 예를 들어, 치료적인 성격을 갖는 읽기프로그램에 참여하는 아동은 다른 정상적인 프로그램에 참여할 때 보이지 않던 특이한 치료 효과를 보일 수 있다.

연구대상의 반응성으로 인하여 일반화 문제를 일으키는 또 다른 것으로 가짜약효과(placebo effect)가 있다. 이는 종종 임상실험에서 활용되는 이중눈가림기법(double-blinded technique)에 의한 것으로, 가짜로 된 약을 먹은 집단에서 마치 진짜 약을 먹은 것과 같은 효과가 나타나는 것을 말한다. 실제로는 독립변수의 조작이나 개입이 이루어지지 않았는데도 불구하고 그것을 받은 것과 유사한 효과를 보이는 경우이다. 이와 같은 연구의 반응성을 제거하기 위해서는 자신이 연구대상이 되고 있다는 사실을 인지하지 못하도록 연구설계를 하는 것이 바람직하다.

---

2) 이와는 반대되는 현상으로 존헨리효과(John Henry effect)가 있다. 이는 특별한 대우를 받지 못한 통제집단이 평상시와 다르게 행동하거나 고의로 실험집단보다 더 좋은 결과가 나타나도록 노력하는 경우에 발생되는 효과를 말한다.

제12장 연구설계의 방법

연구설계는 연구문제의 해결에 필요한 연구활동을 체계적으로 수행하여 성공적인 결과를 얻는 데 필수적인 지침 역할을 한다. 사회과학연구에서는 다양한 연구목적에 적합한 많은 형태의 연구가 있으며, 그 중에서 사례연구, 서베이연구, 내용분석, 실험연구를 대표적으로 들 수 있다. 각 연구의 의의, 장단점, 그리고 구체적인 절차와 과정으로서 설계방법 및 사례 등을 고찰한다.

제 1 절 사례연구

1. 사례연구의 의의

(1) 사례연구의 의미

사례연구(case study)는 원래 의학에서 특정 질병의 동태나 심리학에서 사람의 심적 작용 등과 같은 개별사례를 자세하게 분석 또는 설명하는 데 그 기원을 두고 있다. 이후 경영학분야에서 기업경영상 야기되는 문제의 해결을 위해서 사례연구가 상당히 발전되어 왔으며, 최근 행정학이나 정책학을 포함한 사회과학 전반에 걸쳐 그 활용이 더욱 증가하고 있다.[1)]

사례연구는 그 활용에 따라서 매우 다양하게 정의되고 있다. Yin(1989: 13~14)은 사례연구를 "연구설계의 논리, 자료수집의 방법, 그리고 자료분석의 기법 등을 모두 포괄하는 하나의 연구전략(research strategy)"으로 정의하고 있다. 또한

1) 미국의 사회과학연합회(Social Science Research Council)의 행정분과위원회가 사례집을 출간한 것이 계기가 되어 행정학분야에서도 행정문제의 해결을 위한 방법으로 사례연구가 활발히 진행되고 있다. 이 사례집이 하버드대학교의 '정부의 행정과 공공정책'에 관한 강의교재로 활용되고, 코넬 · 하버드 · 프린스턴 · 시라큐스 등 대학교들이 협동으로 대학간 사례연구프로그램(Inter-University Case Program)을 추진하면서 사례연구가 보편화되기 시작하였다(김광웅, 1997: 499).

김해동(1982: 77)에 의하면, 사례연구는 "연구대상을 연구문제와 관련된 가능한 모든 각도에서 종합적으로 파악하는 연구방법"이다. 어느 견해이든, 사례연구가 하나(혹은 소수)의 사례가 지니는 속성을 심층적으로 파악함으로써 연구문제를 해결하려는 것임에는 의문이 없다.

사례연구가 하나(혹은 소수)의 사례를 대상으로 하는 연구라는 주장은 '사례(case)'에 대한 특정한 정의를 전제로 할 경우에만 타당하다(남궁근, 2003: 322). 사례는 매우 다양하게 정의·분류되고 있으나,[2] 대체로 '연구단위(unit of research)'를 의미하는 것으로 사용되고 있다. 이는 경험적 검증에 필요한 자료의 수집·분석을 위한 단위인 '분석단위(unit of analysis)'와 엄격히 구분되나, 경우에 따라서는 분석단위 자체가 하나의 사례가 되기도 한다. 초기 사례연구들이 청소년 범죄자나 부랑자들의 일생과 같이 매우 개인적인 생활을 주로 다루었기 때문에, 전통적인 사례연구에서 '사례'란 주로 '개인'을 의미하였다. 또한 환자, 모범생, 혹은 정치적 지도자 등이 사례연구의 대상이 되기도 하였으며, 이들 개인은 연구대상으로서 하나의 사례가 되고 동시에 분석단위가 된다.

물론, '사례'는 개인 이외에 사건이나 개념을 포함한다. 의사결정, 프로그램, 프로세스의 구현, 조직에서 발생한 변화 등 어떤 것이라도 사례연구의 대상이 될 수 있다. 다시 말해서 개인, 집단, 조직(예: 회사, 학교 등), 제도(예: 법령, 정책, 프로그램 등), 인공물(예: 책, 사진, 신문, 자동차, 주택 등), 지리적 단위(예: 마을, 동, 시, 국가 등), 사회적 상호작용(예: 결혼, 친구선택, 교통사고, 소송, 국회 청문회 등) 등 모두가 사례 혹은 분석단위가 될 수 있다.

(2) 사례연구의 목적 및 용도

사례연구는 기술적 연구의 한 형태이나, 연구주제에 관한 예비지식이 거의 없는 상태에서 연구문제에 대한 방향을 잡고 그에 대한 풍부한 지식을 얻기 위한 탐색의 목적으로 활용되기도 한다. 이러한 점 때문에 사례연구는 향후 설명적 연구 등 다른 연구를 위한 아이디어나 실마리를 발견하는 데 도움을 주는 적절한 연구방법으로 인정되고 있다.

---

2) Ragin(1992: 9)은 크게 네 가지 유형으로 구분하고 있다. 즉, '발견하는 단위로서의 사례', '객관적 단위로서의 사례', '구성되는 단위로서의 사례', 그리고 '관습적 단위로서의 사례'로 나누어 그 본질을 설명하고 있다(남궁근, 2003: 322~324).

대부분의 사례연구는 질적 연구의 하나로서, 서베이와 실험 등으로 대표되는 양적 연구와 차이가 있다.[3] 이처럼 사례연구는 하나(혹은 소수)의 개별적 또는 집단적 현상(사례)의 실체를 집중적 · 심층적 · 다차원적 · 종합적으로 연구하는 것을 말하며, 대체로 비교 또는 통제집단 없이 모집단 자체를 직접적인 연구대상으로 삼고 있다.

2. 사례연구의 장단점

(1) 장 점

사례연구가 특히 사실의 발견과 문제의 해결 측면에서 지니는 몇 가지 장점을 살펴보면, 다음과 같다.

첫째, 단일 혹은 소수의 사례를 집중적 · 심층적으로 검토하기 때문에 연구대상에 대하여 깊이 있고 종합적인 이해를 가능하게 한다.

둘째, 향후 본 조사를 위한 예비조사(pilot research)로 사용될 수 있다. 즉, 후속 연구를 위한 실마리를 제공하는 데 유용하게 활용된다.

셋째, 연구대상의 독특한 성질을 구체적으로 상세하게 연구할 수 있어 어떤 현상의 특징 연구에 적합하다.

넷째, 연구대상이 되는 사례에 관하여 처음부터 끝까지 동태적인 변화나 흐름에 대한 파악을 가능하게 한다.

다섯째, 특히 인간의 심리적 · 사회문화적 · 행태적 연구에 적합한 연구방법이다.

(2) 단 점

사례연구는 특히 자료의 수집 · 분석이나 연구결과의 활용 등에 있어서 몇 가지 단점을 지니고 있는데, 이들을 살펴보면 다음과 같다.

첫째, 연구대상을 선정함에 있어서 대표성(representativeness)의 문제가 있을

3) 같은 맥락에서 Ragin(1994: 299~319)은 경험적 연구의 방법을 크게 두 가지, 즉 소수 사례에 대한 심층분석을 추구하는 사례지향적 연구(case-oriented study)와 다수 사례를 대상으로 변수 간의 계량적 관계에 대한 분석을 추구하는 변수지향적 연구(variable-oriented study)로 구분하고 있다. 그러나 Yin(1989: 21~22)에 의하면, 사례연구는 정량적 증거와 정성적 증거를 모두 사용할 수 있으며, 따라서 질적인 동시에 양적인, 일종의 종합적인 성격의 연구라고 한다.

수 있다. 즉, 하나 혹은 소수의 사례가 연구주제와 관련된 전체 사례를 대표할 수 있느냐에 대한 의문이 제기될 수 있다.

둘째, 연구자의 주관이나 편견이 개입되어 결과와 결론에 영향을 미칠 수 있는 소지가 있다.

셋째, 시간과 비용이 많이 들어 비경제적인 측면이 있다.

넷째, 대체로 통제집단이나 비교집단을 사용하지 않기 때문에 비교나 변화에 대한 분석이 어렵다.

다섯째, 자료의 신뢰성을 확인할 수 있는 방법이 없다. 또한 자료의 출처에 대한 공개를 기피하는 경향이 있어 자료의 출처가 가려질 가능성이 있다.

여섯째, 연구의 반복(replication)이 곤란하여 연구결과를 일반화(generalization)하는 것이 어렵다.

3. 사례연구의 유형

(1) 사례의 수에 따른 분류

사례연구는 연구에 포함되는 사례의 수에 따라 단일사례연구와 복수사례연구로 구분된다. 단일사례연구(single case study)는 하나의 사례만을 대상으로 그 사례가 나타내는 형상에 초점을 맞추어 집중적으로 이루어지는 연구이다. 단일의 외국 사례를 연구할 때 묵시적으로 자국을 비교의 대상으로 설정하는 것처럼, 다른 사례를 염두에 두어 묵시적인 비교의 대상으로서 이론적 이념형을 설정하는 경우가 많다(남궁근, 2003: 193).

복수사례연구(multiple case study)는 하나의 연구에서 둘 이상의 사례를 동시에 포함하여 분석하는 사례연구를 말한다. 복수사례연구에서 사례의 선정은 대체로 복제(replication)의 논리에 따라 이루어져야 한다(Yin, 1989: 52~59). 다시 말해서, 통계적 확률 등에 기초한 표본추출의 논리에 따라 사례를 선정하기보다는 연구목적이나 관련되는 이론 등에 비추어 연구자가 의도적으로 연구대상이 되는 다수의 사례를 선정하여야 한다는 것이다. 예를 들어 유사한 결과가 나타날 것으로 예측되는 사례들이나 정반대의 결과가 나타날 것으로 예상되는 사례들을 연구의 대상으로 삼는 경우가 그러하다.

(2) 분석의 단위에 따른 분류

사례연구는 분석단위에 따라 개인에 초점을 맞추는 개별사례연구와, 집단에 초점을 두는 집단사례연구로 구분할 수 있다.

개별사례연구(individual case study)는 일기, 편지, 자서전 등과 같은 개인의 생활 또는 개인의 사회적·경제적·심리적 특성을 검토하는 연구이다. 이러한 사례연구는 전통적으로 심리학에서 발달되어 왔으나, 최근 행정학·정책학분야에서 대통령 또는 지방자치단체장 등 최고 정책결정자에 관한 연구에 점차 활용되고 있다.

집단사례연구(group case study)는 집단을 대상으로 그 속에서 함께 생활하거나 또는 함께 생활하지는 않더라도 그와 유사한 상황을 만듦으로써 얻어 낸 자료를 분석하는 연구이다. 이러한 사례연구는 한 사회 내의 특정한 집단의 행태분석에 초점을 맞추는 사회학자들에 의해 주로 사용되어 왔으며, 최근 행정학분야에서 관료의 행태나 정책학 분야에서 정책참여자들의 특성 등에 관한 연구에 활발히 적용되고 있다.

(3) 연구의 목적에 따른 분류

사례연구는 연구의 목적에 따라 다양하게 유형화될 수 있다. 과학적 연구의 일반적인 목적에 따라 탐색적 사례연구, 기술적 사례연구, 설명적 사례연구로 구분하거나, 사례연구 자체의 구체적인 목적에 따라 본질적 사례연구, 도구적 사례연구, 집합적 사례연구로 나눌 수 있다(Stake, 1994: 273～285; 김영종, 1999: 390～391).

(4) 연구의 용도에 따른 분류

사례연구는 사용되는 사례의 성격이나 연구결과의 용도에 따라 연구용과 교육용으로 구분된다. 연구용 사례연구(research case study)는 현상에 대한 심층적·다측면적 분석 등 순수한 연구를 위하여 사례를 사용하는 연구방법이다. 반면에 교육용 사례연구(pedagogical case study)는 행정실무자, 정책결정·집행자, 경영자, 사회사업가, 의사 등과 같이 구체적인 문제를 직접 분석하고 그 해결책을 제시하는 실무·전문가들의 능력개발이나 교육훈련 등의 목적을 위하여 사용된다.

(5) 이론화의 정도에 따른 분류

사례연구는 이론화의 정도에 따라 무이론적(無理論的) 사례연구, 해석적(解釋的) 사례연구, 가설창출적(假說創出的) 사례연구, 이론확증적(理論確證的) 사례연구, 이론논박적(理論論駁的) 사례연구, 일탈적(逸脫的) 사례연구 등 여섯 가지로 구분하기도 한다(남궁근, 2003: 195～198).

① 무이론적 사례연구(atheoretical case study)는 이론이나 가설에 기초하지 않고 행해지는 사례연구로서 대체로 순수한 기술적 사례연구가 이에 해당된다.

② 해석적 사례연구(interpretive case study)는 이론적 명제에 기초하여 특정한 사례의 내용을 더욱 체계적으로 규명하기 위한 응용과학적 사례연구이다.

③ 가설창출적 사례연구(hypothesis-generating case study)는 가설을 정립한 후 이를 다수의 사례에 적용하여 검증함으로써 새로운 이론의 구축을 목적으로 하는 사례연구이다.

④ 이론확증적 사례연구(theory-confirming case study)는 이미 정립된 일반이론의 범위 내에서 개별사례를 분석하여 이러한 이론을 강화 또는 약화되도록 확증하기 위한 사례연구이다.

⑤ 이론논박적 사례연구(theory-refuting case study)는 대조적으로 이미 정립된 기존의 일반이론을 논박하기 위한 사례연구이다.

⑥ 일탈적 사례연구(deviant case study)는 이미 정립된 일반이론으로부터 벗어난 것으로 밝혀진 사례를 중심으로 일탈현상의 원인 등을 규명하는 사례연구이다.

4. 사례연구의 설계

(1) 사례연구설계의 절차

사례연구도 과학적 연구의 한 형태이기 때문에 그 연구의 설계도 과학적 연구의 일반적인 활동을 포함한다. 따라서 사례연구를 진행하는 절차도 과학적 연구의 일반적 과정에 따르나, 특히 사례연구를 설계함에 있어서 중요하게 다루어야 할 사항을 살펴보면 다음과 같다.[4)]

---

4) Yin(1989: 28～35)은 연구문제의 명시, 연구명제의 제시, 분석단위의 선택, 자료와 명제의 논리적 연결, 결과 해석을 위한 기준 설정 등 5가지 구성요소를, 김광웅(1997: 501～502)은 교

1) 연구문제(research problem)의 명시

과학적 연구의 일반적인 절차에서와 같이 우선 연구문제를 명확히 하여야 한다. 다시 말해서, 사례연구에서 해결하여야 할 문제가 무엇인지 선정하고 이를 분명하게 정의하여야 한다. 사회과학분야에서 연구문제의 내용은 매우 다양하며, 그것이 '누가', '무엇을', '어디서', '어떻게', 그리고 '왜' 중에서 어디에 초점을 두고 있는가를 파악하는 것이 중요하다. 특히 연구문제가 '어떻게'와 '왜'에 관한 것이라면 사례연구가 더 적절할 것이다. 따라서 연구문제의 본질이 무엇인지 정확하게 파악하는 것이 사례연구의 첫 번째 과제가 된다. 연구문제의 형성을 통하여 연구의 목적과 범위, 연구대상이 되는 사례, 필요한 자료의 형태 등과 같은 연구설계의 기본사항이 마련될 수 있기 때문이다.

2) 연구명제(research proposition)의 정립

연구문제에 대한 규명이 이루어지면, 연구주제와 관련된 개념적 틀로부터 일정한 명제를 분명히 정립하여야 연구가 정확한 방향으로 진행될 수 있다. 가령 '조직은 서로의 공동이익이 존재하는 한 상호 협력한다'라는 명제를 설정하였다고 하자. 이 명제는 중요한 이론적 이슈(조직을 협업으로 이끄는 중요한 동기요인들)를 반영할 뿐만 아니라, 어디에서 적절한 증거를 찾아야 하는지(협업하는 조직이 얻게 되는 구체적인 이점이 무엇인지 정의하고 그것을 뒷받침할 수 있는 증거들)를 알려주고 있다(신경식 외, 2005: 52).

그러나 명제가 특별히 존재하지 않는 연구도 있을 수 있다. 새로운 사실의 탐색이나 현상의 단순한 기술을 목적으로 하는 사례연구에서는 명제나 이론적 근거가 없더라도 연구를 진행할 수 있다. 반면에, 이론의 확인이나 검증 또는 논박을 위한 사례연구에서는 일정한 이론적 근거 또는 명제가 반드시 필요하다. 여기에서 이론적 근거는 사례분석의 방향, 관련되는 주요 변수, 필요한 자료의 형태, 적절한 자료 분석방법 등을 위한 지침을 제공하며, 연구결과를 해석하고 그 결과를 일반화하는 준거가 된다.

3) 분석단위(unit of analysis)의 설정

사례를 분석하는 데 있어서 하나의 전체로서 사례를 분석단위로 설정할 것인지, 아니면 사례를 구성하는 하위단위를 분석단위로 설정할 것인지 결정하여

육·훈련의 내용 결정, 소재의 선정, 윤곽의 작성, 자료의 수집, 초안의 심의와 보완 등 5가지 단계를 제시하고 있다.

야 한다. 사례를 그 구성적 특징에 따라 전체적 단위로 취급하여 분석하는 방법은 전체적 접근법(holistic approach), 사례를 하위단위로 세분화하여 그 하위단위를 분석단위로 하여 자료수집 및 분석을 진행하는 방법은 하위단위 접근법(embedded approach)이라 불린다. 전체적 접근법에서는 설명단위인 사례와 자료수집·분석단위인 분석단위가 일치하나, 하위단위 접근법은 설명단위인 사례와 자료수집 · 분석단위인 분석단위가 일치하지 않다.

4) 자료의 수집(data collection)

사례를 작성하기에 가장 적합한 사람은 그와 관련된 문제를 직접 담당한 사람이 될 것이다. 이외의 사람이 사례를 작성하는 경우에는 주로 관련되는 기록문서의 탐색과 관련인물의 면접 등을 통하여 자료를 수집하게 된다. 사례작성을 위한 자료는 사례의 내용을 충분히 뒷받침할 수 있도록 가능한 한 광범위하고 심층적으로 수집되어야 한다.

5) 자료의 분석: 자료와 명제의 연결(linking data to proposition)

수집된 자료는 앞 단계에서 제시된 이론적 명제와의 관련성이 검토되어야 한다. 다시 말해서, 수집된 자료가 당초에 설정된 연구목적이나 가정 등 이론적 전제와 연관되는지 분석하여야 한다. 수집된 자료와 연구명제의 연결은 패턴매칭(pattern matching)과 같은 계량적 방법을 사용하거나,[5] 전문가의 심의를 거쳐 행해질 수 있다. 사례의 내용이 포함하고 있는 문제 자체가 대체로 고도의 전문성을 띠고 있으므로 가능한 한 전문가의 심의는 사례의 유형과 주제에 따라 상이한 분야의 전문 지식을 기초로 이루어져야 한다. 전문가의 심의를 거치고 난 후, 필요에 따라 수정 · 보완하여 사례연구를 완성하게 된다.

(2) 사례연구설계의 유형

Yin(1989: 46)은 두 가지 기준에 의해 사례연구설계의 기본형을 네 가지로 유형화하고 있다(신경식 외, 2005: 76~96). 즉, 사례의 수에 따라 단일사례와 복수

5) 패턴매칭은 Campbell(1975: 178～193)이 미국 Connecticut주 자동차 속도제한법의 효과를 분석하는 사례연구에서 사용한 방법이다. Campbell은 두 가지의 가능한 패턴, 즉 효과패턴(effects pattern)과 무효과패턴(no effects pattern)을 제시하고, 수집된 자료를 더 잘 맞는 쪽에 맞추어 보았다. 만약에 가능한 두 가지 패턴이 서로 대립되는 경쟁적인 명제(속도제한법이 교통사고 사망률에 영향을 미친다는 명제와 미치지 않는다는 명제)라면, 사례가 하나뿐이라도 패턴매칭 기법을 사용하여 명제와 연결시킬 수 있다(신경식 외, 2005: 58～59).

[표 12-1-1] 사례연구설계의 유형

구 분	단일사례	복수사례
전체(단일분석단위)	단일사례 전체적 설계	복수사례 전체적 설계
하위단위(복수분석단위)	단일사례 하위단위 설계	복수사례 하위단위 설계

출처: Yin(1989: 46) & 남궁근(2003: 338).

사례, 그리고 분석단위의 수에 따라 단일분석단위와 복수분석단위를 2×2의 행렬(matrix)로 엮어서 네 가지의 설계유형을 제시하고 있다([표 12-1-1] 참조).

1) 단일사례 전체적 설계

단일사례 전체적 설계(single case holistic design)는 하나의 사례를 전체적인 분석단위로 삼아 연구하는 방법이다. 이 방법은 사례의 전체적 성격을 연구할 때, 해당 사례의 논리적 하위단위가 구체화될 수 없을 때, 또는 사례연구에 내재된 적절한 이론이 총체적인 성격을 띠고 있을 때 사용된다. 이러한 유형의 사례연구는 주로 탐색적 수단이나 예비적 단계에서 유용하다.

2) 단일사례 하위단위 설계

단일사례 하위단위 설계(single case embedded design)는 하나의 사례에 대하여, 그 사례를 구성하는 하위단위로 분석하는 방법이다. 예를 들어 어떤 환자(사례)에 대한 다각적 진단을 통하여 질병의 발생 원인을 규명하는 것과 유사한 방법이다. 이 방법은 하나의 사례를 연구하면서, 그 사례의 다양하고 개별적인 성질을 연구하거나, 그 사례의 논리적 하위단위를 통해 전체적 성격을 규명할 때, 사례연구에 내재된 이론이 부분적인 이론들로 구성되는 경우에 사용된다. 이러한 유형의 사례연구는 주로 기술적 연구나 원인분석에 유용하다.

3) 복수사례 전체적 설계

복수사례 전체적 설계(multiple case holistic design)는 다수의 사례를 전체적인 분석단위로 삼아 연구하는 방법이다. 이 방법은 전체적 성격을 연구하면서 하나의 사례만으로는 그 현상을 타당성 있게 규명해 낼 수 없거나, 반복조사를 통해 관심의 대상이 되는 현상의 다양한 상황과의 관계를 파악하고자 하는 경우, 그리고 복제(replication)의 논리에 따라 일반화된 이론을 제시할 필요가 있을 때 사용된다. 이러한 유형의 사례연구는 연구결과의 타당성과 신뢰성을 더욱 높이는 데 적합한 방법으로 인정되고 있다.

4) 복수사례 하위단위 설계

복수사례 하위단위 설계(multiple case embedded design)는 다수의 사례에 대하여, 그 사례를 구성하는 하위단위로 분석하는 방법이다. 이 방법은 적용하기에 상당한 어려움이 있으나, 다수의 사례를 대상으로 연구를 수행하여야 하며 또한 하위단위를 가지고 분석할 필요가 있을 때 적용된다. 이러한 유형의 사례연구는 인과관계의 규명과 같은 설명적 연구에 있어서 일반화의 수준을 높이는 데 적합한 방법으로 인정되고 있다.

5. 사례연구설계의 예

[예 1]

김 렬 · 고재경(1996). 환경정책결정과정에서의 정치적 합리성: 주민참여 형태와 정부대응 방식을 중심으로. 「한국행정학보」, 30(4): 91～104.

(1) 서 론

현대 민주주의체제 하에서 정책결정은 무엇보다도 다양한 이해관계를 갖는 개인이나 집단의 의견수렴과정을 거치는 것을 핵심으로 하고 있다. 특히 환경과 관련된 혐오시설의 입지선정을 둘러싸고 발생하는 주민과 정부 사이의 갈등은 참여와 의견의 교환, 조정 및 합의 등 절차적 합리성의 결여에 기인하는 바가 크다.

정책결정에 있어서 절차적 합리성은 이해관계자들 간의 갈등을 조정과 타협을 통하여 해결하려는 정치성을 그 기본 속성으로 하고 있다. 따라서 본 연구는 우리나라의 환경정책결정과정이 절차적인 관점에서 어느 정도 정치적 합리성을 확보하고 있는가를 파악하고자 한다.

경기도 군포시 쓰레기 소각장 입지결정과정을 연구대상으로 하며, 이와 관련된 각종 보고서 · 언론기사 등 문헌자료의 검토와 주민 · 공무원의 면담 등을 통하여 자료를 수집한다. 수집된 자료를 바탕으로 주민 참여와 정부 대응의 방식 · 양상을 분석함으로써 정치적 합리성의 정도를 심층적으로 파악한다.

(2) 이론 고찰

정치적 합리성과 관련하여 전통적인 정치과정론에서부터 최근에는 실천적 담론이론 등 행정학뿐만 아니라 정치학, 사회학 등의 분야에서 다양한 논의가 이루어지고 있다. Diesing(1962)에 의하면, 정치적 합리성은 의사결정 구조의 합리성을 의미하며 더 나은 정책을 결정할 수 있는 절차적·제도적 구조가 마련되는 경우에 달성될 수 있다고 한다. Harbermas의 의사소통능력이론에 따르면, 그 핵심은 사회구성원들로 하여금 자율성과 책임성을 촉진시키기 위한 의사소통의 합리성 추구에 있으며, 사회구성원들이 이해와 합의로의 도달을 지향하기 때문에 이러한 의사소통의 합리성 확보야말로 정책결정과정이 궁극적으로 추구하는 목표라고 한다.

지금까지 환경정책결정에 있어서 주창된 합리성은 주로 효과적인 오염제거 방안이나 규제정책의 도입, 적정한 오염수준의 설정 등 기술적 합리성을 중심으로 전개되어 왔다. 기술적 합리성에 치중하여 왔던 환경정책결정은 주민 욕구의 증대와 지방자치제의 본격적인 실시로 인하여 한계에 직면하고 있다. 환경정책과 관련한 갈등상황은 정책결정과정에서 나름대로 의견을 표출하는 다양한 참여자들을 전제로 하며, 이들간 충분한 의사소통이나 합의가 이루어지지 않을 때 발생하게 된다. 이러한 갈등을 사전에 예방하거나 사후에 치유하는 하나의 방안으로서 정치적 합리성이 그 역할을 한다.

(3) 연구 설계

여기에서는 Diesing의 '의사결정구조이론'과 Habermas의 '의사소통능력이론'에 기초하여 연구모형(분석틀)을 정립한다. 연구모형에 따르면, 정치적 합리성의 수준은 제도적 측면에서 의사소통구조의 합리성 정도와 실제적 측면에서 언어흐름의 왜곡 정도에 따라 결정된다. 정치적 합리성이 높은 정책결정은 이해관계인들의 참여와 의사소통을 보장하는 절차나 제도(Diesing의 합리적인 의사결정구조) 하에서 이들 참여자들 간에 왜곡이 없는 의사소통(Habermas의 이상적인 담화 상황)이 이루어질 때 가능하게 된다.

의사소통구조의 합리성은 정책결정 과정에 있어서 주민 참여와 정부 대응이 해당 법규에 의하거나 이에 준하여 행해진 정도에 따라 차이를 보인다고 할

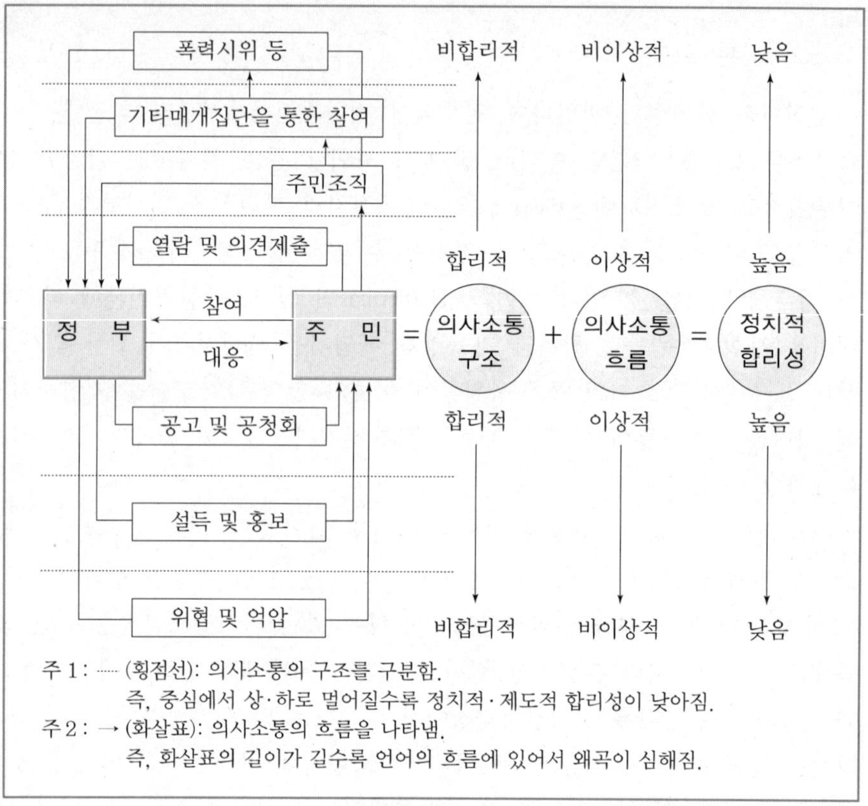

[그림 12-1-1] 정치적 합리성의 연구모형

것이다. 언어 흐름의 왜곡 정도는 정책결정과정에 있어서 주민의 참여나 정부의 대응이 실제적으로 이상적인 담화 상황의 조건(예: 참여자의 능력 및 범위, 참여의 환경, 정보의 접근성 등)을 어느 정도 충족하고 있는가에 따라 파악될 수 있다([그림 12-1-1] 참조).

본 연구는 경기도 군포시 쓰레기 소각장 입지결정과정을 연구대상으로 하고 있다. 이는 최근까지 환경시설의 입지와 관련하여 정부와 주민 간에 발생한 갈등 중 가장 장기적이고 극적인 대립 양상을 보여 온 대표적인 것으로 판단되기 때문이다.

연구대상 사례와 관련되는 각종 문헌(예: 법규, 관보 및 공문서, 신문 또는 잡지, 주민 소식지, 성명서 등)의 검토와 주민 · 공무원의 면담 등을 통하여 연구를 행한다. 사례의 전체적 개요는 1990년 문제가 발단된 이후 현재까지 6년 동안의 진행과정을 문제의 발단, 주민의 조직화, 대립의 심화, 국면의 전환 등 4단계로 나누어 시간적 흐름에 따라 전개한다. 주민 참여와 정부 대응의 방식·양상은 연구모형(분석틀)에 기초한 의사소통의 구조와 흐름이라는 두 측면에서 종합적이며 심층적으로 논의된다.

(4) 연구 결과

연구모형(분석틀)에서 제시된 바와 같이, 주민 참여와 정부 대응의 방식·양상을 각각 의사소통의 구조(제도)와 의사소통의 흐름(실제)이라는 두 측면에서 분석하였다.

주민 참여에 있어서 입지선정과정의 열람 및 의견제출 등 제도적 절차가 초기부터 실제로 충실히 이행되지 못하여 정부와 주민 간 의사소통의 흐름을 왜곡시키는 계기가 되었다. 비제도적인 참여형태인 주민조직의 결성과 환경단체와의 연계 등은 활발히 이루어졌으나, 언론이나 대중매체, 정당 및 정치인 등을 통한 참여는 상대적으로 미흡한 것으로 나타났다. 또한 폭력시위, 자녀등교거부, 소란행위 등 단체행동을 통한 의견표출은 활발하였으며 그 효과도 가장 컸다고 평가되나, 정부와 의사소통에 있어서 이상적인 담화 상황의 조건을 충족하지는 못하였다고 할 것이다.

정부 대응은 공고·열람 등 제도적 절차를 형식적으로만 이행하였으며, 설득이나 홍보 등의 활동도 성공적인 대화 생활에 필연적으로 전제되는 진실성과 성실성이라는 규범적인 조건을 충족하지 못하였다. 주민의 참여가 단체행동을 중심으로 전개됨에 따라 정부의 대응도 시위진압 등 비제도적인 형태에 주로 의존하게 되었다. 이러한 정부의 행위는 주민에게 참여에 따른 심리적·물리적 제약을 가하여 균등한 대화 상황을 불가능하게 하는 결과를 가져왔다.

일방에 의한 의사소통구조·흐름의 왜곡은 다른 참여자들의 왜곡행위를 유발하고, 이러한 왜곡의 악순환은 상호 불신을 가져와 참여자 사이의 이상적인 담화 상황을 불가능하게 하였다. 의사소통을 실질적으로 보장하는 절차나 제도가 미비한 상태 하에서 상호 불신으로 인하여 왜곡이 없는 의사소통이 이루어지지 않은 점에서, 전체적으로 정치적 합리성은 상당히 낮은 수준이었다고 평가될 수밖에 없다.

> [예 2]
>
> 김 렬 · 구정태 · 유근환(2004). 참여정부의 지방분권정책네트워크 분석: 지방분권특별법의 제정과정을 중심으로. 「대한정치학회보」, 12(1): 27∼53.

(1) 서　론

2004년 지방분권특별법의 제정은 학계, 시민단체, 중앙정부 그리고 지방자치단체 등 다양한 정책행위자들간 합의의 산물이라는 점에서 그 의의를 가진다. 즉, 과거와 같이 중앙정부의 일방적 · 하향적인 정책결과물이 아니라, 각계의 입장과 이해관계가 서로 대립하고 타협한 상호작용의 결과인 것이다. 이에 본 연구는 지방분권특별법이 제정되기까지 정책과정에 참여한 다양한 행위자들 간에 어떠한 상호작용과 관계의 형성(정책네트워크)이 이루어졌으며, 그에 따라 지방분권특별법이라는 정책결과물이 어떻게 만들어졌는지 그 과정을 밝히고자 한다.

지방분권특별법의 제정에 대한 본격적인 논의가 일어난 2000년부터 법이 제정된 2003년까지를 시간적인 범위로 한다. 관련 조직이나 기관의 성명서나 결의문, 보고서 등의 각종 문건, 연구논문이나 보고서, 언론기사 등을 중심으로 하고, 이를 보완하기 위해 해당 조직이나 기관 관련자들과의 면접을 통하여 수집한 자료를 분석한다.

(2) 이론 고찰

지방분권이란 중앙정부와 지방정부간 권한배분 관계, 즉 단순한 행정기능은 물론 이에 따르는 권한과 책임이 지방정부로 이전되는 것을 포함하는 권한이양(devolution)을 의미한다. 지방분권에 대한 논거는 학자들에 따라 달리 제시되고 있지만, 정치적 측면에서는 지방분권을 지방자치의 실현과 민주주의 구현을 위한 수단을 보고 있으며, 경제적 측면에서는 주로 Tiebout(1961)의 '발에 의한 투표(vote with their feet)' 모형과 Oates(1972)의 '분권화 정리(decentralization theorem)'를 논거로 하고 있다.

일반적으로 네트워크는 '규정된 범위의 사람, 대상, 또는 사건들을 연결하는 특정유형의 관계'라고 정의된다(송미원 · 권기창, 2003). 이러한 '관계'에 중점을 둔 네트워크의 개념을 활용하여 정책(결정)과정에 참여하는 행위자들의 '관계'를 분석하는 연구방법이 정책네트워크 접근이다. 정책네트워크의 개념은 학자에 따라 매우 다양한데, 대체로 '정책(결정)과정에 참여하는 다양한 정책행위자들이 상호작용하고 이를 통해 형성된 관계구조'로 정의되고 있다. 이러한 개념 하에서 주로 정책행위자, 상호작용, 관계구조, 정책이익 등의 개념적 요소들을 선정하고, 이들을 통하여 정책네트워크의 특성을 파악하고 있다.

(3) 연구 설계

본 연구는 지방분권특별법 제정과정에서 나타난 정책환경과 정책행위자들을 인지하여, 이들간 상호작용 및 이로써 이루어지는 연계구조를 파악하는 데 그 목적이 있다. 지금까지의 이론적 논의를 종합하여 [표 12-1-2]와 같은 연구

[표 12-1-2] 지방분권정책네트워크의 분석틀

분석요소	측정변수		측정지표	
환경	대외적 환경		분권화의 제도화	
	대내적 환경		참여정부의 출현	
행위자	수/규모		행위자의 수 또는 범위	
	유형		중앙정부, 지방자치단체, 민간단체	
	목적		참여동기, 이해관계 등	
	역할/기능		주도적, 보조적	
상호작용	내용 및 형태	정보흐름	· 권력수준으로	정책건의, 청원
			· 대중수준으로	성명서, 결의문, 여론동원
		연계행위	· 공식적 연계	위원회, 간담회, 공청회, 토론회
			· 비공식적 연계	방문, 전화, 서신
	수준/정도		상호작용의 강도 또는 빈도	
연계구조	구조의 형태		· 구조의 형성범위	개방적, 폐쇄적
			· 구조의 권력체계	수평적, 수직적
			· 구조의 지속정도	일시적, 지속적
	연계의 성격		협력적, 중립적, 갈등적	

모형(분석틀)을 정립할 수 있다. 분석요소인 측정변수 및 측정지표 등을 간략히 살펴보면, 먼저 본 연구의 주요 분석대상으로 중앙정부(정부혁신분권위원회와 행정자치부), 지방자치단체(전국시·도지사협의회와 전국시장·군수·구청장협의회), 시민단체(지방분권국민운동), 그리고 국회를 중심행위자로 간주한다.

정책행위자간 상호작용의 내용과 형태는 정보흐름과 연계행위·연계구조를 중심으로 파악한다. 정보흐름은 정책건의·청원 등 권력수준으로 정보흐름과 토론회·공청회 등 대중수준으로의 정보흐름으로 나누어 살펴본다. 연계행위는 위원회, 간담회, 세미나 공청회, 토론회, 회의 등 공식적 연계와 면담 및 방문, 서신, 전화 등 비공식적 연계로 구분하여, 정책내용의 중요도와 강도 그리고 상호작용의 수준이나 정도를 파악한다. 연계구조는 먼저 상호작용을 통해 형성되는 관계구조의 형태를 형성범위, 권력체계 및 지속정도 등의 측면에서 살펴보고, 이들 관계의 성격(협력적·중립적·갈등적)과 이것이 시간의 흐름에 따라 어떻게 변화하였는지 그리고 지방분권특별법 제정과정에 어떠한 영향을 미쳤는가를 분석한다.

본 연구에 있어서 시간적 범위는 지방분권특별법의 제정에 대한 본격적인 논의가 일어난 2000년부터 법이 제정된 2003년까지로 한다. 필요한 자료는 관련 조직이나 기관의 성명서·결의문·보고서 등의 각종 문건, 연구논문이나 보고서, 언론기사 등을 중심으로 하고, 이를 보완하기 위해 해당 조직이나 기관의 관련자들과의 면접을 통하여 수집한 자료를 분석한다.

(4) 연구 결과

정책네트워크모형에 기초하여 지방분권특별법 제정과정을 분석한 결과를 보면, 첫째, 대외적인 환경은 이미 1980년대부터 선진국들은 분권화·지방화로 국가경영패러다임을 전환하여 왔으며, 대내적으로는 민주화·세계화의 급속한 진전과 더불어 참여정부의 출현으로 탈중앙화와 지방분권에 대한 분위기가 성숙되어 가고 있었다.

둘째, 이렇게 성숙된 분위기에 따라 시민사회와 지방은 다양한 공식적·비공식적 연계를 형성하였으며, 행위자들간 정보와 의견을 공유함으로써 서로에 대한 이해, 타협과 협상의 가능성을 높여 왔다.

셋째, 정부도 시민단체나 지방자치단체를 정책파트너로 인정하고, 지방분권특별법 제정이라는 하나의 목표를 위해 상호 간에 충분한 이해와 협상 그리고 양보를 행하는 과정을 거쳐 왔다. 이처럼 각 정책행위자는 하나 또는 복수의 정책네트워크군(群)을 형성하면서 서로 중첩되는 복잡한 상호관계를 가지면서 지방분권특별법이라는 정책결과물을 가져오게 되었다. 본 연구는 지방분권특별법 제정과정을 정책네트워크 관점에서 파악함으로써 정부와 시민사회가 '상생(相生)'할 수 있는 정책결정이 가능하다는 점을 보여주고 있다.

제 2 절 서베이연구

1. 서베이연구의 의의

(1) 서베이연구의 의미

서베이연구(survey research)는 원래 18세기 이전 영국에서 사회복지연구로 출발하였으나, 최근 사회학, 인류학, 경제학, 정치학, 행정학, 통계학 등 여러 분야에서 매우 활발히 사용되고 있다. 특히 여론조사나 시장조사 등과 같이 사회현상의 여러 측면에 대한 이해를 위한 자료들을 수집 · 분석하는 방법으로 그 유용성이 널리 인정되고 있다.

영어로 'survey'는 흔히 표본을 이용한 조사, 즉 표본조사를 의미하는 것으로 사용된다.[6] 비록 실험과 같은 것은 표본을 이용하더라도 일반적으로 '서베이'의 개념에는 포함되지 않는다. 이처럼 서베이는 실험이나 관찰, 문서연구 등을 제외하고, 질문지나 조사표, 면접 등을 이용한 표본조사를 지칭하는 개념으로 볼 수 있다(Manheim et al., 2002: 120).

이러한 개념에 기초한 서베이연구는 질문지, 면접, 전화, 우편 등을 이용하여 응답자로 하여금 연구주제와 관련된 질문에 답하게 하여 수집한 자료를 분석하는 연구를 말한다. 어떤 모집단에서 표본을 추출하여 그들의 사회적 · 심리적

---

6) 'survey'는 우리말로 '조사'라고 번역되기도 한다. 가령 'social survey'를 '사회조사'라고 번역할 수 있는데, 이 경우 'survey'는 '조사'와 동의어로 사용되고 있다. 또한 '서베이연구(survey research)'는 '조사연구'라고 번역될 수 있는데, 여기서는 '조사'와 '연구'가 엄연히 구분되고 있음을 알 수 있다. 따라서 'survey'도 'research'의 일종으로, 'research'를 행하는 하나의 기법이라고 할 수 있다(안영섭, 1996: 319).

특성변수를 측정함으로써,[7] 이들 변수의 상태, 분포, 상호 연관성 등에 대한 분석을 주로 행하게 된다. 궁극적으로 모집단 전체를 연구대상으로 하고 있지만, 시간과 비용의 제약으로 모집단에서 추출된 표본을 분석하여 이를 기초로 전체 모집단의 특성을 추론하게 된다. 따라서 서베이연구는 표본의 분석과 추론의 과정에 있어서 주로 통계 기법을 사용하는 양적 연구의 형태를 띠고 있다.

(2) 서베이연구의 목적 및 용도

서베이연구는 인과관계의 규명보다는 현상이나 사실의 탐색, 기술, 그리고 때로는 예측을 목적으로 행해진다. 비록 설명을 위하여 서베이연구가 행해질 수도 있으나, 이는 어디까지나 현상이나 사실이 나타나게 되는 이유를 밝히기보다는 관련되는 변수를 고찰하고 변수간의 잠정적 관계를 추정적으로 제시하는 데 그친다.[8] 서베이연구의 주요 목적을 구체적으로 살펴보면 다음과 같다.

첫째, 현상이나 사실을 탐색하기 위한 목적으로 이용된다. 탐색을 위한 서베이연구는 주로 연구자가 연구주제에 대한 지식이 부족하여 문제의 본질이나 관련되는 변수에 대한 파악에 있어서 어려움을 겪는 경우에 이루어진다. 즉, 연구문제가 구체적으로 무엇이며, 이와 관련된 변수는 어떠한 것이 있으며, 본격적인 연구에 사용될 가설은 어떠한 것이 있을 수 있는가 등과 같이 탐색을 하는 차원에서 서베이연구가 행해질 수 있다.

둘째, 많은 경우 현상이나 사실을 정확히 기술하기 위한 목적으로 이용된다. 기술을 위한 서베이연구는 연구대상인 모집단의 성격, 의견, 태도, 신념 등이 어떻게 분포되어 있는가를 나타내어 준다. 이 경우 현상이나 사실을 가능한 한 객관적으로 정확하게 묘사하는 데 그 초점이 맞추어진다. 예를 들어 정부의 통일 정책에 대한 국민들의 반응에 대하여 기술적 서베이연구가 행해진다면, 이를 통해 어느 정도의 국민이 이 정책에 찬성 혹은 반대하는지 파악할 수 있다. 만일 지역적으로 둘 이상의 집단을 동시에 연구하는 경우에는 이 정책에 대한

---

7) 사회적 변수란 사회집단의 구성원으로서 개인의 속성들, 즉 성별, 연령, 직업, 경제적 수입, 생활수준, 종교, 사회 계층, 교육수준 등을 말하며, 심리적 변수로는 이들 구성원의 의견, 태도, 선호, 반응, 행동 등이 포함된다.

8) 예를 들어 공무원의 직무 만족도에 있어서 왜 차이가 나는지를 알고자 하는 경우, 직급이나 보수를 잠정적 설명변수로 보고, 이들 변수와 직무만족도 사이의 관계에 대한 분석을 할 수 있다.

집단간의 선호도를 비교할 수 있어, 현상에 대한 연구자의 이해 정도를 더욱 높일 수 있을 것이다.

셋째, 미래의 사건이나 상황에 대한 예측을 목적으로 서베이연구가 이용되기도 한다. 응답자의 미래에 대한 계획이나 의도를 직접 물어봄으로써 미래의 상태나 결과를 추정(판단적 예측)할 수 있다. 이러한 판단적 예측을 위한 서베이연구의 예로서 향후 경기 전망에 대한 설문조사나 대통령 선거에 대한 여론조사 등을 들 수 있다. 대체로 미래의 사건이나 상황에 대한 응답자의 주관적인 판단을 기초로 예측이 이루어지나, 때로는 변수들의 관계에 대한 기술적 서베이연구의 결과를 미래의 일정 시점까지 연장하는 방법으로 미래의 상태나 결과를 추정(추세연장적 예측)할 수 있다. 이러한 추세연장적 예측을 위한 서베이연구는 연구자 자신의 주관적 판단이 개입될 소지가 많기 때문에 객관적인 통계기법을 활용하는 것이 좋다.

2. 서베이연구의 장단점

서베이연구는 다른 형태의 연구에 비하여 특히 수집되는 자료의 양적·질적 측면에서 몇 가지 장점과 단점이 있다. 서베이연구는 무엇보다도 대규모 모집단의 특성을 기술하고 그 결과를 일반화하는 데 유용하게 사용된다. 또한 서베이연구의 대부분이 표본조사에 의하기 때문에 전수조사(census)에 의하는 것보다 적은 비용으로 풍부한 자료를 얻을 수 있다. 비록 실험실실험, 현장실험, 현장연구 등보다 비용이 다소 많이 드는 경향이 있으나, 얻어지는 정보의 범위와 정확성을 고려한다면 오히려 경제적이라고 할 수 있다.

반면에, 서베이연구에 의해 획득된 자료는 대체로 피상적인 성격을 띠는 경우가 많다. 이는 서베이연구의 성격상 어떤 문제를 깊이 파고들기(intensive)보다는 광범위한(extensive) 자료를 얻는 것을 중시하기 때문이다. 또한 서베이를 통해 얻은 정보가 상대적으로 정확하다고 하나, 표본추출에 따른 표본오차의 가능성을 배제할 수 없는 단점도 있다. 더욱이 서베이를 실제로 행할 때 표본의 규모가 큰 경우는 오히려 많은 시간과 비용이 소요되는 문제점이 나타날 수 있다.

3. 서베이연구의 유형

서베이연구의 유형은 매우 다양하며 그 분류 방법도 여러 가지가 있을 수 있다. 먼저 필요한 자료의 수집방법에 따라 면접서베이연구, 우편서베이연구, 전화서베이연구, 인터넷서베이연구, 집단서베이연구 등으로 구분할 수 있다. 또한 연구의 목적에 따라 기술적 서베이연구(descriptive survey research)와 설명적 서베이연구(explanatory survey research)로 나눌 수 있으며, 시간적 범위에 따라 횡단면적 서베이연구(cross-sectional survey research)와 종단면적 서베이연구(longitudinal survey research)가 있다. 그리고 설계의 형태에 따라 추세 서베이연구(trend survey research), 패널 서베이연구(panel survey research), 소시오메트릭 서베이연구(socio-metric survey research), 문맥적 서베이연구(contextual survey research) 등으로 분류하기도 한다(Singleton, Straits & McAllister, 1988: 237～239).

4. 서베이연구의 설계

서베이연구는 그 목적과 유형에 따라 구체적인 절차를 달리할 수 있으나, 대체로 과학적 연구의 일반적 과정에 따라 연구가 진행된다. 여기서는 특히 서베이연구를 설계함에 있어서 연구자가 관심을 두고 중요하게 다루어야 할 사항들을 몇 가지 살펴본다.

(1) 표본 추출

연구문제와 관련된 기존의 다양한 이론에 기초하여 연구모형을 정립하고, 이로부터 도출된 가설을 경험적으로 검토하기 위하여 필요한 자료를 수집하게 된다. 대부분의 서베이연구에서는 시간과 비용의 낭비를 없애고 자료의 정확성을 제고하기 위하여 표본조사를 행하게 된다. 이 경우, 모집단의 특성을 정확하게 추론하기 위하여 비교적 적은 수의 표본을 추출하는 작업이 중요하며, 가능한 한 확률적 표본추출의 방법을 사용하여 표본의 대표성을 높이도록 하여야 한다. 표본추출방법에 대한 구체적인 설명은 제15장 제2절을 참조하기 바란다.

(2) 질문지 작성

선정된 표본을 실제로 측정하기 위해서는 필요한 질문을 체계적으로 구성하여야 한다. 연구주제에 적절한 질문 문항을 체계적으로 작성하지 않고 수집된 자료는 그 타당성과 신뢰성이 훼손될 가능성이 크다.[9] 이러한 문제점을 해결하기 위하여 최근 사회과학의 전반에 걸쳐 다양한 척도를 개발하여 표준화된 질문(standardized questions)을 체계화시키는 작업이 활발히 전개되고 있다(예: SERVQUAL).

(3) 서베이 실시

작성된 질문지를 사용하여 표본을 대상으로 자료를 직접 수집하는 활동이 이루어진다. 질문지를 적용하는 자료수집은 면접, 우편, 전화, 인터넷 등 다양한 방법을 통하여 이루어질 수 있다.

(4) 분석기법 적용

수집된 자료를 분석하기 위하여 각종 분석기법에 대한 이해와 활용이 필요하다. 연구의 목적과 자료의 형태 등에 따라 사용되는 기법들도 달라지는데, 최근에는 통계적 기법 이외에 다양한 관리과학적 · 경제적 기법들이 개발되어 많이 활용되고 있다. 이들 기법에 대한 설명은 제5편을 참조하기 바란다.

5. 서베이연구설계의 예

[예 1]

김 렬(1998). 민선자치제 실시 후 지방행정의 변화: 공무원의 설문조사를 통한 의식 · 행태 및 내부관리 분석. 「한국행정논집」, 10(2): 355～372.

(1) 서　론

지방자치의 정착을 위한 각종 제도적인 장치가 수립되었으나, 지방공무원들의 의식 · 행동과 행정내부의 운영이 과거 중앙 집권적 시대의 틀에서 벗어나지

9) 질문지의 작성방법에 대한 상세한 설명은 제16장 제2절을 참조하기 바란다.

못한다면 지방자치제는 결코 성공할 수 없다. 지방자치의 목표가 주민 참여를 통한 지방행정의 민주화, 지역에 적합한 행정의 구현, 주민의 요구·욕구충족·효율적 관리 등이라면, 이를 달성하기 위해서는 공무원의 의식과 행동 그리고 행정 내부의 운영적 개선이 매우 중요한 과제라고 볼 수 있다.

본 연구는 민선자치시대에 있어서 지방 행정의 변화가 현실적으로 어떻게 이루어졌는가를 실증적으로 파악하고자 한다. 즉, 민선자치제의 실시 전후에 있어서 공무원의 의식 및 행태가 어느 정도 변화하였으며, 지방자치단체의 조직·인사·재정 등 내부의 관리·운영은 어떻게 달라졌는지를 살펴본다. 민선자치제 실시 전·후 두 차례에 걸쳐 공무원에 대한 설문조사를 실시하고, 이를 통해 수집한 자료를 다양한 통계기법을 활용하여 분석하고자 한다.

(2) 이론 고찰

지방행정의 변화를 고찰하기 위해서는 지방행정의 구성요소(component element)나 하위 영역(subfield) 또는 차원(dimension)에 대한 기본적인 이해가 선행되어야 한다. 전통적 행정학에서는 행정을 관리로 보아 조직관리, 인사행정, 재무행정, 사무관리 등을 구성요소나 하위영역으로 인식하여 왔으나, 최근 들어 공공문제의 해결에 대한 행정의 역할이 중시되면서 기획이나 정책 등이 중요한 영역으로 부각되고 있다. 예를 들면, Rosenbloom(1986)은 조직, 인사, 예산, 의사결정 등과 함께 정책분석 및 평가를 행정의 핵심적인 5대 기능으로 간주하고 있으며, Bingham, et al.(1991)은 행정법, 인사, 예산과 재정, 의사결정, 정부간 관계 그리고 법적 및 윤리적 고려를 행정의 5가지 차원으로 제시하고 있다.

행정의 변화를 고찰하는 관점에 있어서 또 한 가지 중요한 점은 행정 자체의 구성요소나 차원을 중심으로 하는 구조·기술적 접근뿐만 아니라 구성원의 발상이나 인식을 대상으로 하는 인간관계론적 접근도 필요하다. 이러한 점에서 지방행정의 내부관리 영역과 함께 지방행정의 구성원인 공무원의 의식이나 가치관, 행태나 태도, 만족도 등도 중요한 연구대상으로 포함되어야 할 것이다.

(3) 연구 설계

이론적 논의에 기초하여, 지방행정의 내부관리 영역과 함께 지방행정의 구성원인 공무원의 의식이나 가치관, 행태나 태도, 만족도 등을 포함하는 연구모

[표 12-2-1] 지방행정변화의 분석틀

분석대상	분석차원	분 석 내 용
공무원	의 식 (가치관)	청렴성, 책임성, 생산(능률)성, 성실(근면)성, 인화, 여론수렴도, 지역이해도 등 7개
	행 태 (태 도)	형식주의(동조과잉), 적당주의, 탁상행정, 선례답습(창의성부족), 책임회피, 눈치보기, 봉사정신 결여, 권력지향, 특권의식(권위주의), 금전만능, 할거주의, 보수성(변화에 저항) 등 12개
내부 관리	전 반	정책 · 기획, 조직 · 기구, 예산편성 · 집행, 경리 · 회계 · 감사, 의사결정과정, 근무평정 · 전보 · 승진, 능력발전제도, 근무조건 · 환경, 정보 · 과학화, 주민 · 의회 관계 등 10개
	조직관리	지역적 특성, 대민 · 사업조직의 규모, 상하기관간 연계성, 정책 · 기획조직의 규모, 조직의 복잡 · 세분화, 조직간 경쟁 · 갈등, 조직간 자원배분 등 7개
	인사행정	평정의 객관 · 타당성, 적재적소 배치, 전보제한제도, 상하기관간 인사교류, 능력발전제도, 근무조건 · 환경, 인화 · 사기 등 7개
	재무행정	재무행정의 전문성, 투자분석활동, 예산배분의 합리성, 예산집행의 신축성, 구매행정의 객관성, 회계 · 결산처리의 명확성, 회계검사 · 감사의 실질성 등 7개

형(분석틀)은 [표 12-2-1]과 같이 나타날 수 있다. 즉, 공무원에 대한 분석은 의식 또는 가치관, 행태 또는 태도, 만족도 등 3가지 측면에서, 지방행정의 내부관리에 관한 분석은 전반적인 측면과 조직 · 인사 · 재무 등 주요 분야별로 이루어진다.

본 연구를 위한 자료는 대구광역시 A구청에 근무하는 정규직 공무원을 대상으로, 층화표본추출법과 단순무작위표본추출법을 사용하여 표본을 추출하고, 연구모형에 따른 질문지를 작성 · 배포하여 수집하였다. 민선자치시대 지방행정의 변화를 실증적으로 검토한다는 입장에서 민선자치제가 실시된 직후 1995년 7월과 민선자치제가 실시된 지 2년이 지난 1997년 7월 두 차례에 걸쳐 서베이를 실시하였다.

설문조사 항목은 연구모형(분석틀)에서 제시된 바와 같이 공무원의 의식 · 행태 · 만족도, 지방행정의 전반, 그리고 조직 · 인사 · 재무 등 지방행정의 주요 내부관리 분야별 실태와 문제점을 그 내용으로 하고 있다. 각 분석(설문)내용별로 교차분석을 하고, 각 분석차원별로 상황에 따라 분산분석(ANOVA) 또는 카이제곱(chi-square, χ^2)검증을 행하였다.

(4) 연구 결과

민선자치제 실시 전에 문제점으로 지적된 사항이 민선자치제 실시 이후 중요도나 우선순위에 있어서 일부 변화가 있었으나 여전히 개선되어야 할 과제로 부각되고 있다. 공무원의 의식 또는 가치관은 오히려 부정적으로 변화되었으며, 형식주의, 적당주의로 인한 무사안일한 태도, 그리고 행정의 실제를 도외시한 탁상행정, 창의성 부족과 개혁·변화에 저항하는 행태도 여전히 문제점으로 나타났다.

지방행정의 내부관리에 있어서 무엇보다도 가장 관심을 두어 개선하여야 할 것으로는 민선자치 전후 모두 평정, 승진 및 전보 등 각종 인사제도의 개선과 조직 구조·기구의 개편으로 조사되었다. 내부관리 분야 중 조직의 관리·운영에 있어서 부서간 물적·인적배분의 불공평, 부서간 할거주의로 인한 업무 추진의 어려움, 본청(구청)과 산하기관(사업소·동사무소)간 담당업무에 따른 조직체계의 일관성 부족 등이 중요한 문제점으로 나타났다. 인사행정의 경우 합리적인 근무평정제도의 확립과 개인의 희망과 적성에 따른 인사제도의 구축이, 그리고 재무행정의 경우는 예산 집행 절차의 복잡성과 경직성, 회계검사의 형식성, 예산의 주먹구구식 편성이나 배분 등이 여전히 중요한 개선과제로 지적되었다.

[예 2]

김 렬·유근환(2003). 정보기술과 공공대응성의 관계: 네티즌과 공무원의 설문결과를 기초로. 「한국정책과학학회보」, 7(3): 185~202.

(1) 서　　론

본 연구는 홈페이지가 정부와 시민간 상호 의사교환방식의 근본적인 변화를 야기하고 있다는 점을 인식하고, 홈페이지를 통한 네티즌의 투입과 정부의 대응에 관한 실상을 파악하고, 이들간 상호관계가 어떠한가를 실증적으로 분석하고자 한다. 네티즌과 공무원에 대한 인터넷 설문조사를 기초로, 투입의 측면에서 홈페이지의 특성, 그리고 산출의 측면에서 홈페이지를 통한 정부의 대응 정도를 평가한다. 또한 전자정부 구현의 일환으로 중요시되는 홈페이지의 관리·운영적 측면이 네티즌의 투입에 대한 정부의 대응 정도에 어느 정도 영향을 미치는지에 대해서도 분석을 하고자 한다. 본 연구결과는 지방자치시대에 있어서 시민과 정부간 상호관계에 대한 새로운 패러다임을 구축하는 데 도움을 줄 것으로 기대된다.

(2) 이론 고찰

인터넷과 웹의 사용이 보편화됨에 따라 이들 정보기술을 통한 시민, 즉 네티즌의 참여도 매우 다양한 형태로 활발히 이루어지고 있다. Coleman(1999)은 가상 공간영역, 온라인 정책제안, 온라인 자문, 위원회 참여, 온라인 회의, 쌍방향적 정보교환, 온라인 정책평가 등을 제시하고 있다(윤주명, 2001: 148).

정보기술이 시민참여의 새로운 방식으로 등장함에 따라, 정부도 정보기술을 통하여 이들의 요구에 적절히 대응하는 활동을 전개하고 있다. 정부의 대응성(responsiveness)은 정치·행정체계가 환경의 요구에 얼마나 민감하게 반응하는가를 지칭하는 것으로, 행정환경을 구성하는 외부 집단의 욕구·선호·가치 등을 얼마나 만족시켜 주는가 하는 문제와 관련되며(이종수, 2000: 103), 민주성의 핵심을 이루는 요소로 인식할 수 있다(백완기, 1995: 89).

최근 거버넌스(Governance)의 개념 하에서 행정서비스에 대한 접근방법이 변화됨에 힘입어 정보기술이 행정서비스 공급·전달에 있어서 생산성 향상을 도모하는 등 행정의 발전에 기여하는 바가 매우 커지고 있다(정충식, 2001: 210-214). 또한 정보기술의 활용을 통한 행정의 구현은 네티즌들의 요구 또는 선호를 만족시키는 경험적 사례를 제공함으로써 정부에 대한 신뢰감을 높이게 되며, 정부의 적절한 대응을 기대하는 네티즌들의 행정에 대한 참여행위를 더욱 촉진시키게 된다(Richardson, 1983: 8). 이러한 점에서 정보기술은 민주적 참여와 대응을 증대시키는 중요한 수단이 되고 있다고 할 수 있다.

(3) 연구 설계

본 연구의 궁극적인 목적은 정보기술과 공공대응성과의 상호관계를 살펴보는데 있다. 구체적으로, 대표적인 정보기술인 홈페이지의 구성에 영향을 미치는

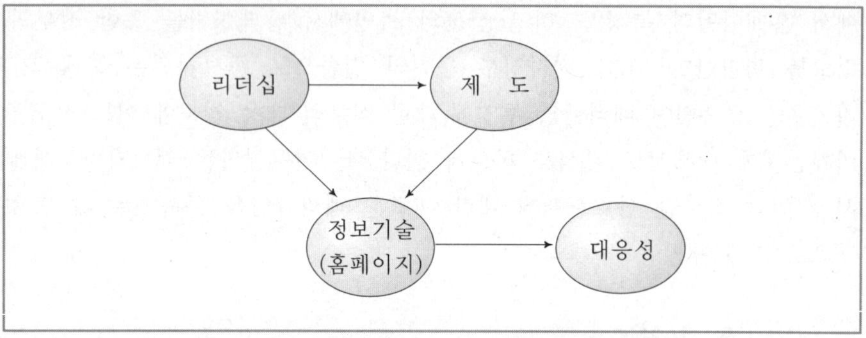

[그림 12-2-1] 정보기술과 공공대응성의 관계에 관한 연구모형

내부요인을 파악하고, 이들 요인에 의해 구성된 홈페이지가 공공대응성의 관계에 어떠한 영향관계를 보이고 있는지를 분석한다. 이상에서 논의된 이론적 관점들을 기초로 연구모형(분석틀)을 정립하면, [그림 12-2-1]과 같이 도식화할 수 있다.

본 연구를 위한 기초 자료는 네티즌과 공무원을 대상으로 한 인터넷 서베이를 통해 수집한다. 서베이에 사용된 질문지는 홈페이지 구성요인(디자인 · 속도 · 편의성), 리더십 요인(최고관리층 관심 · 재정적 지원 · 최고관리층 이해), 제도적 요인(관련규정 정비 · 관리계획 수립), 대응성 요인(응답의 충실성 · 만족도 · 신뢰성 · 신속성), 인구통계적 요인(지역 · 성별 · 연령 · 학력 · 직업) 등 총 18개 문항으로 구성된다. 인구통계적 요인을 제외한 4가지 주요 요인을 구성하고 있는 문항들은 리커트 5점 척도로 측정한다.

인터넷 서베이는 강원도 6개 시 · 군(원주시, 춘천시, 강릉시, 동해시, 횡성군, 영월군)을 대상으로 2001년 10월 4일부터 11월 10일까지 실시하였다. 시 · 군 홈페이지에 질의 및 응답(2000. 9. 1～2001. 8. 31)을 행한 경험이 있는 공무원과 일반 주민의 공개된 e-mail에 1,000건, Yahoo의 Whitepage 검색엔진인 four11.com 등의 전문 전자우편 검색엔진을 통해 약 3,000개, 학교 등 교육기관으로 발송된 메일이 약 300건, 기타 관공서 및 네티즌을 대상으로 직종의 구분 없이 약 700건의 e-mail 질문지를 발송하였다. 또한 강원도 내의 홈페이지에 게시물을 등록함으로써 시민들이 자발적으로 참여할 수 있는 여건을 마련하였다. 불성실한 응답을 제외하고 총 671개 표본(원주시: 162, 춘천시: 121, 강릉시: 135, 동해시: 109, 영월군: 69, 횡성군: 77)을 빈도분석, 상관분석, 회귀분석, AMOS를 활용한 구조모형분석을 실시하였다.

(4) 연구 결과

정보기술과 공공대응성의 관계에 대한 분석결과를 정리하면 다음과 같다.

첫째, 행정관리적인 측면에서 리더십과 제도적 지원이 높을수록 홈페이지 구성은 양호해질 것이며, 이는 결과적으로 지방자치단체의 공공대응성을 향상시키게 될 것이다.

둘째, 홈페이지 구성을 양호하게 하는 데 있어 리더십과 제도적 지원 모두 유효한 영향을 미치나, 리더십이 제도적 지원보다 더 높은 긍정적 영향을 미치고 있다. 따라서 최고관리층의 관심과 사이버세계에 대한 이해가 높을수록 홈페이지 구성이 양호해질 수 있다고 할 수 있다.

셋째, 홈페이지 구성과 공공대응성은 상호 영향을 미치는 것으로 나타났다. 홈페이지 구성이 공공대응성에 유의한 정(+)의 영향관계를 가지고, 공공대응성은 홈페이지 구성에 부(−)의 관계를 갖는 것으로 나타나고 있다. 이는 정보기술을 통해서 지방자치단체의 공공대응성을 제고시킬 수 있지만, 정보기술(홈페이지)의 전반적 운영에 관한 개선에 노력을 기울이지 않게 될 경우 네티즌들이 느끼는 공공대응성 수준은 오히려 저하되는 결과를 가져올 수 있다는 것을 보여준다고 할 수 있다.

> [예 3]
>
> 김 렬 · 권영주(2005). 책임운영기관 선정기준의 적합성에 관한 연구. 「한국행정논집」, 17(2): 575～593.

(1) 서　　론

책임운영기관제도는 1980년대 영국, 뉴질랜드, 캐나다 등 OECD 국가들의 정부개혁모델로 도입되었으며, 우리나라는 공공부문에 대한 구조조정의 필요성을 절감하면서 1999년 1월 29일 「책임운영기관의설치 · 운영에관한법률」을 제정하게 되었다.

정부개혁모델로서의 기대에도 불구하고 책임운영기관제도는 그 시행과정에서 대상기관의 선정, 기관장의 임용방식, 물적·인적 자원의 관리운영 등의 측면에서 상당한 문제점을 노출하고 있다. 이러한 문제점들은 제도적인 측면에 기인하는 바도 크지만, 대상기관의 선정시 사전에 명확한 기준을 수립·적용하기보다는 대상기관을 부처별로 배분하는 방식을 채택하였다는 점에 그 원천적인 문제가 있다고 할 수 있다.

이에 본 연구는 현행 책임운영기관제도를 보완·발전시키려는 노력의 일환으로 책임운영기관 선정에 있어서 가장 적합한 기준이 무엇인가에 대해 검토하고자 한다. 이를 위해서 관련분야 전문가 집단을 대상으로 서베이를 실시하여, 수집된 자료를 분석적 계층과정(Analytic Hierarchy Process, AHP) 기법을 통하여 각 분석차원의 대상기준별 중요도를 파악하고자 한다.

(2) 이론 고찰

책임운영기관제도는 이론적으로 신공공관리론(New Public Management)에 기초하고 있으며, 정부조직의 기능적 통합-분화(consolidating and devolving authority) 전략의 하나로 볼 수 있다(Aucoin, 1995). 이는 정책개발 및 자문기능을 담당하는 중앙부처의 기획 및 조정기능을 강화하고 의사결정권한의 분절화를 극복하기 위하여 통합시키며, 집행기능은 서비스 운영기관으로 분화시켜 관리권한을 위임하여 행정서비스 생산의 내부규제에 따른 제약을 제거하여 행정의 효율성을 확보하려는 전략으로 볼 수 있다(김근세, 1999).

이러한 논리에 근거하여 1980년대 이후 OECD 국가들은 정부조직의 기능적 다원화 전략을 수립하고, 기존에 정부부처에서 담당하던 집행 및 서비스전달기능을 책임운영기관으로 분리하였다. 2005년 현재 우리나라의 책임운영기관은 총 23개이며, 총 5,032명의 공무원이 근무하고 있다(행정자치부 내부자료).

책임운영기관의 대상선정을 위한 기준은 매우 다양하게 제시되고 있다. 김군세(1998), 서필언(2002), 박천호·박희봉·김근세(2003) 등은 사업적 기능을 가진 기관(정책연계성이 낮은 기관), 성과측정이 용이한 기관, 집행기관(집행사무의 비율이 높은 기관), 자체수입이 있는 기관(재정자립도가 일정 수준 이상인 기관), 공공성이 강해 민영화가 어려운 기관, 구성원 규모가 적어도 100명 이상인 기관 등을 기준으로 들고 있다. 실제로 영국, 뉴질랜드, 캐나다 등에서는 시장원리가 적용될 수 있는 기관, 독립성이 강한 기관(독자적인 책임성을 가진 기관), 전문가 접근이 용이한 기관, 경쟁적 서비스 제공이 가능한 기관, 구체적인 성과계약이 가능한 기관(성과기준 개발이 용이한 기관), 비상업적 집행기능을 수행하는 기관(서비스 전달이 주기능인 기관) 등과 같은 기준을 적용하고 있다.

(3) 연구 설계

이론적 검토에서 보듯이, 책임운영기관제는 정책개발과 집행의 기능별로 분리하여 기능에 따라 행정가치를 극대화하려는 취지이다. 이러한 취지에 비추어 볼 때, 책임운영기관제의 주안점은 자율성의 보장과 책임성의 확보라는 두 가지 측면으로 대별할 수 있다. 즉, 조직운영, 인사관리, 재정운영, 성과관리 등 전반에 걸쳐 자율성을 보장하고 그에 따라 책임성을 부과한다는 것이다.

자율성과 책임성이라는 두 가지 상위차원의 선정기준을 하위차원의 기준으로 구체화하면, [그림 12-2-2]와 같은 계층구조로 연구모형(분석틀)을 도식화할 수 있다. 책임운영기관 선정기준의 상위차원은 조직운영의 자율성, 인사관리의 신축성, 재정운영의 독립성, 성과관리의 가능성 등 4개 요인이 된다. 각 상위차원은 2개의 하위차원의 기준으로 세분화되어 정책집행사무의 비중, 타기관과의 업무연관성, 인력규모의 적정성, 타 기관과의 인적교류, 자체수입의 비중, 사업예산의 비중, 조직목표의 명확성, 성과지표의 계량화 등 8개의 하위차원의 기준으로 구성된다.

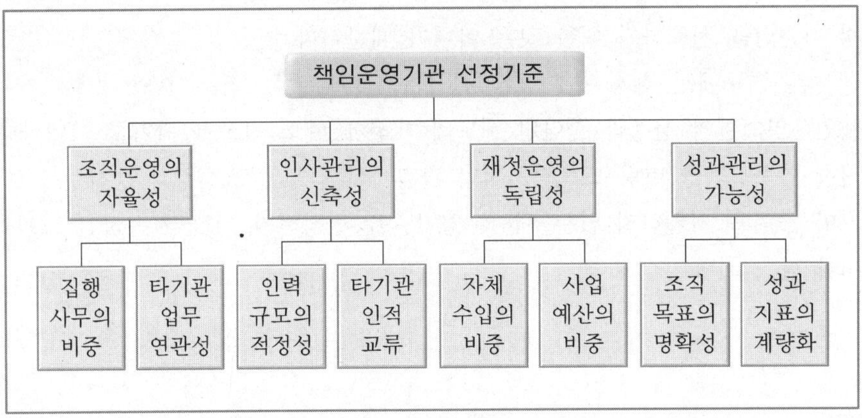

[그림 12-2-2] 책임운영기관의 선정기준 구조도

본 연구에서는 책임운영기관 선정기준의 선택을 위해 선행연구와 각국의 제도에서 선정기준들을 1차적으로 도출하여, 이를 분석적 계층화 과정(AHP) 기법을 통하여 각 분석차원의 기준별 중요도를 파악한다. 연구모형(분석틀)에 제시된 계층구조를 기초로 적합한 선정기준을 평가하기 위하여 전문가(행정학분야의 교수와 연구원) 51명을 대상으로 설문조사를 실시하였으며, 이들로 하여금 각 기준들에 대한 배정값을 할당하도록 하였다. 배정값을 할당함에 있어서 평가의 척도는 실질적 연구에서 광범위하게 활용되고 있는 9점 척도를 사용하였다.

(4) 연구 결과

AHP기법에 의한 분석 결과, 성과지표의 계량화(0.197), 정책집행사무의 비중(0.192), 조직목표의 명확성(0.154), 사업예산의 비중(0.153), 자체수입의 비중(0.129), 타 기관과의 업무연관성(0.061), 인력규모의 적정성(0.058), 타기관과의 인적교류(0.056)의 순으로 중요도가 나타났다. 전문가들은 성과지표의 계량화와 정책집행사무의 비중을 가장 중요한 선정기준으로 보고 있으며, 이는 집행기능과 기획기능의 분리를 통한 집행효율성 확보와 성과계약을 통한 책임성 확보라는 책임운영기관의 취지와 합치된다고 할 수 있다.

이처럼 성과지표의 계량화와 정책집행사무의 비중이 가장 중요한 요인으로 제시되고 있지만, 우선순위에서 뒤로 밀린다고 해서 중요하지 않은 기준이라고 간주할 수는 없다. AHP를 통한 우선순위의 설정은 책임운영기관 선정시 종합적인 평가를 위해 8가지의 유효한 기준들에 가중치를 부여하는 것일 뿐, 어느 특정 기준만을 선택하기 위한 것은 아니기 때문이다.

본 연구에서 제시된 다양한 선정기준들과 이들 기준 간의 중요도가 향후 책임운영기관의 선정과 관련된 제도의 개선에 다소 참조가 되기를 기대한다. 이러한 연구결과를 바탕으로 장기적인 관점에서 집행의 효율성과 생산성을 증진시키며 공익을 저해하지 않는 책임운영기관을 선정하기 위한 지속적인 노력이 있어야 할 것이다.

제 3 절 내용분석

1. 내용분석의 의의

(1) 내용분석의 의미

내용분석(content analysis)은 문헌연구방법의 대표적인 유형의 하나로서 신문 내용을 연구하기 위한 저널리즘(journalism) 연구자들에 의해 시작되었다. 이후 선전·여론·홍보에 대한 관심의 증대에 따라 대중매체(mass media)에 대한 연구에 활용되어 왔으며, 최근 정부기관과 교육기관에서도 채택되는 등 모든 형태의 의사전달(communication)에 활발히 적용되고 있다.

내용분석의 의미에 대한 학자들의 견해는 조금씩 차이가 있다.[10] Kerlinger (1986: 477)는 "변수를 측정하기 위해 의사전달을 체계적·객관적·계량적으로 연구·분석하는 방법"으로 내용분석을 정의하고 있다. 내용분석이 주로 문헌을 중심으로 이루어진다는 점에서, Schutt(1999: 356)는 "기록된 자료를 체계적으로 분석하여 추론을 이끌어내는 연구방법", 그리고 Krippendorff(2004: 18)는 "문헌으로부터 복제가능하고 유효한 추론을 이끌어내는 연구기법"으로 그 의미를 규정하고 있다. 특히 Dooley(2001: 105)는 내용분석을 하나의 측정기법으로 한정하여, "문헌이나 언어의 표본에 있는 선택 어휘의 발생을 계산하는 방법"으로 정의하기도 한다.

이상과 같이 학자에 따라 그 의미가 약간 다르지만, 내용분석이 자료분석뿐만 아니라 자료수집을 위한 문헌연구방법의 대표적인 유형의 하나임은 분명하다. 서적·논문·신문·문서·회의록·일지·편지·연설문·일기·메모·잡지·방송·영화·미술작품·사진·소설·만화 등을 중심으로 그 연구대상에 대하여 필요한 자료를 객관적이고 체계적인 방법에 의해 수집·분석하는 경우가 이에 해당된다.

---

10) 분석(analysis)이란 사고를 통해 탐구의 대상을 구성분자들로 분리하여 그 성격을 이해하고 부분들 상호간에 그리고 전체에 대한 관계를 파악해 내는 작업으로 정의할 수 있다(안영섭, 1996: 286). 이러한 의미의 '분석'은 분리된 부분들을 하나의 응집력 있는 덩어리로 합치는 '합성(synthesis)'과는 대조된다.

(2) 내용분석의 특징

이처럼 내용분석은 시대에 따라 관심 영역이 달라지면서 그 의미도 차이가 있어 학자들에 따라 달리 정의되고 있다. 그럼에도 불구하고, 대체로 다음과 같은 몇 가지 공통적인 특징을 지니고 있다.

첫째, 내용분석은 의사전달의 내용을 그 분석대상으로 하고 있다. 다시 말해서 의사전달에서 발신자가 수신자의 태도와 행동에 영향을 미치려는 메시지(message)가 분석의 주요 대상이 된다.

둘째, 내용분석은 메시지의 드러난 내용(顯在的 內容, manifest content)뿐만 아니라 숨어 있는 내용(潛在的 內容, latent content)도 분석대상이 된다. 비록 상반되는 견해도 있으나, 메시지에 분명하게 나타난 내용과 더불어 메시지의 내부에 숨어 있는 내용의 강도나 방향도 분석대상에 포함될 수 있다.

셋째, 내용분석은 객관성 · 체계성 · 일반성 등 과학적 연구방법의 요건을 갖추어야 한다. 객관성(objectivity)이란 연구자의 개인적 특성이나 편견이 개입되어서는 안 되며 다른 연구자가 반복연구를 하여도 같은 결과가 나와야 한다는 것이다. 이를 위해서는 분석에 사용되는 기준과 절차 등이 가능한 한 명확하게 설정되어 분석결과에 대한 신뢰성이 확보되어야 한다. 그리고 체계성(systematization)이란 분석내용을 명백하고 일관성 있게 적용되는 규칙에 따라 선택하는 것을 의미한다. 즉, 분석대상을 선정하고 평가하는 과정에 있어서 적절한 절차와 동일한 방식을 적용하여야 한다는 것이다. 마지막으로 일반성(generality)은 연구결과가 이론적인 관계성을 가져야 한다는 것이다. 단순히 어떤 메시지의 내용이나 정보를 기술하는 것은 진정한 의미에서 내용분석이 아니다.

넷째, 내용분석은 양적인 것뿐만 아니라 질적인 것도 포함된다. 과거에는 주로 수적(數的) 용어(numerical terms)를 사용한 계량적 기술(quantitative description)만을 내용분석의 요건으로 삼아 왔으나, 최근 들어 선호 · 강도 등과 같은 질적 자료의 분석방법으로 사용하는 경향이 점차 늘어나고 있다.

2. 내용분석의 장단점

내용분석은 그 자체가 갖는 특수성 때문에 적용에 앞서 그 장점과 단점을 파악하는 것이 중요하다. 내용분석의 가장 큰 장점은 시간과 비용 측면에서 경제성을 들 수 있다. 대체로 2차 자료를 이용하기 때문에 실제 연구에 필요한 자료를 연구자 스스로 만들어야 하는 부담을 덜게 된다. 하지만, 경우에 따라서 오히려 방대한 기록문서를 수집하여야 하는 등 시간과 노력, 비용을 더 필요로 하는 작업이 될 수도 있다.

또한 내용분석은 가치, 기대, 태도, 성향, 창의성, 권위주의, 인간성 등 다양한 심리적 변수를 효과적으로 측정할 수 있는 장점이 있다. 특히 관찰이나 현장조사 등 다른 자료수집방법의 적용이 불가능하거나, 실험연구의 결과나 개방형 질문의 응답에 대한 내용을 분석하는 경우에도 유용하게 사용될 수 있다.

그러나 내용분석은 기록이 된 의사전달 내용만을 대상으로 한다는 점에서 자료의 입수가 제한되는 단점이 있다. 구두, 서면, 영상 등 어떠한 방식이든 간에 분석할 수 있도록 기록이 이루어진 경우에 한하여 내용분석이 가능하기 때문이다.

타당성과 신뢰성 측면에서 내용분석은 장점과 단점 모두를 지닌다. 기록된 내용 그 자체를 분석하지 않고 다른 내용을 분석할 경우에는 타당성의 문제가 제기될 수 있다. 이와 달리 신뢰성의 문제는 그리 심각하지 않은데, 그 이유는 내용분석의 대상이 비교적 명확하여 일관성 있는 부호화가 가능하기 때문이다. 그러나 실제 분석을 함에 있어서 분석자들의 주관에 바탕을 둔 부호화가 이루어질 소지가 충분하기에 신뢰성의 문제도 적지 않게 발생한다.

3. 내용분석의 목적 및 용도

내용분석은 주로 의사전달의 내용이 되는 메시지를 대상으로 행해지지만, 의사전달의 다른 요소들에 관한 연구문제를 해결하기 위해 사용되기도 한다. 일반적으로 의사전달은 '누가(who says), 무엇(what)을, 누구에게(to whom), 어떻게(in what channels), 그리고 어떤 효과(with what effect)를 얻느냐'의 과정으로 볼 수 있다(Lasswell, 1960: 117~130). 이러한 의사전달의 전체 과정과 요소를 중심으로 내용분석의 목적 및 용도를 살펴보면 다음과 같다.[11)]

11) 이는 Berelson(1952)의 분류에 기초한 Krippendorff(2004: xviii~xix)의 내용을 재구성한 것임.

⑴ 내용의 생산자에 관한 것

의사전달과정의 전달자(communicator) 또는 발원자(發源者, origin)에 관한 것이다. 예를 들면, ① 전달자의 의도와 기타의 특징을 연결시키기 위하여, ② 개인과 집단과의 심리상태를 결정하기 위하여, ③ 선전의 존재를 규명하기 위하여, ④ 정치 · 군사의 정보활동을 확인하기 위하여 내용분석이 사용되는 경우이다.

⑵ 내용의 실체에 관한 것

의사전달내용의 실체, 즉 메시지의 내용은 무엇인가에 관한 것을 말한다. 내용의 실체적 특성에 관한 내용분석은 ① 의사전달내용의 경향을 기술하기 위하여, ② 학문발전의 발자취를 더듬기 위하여, ③ 의사전달내용에 엿보이는 차이를 밝히기 위하여, ④ 의사전달의 매체(media)와 그 수준을 비교하기 위하여, ⑤ 의사전달내용을 목표와 대조하기 위하여, ⑥ 의사전달내용의 기준을 구성하고 운용하기 위하여 주로 사용된다.

⑶ 내용의 형식에 관한 것

의사전달내용의 형식, 즉 메시지의 내용을 어떻게 전달하고 있는가에 관한 내용분석이다. 내용의 형식적 특성에 관한 분석은 ① 선전기술을 폭로하기 위하여, ② 인쇄물이 얼마나 읽기 용이한가를 측정하기 위하여, ③ 문체적 특징을 발견하기 위하여 주로 사용된다.

⑷ 내용의 수신자에 관한 것

의사전달과정의 수용자(receiver)에 관한 것을 말한다. 내용의 수신자에 관한 내용분석은 내용을 전달받는 대중의 태도나 관심 또는 가치를 파악하기 위하여 많이 사용된다.

⑸ 내용의 효과에 관한 것

의사전달내용의 효과(effect)에 관한 내용분석이다. 이는 관심의 초점을 확실히 하거나 의사전달에 대한 태도 및 행동상의 반응을 검토하기 위하여 주로 사용된다.

4. 내용분석의 설계

내용분석을 행하는 방법은 과학적 연구의 일반적인 절차와 거의 동일하다. 특히 내용분석을 설계함에 있어서 연구자가 관심을 두어야 할 사항을 중심으로 그 절차를 살펴보면 다음과 같다.[12)]

(1) 연구문제의 형성

연구문제의 형성은 제5장에서 살펴본 바와 같이, 연구자 자신이 특히 내용분석에 적합한 연구주제와 연구문제를 선정하게 된다. 대체로 연구자가 지니는 상식, 상상력, 지식, 경험 등을 통하여 연구주제를 잠정적으로 결정한 후, 관련된 기존문헌을 검토하여 이를 확정한다.

연구문제가 확정되면 기존문헌을 검토하는 과정에서 이에 대한 연구모형과 이를 기초로 한 가설을 설정하게 된다. 다시 말해서, 내용분석에 의해 검증이 가능한 가설을 기존연구의 결과를 배경으로 하여 정립하게 되는 것이다.

(2) 분석대상의 확정

연구문제나 가설이 형성되면, 이를 경험적으로 검증하는 데 필요한 분석대상이 되는 자료의 종류와 범위를 확정하여야 한다. 예를 들어 논문, 신문, 회의록, TV 혹은 라디오 프로그램 등과 같은 분석대상에 대하여 시간, 범위, 내용이라는 측면에서 모집단을 명확하게 규정하여야 한다. 만약 신문기사에 대해 내용분석을 하려는 경우, 분석대상이 되는 신문의 종류나 기간 등을 구체적으로 정하는 것이다. 다른 예로 대통령의 연설문을 분석한다면, 모집단은 분석대상으로 정한 대통령의 모든 연설문이 될 것이다.

내용분석에 사용될 자료는 대체로 그 양이 방대하므로 일정한 형태의 표본추출이 불가피한 경우가 많다. 모집단으로부터 표본을 추출하는 방법은 제15장 제 2 절에서 설명된 원칙과 절차를 그대로 적용하면 된다. 표본추출을 위해서는 분석대상이 되는 표본추출단위(sampling unit)를 결정하는 일이 무엇보다 중요하

---

12) 이와 같은 절차가 모든 내용분석연구에서 반드시 순서대로 이루어지는 것은 아니다. 연구문제와 가설이 설정되면, 이를 검증하기 위하여 분석범주와 분석단위를 결정한 후 모집단으로부터 표본을 추출하는 단계를 거칠 수도 있다.

다. 일반적인 표본조사에서 표본추출단위가 개인, 집단, 기관, 지역 등으로 구분되는 것과 같이, 내용분석에 있어서 표본추출단위는 특정한 문서(text)나 기사(記事, article)일 수 있고 더 구체적으로 주제(theme), 주요 단어(key word), 상징(symbol), 문장(sentence), 문단(paragraph)일 수도 있다.

예를 들어 신문기사를 분석하는 경우, 대상 신문과 대상 기간을 모집단으로 규정한 후 시간단위로 매주 1회 표본을 추출하고, 그 안에서 다시 필요한 면 혹은 기사를 표본으로 선정할 수 있다. 만약 대통령 연설문을 분석한다면, 대통령 연설문의 모집단 중에서 취임사나 신년사, 또는 특정 이슈에 대하여 행한 연설문을 표본으로 삼을 수 있다.

(3) 분석범주의 설정

분석범주(항목, category)란 연구대상의 속성을 분석하는 체계를 말하며, 대체로 계량적 연구에서의 변수에 해당된다. 예컨대 소설의 내용을 분석하는 경우, 소설의 주제, 소설의 유형, 주인공의 성격 등이 분석범주가 될 수 있다.

분석범주의 설정은 연구 성패를 좌우하는 핵심적인 것으로 분석대상의 선정(모집단 및 표본자료의 확정)에 앞서 이루어질 수 있다. 내용분석에 있어서 분석범주도 일반적인 분류(taxonomy, classification) 혹은 범주화(categorization)의 원칙에 따라 설정되는 것이 중요하다.[13] 즉, 범주는 연구문제 혹은 연구목적에 맞게 설정되어야 하며, 총망라적이고, 상호 배타적이며, 독립적이고, 일관성 혹은 단일분류원칙에 의해 도출된 것이어야 한다.

내용분석에서 사용되는 범주는 연구문제에 따라 달라지는 것이 보통이나 그 성질에 따라 여러 가지 유형이 있을 수 있다. 앞에서 살펴본 의사전달의 과

---

13) 분석범주의 설정을 위한 요건은 타당한 분류 혹은 범주화에 기본적으로 적용되는 원칙을 말한다. 이를 구체적으로 보면, ① 범주(항목)는 연구목적에 대하여 실질적 적합성(substantive relevance)을 지녀야 한다. 즉, 연구의 목적이나 연구문제의 성격에 맞게 범주(항목)를 정하고, 이에 따라 분류 또는 범주화하여야 한다. ② 범주(항목)는 모든 연구대상을 총망라(exhaustive)하여야 한다. 즉, 모든 대상이 남김없이 전부 포함될 수 있도록 범주(항목)를 정하고, 이에 따라 분류 또는 범주화하여야 한다. ③ 범주(항목)는 상호 배타적(mutually exclusive)이어야 한다. 즉, 하나의 대상이 둘 이상의 범주(항목)에 속하지 않고 단지 하나에만 분류되도록 범주(항목)를 정하고, 이에 따라 분류 또는 범주화하여야 한다. ④ 범주(항목)는 상호 독립적(mutually independent)이어야 한다. 즉, 어떤 대상을 분류하는 것이 다른 대상의 분류에 영향을 미치지 않도록 범주(항목)를 정하고, 이에 따라 분류 또는 범주화하여야 한다. ⑤ 범주(항목)는 일관성(consistency)있는 체계를 지녀야 한다. 즉, 단일분류원칙(single classification principle)에 입각하여 범주(항목)를 정하고, 이에 따라 분류 또는 범주화하여야 한다.

정과 요소에 따라 분석범주를 다양하게 설정할 수 있으나, 여기서는 가장 일반적으로 사용되는 의사전달내용의 실체와 형식에 따른 범주들을 살펴본다.14)

1) 내용의 실체에 관한 범주('What is said' Category)

의사전달내용의 실체를 분석하는 데 사용되는 범주로서 주제, 방향, 기준, 가치, 방법, 속성, 행위자, 출처, 근원, 표적 등에 대한 것들이 있다.

가. 주 제: 의사전달내용의 실체에 관하여 가장 널리 사용되는 범주로서 '무엇'에 관한 주제(subject)범주를 들 수 있다. 예를 들어 신문내용의 경향을 분석하는 연구에서 정치, 재정, 경제, 사회, 국제, 문화 · 연예 · 오락 · 도서, 사설 · 논평 · 해설 등을 주제범주로 사용할 수 있다. 대통령의 연설문에 나타난 가치관의 비교연구에서는 남북관계, 정부개혁, 갈등해소, 정부규제, 지역개발, 법의 집행, 빈부의 격차 등을 범주로 설정할 수 있을 것이다.

나. 방 향: 의사전달내용의 태도 · 선호 · 가치 등을 알아보는 방향(direction)범주를 들 수 있다. 방향은 지향성(orientation) 또는 성향(character)이라 하며, 의사전달내용이 찬성, 반대 혹은 중립적인가 등을 알아보는 것이 그 예이다. 이러한 범주는 대체로 3점 척도, 5점 척도 또는 7점 척도에 의해 측정될 수 있으며, 의사전달에서 자신의 주장을 뒷받침하기 위한 증거를 제시하기 위해 사용되기도 한다.

다. 기 준: 의사전달내용의 방향에 대한 근거를 분석하는 기준(standard)범주를 들 수 있다. 이는 의사전달내용을 무엇에 의해 평가했는가를 알아보고자 할 때 많이 사용된다. 가장 일반적인 기준은 강함 · 약함이나 도덕성 · 비도덕성의 두 가지 범주로 나누는 것이며, 방향범주와 마찬가지로 이 둘 사이에 다른 세분된 중간적 기준을 포함할 수 있다. 예컨대, 강함과 약함의 범주에는 안정, 효율성, 힘 등을 포함할 수 있고, 도덕성과 비도덕성의 범주에는 진리, 자비, 충성 등을 포함할 수 있다(박도순, 2002: 301).

라. 가 치: 의사전달내용이 제시하는 가치관 · 목적 · 목표 · 요구사항 등을 연구하는 가치(value)범주를 들 수 있다. 이 범주에서 다루는 가장 핵심적인 문제는 사람들이 무엇을 추구하는가 하는 것으로, 이를 분석하기 위하여 권력, 부(富), 사랑, 지위, 출세, 건강, 안녕, 존경 등의 가치를 분석범주로 삼는 경우가 많다.

14) 여기서 제시되고 있는 범주들은 의사전달내용의 실체와 형식에 관한 것들을 중심으로 하나, 의사전달내용의 생산자와 수신자에 관한 것들을 부분적으로 포함하고 있다.

마. 방 법: 가치범주가 행동의 목적을 다루는 데 반해, 방법(method)범주는 목적을 설명하기 위해 사용된 수단을 다룬다. 즉, 어떻게 목표에 도달하였는가 하는 것이 이 범주의 근본적인 문제가 된다. 이는 정치적 소재분석에 많이 적용되고 집단의 기능 분류에 적합한 범주이며, 법적·정치적 조직, 기회 등의 방법이 이에 해당한다(박도순, 2002: 302).

바. 속 성: 의사전달내용에 등장하는 인물이나 제도·정책의 특성을 알아보는 속성(trait)범주가 있다. 이 범주는 일반적으로 인물의 분석에 적용되어 개인의 능력이나 심리 등을 분석하는 데 유용하며, 제도나 정책의 특성을 밝히는 데 사용되기도 한다. 예컨대 소설, 연속극, 영화, 전기물 등에 나타난 인물의 연령, 성별, 직업, 지위, 종교 등을 기술할 수 있으며, 특정 정책의 결정과정에 있어서 다양한 참여자들의 특성을 파악하는 경우를 들 수 있다.

사. 행위자: 의사전달내용에 제시된 행위의 주체에 관한 행위자(actor)범주가 있다. 이 범주는 의사전달내용에 있어서 중심적 위치에 있는 사람 또는 집단을 분석하는 데 적용되며, 어떤 행위의 대표자가 누구인가를 밝히는 데 그 핵심이 있다.

아. 출 처: 의사전달내용의 권위를 밝히는 데 사용하는 출처(source)범주가 있다. 이 범주는 의사전달의 진술자, 집단 또는 대상이 어느 정도의 권위를 갖고 있는가를 분석하는 데 적용되며 권위(authority)범주라고도 한다. 이러한 범주를 적용한 예로는 인용물의 출처를 분석한 연구를 들 수 있다.

자. 근 원: 근원(origin)범주는 의사전달의 근원이 되는 장소를 확인하는 것으로 이를 적용한 연구는 그리 많지 않다. 의사전달이 어디로부터 왔는가를 밝히는 것으로 때로는 의사전달내용이 청중들의 관심을 포괄하고 있는 정도를 파악하는 데 적합하다.

차. 표 적: 표적(target)범주는 의사전달이 누구를 향하고 있는가를 분석하는 것으로 수신인(addressee)범주라 하기도 한다. 의사전달이 일반대중보다 특수한 집단에 향하고 있는 정도를 밝히는 데 유용하다.

2) 내용의 형식에 관한 범주('How it is said' Category)

가. 의사전달의 형식: 의사전달형식(form or type of communication)에 관한 범주는 의사전달이 이루어진 형식을 일정한 기준에 따라 분류한 범주이다. 출판서적의 경향분석에 있어서 소설과 비소설로 나누거나 TV의 내용연구에 있어서 소

재의 분류를 뉴스, 대담, 연속극, 음악 등으로 구분하는 것이 그 예이다.

나. 진술의 형식: 진술형식(style of statement)에 관한 범주는 의사전달이 이루어지는 문법적·구어적 형식 또는 구성요소를 분석하는 것이다. Lasswell은 진술의 형식을 사실 진술(fact statement), 선호 진술(preference statement), 동일시 진술(identification statement)의 세 가지로 구분하고 있다(박도순, 2002: 303).

다. 강 도: 강도(intensity)범주는 의사전달이 가지고 있는 힘 또는 관심을 끌게 하는 흥미 정도에 관한 것으로 정서성(emotionalism) 혹은 감수성(sentimentalism) 범주라고도 한다. 강도는 독자 또는 청취자에게 상당한 영향을 미치므로 상이한 내용의 상대적 강도를 밝히는 것도 매우 중요하나, 실제 분석에 있어서 만족할 만한 지표를 제시하는 데는 많은 어려움이 따른다.

라. 방 안: 방안(device)범주는 선전적·수사학적 기초 위에서 내용을 분류하는데 적용된다. 일반적으로 내용분석은 의사전달내용의 전체를 다루기 때문에, 이러한 범주를 활용하여 그 전체를 객관적으로 분석하는 것은 쉽지 않다.

(4) 분석단위의 결정

내용분석에 있어서 분석범주가 설정되면, 분석범주에 넣어서 부호화(coding) 또는 기록화(recording)를 위한 분석단위를 결정하여야 한다. 분석범주가 분석대상의 속성을 기술하고 분류하는 체계를 말한다면, 분석단위는 기술, 분류, 계수되는 내용의 특수한 항목이나 부분을 의미한다. 다시 말하면, 연구자가 분석대상의 속성에 관한 자료를 수집하고 분석하려는 사람이나 사물이 분석단위가 되는 것이다.[15] 예를 들어 여론조사에서 면접을 받는 특정한 개인들이 분석단위가 되고, 응답자에게 물어보는 여러 가지 항목, 즉 정치적 성향, 성별, 종교, 직업, 나이 등은 분석범주에 해당된다.

분석단위는 기록만으로서 소기의 자료가 수집되는 경우인 기록단위(recording unit)와, 표면적으로 드러난 기록만을 가지고는 진의를 파악할 수 없어 그 전후 관계까지를 고려하는 경우인 문맥단위(context unit)로 구분된다. 기록단위는 예컨대 단어(word), 상징(symbol), 주제(theme), 등장인물(character), 문장(sentence) 혹은

15) 분석단위는 실제 조사 및 분석의 대상이 누구이며 무엇인가에 관한 사항으로서, 개인, 집단, 조직(예: 회사, 학교 등), 제도(예: 법령, 정책, 프로그램 등), 인공물(예: 책, 사진, 신문, 자동차, 주택 등), 지리적 단위(예: 마을, 동, 시, 국가 등), 사회적 상호작용(예: 결혼, 친구선택, 교통사고, 소송, 국회 청문회 등)이 될 수 있다.

문단(paragraph), 항목(item), 지면(page), 횟수(times), 길이(length) 등과 같은 것으로서, 흔히 분석대상에 있어서 분석범주에 속하는 이들 단위들이 등장하는 횟수를 계산하여 분석을 한다.

문맥단위는 기록단위만으로 정확한 분석이 어려울 때 전체적인 맥락이나 전후관계 등을 고려하여 내용을 분석하는 것으로서, 문장(sentence) · 문단(paragraph) · 전체 문서(document) 등을 분석단위로 삼는다. 예를 들어 정책결정과정에 있어서 참여자간의 세력관계를 연구하는 경우, 단순히 자료 속의 개별적인 기록단위를 검토하기보다는 전체적인 문맥을 검토하는 것이 더 적절할 수 있다.

(5) 집계체계의 수립

내용분석에는 질적 분석도 포함되지만, 대부분의 경우 그 결과를 수량화하여 제시하게 된다. 따라서 분석범주와 분석단위가 결정되면 그 자료를 계량화하여 집계하는 방법을 결정하여야 한다. 즉, 주어진 각 분석범주에 해당되는 내용이나 자료가 있는지 없는지(등장, appearance), 만약 있다면 언제(시간, time), 몇 번(빈도, frequency), 어디(위치, location), 어느 규모(공간, space) 혹은 정도(강도, strength or intensity) 등을 측정하기 위한 기준을 수립하여야 한다.

예를 들어, 특정 신문(분석대상 모집단)의 내용분석에서 경제(분석범주)를 다루고 있는 톱기사(분석대상 표본)의 여부 혹은 등장 횟수, 기사제목의 크기, 지면의 비율 등(분석단위)을 계산할 수 있으며, 대통령의 연두기자회견에 대한 내용분석에서 '경제'라는 낱말의 등장 횟수, 전체 낱말 수에서의 비율, 음성(tone)의 크기 등을 측정할 수 있다.

(6) 자료의 분석

집계체계가 결정되면 실제로 분석 작업을 행하게 된다. 분석 작업은 주로 자료를 부호화하고, 부호화된 자료를 연구목적에 맞게 다시 정리 · 분류 · 배열 · 종합하는 과정을 거친다.

실제 내용분석을 행함에 있어서 가장 널리 쓰이는 방법은 빈도를 계산하는 것이다. 이는 빈도가 타당한 지표로서 연구의 초점이 되고, 강도 혹은 중요성 등을 대표할 수 있으며, 각 분석단위(예: 단어, 상징, 주제, 인물 등)에 균등한 가중치가 부여되어 있다는 것을 전제로 하고 있다. 이러한 전제 때문에 빈도에만 의존하는 내용분석은 한계가 있다. 특히 빈도는 가치, 태도 및 이와 관련된 요소들의 강도를 측정하기에는 미흡한 점이 있기 때문에, 강도를 측정하기 위한 다양한 방법들(예: 조합비교법, Q분류척도법, 원자접근법, 평가적 주장분석법 등)을 추가적으로 검토할 필요가 있다.

분석 작업을 마치면, 분석된 결과를 연구의 초기단계에 수립된 가설과 기존 이론에 결부시켜 해석하여야 한다. 연구문제의 제기에서부터 연구결과의 해석에 이르기까지 연구의 전체 과정에 걸쳐 논의된 내용은 최종 보고서로 작성된다.

5. 내용분석설계의 예[16)]

[예 1]

나중식 · 정진주(2003). 기초의회 예산심의의 질의-답변성향분석. 「한국행정학보」, 37(2): 445~468.

(1) 서 론

지방의회 예산심의의 형식성에 대한 비판과 예산심의 무용론이 등장하면서도 예산심의 밀도나 농도가 어느 정도인지에 대한 체계적인 연구는 부족한 실정이다. 예산심의는 의회와 행정부간의 상호대응적 협상게임이며, 질의와 답변은 각자 예산전략적 관점에서 의도적으로 선택된다. 이에 본 연구는 의원들의 질의유형에 대한 관료들의 답변이 어떠한 규칙성이 있으며, 질의-답변의 상호작용은 심의결과에 어떠한 영향을 미치는지를 규명한다.

본 연구를 위해서 부산광역시 부산진구의회와 광주광역시 북구의회의 1996년도 및 1999년도 예산심의를 사례로 선정한다. 선정된 두 사례 의회의 상임위 및 예결특위의 회의록에 나타난 중심단어와 중심문장을 유형별로 내용분석을 행한다.

(2) 이론 고찰

예산심의 활동에 관한 연구의 경향은 크게 나누어 제도중심연구, 과정중심

16) 아래 논문들의 내용은 저자의 입장에서 전체를 이해하여 요약 · 재구성한 것이며, 이에 대하여 각 논문의 저자들께 깊은 양해를 구하고자 한다.

연구 그리고 결과중심연구로 구분할 수 있다(나중식, 2002). 제도중심 연구는 주로 권력구조, 의회구성, 재정권한, 예산심의규칙, 예산형식, 비공식적인 예산심의 관행과 규범 등 신제도적 변수를 강조하고 이들의 조작을 통하여 심의행태의 변화를 추구한다. 과정중심의 연구는 예산심의 과정에서 나타나는 질의 및 답변의 상호작용 행태나 참여자들 간의 협상과 타협 등 상호대응적 협상게임에 초점을 두고 이들과 심의 결과 간의 상관관계를 다룬다. 결과중심의 연구는 예산심의의 최종산출물을 이용하여 예산심의의 행태를 유추하고 이론화하려는 경향이다.

지금까지 예산심의과정에서의 예산질의-답변에 관한 연구는 주로 '의회의 대행정부 통제'의 관점에서 연구되어 왔으며, 주로 국회 및 광역의회의 회의록을 대상으로 하고 있고, 또 질의유형만을 대상으로 예산심의의 특징을 연구하고 있어 예산결정을 둘러싼 상호 대응적 권력게임이라는 예산정치론적 관점에서는 연구가 이루어지지 못했다. 그러나 예산심의는 어디까지나 의회와 관료간의 상호대응적 협상게임의 정치에 의하여 결정되기 때문에 질의-답변의 상호작용을 통한 동태적 연구가 이루어져야 한다.

(3) 연구 설계

이론적 고찰에서 논의하였듯이, 예산심의는 행정부와 의회의 힘의 균형에 의해 결정된다. 따라서 의원과 관료들이 사용하는 질의-답변은 예산결정에 영향

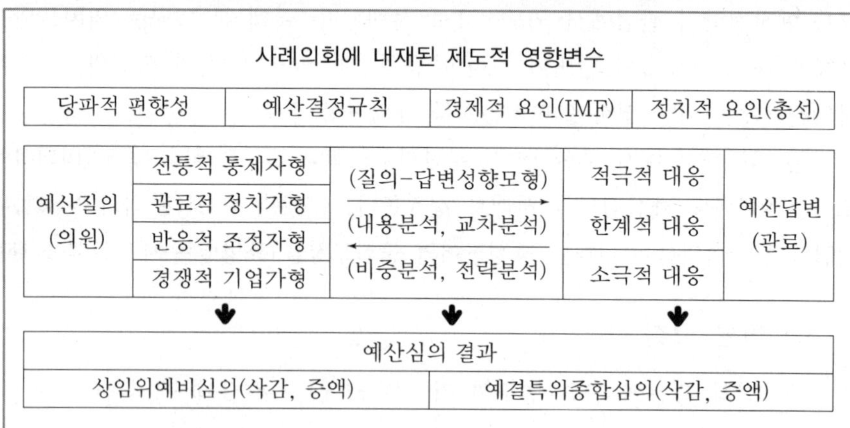

[그림 12-3-1] 질의-답변 상호작용의 분석틀

[표 12-3-1] 질의성향모형의 분석틀

질의의 기능모형	질의내용의 성향모형	질의내용과 key words	관련예산규범과 가치
행정기능 중시형	전통적 통제자형	내역상의 문제점 지적, 편성상의 타당성 확인, 현황 및 내역질의(낭비 및 오류, 절감 당부, 삭감요구, 설명정보요구, 입장표명요구, 질책)	합법성, 관리성 (행정적 합리성)
정치기능 중시형	관료적 정치가형	행정부와의 갈등해결관련 질의, 형평성주장 질의(권위, 애우, 의회관련증액, 반대, 형평, 지지, 증액옹호, 해결)	형평성, 균형성, 상호이해의 조정 (정치적 합리성)
	반응적 조정자형	민의 및 여론대변주장, 지역구관련예산질의(주민의견, 분쟁조정, 타협적 조정, 지역반영요구, 민원수렴 등)	
경제기능 중시형	경쟁적 기업가형	목표와 산출중심질의, 지출의 효율성 질의(분석, 기획, 성과, 발전방향, 기법, 대안제시, 효율, 우선순위 등)	효율성, 분석논리 (경제적 합리성)

을 미치기 위한 전략적 차원에서 이루어진다. 이러한 예산영향력과정에서 나타나는 질의-답변 상호작용의 실태와 그러한 동태적 과정이 예산심의 결과에 어떠한 영향을 미치고 있는가를 파악하기 위한 분석틀을 제시하면, [그림 12-3-1]과 같다.

의원들의 예산질의는 ① 전통적 통제자형, ② 관료적 정치가형, ③ 반응적 조정자형, ④ 경쟁적 기업가형 등 4가지 모형으로 유형화한다. 의원들의 질의성향모형과 질의관점 그리고 관련예산규범과 해석지표를 요약하면, [표 12-3-1]과 같다.

관료들의 답변은 Mezey(1979)의 5개 유형을 조합하여 3가지로 단순화하여, ① 적극적인 대응, ② 한계선상의 대응, ③ 소극적 대응 등으로 분류하였다. 관료들의 답변성향 모형과 답변내용 그리고 답변문장과 전략적 특징을 요약하면, [표 12-3-2]와 같다.

기초의회의 예산질의-답변의 상호작용실태를 분석하기 위하여 본 연구에서는 부산광역시 부산진구의회와 광주광역시 북구의회의 1996년도 및 1999년도 예산심의를 사례로 선정하였다. 연구의 방법은 회의록의 내용을 정독하면서 중심단어와 중심문장을 유형별로 분석하였다. 분석의 자의성 개입을 최소한으로 줄이기 위하여 두 명이 별도로 분석하여 비교하고, 불일치의 경우에는 제3자의

[표 12-3-2] 답변성향모형의 분석틀

답변성향 모형	답변내용(key words)	답변문장(key sentence)	전략적 특징
적극적 대응	· 질의에 대한 적극적이고 민감한 대응(필요성 소명, 협조요청, 상세검토, 분석 최선, 당부, 업무차질 주장, 상세한 설명, 이해, 선처, 비판에 대한 반박)	(예시) (1) …는 충분한 분석과 검토를 하였습니다. (2) 반드시 예산반영이 필요합니다. (3) 미반영은 업무의 차질을 초래합니다.	관료의 적극적 영향력 행사형
한계적 대응	· 질의에 대한 적극적 의사 표현을 회피하는 대응(공감, 노력, 검토, 협의, 참고, 추경반영노력)	(1) 동감합니다. 그러나… (2) 고려 중이다… 연구 중이다. (3) 참고하겠다. (4) 추경에서 심도있게 검토…	영향력 유보 및 회피형
소극적 대응	· 질의내용에 대해 수긍하는 대응(인정수용, 변명성, 무응답, 잘못 수긍 등)	(1) 의견을 존중하며 검토… (2) 동감합니다. 따라서… (3) 문제제기에 따르겠다.	의회영향력 수용형

자문과 조정회의를 통하여 합의에 이르도록 하였다. 구체적인 분석은 4개 유형의 질의에 대한 3개의 답변유형을 4×3 행렬을 이용한 교차분석을 통하여 그 결과를 해석하는 방법으로 진행하였다.

(4) 연구 결과

내용분석을 행한 결과를 요약하고 그 정책적 함의를 제시하면, 다음과 같다.

첫째, 의원과 관료들은 모두 예산전략적 선택에 의하여 질의와 답변의 내용과 수준을 정한다는 것이다. 기본적으로 의원들은 집행부에 대한 행정통제에 관심이 많아서 '통제적 질의'를 선호하고 있지만, 점차 지역구 의사를 대변하고 형평적 지출을 요구하는 '정치적 질의'가 증가하고 있다.

둘째, 기초의회의 예산심의도 의원들의 당파적 편향성에 따라 영향을 받고 있다는 것이다. 즉, 야당성향의 의회일수록 '정치적 질의-한계적 답변'의 비중이 높아지면서 분배성 예산심의가 강해지고 삭감의 폭도 줄어든다는 사실이다. 이는 야당이 지배하는 국회의 경우 삭감의 폭이 높다는 기존의 발견이나 이론과는 상반된다.

셋째, 기초의회의 상임위와 예결특위의 예산심의 형태는 국회의 예산심의 형태와는 달리 모두 삭감지향적 성향을 가진다. 즉, 국회상임위는 주로 증액심의를 하지만 기초의회의 상임위원회는 삭감지향적일 뿐만 아니라 심의밀도도 예결특위보다 훨씬 통제지향적이다.

넷째, 기초의회의 경우 정치·경제적인 거시적 환경요인은 심의행태와 결과에 크게 영향을 미치지는 않으나, 제도적인 요인 중에서 의사결정관행과 당파적 편향성은 심의과정(질의성향, 질의-답변성향)과 결과(예산삭감)에 영향을 미치는 중요한 요인이다. 무엇보다도 질의-답변의 상호작용게임이야말로 예산심의결과를 좌우하는 중요한 요인임을 확인할 수 있다.

[예 2]

나태준(2005). 내용분석 방법론을 활용한 정책분석의 시도: 청계천 복원사업 사례를 중심으로. 「한국정책학보」, 14(3): 207~230.

(1) 서 론

본 연구는 신문과 방송 등 언론보도에 나타난 정부정책 즉, 청계천 복원사업의 내용을 질적으로 분석하고자 한다. 2003년 7월 1일 착공을 전후한 2003년 5월 1주부터 12월 4주까지이며, 신문과 방송의 보도 자료를 대상으로 삼는다. 전체 668개의 신문보도와 1,368개의 방송보도 자료에 대하여 내용분석을 행한다.

(2) 이론 고찰

내용분석을 수행하는 과정적 절차는 연구문제의 정립, 표본의 추출, 범주의 구성, 측정단위 및 계량화 방안의 설정, 부호화 및 신뢰도 검증, 분석의 수행 및 분석결과의 해석 등의 단계로 나누어 볼 수 있다. 정치적 선전을 위해 사용되기 시작한 내용분석은 커뮤니케이션 분야뿐만 아니라, 정치·역사·교육·언어 등 다양한 영역으로 그 적용이 확대되었다. 그 형태에 있어서도 설문, 인터뷰, 영화/TV 프로그램, 그리고 심지어 만화, 사진 등 문자화되기 어려운 자료까지도 내용분석 기법이 적용되기에 이르렀다.

최근 연구로는 우리나라에서 대통령의 탄핵과 관련한 TV 방송의 내용분석을 수행한 한국언론학회(2004)의 연구가 가장 대표적이다. Coffey(2005)는 주지사의 정치적 성향과 변동을 측정하기 위하여 2000년과 2001년에 있어서 주지사의 연두교서를 컴퓨터를 활용하여 내용분석을 하였다. Dowler(2004)는 범죄에 관한 지역 텔레비전 방송에 있어서의 차이점과 유사점을 밝히고자 미국과 캐나다의 범죄관련 방송을 내용분석하였으며, Monk-Turner 외(2004)는 1970년부터 2000년까지 12편의 미국 전쟁영화 흥행작에서 나타난 폭력의 내용을 분석한 예가 있다.

(3) 연구 설계

본 연구는 2003년 5월부터 12월까지 신문과 TV/라디오 방송을 통해 보도된 청계천 복원사업 관련 자료를 분석한다. 청계천 복원사업에 대한 언론의 동향을 살펴보되, 특히 시계열자료를 이용하여 보도의 빈도와 우호도에 변화가 있는지에 초점을 두고 살펴보고자 한다.

먼저, 대상이 되는 자료들을 보면 [표 12-3-3]과 같다. 다음으로, 이 자료들을 [표 12-3-4]와 같이 14개 분야의 주제로 분류하였으며, 각 범주별 분석을 위한 키워드를 설정하였다. 각 범주별 분석은 일반적으로 사용되는 word counting 기법을 활용한다.

우호도분석은 [표 12-3-5]과 같이 우호도별 어휘군을 〈적극 찬성~중립~적극 비판〉의 5단계로 구분하고 〈2점~0점~-2점〉을 부여하는 방식을 활용하고, t-test를 실시하여 우호도 평균변화의 유의성을 검증한다.

[표 12-3-3] 자료의 범위 및 주요대상

자료 범위	주요 대상	자료수 (최종)	비 고
신문보도 자 료	- 종합뉴스데이터베이스(www.kinds.or.kr) - 일간지(동아일보, 조선일보, 한겨레신문, 한국일보) - 석간(문화일보)	668개	- 키워드검색: 청계천 - 핵심내용인 경우만 포함
방송보도 자 료	- TV(KBS1, KBS2, MBC, MBN, SBS, YTN) - 라디오(BBS, CBS, KBS1, KBS2, MBC, PBC, SBS, TBS)	1,368개	- 청계천복원이 핵심적 사안인 경우만 포함
인터넷상 여론자료	- 정책토론방(서울시 홈페이지) - 경제정의실천시민연합(경실련), 녹색연합, 문화연대	60건	- 2003년 7~12월 - 심층분석에 활용

[표 12-3-4] 주제범주 분류 및 범주별 키워드

범 주	키 워 드	범 주	키 워 드
경 제	국제금융단지, 관광특수, 비용편익분석, 패션광장, 외자유치, 건설주	역 사	역사도시, 교량공모, 문화관광벨트, 도보관광코스, 교량복원, 수표교, 광교
공 정	기공, 착공, 완공, 공사, 철거, 일정, 안전	재개발	강북발전, 민간유도, 지구단위계획
교 통	교통대책, 교통체증, 일방통행, 교통량, 복개도로	재 원	재원마련, 재정, 추정예산
문 화	청계천문화관, 헌책방, 예술, 전시, 디자인, 기념품	정 치	시의회, 현장사무소, 사이버투어, 홍보관, 선거, 이명박
보 상	보상대책	학 술	연구, 하버드대, 강의
상 인	상권보호, 청계천상인대책위원회, 인근상인, 노점상, 대체지, 영업권	환 경	하천복원, 지하가스, 맑은 물, 인공연못, 유지용수, 한강, 소음, 조경, 폐기물
시 민	인근시민, 시민광장, 주민협의기구(체)	기 타	유년시절, 청계거리, 추억

[표 12-3-5] 우호도별 어휘군 및 부여점수

우 호 도	어 휘 군	부여점수
적극찬성	일류도시, 환경·생태주의자, 인간중심, 아름다운, 고무적인, 상당히	2점
찬 성	맑은물, 정취, 효과, 생태, 녹지, 도심냉각효과, 편익, 경제활성화, 삶의 질, 인식변화 개선, 개·보수, 회복, 가치, 다행, 합의, 동참, 특화개발, 양성화 방안, 정비, 관광명소, 무료주차, 친환경적, 쾌적한, 살리다, 갖추다, 되찾다, 가꾸다	1점
중 립	밝혔다, 있다, 된다, 예정이다, 계획이다, 방침이다, 시행된다	0점
비 판	문제점, 불편, 피해, 걸림돌, 진통, 논란, 지적, 안티, 반대운동, 반발, 여파, 혼란, 혼잡, 비상, 불안한, 불투명한, 의심스러운, 만만찮은, 불가피한, 시큰둥한, 제한적, 고스란히, 불충분하다, 어렵다, 힘들다, 불가능하다, ~할 수밖에 없다, ~할 필요가 있다	−1점
적극비판	대란, 악영향, 충격, 분통, 기능상실, 전락, 지경, 극심한, 턱없이, 심각한, 몹시, 가뜩이나, 비난하다, 항의집회, 교통마비, 시달리다	−2점

(4) 연구 결과

본 연구는 내용분석의 방법에 있어서 기존의 한계들을 어느 정도 극복할 수 있음을 보여주고 있다. 첫째, 신문보도자료와 방송보도자료, 인터넷자료를 함께 분석하고 있는데 이와 같이 한 가지 형태 이상의 자료의 활용과 비교가 가능하다는 점, 둘째 우호도상의 변화를 통계치로 검증하는 방법을 통해 내용분석 방법이 가지는 객관성과 중립성의 약점을 어느 정도 극복할 수 있다는 점, 셋째 우호도의 체계적 판별을 위해 단어와 문맥(문장) 두 가지 방법을 혼용할 수 있다는 점, 넷째 우호도의 척도를 단순화시켜 연구자의 주관성을 최소화할 필요가 있다는 점 등을 제시하고 있다.

본 내용분석의 결과에 있어서 주요 발견점은 방송과 신문보도에 있어 세부적인 차이는 있으나 전체적 추이는 대체로 유사하다는 점이다. 첫째, 착공일 전후인 6월과 7월에 집중적으로 보도가 이루어졌고 그 이후에는 빈도가 낮아진다는 점, 둘째 각 보도분야별 비율의 증감추이는 방송과 신문보도에 있어서 매우 비슷한 변동을 보이고 있다는 점, 셋째 신문과 방송 모두 한 건의 보도에서 복수의 주제를 다루고 있다는 점, 넷째 교통분야의 보도빈도가 압도적으로 많다는 점이다. 보도빈도에 있어서는 전체적으로는 교통, 공정, 상인, 환경, 역사분야가 가장 중요한 보도분야이며 차지하는 비중이 가장 높다는 점도 같이 나타난다.

[예 3]

황경수 · 고태호(2005). 선거공보물을 이용한 환경과 지역개발 의제의 경향 분석. 「한국사회와 행정연구」, 15(4): 455～477.

(1) 서　　론

지방자치가 정착이 되면서 과거 관료 중심의 정책의제 형성이 주민에 의한 제안방식으로 변화되고 있다. 이러한 점에서 지방선거 입후보자들이 제시한 공약이 정책의제로서 중요한 의미가 있다는 것을 전제로, 이들 공약의 내용에 있어서 환경과 지역개발에 관한 정책의제의 경향이 어떠한지를 분석하고자 한다.

본 연구를 위해 제1회 전국동시지방선거(1995. 6. 27 선거)의 178개 공보물, 제2회 전국동시지방선거(1998. 6. 4 선거)의 128개 공보물, 제3회 전국동시지방선거(2002. 6. 13 선거)의 127개 공보물을 내용분석의 대상으로 선정한다.

⑵ 이론 고찰

정책의제 형성과정은 정책문제의식을 갖는 것에서부터 시작하여 정책의제가 실제로 채택되는 절차를 거친다. 이러한 과정을 여러 가지 기준에 의해 탐구해봄으로써 그 정책형성이 지니는 특성을 파악하고 그 유형을 발견해 낼 수 있다. 유형을 Jones는 크게 방임적 태도, 장려적 태도, 주도적 태도로 나누고 있다. 방임적 태도와 장려적 태도는 모두 정부가 앞장서서 의제설정을 하지는 않는다는 특징을 지니고 있으나, 주도적 태도는 문제를 정의하고 정책의제 채택을 위해 정부가 적극적으로 역할을 수행하는 형태를 띤다.

선거공보물에 제시된 내용은 자치단체장이 주도적으로 추진하겠다는 의지의 표시이므로 Jones의 정책의제형성 유형 중 '주도적 태도'에 포함되는 것으로 볼 수 있다. 따라서 공약이 당선이라는 과정을 통해 정책의제로 채택이 되면 그 집행은 다른 유형을 통해 채택된 정책의제보다 더 큰 영향력을 가지게 될 것이다.

선거 공약에 관한 연구는 크게 두 가지로 구분된다. 공약을 유형별로 나누되 주관적인 관점에서 분석하는 비교분석이 하나이며, 다른 하나는 계량적이며 객관적으로 나누어 분석하는 계량분석이다. 우리나라 선거공약분석은 주로 첫 번째 경향인 공약내용들을 후보자와 분야별로 나누어서 그 내용의 차이를 주관적으로 분석하는 것이 주류를 이루고 있다.

⑶ 연구 설계

본 연구는 내용분석의 방법을 통해 이루어진다. 내용분석은 문헌 · 서류 · 연설문 · 선전문 등을 구체적으로 세분하여 내용을 이루고 있는 메시지들을 분류하거나 코딩하기 위한 일련의 범주를 만들고, 그 메시지들 안에서 이런 범주에 속하는 말이나 표현 등이 얼마나 자주 되풀이 되는가를 알아보는 방법이다. 특히 본 연구에서는 환경과 지역개발분야의 공약에 내포해 있는 개발철학, 즉 환경보존위주의 철학이 담겨있는지, 아니면 개발위주의 철학이 담겨있는지를 계량적으로 분석하는 데 중점을 둔다.

[표 12-3-6] 분석을 위한 단어의 범주화

지역(도시) 경제 · 개발	국제금융, 민영화, 개발사업, 세계자유무역지대, 금융자유지역화, 매설사업 추진, 그린벨트문제, 실업기금, 도시계획, 취업기회확충, 고용, 고용증대, 영세 상공인, 상권, 중소기업, 지역경제상담, 민자유치, 도시건설, 외자유치, 면세지역화, 중앙공원, 근린공원, 놀이터, 개발이익, 도시관리, 종합개발계획, 개발제한구역, 도민(주민)주체개발, 도시개발, 상업용도지구제도
환 경	광역하수종말처리장, 청정아일랜드, 청정에너지, 환경지표, 쓰레기 분리수거(종량제), 쓰레기 소각기, 오물관리, 지하수보호, 지하수벨트, 상수원보호대책, 상수관급 · 배수시설, 환경지향적 도시개발, 환경보전사업, 환경감시기능, 환경모범도시, 환경시설, 환경전문인력, 환경파괴시설, 환경기초시설, 환경관리공단, 환경보호, 환경영향평가제, 환경교육, 환경개선사업, 환경개선부담금, 환경연구소, 지역환경정보공개제도, 지역환경관리체계, 쓰레기매립장, 재활용분리수거, 분뇨처리시설, 분뇨처리장, 오폐수 처리대안(시설), 하수관망 체계정비, 하수도, 식수원보호, 수자원 정보관리 시스템, 정수시설, 수질검사, 환경영향평가제, 도시환경, 녹지공간, 생태성, 자연환경, 해양문명, 그린제주, 해양(연안)오염, 오염경보체제, 개발억제, 가로환경, 위생환경(시설), 하천정비사업, 자연훼손문제, 위생환경 개선사업, 환경정비, 보존지역, 대기오염조사, 농약오염, 오염원방지, 수질환경보전사업, 바다정화사업, 공해, 환경오염(관리), 오염물질, 수질환경사업소, 위생처리장, 지속가능한 개발, 지방의제 21

[표 12-3-7] 환경과 지역개발정책에 대한 이슈별 분석틀

분석목적	환경보존위주의 정책을 쓰는지, 아니면 공유수면매립 등 경제성위주 및 개발위주의 정책에 대한 제시를 했는지 대비함.				
대비항목	환경보존위주의 정책		↔	개발위주의 정책	
등간척도	10	20	30	40	50
포함되는 요소(예)	하천복개반대, 생태하천을 위한 정책, 오름을 보전 자원으로 지정	하수종말처리장쓰레기매립장에 대한 환경영향재평가	내용언급이 없거나 대립되지 않는 요소들	개발제한 구역의 합리적 재조정, 자연보전형 해안도로 개설	공유수면매립옹호 하천복개후 주차장 및 도로로 사용, 개발제한구역 전면해제 주장

먼저, 내용분석의 타당성과 신뢰성을 확보하기 위해 환경과 지역개발 분야에 적합한 범주화된 단어와 그 내용에 포함시킬 수 있는 모든 단어들을 [표 12-3-6]과 같이 제시한다.

본 연구는 시간의 변화에 따른 현상과 현상군들의 유사성과 상이성을 발견

하는 이시적(diachronic) 분석에 의한다. 즉, 시기적으로 달리 실시된 제1회 전국동시지방선거(1995)와 제2회 전국동시지방선거(1998), 제3회 전국동시지방선거(2002)간의 차이를 여러 가지 변수를 통해 설명하고자 한다. 따라서 분석대상이 되는 선거공보물은 제1회 전국도시지방선거(1995. 6. 27 선거)의 178개, 제2회 전국동시지방선거(1998. 6. 4 선거)의 128개, 제3회 전국동시지방선거(2002. 6. 13 선거)의 127개가 선정되었다.

이러한 자료를 바탕으로 환경과 지역개발정책에 대한 이슈별 분석틀을 제시하면, [표 12-3-7]과 같다.

(4) 연구 결과

분석 결과를 보면 첫째, 도지사 후보들이 제1회 지방선거(1995)에서는 시장·군수후보들과는 달리 개발위주의 공약을 제시하는 경향이 있었으나 제2회 선거(1998)와 제3회 선거(2002)에서는 환경보존위주의 공약을 지향하는 경향이 있었다.

둘째, 정당별로 보면, 여당후보들이 다소 환경위주의 공약을 제시해 왔으며, 제 3 회 선거에서는 이러한 경향이 바뀌는 모습을 보였다.

셋째, 학력별로 보면, 초기에는 학력이 아주 낮거나 아주 높은 후보들이 개발위주의 공약을 제시하는 모습이었으나, 제3회 선거에서는 석사 이상의 학력을 가진 후보자들이 환경보존 위주의 공약을 제시하는 것으로 나타났다.

넷째, 연령별로 보면, 제3회 선거에서 나이 어린 후보자들이 개발위주의 공약을 지향하는 경향을 보였다. 이는 경제가 계속해서 어려워지고 있다는 내용이 반영된 결과라 해석할 수 있겠다.

다섯째, 당선자와 낙선자, 그리고 득표율과의 관계를 보면, 당선자가 다소 환경보존위주의 공약을 제시하는 경향을 보이고 있고, 앞으로도 이러한 경향은 계속될 것으로 보인다.

제 4 절 실험연구

1. 실험연구의 의의

실험연구(experimental research)는 실험(experimentation)을 통하여 자료를 수집하고 분석하는 연구이다. 실험이란 어떤 가상적인 상태를 의도적으로 조작하여 그 상황에서 나타나는 행동이나 태도를 측정하는 것을 말한다. 따라서 실험연구는 연구자가 의도적으로 조건을 조성하여(변수를 조작하여) 그 조건(변수)의 영향이 어떻게 나타나는가를 파악하려는 연구라고 할 수 있다.

실험연구는 19세기에 이르러 의학 · 생물학 등 자연과학분야에서 많은 발전이 이루어졌으며, 20세기에 들어와서는 심리학 · 사회학 등 사회과학분야에서도 활발히 적용되고 있다. 실험 자체의 곤란성 때문에 사회과학연구의 한 방법으로 적격성에 있어서 다소 문제가 있을 수 있으나, 최근 다양하게 변형된 형태로 적극 활용되고 있다. 특히 복잡한 사회현상이나 인간행동 중에서 연구의 목적상 관심이 있는 요소(변수)들만을 선별하여 이들간 인과관계를 파악하는 방법으로 실험연구가 유용하게 쓰이고 있다.

2. 실험연구의 장단점

실험연구는 무엇보다도 변수 간의 인과관계를 명확히 규명할 수 있는 장점이 있다. 연구자가 자신의 의도에 따라 집단을 통제하고 변수를 조작하면서 그 효과를 관찰할 수 있기 때문에 다른 어느 방법보다도 인과관계를 쉽게 파악할 수 있다. 또 실험조건을 연구자가 임의로 조작하여 그가 원하는 방향으로 연구를 진행할 수 있으며, 실험상황의 재조성(再造成)에 의한 반복적 연구가 가능하여 연구의 보편성과 일반성을 높일 수 있게 해 준다.

이러한 장점에도 불구하고, 실험연구는 현실성의 결여로 인하여 연구결과를 일반화하기는 다소 애매한 점이 있다. 비록 현장실험이 실험실실험보다는 현실성이 있다고 하더라도, 역시 실험상황을 조작하는 것이기 때문에 실재성(實在性)과는 괴리가 있을 수밖에 없다. 또한 인간의 가치와 윤리적인 측면에서도 실험이 용인될 수 없는 점이 있을 수 있으며, 복잡한 사회현상을 단순한 실험이라는 방법을 통해 규명해 보려는 데 실험연구의 근본적인 한계가 있다. 이는 현실성의 문제와 함께 적용가능성의 문제이기도 하며, 자연과학의 실험에서와 같은 과학성을 보존할 수 있는지도 의문으로 남는다.

3. 실험연구의 유형

실험연구는 분류기준에 따라 여러 가지 유형이 있다. 우선 실험상황에 따라 현장실험연구(field experimental research)와 실험실실험연구(laboratory experiemtal research)로 크게 나누어 볼 수 있다. 현장실험연구는 현실적인 사회상황이나 정책환경 속에서 실제로 실험조건을 통제하고 변수를 조작하여 그 효과를 알고자 하며, 실험실실험연구는 실험자가 원하는 조건을 갖춘 연구상황을 만들어 변수를 조작하여 그 효과를 관찰하게 된다.

또한 실험연구는 실험조작이나 통제의 정도에 따라 전실험연구(pre-experimental research), 진실험연구(true experimental research), 준실험연구(quasi-experimental research)로 구분되기도 한다.[17] 전실험연구는 연구자의 실험변수 조작이나 실험상황에 대한 통제가 거의 불가능한 경우이며, 진실험연구는 연구자의 의도에 맞게 실험변수의 조작이나 통제가 충분히 행해지는 경우이고, 준실험연구는 어느 정도 통제가 가능하나 연구자의 의도대로 충분히 이루어지지 않은 경우에 행해지는 실험연구를 말한다.

4. 실험연구의 설계

(1) 실험설계의 원리

실험연구는 설명적 연구의 대표적 형태로서 변수들 사이에 나타나는 인과관계의 규명을 목적으로 하고 있다. 인과관계를 규명하려는 설명적 연구라는 점에서, 앞에서 고찰한 인과성 추론의 세 가지 조건을 모두 충족할 수 있도록 연구설계가 이루어져야 한다.

---

17) 엄격한 의미의 실험연구는 진실험연구와 준실험연구만을 포함하며 전실험연구는 제외된다고 할 것이다.

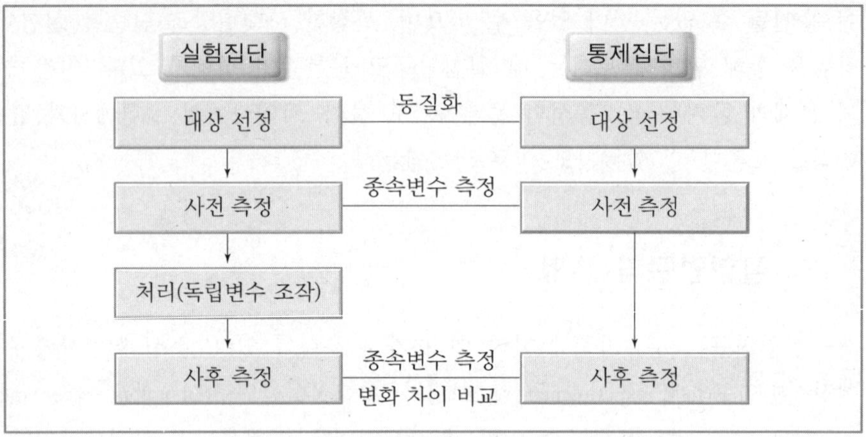

[그림 12-4-1] 실험설계의 기본 원리

사회과학에서는 자연과학에서와 같은 진정한 의미의 실험을 할 수 없으나, 실험연구를 위한 설계의 기본 원리와 구성요소는 동일하게 응용되고 있다. 즉, ① 연구대상을 실험집단과 통제집단에 무작위로 배정하여 동질화하고, ② 실험집단에는 독립변수의 조작(처리)을 가하나 통제집단에는 가하지 않고, ③ 실험집단과 통제집단의 결과변수 값의 변화 정도를 비교하는 것이다.[18] 이러한 실험설계의 기본 원리를 도식화하면, [그림 12-4-1]과 같이 나타낼 수 있다.

이러한 기본 원리에 입각한 실험설계는 인과관계를 검증하는데 매우 적절하다. 다시 말하면, 기본 원리에 충실하게 설계된 실험연구는 ① 실험집단과 통제집단간 비교의 근거가 명확하고(연관성 혹은 공동변화의 확인), ② 독립변수의 조작을 가능하게 하며(시간적 선후성의 확인), ③ 외재변수의 통제를 통해 내적 타당성을 확보할 수 있게 된다(비허위성의 확인). 따라서 실험설계가 이들 기본 원리를 어느 정도 충족하고 있는가에 따라 인과성 추론의 수준이 결정된다. 인과관계의 조건과 이를 위한 실험설계의 원리를 요약하면 [표 12-4-1]과 같다.[19]

18) 실험연구에서는 독립변수의 조작을 흔히 처리(treatment)라고 한다. 동일한 처리과정을 거쳐 얻어진 자료의 수준(level)이나 집단(group)을 지칭하기도 하나, 대체로 실험처리 혹은 개입 그 자체를 의미한다.

19) 같은 맥락에서 채서일(2006: 114~115)은 ① 독립변수의 조작, ② 외생변수의 통제, ③ 실험대상의 무작위화 등 3가지를 실험설계의 기본조건으로 들고 있으나, 다수의 학자들은 ① 비교, ② 조작, ③ 통제 또는 내적 타당성, ④ 일반화 또는 외적 타당성 등 4가지를 실험설계의 핵심적 구성요소로 간주하고 있다(김해동, 1982: 192; 남궁근, 2003: 213~219).

[표 12-4-1] 인과관계 조건과 실험설계 원리

인과관계의 조건	실험설계의 원리(구성요소)
연관성(공동변화)	비교: 사전 측정과 사후 측정 실험집단과 통제집단
시간적 선후성	조작: 처리(개입)
비허위성	통제: 내적 타당성 저해요인 제거 외적 타당성 저해요인 제거

(2) 실험설계의 유형

실험설계는 실험연구의 목적, 성격, 상황 등에 따라 여러 가지 형태로 나타날 수 있으나, 앞에서 제시된 기본 원리의 충족 정도에 따라 전실험설계, 진실험설계, 그리고 준실험설계로 나누어 볼 수 있다.[20] 진실험설계가 변수간의 인과관계를 밝히는 데 가장 이상적인 설계임은 부인할 수 없으나, 실제 연구에 있어서 사회적·정치적·윤리적 상황으로 인하여 진실험설계를 엄격하게 적용할 수 없는 경우가 많다. 이처럼 진실험설계의 적용이 불가능하거나 실용적이지 못할 때는 전실험설계, 준실험설계 또는 비실험설계를 사용하게 된다.

1) 전실험설계

전실험설계(pre-experimental design)는 내적 그리고 외적 요소에 대한 통제가 제대로 이루어지지 않은 설계로서 엄격한 의미에서 실험설계로 볼 수 없는 설계이다. 전실험설계의 결과만으로 인과적 추론을 하는 것은 바람직하지 못하며, 단지 사용된 사례의 범위 내에서 조심스럽게 개략적인 정보를 얻는 것으로 만족하여야 할 것이다. 따라서 전실험설계는 가설의 검증보다는 문제의 도출을 위하여 진·준실험설계를 하기 이전에 시험적으로 실시하는 탐색적 연구설계의 성격을 띠는 경우가 많다. 이러한 전실험설계는 실험이전설계로 불리기도 하며, 단일집단 후측정설계, 단일집단 전후측정설계, 정태집단 비교설계 등을 그 예로 들 수 있다.

가. 단일집단 후측정설계(one-group posttest only design): 하나의 집단에 대하여 처리(독립변수의 조작, X)를 하고 그 결과(종속변수의 값, O_1)를 측정하는 설계로서 1회 사례연구(one-shot case study)라고 불린다. 이러한 설계방법을 도식화

20) 실험연구와 마찬가지로, 엄격한 의미의 실험설계는 진실험설계와 준실험설계만을 포함하며 전실험설계는 제외된다고 할 것이다.

하면, 다음과 같다.

	처리		후측정
(단일집단)	X	⟶	O_1

처리의 효과(E)=후측정값(O_1)

즉, 단일집단의 구성원들에게 처리(독립변수의 조작, X)가 이루어지고, 시간이 지난 후에 구성원들을 측정(O_1)한다. 예컨대 하나의 집단을 구성하는 학생들에게 폭력영화를 관람하게 한 후, 이들의 폭력적 행태를 측정하여 그 폭력영화의 효과를 파악하려는 경우이다.

이 설계는 사용이 매우 용이한 장점은 있으나, 처리의 순수한 효과를 객관적으로 정확하게 파악할 수 없다. 단 한 번의 측정에 의해서 처리의 효과를 측정하기 때문에 측정의 결과를 비교해 볼 만한 다른 경험적인 준거를 가지고 있지 않다. 비록 처리가 미리 행해져 시간적 선후성은 확인이 되나, 단지 하나의 집단을 대상으로 하기 때문에 비교의 근거가 없고 또 외재변수의 통제를 통한 비허위성 확인이 이루어지지 못하여 인과성 검증을 위한 설계조건들을 결여하고 있다. 폭력영화의 예에서, 연구자가 측정에서 만약 폭력적 행태를 발견하였다고 하더라도, 측정에서 나타난 폭력적 행태가 폭력영화를 관람했기 때문이라고 확신을 가지고 말할 수 없다는 것이다.

나. 단일집단 전후측정설계(one-group pretest-posttest design): 단일집단 전후측정설계는 앞의 단일집단 후측정설계에 사전 측정(pretest)을 추가한 것이다. 즉, 처리(독립변수 조작, X)가 있기 전에 종속변수를 측정하고(O_1), 처리가 있은 후에 또 다시 종속변수를 측정하여(O_2), 두 측정값의 차이(O_2-O_1)를 통해 그 처리의 효과를 파악하려는 설계이다. 이러한 설계방법을 도식화하면, 다음과 같다.

	전측정		처리		후측정
(단일집단)	O_1	⟶	X	⟶	O_2

처리의 효과(E)=후측정값(O_2)−전측정값(O_1)

이러한 설계의 예로서, 하나의 집단을 구성하고 있는 미성년자들에게 폭력영화를 보여주기 전과 후에 폭력행태 정도를 측정하여 두 측정값의 차이를 폭력영화의 효과로 추정하는 경우를 들 수 있다.

단일집단 전후측정설계는 시간적 선후성과 비교의 기준이 존재한다는 점에서 단일집단 후측정설계보다 다소 나은 방법으로 볼 수 있다. 그러나 외재변수들의 개입 여부를 배제하지 못하는 점에서 같은 한계를 지니고 있다. 즉, O_2와 O_1 사이에는 분명히 처리 이외에 다른 많은 사건들이 발생했을 가능성이 있다. 단지 한 집단에 대해 처리 이전과 이후에 측정하여 그 결과를 비교하는 것으로는 다양한 외부 요인들의 영향(내적 타당성을 저해하는 요인들)을 통제할 수 있다고 볼 수 없다. 따라서 처리의 전·후에 걸쳐 일정한 기간에 있었던 측정값의 차이가 반드시 그 처리의 영향이라고 확신할 수 없다.

다. 정태집단 비교설계(static-group comparison design): 단일집단 설계는 아예 비교의 대상이 없거나 단일집단 내에서 처리(독립변수 조작) 전·후의 차이를 비교의 근거로 하고 있다. 반면에, 정태집단 비교설계는 서로 동질하지 않은 두 개의 집단을 두어 이들을 비교하는 방법으로 비동질집단 후측정설계(posttest only design with nonequivalent group)라고도 한다. 즉, 처리를 가하는 집단(실험집단)과 처리를 가하지 않는 집단(실험집단과 동질성을 갖지 못한 집단으로서 정태집단 혹은 고정집단)으로 구분하여, 실험집단에는 처리를 하고 정태집단에는 그 처리를 통제한 후, 두 집단의 측정값들을 비교한다. 이러한 설계방법을 도식화하면, 다음과 같다.

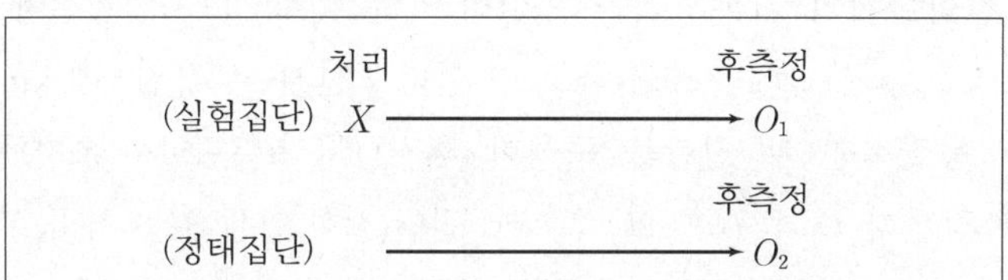

처리의 효과(E)=실험집단 후측정값(O_1)−정태집단 후측정값(O_2)

앞에서 제시된 폭력영화의 예를 이 설계에 적용하면, 우선 미성년자들을 두 집단으로 나누어서 한 집단(실험집단)에는 폭력영화를 관람하게 하고 다른 집단(정태집단)에는 폭력영화 관람을 금지한 후, 두 집단 사이에 나타나는 폭력행태상의 차이를 폭력영화의 효과로 간주한다.

이러한 설계는 정태집단을 실험집단의 결과에 대한 비교 기준으로 삼고 있기 때문에 어느 정도 외부 변수에 의한 통제가 이루어지고 있다고 볼 수 있다.

그러나 두 집단의 선정에서 무작위 배정에 의한 동질화가 이루어지지 않았기 때문에 처리 이전에 두 집단간의 차이가 통제되지 않은 점이 문제이다. 즉, 처리 이전에 이미 두 집단간에 차이가 존재하여 그 차이가 처리 후 두 집단의 측정값 차이에 반영되어 처리의 효과로 오인될 수 있다. 따라서 다른 전실험설계와 마찬가지로, 이 설계도 내적 타당성을 저해할 수 있는 요인들의 영향에 대한 통제가 이루어지지 않고 있다고 할 수 있다. 이러한 점에서 두 측정값의 차이 $(O_1 - O_2)$를 처리에 의한 순수한 효과로 확신할 수 없게 된다. 그럼에도 불구하고, 정태집단 후측정설계는 실험의 간편성과 시간·비용의 절감효과 때문에 실제 사회과학연구에서 자주 사용되고 있다.

2) 진실험설계

진실험설계(true experimental design)는 앞서 지적한 실험설계의 세 가지 기본원리를 충실히 갖춘 설계를 말한다. 즉, 연관성(공동변화)을 입증하기 위한 실험집단과 통제집단의 비교, 시간적 선후성을 입증하기 위한 독립변수의 조작(처리), 비허위성을 입증하기 위한 외재변수의 통제라는 조건을 갖추고 있어, 인과관계를 검증하는 데 가장 적절한 모델이라고 할 수 있다. 이러한 설계는 순수실험설계 또는 실험단계설계라고 하며, 대표적으로 통제집단 전후측정설계, 통제집단 후측정설계, 솔로몬 4집단설계 등을 들 수 있다.

가. 통제집단 전후측정설계(pretest-posttest control group design): 통제집단 전후측정설계는 실험설계의 기본조건을 충실히 갖춘 전형적인 실험설계로서, 고전적 실험설계(classic experimental design)라고도 한다. 먼저 무작위 배정(random assignment)에 의해 동질적인 두 집단을 구성한 후,[21] 처리(독립변수 조작)를 하기 전에 두 집단을 측정한다(O_1과 O_3). 그 후, 한 집단(실험집단)에는 처리(X)를 하고 나머지 집단(통제집단)에 대해서는 처리를 하지 않고 그대로 둔다. 처리가 종료되면 두 집단을 다시 측정하고(O_2와 O_4), 두 집단의 전·후 측정값 변화(d_1과 d_2)에 나타나는 차이$(d_1 - d_2)$를 그 처리의 효과로 간주하게 된다. 이러한 설계방법

21) 무작위 배정이란 실험집단과 통제집단을 동질적으로 구성하기 위한 방법으로서, 연구대상을 두 집단에 무작위로 할당하여 어떤 대상이 두 집단에 배정될 확률을 동일하게 되도록 하는 것이다. 무작위로 배정된 연구대상은 모집단에서 무작위로 추출될 수 있고 그렇지 않을 수도 있다. 따라서 무작위 배정이 실험집단과 통제집단을 동질적으로 하여 내적 타당성을 확보하기 위한 것이라면, 무작위 추출은 모집단을 대표하도록 연구대상을 추출하는 방법으로서 외적 타당성을 도모하기 위한 것이라 할 수 있다.

을 도식화하면, 다음과 같다.

		전측정	처리	후측정
무작위 배정 ➡	(실험집단)	O_1	⟶ X ⟶	O_2
	(통제집단)	O_3	⟶	O_4

실험집단의 변화 $(d_1)=O_2-O_1$
통제집단의 변화 $(d_2)=O_4-O_3$
처리의 효과$(E)=d_1-d_2$

통제집단 전후측정설계는 내적 타당성을 저해하는 요인들을 거의 대부분 제거할 수 있다. 무작위 배정에 의해 두 집단을 동질화하고, 혹시 예상치 못한 이질적인 집단의 선별에 따른 내적 타당성의 문제를 예방하기 위해 추가적인 조치로 두 집단에 대해 사전 측정도 실시한다. 두 집단에 대하여 다 같이 전·후 측정을 하기 때문에 역사요인, 성숙요인, 회귀요인 등이 통제된 것으로 볼 수 있다. 이와 같은 엄격한 통제의 실시로 인하여, 그 처리의 순수한 효과는 실험집단에서의 두 측정값 차이$(d_1 = O_2 - O_1)$에서 통제집단에서의 두 측정값 차이$(d_2 = O_4 - O_3)$를 뺀 값으로 나타나게 된다.

이처럼 대부분의 내적 타당성 저해 요인들이 제거될 수 있으나, 여전히 해결할 수 없는 몇 가지 문제점들이 존재한다. 두 집단에 대해 처리 이전과 이후에 두 번의 측정이 이루어지므로, 검사 및 도구에 의한 효과들이 내적 타당성을 저해하는 요인들로 작용할 수 있게 된다. 즉, 두 번의 측정만으로도 사후 측정값이 단순히 높게 나올 수 있고(검사효과), 전·후 측정에 있어서 서로 다른 측정도구나 측정기준을 적용하여 측정값이 왜곡될 수 있으며(도구효과), 이들의 효과가 처리의 효과와 결합하여 다른 결과를 가져올 수도 있다(상호작용효과).

특히 측정과 처리의 상호작용효과는 외적 타당성을 저해하는 요인으로 작용하기도 한다.[22] 이미˙사전 측정을 통해서 처리에 대한 인식을 하고 있는 집단

22) 측정과 처리의 상호작용효과(interaction effect of testing and experimentation)란 사전 측정(pretest)이 실험처리에 영향을 미쳐 사후 측정(posttest)의 점수가 변화되는 것을 말한다. 예를 들어 반공영화가 반공의식의 고취에 미치는 영향을 파악하려고 할 때, 먼저 사전 측정을 하고 반공영화를 보여 주는 경우, 실험대상자들은 영화를 보는 도중에 사전 측정이 반공의식을 조사하기 위한 것이라는 것을 인지하고, 사후 측정에서 반공의식이 높거나 낮은 방향으로 영향을 미치게 되는 효과가 나타날 수 있다는 것이다.

이 되어 버렸기 때문에, 일반적인 집단(아무런 선행 경험이 없이 처리를 받아들이게 될 집단)과는 차이가 있게 된다는 것이다. 이러한 차이에 의한 효과, 즉 제11장에서 설명한 호손효과(Hawthorne effect)와 존헨리효과(John Henry effect)는 처리의 결과를 일반화하는 데 있어서 한계가 되는 중요한 문제가 될 수 있다.

나. 통제집단 후측정설계(posttest-only control group design): 통제집단 후측정설계는 통제집단 전후측정설계에서 사전 측정을 하지 않은 형태이다. 즉, 무작위 배정에 의해 동질적인 두 집단을 구성한 다음, 한 집단(실험집단)에는 처리(독립변수 조작, X)를 하고 나머지 집단(통제집단)에 대해서는 처리를 하지 않는다. 두 집단에 대해 사후 측정을 실시하여(O_1과 O_2), 두 집단의 측정값 차이($O_1 - O_2$)를 파악함으로써 그 처리의 효과를 알 수 있다. 이러한 설계방법을 도식화하면, 다음과 같다.

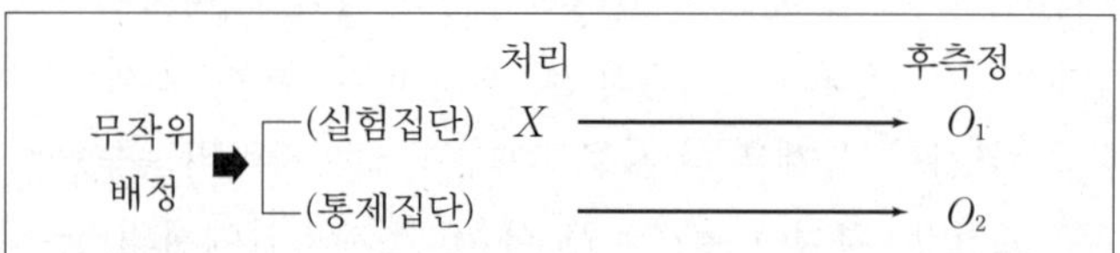

처리의 효과(E)=실험집단 후측정값(O_1)−통제집단 후측정값(O_2)

이 설계는 통제집단 전후측정설계와 유사하나, 사전 측정이 생략되어 있다는 점에서 차이가 있다. 무작위 배정에 의해 두 집단이 구성되므로 서로 동질적이라는 가정을 하고 있으나, 사전 측정이 이루어지지 않음으로써 최초 상태(처리를 하기 전에 두 집단에 대한 측정값이 동일한지 여부)를 정확히 알지 못한다. 따라서 두 집단의 동질성에 대한 의문이 여전히 존재할 수 있다는 점에서, $O_1 - O_2$가 순수하게 그 처리에 의한 효과인지 여부에 대해 문제가 있을 수 있다.

그럼에도 불구하고, 이 설계방법은 두 집단이 동질적이라는 가정 하에 사전 측정을 하지 않기 때문에, 통제집단 전후측정설계에서 문제가 되는 측정과 처리의 상호작용효과를 제거할 수 있다는 장점이 있다. 실제 사회현상에서 사전 측정이 불가능한 경우가 많으며, 비용과 시간이 비교적 절약된다는 점에서 이 설계방법은 널리 활용되고 있다.

다. 솔로몬 4집단설계(Solomon four-group design): 솔로몬 4집단설계는 앞에서 설명한 통제집단 전후측정설계와 통제집단 후측정설계를 결합한 형태로서 가장 이상적인 설계유형으로 볼 수 있다. 가능한 한 모든 외재변수를 통제하기 위하여 Solomon(1949: 137~150)에 의해 고안된 설계로서, 복수통제집단 전후측정설계라고도 불린다.

우선 연구대상을 네 개의 집단으로 무작위 배정하고, 두 개의 집단은 사전 측정을 하고 나머지 두 개의 집단은 사전 측정을 하지 않는다. 사전 측정을 행한 두 개의 집단 중 하나 그리고 사전 측정을 하지 않은 두 개의 집단 중 하나에 처리(독립변수 조작)를 가하고, 각각 나머지 두 집단에는 처리를 하지 않고 통제집단으로 한다. 다시 말하면, 두 개의 실험집단(하나는 사전 측정을 하고 다른 하나는 사전 측정을 하지 않은 집단들)의 측정값 변화와 나머지 두 개의 통제집단(하나는 사전 측정을 하고 다른 하나는 사전 측정을 하지 않은 집단들)의 측정값 변화를 비교함으로써 그 처리의 효과를 명확히 파악하려는 방법이다. 이러한 설계방법을 도식화하면, 다음과 같다.

		전측정	처리	후측정
무작위 배정 ➡	(실험집단 A)	O_1 →	X →	O_2
	(통제집단 B)	O_3 →	→	O_4
	(실험집단 C)		X →	O_5
	(통제집단 D)		→	O_6

실험집단 A의 변화 $(d_1)=O_2-O_1$
통제집단 B의 변화 $(d_2)=O_4-O_3$
실험집단 C의 변화 $(d_3)=O_5-[(O_1+O_3)/2]$
통제집단 D의 변화 $(d_4)=O_6-[(O_1+O_3)/2]$
상호작용의 효과$(I)=d_1-(d_2+d_3-d_4)$
처리의 효과$(E)=d_1-d_2-I=d_3-d_4$

이처럼 솔로몬 4집단설계는 외재변수의 효과는 물론, 사전 측정의 효과와 측정과 처리의 상호작용효과 등 내적 타당성의 저해요인을 가장 강력하게 통제하여 처리의 효과를 정확하게 알 수 있도록 한다. 다른 설계방법에 비해 가장 확신을 가지고 인과관계를 증명할 수 있는 이상적인 설계이긴 하지만, 현실적으로 네 개의 집단을 동질적으로 구성하여 이들을 적절히 활용하는 데 상당한 어려움이 따르며, 그에 따라 많은 시간과 비용이 소요되는 단점이 있다.

3) 준실험설계

준실험설계(quasi-experimental design)는 진실험설계가 갖추고 있는 비교와 통제의 기본조건이 다소 완화된 실험설계로서 유사(類似)실험설계 또는 의사(擬似)실험설계로 불린다. 비교의 측면에서 엄격한 통제집단을 갖지는 못하지만 다른 방법을 통해 비교의 준거를 확보하거나, 외재변수의 통제(내적 타당성)가 진실험설계와 같이 이루어지지 못하는 경우에 적절히 사용하는 설계이다. 특히 사회과학분야에서는 완전한 조건을 갖춘 진실험이 거의 불가능한 현실적 한계와 비용·시간 등 경제적 우월성 때문에 준실험설계가 매우 유용하게 사용되고 있다. 준실험설계도 연구조사의 목적에 따라 다양한 유형이 많이 개발되어 있으나, 대표적으로 비동질적 통제집단 전후측정설계, 동류집단설계, 회귀-불연속설계, 시계열설계 등이 있다.

가. 비동질적 통제집단 전후측정설계(nonequivalent control group pretest-posttest design): 비동질적 통제집단 전후측정설계는 대상을 실험집단과 통제집단으로 구분할 수 있으나 무작위 배정이 곤란하거나 불가능한 경우에 행해지는 설계이다. 기본적으로 고전적인 실험설계인 통제집단 전후측정설계와 동일하나, 실험집단과 통제집단간에 무작위 배정을 통한 동질화가 이루어지지 않은 점에 차이가 있다. 그러나 짝짓기(matching) 등의 방법을 통하여 가능한 범위 내에서 실험집단과 유사한 비교의 준거(통제집단)를 구성하려는 노력이 필요하게 된다.[23] 이러한 설계의 가장 대표적인 모형은 다음과 같이 도식화될 수 있다.

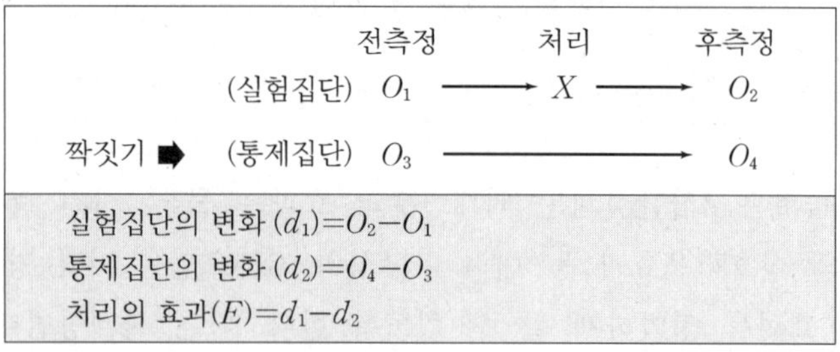

23) 짝짓기란 관련되는 변수들의 관점에서 유사한 것끼리 연구대상을 짝지어 각 집단에 배정하는 방법이며, 주로 실험집단의 대상과 유사한 짝을 찾아 통제집단에 배정하게 된다. 짝짓기는 관련변수들의 조합에 대하여 실험집단에 속하는 각 사례마다 그와 유사한 속성을 갖는 사례를 선정하는 정밀한(1:1) 짝짓기방법과 각각의 관련 변수에 대하여 실험집단과 유사하게 통제집단을 구성하는 빈도분포에 의한 짝짓기방법이 있다.

비동질적 통제집단 전후측정설계에서 두 집단은 처리(독립변수 조작) 이전에 무작위 배정에 의한 동질화가 이루어지지 않아, 내적 타당성을 저해하는 외재변수의 영향이 진실험설계보다 크게 나타나는 문제점이 있다. 따라서 실험집단과 통제집단을 구성하는 과정에서 두 집단을 가능한 유사하게 하면 할수록 연구의 가치를 높일 수 있게 된다.

나. 동류집단설계(cohort design): 동류집단설계는 대상이 시간이 경과해도 비슷한 특징을 보이고 있는 동류(cohort)인 경우, 하나의 집단에 처리(독립변수 조작)를 하여 다른 집단과의 차이를 통하여 실험변수의 효과를 파악하고자 한다. 두 집단이 시간이 경과해도 비슷한 특징을 보이고 있으나 집단간에 경험한 사건이 다를 때 적용하는 방법이므로 사건중심설계(event-based design)라고도 한다. 이러한 설계방법을 도식화하면, 다음과 같다.

전측정
O_1
～～～～～～～～～～～～～～～～～～동류집단 구분
X O_2
처리 후측정

처리의 효과(E)＝실험집단 후측정값(O_2)－통제집단 전측정값(O_1)

예를 들어 중학교 1학년생을 대상으로 방영된 EBS교육방송이 이들의 영어능력 향상에 미치는 영향을 파악하려는 경우, 그 방송이 실시되기 이전의 중학교 1학년생들(통제집단)의 영어능력 시험결과가 존재하고 있다면, 이제 그 방송이 실시되고 그것을 시청한 중학교 1학년생들(실험집단)의 영어능력을 측정함으로써 두 결과를 비교하여 EBS교육방송의 효과를 알 수 있을 것이다.

이와 같은 설계는 표본편중에 의한 오차와 우발적 사건에 취약한 단점을 지니고 있다. 이 문제를 해결하기 위해서는 처리에 따라 집단을 분리하여 내적 타당성을 강화시키는 방법(cohort design in which treatment partitioning is possible)을 사용할 수 있다(채서일, 2006: 131～132). 앞의 예에서 방송이 실시된 이후 전체 학생을 두 집단, 즉 방송을 시청한 학생(실험집단)과 시청하지 않은 학생(통제집단)으로 분리하여, 각 집단에 속한 학생들간 영어능력점수의 차이와 두 집단간 영어능력점수의 차이를 상호 비교함으로써 그 방송의 효과를 더욱 분명히 파악할 수 있다.

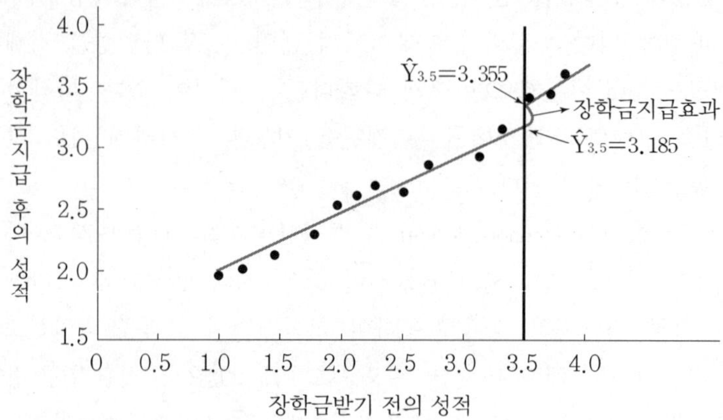

출처: Cook & Campbell(1979: 139)

[그림 12-4-2] 회귀-불연속설계의 사례(장학금 지급이 성적에 미치는 영향)

다. 회귀-불연속설계(regression-discontinuity design): 회귀-불연속설계는 일정한 기준에 따라 대상을 실험집단과 통제집단에 배정한 후 이들 집단의 각각을 회귀분석하여 두 회귀선의 불연속 정도를 처리(독립변수 조작)의 효과로 간주한다. 이러한 설계는 '처리를 한 집단'과 '처리를 하지 않은 집단' 등 둘 이상 집단들의 결과 추정값들을 계산하고 이들을 상호 비교하는 데 주로 사용된다. 현실적 한계로 인하여 대상이 되는 모든 집단을 상대로 처리(예: 정책이나 프로그램 실시)를 할 수 없기 때문에 제한된 대상 집단을 선택하여 이들에게만 처리를 하고 그 효과를 파악하는 연구에 적합하다.[24)]

회귀-불연속설계는 실험집단과 통제집단의 동시발생성(同時發生性) 때문에 역사·성숙·검사요인 등에 대한 통제가 용이하여 내적 타당성뿐만 아니라, 일반화 또는 보편화를 다루는 외적 타당성의 측면에서도 상당한 장점을 지니고 있다. 그러나 부분적으로 실험대상의 소멸이나 도구요인의 효과로 인하여 내적 타당성의 저하가 나타날 수 있다.

라. 시계열설계: 시계열설계는 통제집단을 따로 갖지 않는 대신에, 필요한 비교의 대상을 동일집단내의 시계열자료에서 도출한다. 즉, 대상을 실험·통제 집단으로 나눌 수 없고 처리(독립변수 조작)의 효과가 일시적이거나 변화될 가능

24) 직업훈련 실시, 기업지원자금 대여, 장학금 지급, 복지혜택 부여 등을 그 예로 들 수 있다.

성이 있을 때, 동일한 대상에 대하여 처리를 하고 전·후에 여러 차례 정기적으로 결과변수를 측정하여 변화의 추세를 파악하여 그 처리의 효과를 파악한다. 시계열설계의 유형도 여러 가지 있으나, 흔히 집단의 수를 기준으로 단순시계열설계와 다중시계열설계로 구분한다.

① 단순시계열설계(simple time-series design): 단순시계열설계는 하나의 대상집단에 대하여 일정한 시간 간격을 두고 지속적으로 결과변수를 측정하는 설계방법이다. 즉, 대상을 정기적으로 측정하고 이 측정의 중간기간에 처리(독립변수 조작)를 하고 이를 중심으로 하여 측정결과의 중대한 불연속(또는 단절)이 나타나는 경우 이를 처리의 효과로 간주한다. 따라서 간여시계열설계 혹은 단절적 시계열설계(interrupted time-series design)라고도 불리며, 이를 도식화하면 다음과 같다.

처리 ↓
반복측정
(단일집단) O_1 O_2 ··· O_5 X O_6 O_7 ··· →

단순시계열설계는 특정 지역(예: 행정구역)이나 기관(예: 지방자치단체) 또는 집단(예: 지역주민)에 영향을 미치는 정책의 효과를 평가하기 위한 방법으로 적절하게 사용된다.[25] 대부분의 정책은 특정 지역이나 기관 또는 집단에 국한되기 때문에 다른 지역이나 기관 또는 집단과 그 결과를 비교할 기회가 제한되지만, 일정한 기간의 결과를 비교의 준거로 사용함으로써 그 효과를 보다 잘 파악할 수 있다.

예를 들어, 정부는 교통사고 발생시 인명피해를 줄이기 위해 고속도로 승차자의 좌석안전띠 의무착용제를 전면적으로 시행하는 방안을 검토하고 있다고 하자. 이에 대비하여 1990년 7월부터 특정 고속도로를 시범 지정하여 승차자에 대한 좌석안전띠 의무착용제를 시행하여 왔다. 이러한 시범 시행의 효과를 먼저 파악하여, 그에 따라 모든 고속도로를 대상으로 확대 시행 여부를 결정하고자 한다. 시범 고속도로에서 좌석안전띠 의무착용제를 실시한 1990년 7월 전·후에

25) 단순시계열설계를 활용한 정책연구에 있어서 도로교통정책의 경우 교통사고 사망률을, 의료보험정책의 경우 의료보험 수혜자 수를, 직업훈련프로그램의 경우 직업훈련생의 취업률, 통행금지 해제조치의 경우 범죄율 등을 시계열적으로 측정함으로써 정책의 효과를 평가하고 있다.

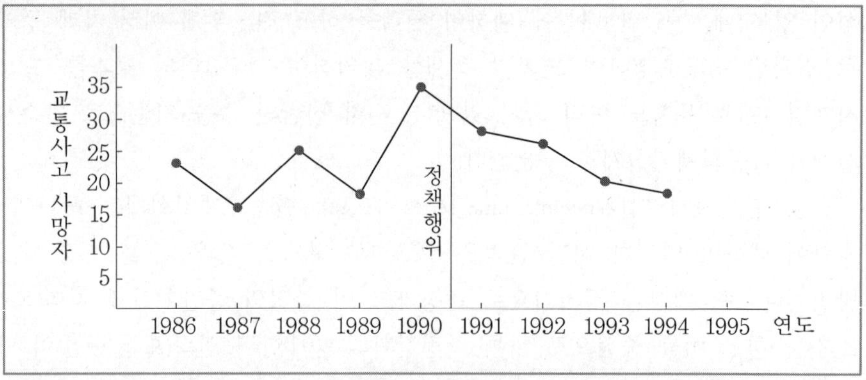

[그림 12-4-3] 단순시계열설계의 사례(좌석안전띠 의무착용제가 교통사고 사망자 수에 미치는 영향)

걸쳐 교통사고 사망자 수의 시계열자료는 [그림 12-4-3]과 같이 나타나고 있다. 여기서 시범 고속도로에 좌석안전띠 의무착용제가 시행된 연도인 1990년 7월 전·후로 교통사고 사망자 수의 추세 흐름에 중대한 변화가 발생하였는지를 살펴봄으로써 그 효과를 파악할 수 있다.

본 사례의 시계열자료를 보면, 시범 고속도로에서 교통사고로 사망한 사람이 1990년 말에 27명이었고, 그 이전인 1989년 말에는 34명이었다. 따라서 시범적으로 실시된 좌석안전띠 의무착용제 이후 교통사고 사망자수는 현저히 감소하였으므로 그 효과는 있었다고 볼 수 있다.

시계열설계에서 특히 유의하여야 할 것은 처리 이전의 기간과 이후의 기간에 있어서 결과변수에 영향을 미치는 다른 사건이나 요인들이 발생하였는지 확인하여야 한다는 점이다. 시간의 흐름에 따른 계속적인 측정에 의하여 결과변수에 중대한 변화가 포착되었다고 하더라도, 이 변화가 그 처리에 초래된 것인지 또는 다른 요인에 의한 것인가에 관해 어떤 확신도 가질 수가 없기 때문이다. 위의 예에서 교통사고 사망자의 수가 줄어든 원인으로 좌석안전띠 의무착용제 이외에 날씨나 도로정비 등 다른 요인이 있을 수 있다. 이처럼 외재변수의 영향을 받을 가능성이 많은 것이 단순시계열설계의 가장 큰 단점으로 지적되고 있다.

② 다중시계열설계(multiple time-series design): 다중시계열설계는 단순시계열설계에 비교와 통제를 위한 다른 집단의 자료를 추가한 설계이다. 기본적으로 단절적 시계열설계의 논리와 같으나, 예컨대 정책이 적용되지 않는 지역·기

관・집단이 통제집단으로 추가되어 비교된다는 점에서 차이가 있다.[26] 이처럼 하나 혹은 그 이상의 통제시계열이 부가되기에 통제-시계열설계(control time-series design)라고도 불리며, 이는 다음과 같이 도식화될 수 있다.

처리 ↓

반복측정

(실험집단) O_1 O_2 $\cdots$ O_5 X O_6 O_7 $\cdots$

(통제집단) O_1 O_2 $\cdots$ O_5 O_6 O_7 $\cdots$

반복측정

다중시계열설계도 단순시계열설계와 마찬가지로 특정 지역(예: 행정구역)이나 기관(예: 지방자치단체) 또는 집단(예: 지역주민)에 영향을 미치는 정책의 효과를 평가하기 위한 방법으로 적절하게 사용된다. 반면 단순시계열설계에 비해, 다른 지역이나 기관 또는 집단과 정책결과를 비교할 기회를 가지게 됨으로써 그 정책의 효과를 더욱 정확하게 파악할 수 있다.

앞에서 제시된 좌석안전띠 의무착용제의 예에 있어서, 다중시계열설계는 좌석안전띠 의무착용제를 실시하지 않은 고속도로에서 발생한 교통사고 사망률의 시계열자료를 비교의 준거로 삼는다. 다시 말해서 시범 고속도로의 원래 시계열자료(실험집단)와 함께 다른 고속도로의 교통사고 사망자에 관한 시계열자료(통제집단)를 부가하여, 이들을 비교함으로써 시범 정책의 효과를 더욱 명확하게 파악하려는 것이다. [그림 12-4-4]에서 보듯이, 1990년 7월 이전의 교통사고 사망률은 시범 고속도로와 통제된 다른 고속도로에서 유사한 증가와 감소의 추세를 보이고 있다. 그러나 1990년 7월 이후에는 시범 고속도로의 교통사고 사망률이 통제된 다른 고속도로의 사망률보다 더 급속하게 감소하고 있음이 분명하게 나타나고 있다. 이러한 결과는 좌석안전띠 의무착용제가 교통사고 사망률을 줄이는데 어느 정도 효과가 있었음을 확고하게 보여주고 있다.

다중시계열설계는 처리의 대상이 되는 실험집단과 실험에서 제외되는 비교

26) Campbell(1969)은 Connecticut주의 고속도로 속도제한조치에 대한 효과를 평가하기 위해서 속도제한조치가 취해지지 않은 인접 4개 주를 통제집단으로 삼아 이들의 교통사고 사망률을 비교하고 있다.

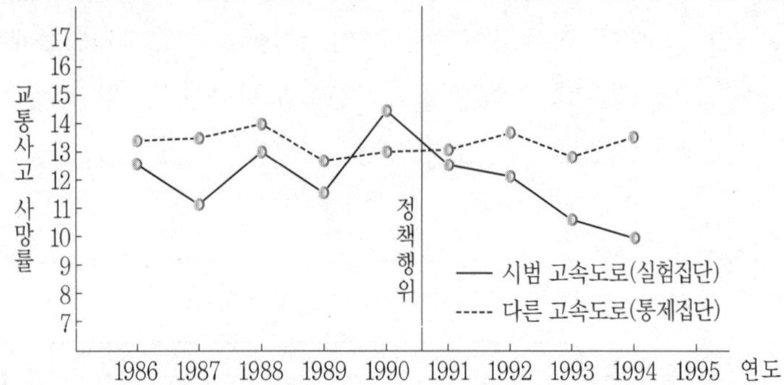

주: 사망률은 각 고속도로의 이용자 10,000명당 사망자 비율을 나타냄.

[그림 12-4-4] 다중시계열설계의 사례(좌석안전띠 의무착용제가 교통사고 사망률에 미치는 영향)

집단을 사용함으로써 단순시계열설계에서 나타나는 역사효과, 성숙효과, 검사효과 등을 통제하려 한다. 만약 통제집단을 실험집단과 동질적으로 구성할 수 있다면, 단순시계열설계보다 상당히 높은 내적 타당성을 갖는 연구결과를 얻을 수 있다.

5. 실험연구설계의 예[27)]

[예 1]

설진화(2004). 퇴원한 정신분열병 환자와 가족에 대한 지역사회복지관에서의 단기가족교육 프로그램의 효과. 「한국사회복지학」, 56(2): 261~283.

(1) 서 론

지역사회 정신보건 전문기관이 퇴원한 정신분열병 환자와 가족의 부담을 덜어주기에는 그 수에 있어서 절대적으로 부족한 것이 우리나라의 실정이다. 이러한 점을 고려한다면, 지역주민의 복지욕구를 충족시키기 위해 설립·운영되고

27) 아래 논문들의 내용은 저자의 입장에서 전체를 이해하여 요약·재구성한 것이며, 이에 대하여 각 논문의 저자들께 깊은 양해를 구하고자 한다.

있는 전국 363개 지역사회복지관이 그 대안이 될 수 있을 것이다.

따라서 본 연구에서는 지역사회복지관의 단기교육프로그램이 퇴원한 정신분열병 환자와 가족들에게 어떠한 영향을 미치는가를 검증하고자 한다. 경북 G 시와 그 인근에 소재하고 있는 3개의 종합병원 정신과 및 5개의 신경정신과 병원에서 정신분열병으로 입원치료 후 최근 3개월 이내에 퇴원하고 외래치료 중인 환자들과 주보호자를 대상으로 집단들을 구성하여, 통제집단 전후측정설계에 의한 진실험연구를 통해 그 효과를 파악한다.

(2) 이론 고찰

우리나라에서는 1990년대부터 병원, 정신보건센터, 사회복귀시설 등 다양한 기관에서 여러 가지 모델을 활용한 각종 교육프로그램을 실시하고 있다. 그러나 여전히 질병에 대한 지식과 정보를 제공하는 단기교육 프로그램이 주를 이루고 있다. 실제로 정신분열병 환자의 가족은 많은 보호부담으로 인하여 다양한 서비스에 대한 욕구를 가지고 있다.

이처럼 정신분열병 환자 가족의 교육에 대한 욕구와 지역사회 자원의 도움에 대한 욕구가 크다는 점에서, 지역사회복지관에 의한 정신보건 프로그램의 제공을 고려해 볼 수 있다. 지역사회복지관은 지역사회 내에서 일정한 시설과 전문인력을 갖추고 지역사회의 인적·물적 자원을 동원하여 지역사회문제를 해결하고 주민의 복지욕구를 충족시키기 위한 종합적인 사회복지사업을 수행하는 사회복지시설이다(보건복지부, 2002). 따라서 지역사회복지관에서 정신보건 프로그램을 제공한다는 것은 정신분열병 환자 가족들의 욕구와 지역사회복지관의 운영목표 및 기능에 부합하는 것이라 하겠다.

지역사회복지관에서의 정신보건프로그램 제공에 대한 선행연구에 따르면, 주로 프로그램 시행 후 정신분열병에 대한 가족의 병적 지식변화, 가족들의 불안과 우울감 등의 변화, 환자를 대하는 가족들의 태도변화, 치료진으로부터 심리적 지지를 받는 느낌의 변화 등에 있어서 긍정적인 효과가 있는 것으로 평가되고 있다.

(3) 연구 설계

지역사회복지관에서 정신분열병 환자와 그 가족에 대해 실시하고 있는 단

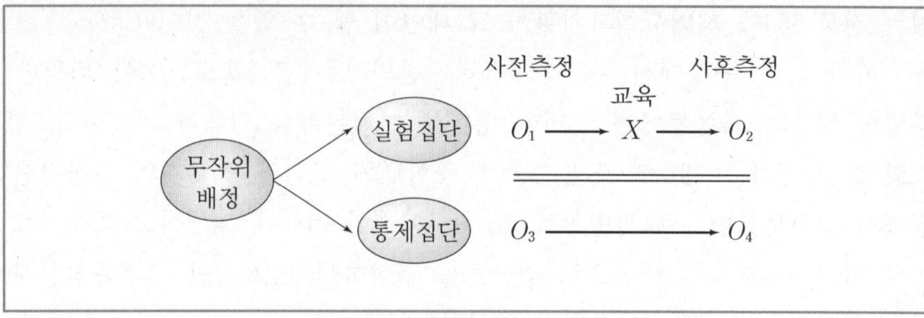

[그림 12-4-5] 통제집단 전후측정설계 모형

기교육프로그램의 효과를 분석하기 위해서, [그림 12-4-5]와 같은 통제집단 전후측정설계를 통한 진실험연구방법을 활용한다. 분석하고자 하는 단기교육프로그램의 효과는 실험집단의 사전·사후 측정값 변화($O_2 - O_1$)에서 통제집단의 사전·사후 측정값 변화($O_4 - O_3$)를 뺀 점수로 볼 수 있다.

이상의 실험설계에 따라 다음의 가설을 설정한다.

연구가설	가설의 내용
가설 1	지역사회복지관에서의 단기가족교육을 받은 실험집단은 통제집단에 비해 [정신분열병에 대한 지식]의 점수가 높아질 것이다.
가설 2	지역사회복지관에서의 단기가족교육을 받은 실험집단은 통제집단에 비해 [환자에 대한 거부감과 불안]의 점수가 낮아질 것이다.
가설 3	지역사회복지관에서의 단기가족교육을 받은 실험집단의 환자가 인지하는 [가족의 정서적 지지]의 점수가 통제집단에 비해 높아질 것이다.

연구문제 혹은 가설에 포함된 주요 개념(변수)을 측정하기 위한 척도 혹은 조작적 정의를 보면, 다음과 같다.

첫째, [정신분열병에 대한 지식]을 알아보기 위한 척도는 총 15개 문항으로 이루어져 있다. '그렇다', '아니다', '잘 모르겠다'를 선택하게 한 후, 정답은 1점, 오답과 '잘 모르겠다'는 0점을 부과한다. 총점이 높을수록 정신분열병에 대한 병적 지식의 정도가 높음을 뜻한다.

둘째, [환자 가족의 환자에 대한 거부감과 불안 정도]를 알아보기 위한 척도로서 거부감 관련 척도는 PRS(Patients Rejection Scale) 11개 문항을 3점 척도로 구성하여 활용하였다. 그리고 가족의 불안을 알아보기 위한 척도로서 SAS(Self-Rating Anxiety Scale) 20개의 문항을 4점 척도로 구성하여 활용하였다. 총점이 높을수록 가족의 거부감과 불안이 심하다는 것을 나타낸다.

셋째, [가족의 정서적 지지]를 알아보기 위하여 FESQ(Family Emotional Support Questionnaire for Transactions) 11문항을 4점 척도로 구성하여 활용하였다. 총점이 높을수록 환자가 인지한 가족의 정서적 지지 정도가 높다는 것을 나타낸다.

실험설계에 따라 실제 분석에 필요한 자료를 수집하는 활동을 행한다. 경북 G시와 그 인근에 소재하고 있는 3개의 종합병원 정신과 및 5개의 신경정신과 병원에서 정신분열병으로 입원치료 후 최근 3개월 이내에 퇴원하고 외래치료 중인 54명의 환자와 주보호자를 대상으로 동질성을 검증한 후, 협조가 가능한 33명을 실험집단 17명과 통제집단 16명으로 무작위 배정하여 2003년 11월 3일부터 20일까지 매주 월요일과 목요일에 G시 종합사회복지관에서 교육프로그램을 2시간씩 총 6회에 걸쳐 실시하였다. 이들 중 2회 이상 프로그램에 결석한 실험집단의 2명을 제외하고, 실험집단 15명과 통제집단 16명 등 최종 31명과 해당 가족의 환자 31명을 연구대상으로 하였다.

수집된 자료는 첫째, 실험집단과 통제집단의 일반적 특성은 빈도분석으로, 동질성 검증은 χ^2-test로 분석한다. 둘째, 가족교육 실시 전·후 정신분열병 환자 가족의 정신분열병에 대한 병적 지식, 거부감과 불안, 환자가 인지하는 가족의 정서적지지 정도에 미치는 영향은 paired t-test로 분석한다.

(4) 연구 결과

본 연구는 퇴원한 정신분열병 환자와 가족에 대한 지역사회복지관에서의 단기교육프로그램 효과를 파악하기 위해 통제집단 전·후측정설계를 이용하여 그 효과를 검증하였다.

이러한 연구결과들을 볼 때, 지역사회복지관에서의 단기가족교육 프로그램이 정신분열병 환자와 가족의 정서적 안정에 긍정적인 영향을 미치고, 정신분열병 환자의 치료와 재활에 긍정적인 영향을 미치는 지역사회자원으로서 적극 활용될 수 있을 것으로 판단된다.

구분	가설의 내용	개입효과 (점수)		가설지지 여부
가설 1	지역사회복지관에서의 단기가족교육을 받은 실험집단은 통제집단에 비해 정신분열병에 대한 병적 지식의 점수가 높아질 것이다.	+5.41		지 지
가설 2	지역사회복지관에서 단기가족교육을 받은 실험집단은 통제집단에 비해 환자에 대한 거부감과 불안 점수가 낮아질 것이다.	거부감	−5.32	지 지
		불 안	−2.64	
가설 3	지역사회복지관에서의 단기가족교육을 받은 실험집단의 환자가 인지하는 가족의 정서적 지지 점수가 받지 않은 통제집단에 비해 높아질 것이다.	+7.32		지 지

[예 2]

하귀염 · 임희진 · 김초강(2005). 복지시설 이용 노인을 위한 보건교육 효과분석. 「보건교육 · 건강증진학회지」, 22(1): 117～134.

(1) 서　　론

고령사회에서 어떻게 질적인 삶을 향유하고 건강수명을 연장하며 슬기롭게 살아야 하는지가 세계적인 과제로 등장하고 있다. 노년기는 어느 연령층보다 자신의 건강을 유지, 증진시키기 위한 노력이 절실히 요구되며, 건강을 관리하기 위하여 생활습관을 변화시키도록 요청받는 시기이다.

이에 본 연구는 서울시에 소재하고 있는 복지시설 이용 노인을 대상으로 건강한 생활습관을 주제로 하는 보건교육을 실시하여 노인의 지식, 행동, 인지된 건강상태에 미치는 효과를 분석하고자 한다. 분석을 위해 서울시에 소재하는 종합복지관을 이용하는 만 60세 이상인 남녀노인을 대상으로, 비동질적 통제집단 전후측정설계에 의한 준실험연구를 통해 그 효과를 파악한다.

(2) 이론 고찰

노년기의 가장 큰 문제는 건강문제이며, 이 시기에는 1가지 이상 질환을 앓고 있는 노인이 86.7%에 이르고 있다(정경희 등, 1998). 노년기에 자주 발생하는 질병들은 과거의 생활습관과 관련이 있으며, 생활습관의 개선으로 각종 질병에 대한 예방 및 관리가 가능하다. Lalonde보고서(1974)에 의하면 생활습관은 건강, 질병, 사망의 중요한 결정요인으로 전체의 60% 이상을 차지하고 있다.

노인의 생활습관은 오랜 세월 동안 정착되어 변화하기 힘든 것처럼 보인다. 그러나 그 어느 계층보다 자신들의 건강에 매우 관심이 많으며, 건강증진을 위해 생활습관을 변화시킬 수도 있고, 그러한 의사도 있으며, 또한 건강행위를 받아들이려는 의지가 강하다는 것으로 알려져 있다(오진주, 1996). 따라서 노인을 대상으로 보건교육을 실시함으로써, 건강한 생활습관을 형성하게 하고, 이를 통해 각종 질병을 예방·관리하여, 더욱 건강한 노년을 보내도록 하는 것이 중요한 과제로 등장한다.

(3) 연구 설계

종합복지관에서 실시하고 있는 보건교육이 건강증진에 어느 정도 효과가 있는지에 대한 분석을 위해, [그림 12-4-6]과 같은 비동질적 통제집단 전후측정 설계를 통한 준실험연구방법을 활용한다. 분석하고자 하는 보건교육의 효과는 실험집단의 사전·사후 측정값 변화에서 통제집단의 사전·사후 측정값 변화를 뺀 점수로 볼 수 있다.

이상의 실험설계에 따라 다음의 가설을 설정한다.

연구가설	가설의 내용
가설 1	실험집단과 통제집단의 지식점수, 행동점수, 인지된 건강상태에 차이가 있을 것이다.
가설 2	실험집단과 통제집단의 식생활, 스트레스, 운동에 차이가 있을 것이다.
가설 3	지식, 태도, 인지된 건강상태 간에 관련성이 있을 것이다.

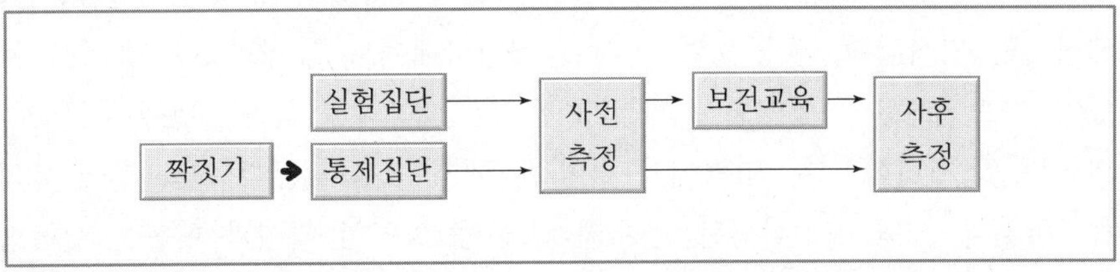

[그림 12-4-6] 비동질적 통제집단 전후측정설계 모형

연구문제 또는 가설에 포함된 개념(변수)들을 측정하기 위한 질문지는 일반적 특성(10문항), 만성퇴행성 질환 상태(6문항), 인지된 건강상태(1문항), 행동(10문항), 지식(10문항) 등 총 37문항으로 구성한다. 행동은 해당 문항에 대해 '그렇다(3점)', '보통이다(2점)', '그렇지 않다(1점)'을 부여한다. 지식은 진위형 문항으로 맞으면 '그렇다', 틀리면 '아니다', 잘 모를 경우에는 '모른다'를 선택하도록 하며, 정답인 경우 문항 당 3점, 오답이거나 '모른다'를 선택한 경우 0점을 부여한다.

설문의 최초 대상은 2004년 10월 14일부터 11월 13일까지 서울시에 소재하는 종합복지관을 이용하는 만 60세 이상인 남녀노인 246명으로 하였다. 총 9개의 복지관 중에서 6개의 복지관을 이용하는 134명의 남녀노인을 실험집단으로, 3개의 복지관을 이용하는 112명의 남녀노인을 통제집단으로 하여 사전 측정을 실시하였다.

6개의 복지관을 이용하는 실험집단의 노인들에게 건강한 생활습관을 주제로 하는 보건교육을 1주일에 2회, 1회에 60분씩, 2주간 총 4회 실시하고 한번도 빠지지 않은 89명에 대해 사후 측정을 실시하였다. 다른 3개 복지관을 이용하는 통제집단의 노인들에게는 보건교육을 실시하지 않고, 측정 당일 복지관을 이용하지 않았거나 응답을 거부한 노인을 제외한 86명을 대상으로 최종 사후 측정을 행하였다.

자료수집은 연구자가 직접 설문지를 가지고 종합복지관을 방문하여 수집하였으며, 대상자가 직접 기입하는 자기기입식(self-administered)으로 하였다. 그러나 대상자의 특성상 도움이 필요한 경우 연구자가 설문지를 읽어주고, 대상자가 답하는 것을 연구자가 기입하기도 하였다.

(4) 연구 결과

보건교육의 전반적인 효과를 보면, 실험집단의 지식점수, 행동점수, 인지된 건강상태는 교육 후에 통계적으로 유의하게 증가하였고, 교육 후 실험집단과 통제집단의 지식점수, 행동점수, 인지된 건강상태에도 통계적으로 유의한 차이가 있었다. 보건교육의 영역별 효과를 보면, 각 영역의 지식과 행동은 식생활 영역의 행동을 제외한 모든 영역에서 실험집단에서 교육 전보다 교육 후에 유의하게 증가하였다. 교육 후, 식생활, 스트레스, 운동 영역의 지식과 행동은 실험집단과 통제집단에서 통계적으로 유의한 차이가 나타났다. 지식, 행동, 인지된 건강상태

간의 관련성은 지식과 행동, 행동과 인지된 건강상태에서 유의한 양의 상관관계가 나타났다.

[예 3]

정광호 · 김원수(2005). 토지거래허가제의 정책효과에 관한 연구. 「한국행정학보」, 39(1): 287~308.

(1) 서 론

토지거래에 대한 정책개입은 토지시장에 대한 정확한 분석과 시의 적절한 대응책을 펼칠 수 있는 정책수단이 필수적이다. 이를 위해 기존의 토지개입정책에 대한 과학적 분석을 통하여 정책의 장 · 단점과 그 효과를 정확히 알고 있어야 한다. 그러나 정부의 토지정책에 대한 선행연구들을 보면 규범적인 연구나 사례지향적 연구에 편향되어 있어 정책의 인과효과를 과학적으로 규명하는 데 많은 한계가 드러났다.

이에 본 연구는 지난 2002년 10월 2일 천안 및 아산지역에 지정된 토지거래허가제의 효과를 단일집단 전후측정설계에 의한 전실험연구를 통해 분석하고자 한다. 행정수도의 충남권 이전과 고속철도 개통으로 수도권 출퇴근 가능지역 1순위로 부각된 천안지역의 18개 동 · 읍과 신도시 개발예정지역으로 아산만권 개발 배후중심지인 아산지역의 3개 면을 대상지역으로, 2002년 10월 2일 토지거래허가지역 고시의 이전 32개월과 이후 15개월을 대상기간으로 한다. 토지거래허가제도의 실시로 인하여 그 지역의 토지가격과 토지거래면적에 있어서 어떠한 변화가 있었는지를 파악한다.

(2) 이론 고찰

토지공개념에 바탕을 두고 있는 토지거래허가제는 토지를 거래하기 전에 당사자가 계약내용을 허가권자에게 허가를 받도록 하여 거래되는 토지 가격의 적정성, 수요자의 적격성, 그리고 토지이용의 적합성을 심사받아 계약하도록 하는 제도이다. 허가를 받지 않은 토지거래계약은 그 효력이 발생하지 않으며, 법적으로 보호를 받을 수 없게 된다. 이러한 토지거래규제는 토지이용을 실수요자

중심으로 전환하고, 토지투기의 억제와 지가안정을 목표로 하고 있다.

토지거래허가제의 정책효과에 관한 선행연구를 살펴보면, 토지거래허가제의 취지와 단순한 통계수치들의 변화추이를 지가변동과 비교분석한 김찬경(1991)의 연구가 있으며 토지거래허가제가 정책목표대로 지가안정 및 토지투기 억제효과를 제대로 달성하지 못하도록 저해하는 요인을 감사원 감사 자료를 중심으로 분석한 최춘식(1991)의 연구가 있다.

(3) 연구 설계

본 연구는 토지거래허가제 전·후 토지거래량(또는 지가)의 변화를 파악함으로써 토지거래허가제의 효과를 파악하려고 한다. [그림 12-4-7]에서 보듯이, 토지거래허가제의 효과는, 첫째 토지거래허가제에도 불구하고 토지거래량이 계속 증가하는 경우, 둘째 정체되는 경우, 셋째 감소하는 경우로 나타날 수 있다. 여기서 토지거래허가제의 효과가 있음은 정체된 경우와 감소하는 경우의 두 가지로 나타날 것으로 본다.

토지거래허가제의 효과를 분석하기 위하여 [표 12-4-2]와 같은 회귀모형을 사용한다. 여기서는 두 가지의 회귀모형, 즉 토지거래허가제 전후의 단순평균비교를 위한 [모형 1], 그리고 통제변수를 도입한 후 토지거래허가제의 효과를 측정하기 위한 [모형 2]를 도입한다.

회귀분석을 위해 필요한 자료는 [표 12-4-3]에서 보듯이, 2002년 10월 2일

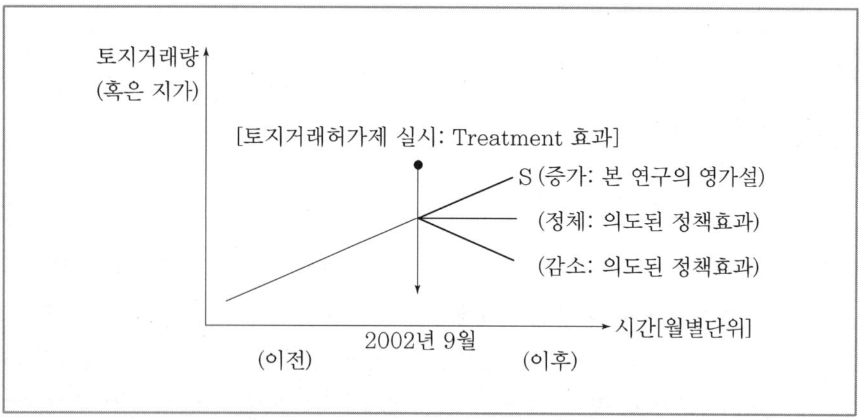

[그림 12-4-7] 토지거래허가제의 효과

[표 12-4-2] 토지거래허가제 효과분석 회귀모형

구 분	회 귀 식
모형 1	$Y_t = \alpha + \beta_5 PITV_t + \beta_6 Y_{t-1} + \beta_7 Y_{t-2} + \epsilon_t$
모형 2	$Y_t = \alpha + \beta_1 X_{1t} + \beta_2 X_{2t} + \beta_3 X_{3t} + \beta_4 X_{4t} + \beta_5 PITV_t + \beta_6 Y_{t-1} + \beta_7 Y_{t-2} + \epsilon_t$

주: Y= 토지거래량(혹은 지가변동률), Y_{t-1} = 1차 시차변수(lagged variable), Y_{t-2} = 2차 시차변수(lagged variable), $PITV_t$ = 토지거래허가제 dummy변수(2002년 9월 이후 = 1, 이전 = 0), X_1 = 물가상승률(충청지역), X_2 = GDP증감률(2000년 기준), X_3 = 종합주가지수, X_4 = 부동산중개업체 수, α = 회귀모형의 절편, ϵ_t = 회귀모형의 잔차, t = 월별자료(2000년 1월~2003년 12월).

[표 12-4-3] 분석 대상기간과 자료

토지거래허가제 실시 이전 2000년 1월~2002년 8월 (32개월)	토지거래 허가제 (Policy Intervention) 2002년 9월	토지거래허가제 실시 이후 2002년10월~2003년 12월 (15개월)
관찰치 시계열 $O_1\ O_2\ O_3 \cdots O_{30}\ O_{31}\ O_{32}$ $t = 1,\ 2,\ 3,\ \cdots\ 32$	PITV(Dummy 변수)	관찰치 시계열 $O_{33}\ O_{34}\ O_{35} \cdots O_{45}\ O_{46}\ O_{47}$ $t = 33,\ 34,\ 35\ \cdots\ 47$
토지거래량 및 지가변동률(Y_t) $Y_1,\ Y_2,\ Y_3, \cdots\ Y_{32}$		토지거래량 및 지가변동률(Y_t) $Y_{33},\ Y_{34},\ Y_{35}, \cdots\ Y_{47}$
통제변수(X_t) $X_1,\ X_2,\ X_3, \cdots\ X_{32}$		통제변수(X_t) $X_{33},\ X_{34},\ X_{35}, \cdots\ X_{47}$

주: 통제변수는 부동산중개업체수(토지수요의 Proxy 변수), 충청지역 물가상승률, GDP 성장률 증감정도, 그리고 종합주가지수를 포함함.

토지거래허가제가 실시된 천안시(18개 읍·동) 및 아산시(3개 면)를 중심으로 이 정책의 전후 47개월 시점(이전 32개월 및 이후 15개월)을 기준으로 하였다. 토지거래면적과 지가변동률에 관한 자료는 한국토지공사 자료실과 천안시·아산시 지적과로부터, 지역의 부동산중개업체수에 관한 시계열자료 현황은 천안시·아산시 지적과로부터 자료를 수집하였다.

(4) 연구 결과

[모형 1]에 있어서 토지거래허가제 전후 효과(가변수)를 보면, 천안시의 경우 토지거래허가제 이후 평균 약 1,495천㎡ 증가($p < 0.01$), 아산시의 경우 1,592천㎡

($p<0.01$) 증가한 것으로 나타났다. 그리고 지가변동율의 경우 천안지역에서는 0.584%, 아산지역의 경우 0.578% 상승한 것으로 나타났다($p<0.01$). 이는 토지거래허가제 전후 기점으로 다른 변수들의 변화가 없다고 가정할 때 토지거래면적의 증가 및 지가의 상승은 정책의 역효과가 있음을 시사한다.

[모형 2]를 이용한 회귀분석 결과, 천안지역의 경우 토지거래허가제 이후 거래면적은 944.9천㎡ 증가, 0.24% 지가상승(통계적 무의미)한 것으로 나타나고 있어, 토지거래허가제의 효과는 없다고 볼 수 있다. 아산지역의 경우, 거래면적과 지가상승률 모두 통계적으로 유의하지 않은 결과를 보이고 있다. 추가로 천안지역과 아산지역을 통합하여 분석한 결과, 토지거래량의 경우 약 557천㎡ 증가하고 있으며($p<0.05$), 지가변동의 경우 0.43% 정도 증가한 것으로 나타났다 ($p<0.01$).

분석결과를 종합하면, 천안·아산지역에 실시된 토지거래허가제는 그 효과를 제대로 발휘하지 못하였으며, 오히려 지가의 상승 및 토지거래면적의 증가현상이 두드러지게 나타났다. 이처럼 토지거래허가제가 의도한 토지거래량 제한효과나 지가상승 억제효과를 보이지 않고 오히려 지가상승을 부추기는 역효과를 발생하고 있는바, 이는 결국 지가상승에 따른 토지거래량의 증가라는 시장원리를 정부가 토지거래허가제를 통하여 개입하더라도 별 효과가 없음을 보여준다.

[예 4]

제갈돈(1997). 임하댐이 안개증가에 미친 추가적인 영향에 관한 연구. 「정책분석평가학회보」, 7(1): 83~92.

(1) 서 론

대하천의 상류지역에 댐을 건설하여 홍수조절뿐만 아니라 농업, 공업, 생활용수를 공급하고 발전 기능을 할 수 있도록 한 것은 수자원의 효율적 활용이라는 측면에서 긍정적인 정책으로 평가되고 있다. 그러나 댐이 위치한 지역의 기상 변화(특히, 안개증가)로 인한 자연생태계 파괴, 농작물 피해, 인간생활의 피해 가능성 등과 같은 부정적인 효과에 대한 주장도 간과할 수 없다.

본 연구는 임하댐이 안동댐에 의한 안동지역의 안개발생에 추가적인 영향을 미치는가를 검증하고자 한다. 즉, 임하댐과 안개의 증가 사이에 인과관계를 검증함으로써 물질적·정신적 피해를 주장하는 지역주민들과 이에 대응하는 행정당국에 객관적인 증거를 제시하는 데 목적이 있다. 시간적으로 1972년 1월부터 1996년 12월까지 안동지역 안개발생일수에 대한 기상청의 자료를 사용하며, 단순시계열설계에 의한 준실험연구를 통해 그 효과를 파악한다.

(2) 이론 고찰

단순시계열설계 또는 단절적 시계열설계는 사회과학에서 일정한 시간 간격으로 관찰된 종속변수 상에서 '사회적으로 주어진' 개입이 종속변수에 어떤 변화를 유발하였는가를 평가하는 데 유용하다. Box & Jenkins(1976)에 의하여 개발된 ARIMA(Auto-Regressive Integrated Moving-Average) 방법을 이용한 단절적 시계열분석은 총기규제법, 음주운전법, 대기오염규제법, 이혼법 등과 같은 법률이나 정책의 영향을 평가하는 데 광범위하게 사용되고 있다(Jaegal & Cayer, 1991; Hilton, 1984; Hay & McCleary, 1979; Tiao, Box & Hamming, 1975). 단절적 시계열설계의 기본적인 구성요소는 첫째, 동등한 시간 간격으로 관찰된 종속변수에 대한 주기적인 측정, 둘째 선택된 두 개의 측정점 사이에 발생한 실험적 개입의 도입, 셋째 측정값상 불연속의 발생 등을 들 수 있다.

(3) 연구 설계

[그림 12-4-8]은 1972년 1월부터 1996년 12월까지 안동지역 안개발생일수의 변화를 보여주고 있다. 그래프 하단에 각각 안동댐 건설(I_A)과 임하댐 건설(I_B)이라는 정책적 개입을 표시하고 있다. 그림에서 보면, 안동댐의 건설, 즉 첫 번째 개입인 59번째 측정치 이후에 안동지역 안개발생일수 시계열의 패턴이 어느 정도 상승하였음을 시각적으로 짐작할 수 있다. 그러나 두 번째 정책적 개입인 임하댐의 건설, 즉 253번째 관찰치 이후의 시계열 패턴은 안동댐 건설 이후의 패턴과 시각적으로 차이를 보이고 있는지 확인하기가 어렵다.

본 연구에서 종속변수는 월 단위로 측정된 안동지역의 안개발생일수이고, 안동댐 건설이 1차 처리(개입)이며, 임하댐 건설이 2차 처리(개입)가 된다. 이를 간략히 도식화하면 아래와 같다. 만약 댐의 건설을 전후하여 안개발생일수의 패

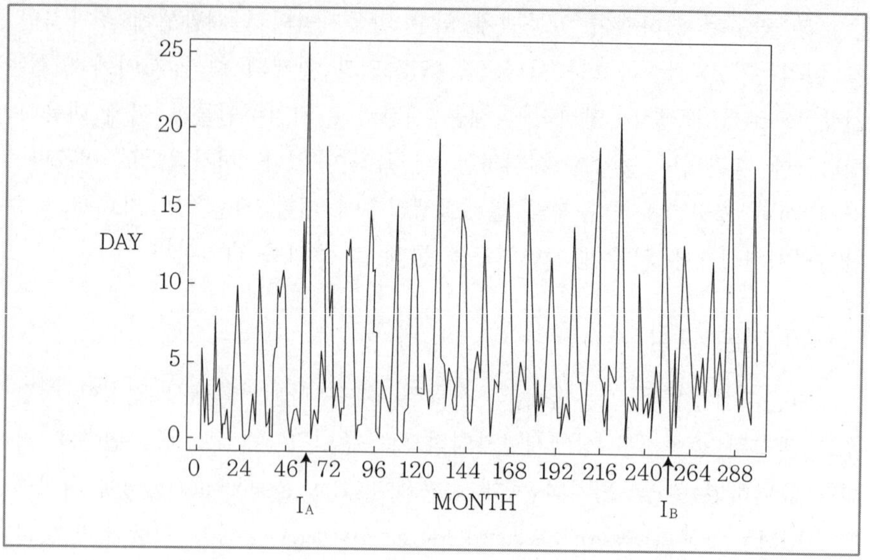

[그림 12-4-8] 안동지역 안개발생일수 변화

턴에 불연속이 발생하면, 댐의 건설이 안개발생의 원인이었다는 결론에 도달하게 된다.

1차 처리 2차 처리

반복측정

$O_{72.1} \cdot\cdot O_{76.11}$ I_A $O_{76.12} \cdot\cdot\cdot\cdot O_{91.12}$ I_B $O_{92.1} \cdot\cdot O_{96.12}$

(안동댐) (임하댐)

여기서 O는 1972년 1월부터 1996년 12월까지 안개발생 일수에 대한 월별 측정치를 나타낸다. 개입 I_A(안동댐)와 I_B(임하댐)는 안개발생일에 대한 안동댐과 임하댐의 정책적 개입을 나타낸다. 따라서 본 연구의 가설은 '임하댐의 건설이 안동댐에 의한 안개발생에 추가적인 증가 효과를 가질 것이다'이다.

전술한 바와 같이 임하댐의 안개발생일수 영향에 대한 통계적 유의성을 검증하기 위해 단절적 시계열설계에 의한 준실험연구를 행한다. 특히 Box와 Jenkins의 ARIMA방법에 의한 단절적 시계열분석은 총기규제법, 음주운전법 등 법률이나 정책의 효과(영향)를 평가하는 데 광범위하게 사용되고 있다.

(4) 연구 결과

최적모형에 대한 모수추정값을 살펴보면, 안동댐이 안개에 미친 영향을 나타내는 추정값은 통계적으로 유의하나, 본 연구의 가설인 임하댐의 추가적인 영향을 나타내는 추정값은 통계적으로 유의하지 않은 것으로 나타났다. 따라서 임하댐이 안동지역의 안개일수 증가에 추가적 영향을 미치지 않았다고 판단할 수 있다. 그 이유에 관해서는 앞으로 추가적인 연구가 있어야 하겠으나, 임하댐의 규모가 안동댐보다 작아 안동댐의 영향에 추가적인 효과를 발생시키기에 미흡하거나 혹은 임하댐의 건설이 안동지역보다는 오히려 청송지역에 많은 영향을 미친다고 추측할 수 있다.

제 4 편

자료 수집

제13장

개념화와 조작화

어떠한 유형의 연구설계를 채택하더라도 연구에 사용되는 개념을 명확히 정의하여 이를 경험적 세계에서 측정할 수 있도록 하여야 한다. 즉, 연구문제와 관련된 이론적 모형이나 가설에 포함된 개념을 변수로 정의하고, 이에 대한 조작화를 통해 측정지표(도구)를 구성하여야 한다. 이렇게 구성된 측정지표(도구)는 경험적 세계의 연구대상에 적용되며, 그 속성을 실제 측정하는 데 활용되어 필요한 자료를 수집하게 된다.

제 1 절　개념과 개념적 정의

1. 개념의 의의

(1) 개념의 의미

우리는 개념들을 통해 세상을 이해하게 된다. 어린아이가 말을 이해하기 전에 어떤 것을 보고 '나무'로 알면서도 그 옆에 있는 것도 '나무'가 된다는 것을 모른다면, 아직은 개념이 형성되지 않았다고 볼 수 있다. 사회, 행정, 정책, 공무원, 기업, 단체, 기관, 서비스, 이름, 나이, 성별, 노인, 아동, 대학교, 대학원, 조사방법론 등 우리가 현상이나 사실을 지칭하는 대부분의 것이 개념이라고 해도 틀림이 없다.

개념(concept)은 우리가 어떤 현상이나 사실에 관하여 갖게 되는 생각이다. 이러한 생각은 언어·기호·그림·문자 등에 의해서 형성·표현되며, 이와 같이 표현된 것을 용어(term)라고 한다. 개념은 사전적으로는 "구체적인 사회적 사실들에서 귀납하여 일반화한 추상적인 사람들의 생각"이며(국립국어연구원, 1999: 187), "특정한 현상들을 일반화함으로써 형성된 추상적 용어"라는 뜻을 지니고 있다

(Kerlinger, 1986: 26). 이러한 의미에서 보면, 개념은 구체적인 사실이라는 개체들이 가지는 공통성 혹은 일반성을 나타낸다고 할 수 있다. 예를 들어 "시민참여에 의해 행정의 투명성이 제고되었다"라는 사실은 '시민', '참여', '행정', '투명성', '제고'라는 개념으로 구성되어 있으며, 또 다른 예로 '가로수'와 '정원수'가 지니는 공통점을 묶어서 '나무'라는 하나의 개념으로 표현할 수 있다.

과학적 연구에서 개념이란 이론의 기본적인 구성요소가 된다. 이론이 하나의 완성된 벽돌집이라 한다면, 그것을 쌓는 데 필요한 벽돌들은 개념이라 할 수 있다. 이러한 개념을 실제로 규정하는 일은 쉽지 않다. 왜냐하면, 사물이나 현상에 대한 이해는 그것을 이해하는 개인의 가치관, 능력, 경험, 사고방식, 환경 등에 따라서 상당히 다르기 때문이다. 특히 사회과학분야에서 개념은 성격상 직접 관찰하거나 혹은 있는 그대로 측정하기에는 너무 추상화되어 있어 어떤 의미이며 과연 무엇을 뜻하고 있는지 쉽게 알 수 없는 경우가 많다. 따라서 개념이 일정한 과정을 통하여 명시적으로 구체화되어야만 그 진술을 검증해 볼 수 있고 그 결과를 탐색 · 기술 · 설명 · 예측 등의 목적으로 사용할 수 있다.

개념 중에는 연구자가 특정한 연구를 위하여 의도적으로 개발 · 선택하여 추가적인 의미를 부여한 개념이 있으며, 이를 구성 또는 구성개념(construct)이라 한다. 다시 말해서, 구성(개념)은 연구자가 과학적 이론이나 설명을 위하여 조작적으로 만들어 낸 개념이다(국립국어연구원, 1999: 659). 이러한 개념은 이론적 체계 내에서 다른 구성개념과 여러 가지 방법으로 관련되거나, 연구활동의 수행상 관찰과 측정의 가능성을 고려하여 정의하고자 하는 경우 사용된다. 예를 들면, 사회 · 경제적 지위는 소득 · 직업 · 교육수준 등 하위 개념들을 포함하는 상위의 구성개념으로 볼 수 있으며(한승준, 2000: 39), 학업성취도라는 개념은 읽기 · 문제풀이 · 글쓰기 등 학업내용의 습득상태와 관련된 개념들을 하나로 묶어 추상적으로 표현한 구성개념이 된다.

(2) 개념의 역할

개념은 여러 가지 기능을 하지만, 그것이 처한 이론적 준거체계에 따라 각기 다른 역할을 한다. 과학적 연구에서 개념이 일반적으로 수행하고 있는 역할을 지적하면 다음과 같다(김해동, 1982: 49~50).

첫째, 개념은 감각에 의하여 감지될 수 있는 것은 물론 직접 감지할 수 없는 추상적인 현상들에 대해서도 이해할 수 있는 방법을 강구해 준다. 이와 같은 개념의 예로서 정부, 국민, 주권, 민주주의, 목적 등을 들 수 있다.

둘째, 개념은 언어나 기호로 표시될 수 있기 때문에 지식의 축적이나 확장을 가능하게 한다. 더욱이 개념 간의 논리적인 관계는 과학적 지식구조의 형성과 체계화를 가능하게 해 준다.

셋째, 연구에 포함된 주요 개념들은 그 연구의 출발점과 앞으로의 연구방향을 제시해 준다.

넷째, 개념은 조작화를 통해 연구문제에 대한 범위와 주요 변수를 제시해 줌으로써 연구대상을 가시적(可視的)이고 측정가능하게 해 준다.

다섯째, 개념은 연역적 결과를 가져온다. 하나의 이론을 구성하고 있는 여러 개념들 간의 관계는 과거의 사실에 대한 체계적인 이해를 가능하게 할 뿐만 아니라 미래의 사실에 대한 예측도 가능하게 한다.

2. 개념의 구비조건

개념은 다음과 같은 몇 가지 특수한 조건을 갖추어야 한다(김해동, 1982: 48~49).

첫째, 개념은 일정한 한정성(determinacy)을 가져야 한다. 어떠한 개념이라도 사실 또는 현상의 특성을 한정적으로 명확하게 나타내야 한다는 것이다. 막연한 개념은 서로 다른 개개 현상이나 사실의 특성을 구별하여 나타낼 수 없기 때문에 존재이유가 없게 된다. 이와 같은 개념의 한정성을 개념의 명확성(clarity)이라고도 한다.

둘째, 개념은 통일성(uniformity)을 가져야 한다. 동일한 하나의 사실이나 현상을 사람마다 각기 다른 개념으로 나타낸다면 의사소통상의 문제가 발생한다. 따라서 일정한 개념은 누구에게나 통일적으로 사용되어야 하며, 특히 사회과학 분야에서 개념의 통일성은 매우 중요시되고 있다.

셋째, 개념은 그것이 나타내는 범위(scope)를 적절히 정할 수 있어야 한다. 이것은 개념의 추상화 정도의 문제로서 한 개념이 나타내는 범위가 넓으면 넓을수록 실제의 사실이나 현상에 멀어져 이들에 대한 측정이 곤란해지기 때문이다. 반대로 추상의 정도가 낮으면 현상에 더 가까워져 측정은 쉬우나, 일반화 정도가 낮아 이론형성에 제한을 받는다. 이러한 점에서 보면 개념이 포용하는 범위와 개념의 한정성은 서로 표리(表裏)의 관계에 있다고 할 수 있다.

넷째, 개념은 그것이 지니는 체계적 의미(systematic import)를 고려하여야 한다. 체계적 의미란 개념이 부분으로 대표된 이론과 명제에서 구체화되어 있는 정도를 말하는 것으로, 개념은 그러한 이론과 명제에서 분리되어 취급되어서는 안 된다는 것이다. 개념의 명확성과 관련된 조작적 정의(operational defini- tion)를 지나치게 강조하여 체계적 의미의 중요성이 무시되는 경우가 간혹 있으나, 과학에서 개념형성(concept formulation)은 이론과 명제로부터 결코 분리될 수 없는 것이다. 개념이 탐색・기술・설명・예측・선택 등 연구 목적에 어느 정도 기여하는가 하는 관점에서 평가되어야 한다면, 이는 이론 및 명제의 요소로서의 역할, 즉 체계적 의미가 반드시 고려되어야 한다.

3. 개념의 평가기준

어떤 개념이 유용한지 아닌지를 판단하는 기준은 다양하다. 앞에서 개념의 구비조건으로 제시된 한정성, 통일성, 범위의 적정성, 체계적 의미성 등은 어떤 개념이 과학적 연구활동에 유용한 정도를 평가하는 기준이 된다. 그러나 과학지식 일부로서 개념은 경험적 정밀성과 이론적 중요성이라는 두 가지 측면에서 평가될 수 있다(강신택, 2002: 23~24).

(1) 경험적 정밀성

개념의 경험적 정밀성(empirical precision)이란 그 개념이 가리키는 경험적 지시물(指示物)이 얼마나 정확한가 하는 것을 말한다. 즉, 개념에 대한 정의에 의하여 얼마만큼 우리가 직접 '볼 수 있는 것'과 연결되느냐 하는 정도를 일컫는다.[1)] 개념을 경험적 정밀성의 측면에서만 볼 때, 이것이 높으면 높을수록 좋다고 평가할 수 있다.

1) 어떤 말이나 사물의 뜻을 명백히 밝혀 규정하는 것을 '정의한다(define)'라고 한다(국립국어원, 1999: 5452). 개념(concept)은 어떤 생각이고, 이것을 언어・기호・그림・문자 등으로 표현한 것이 용어(term)이므로, 정의는 용어의 뜻을 밝히면서 동시에 개념의 뜻을 밝히는 것이 된다. 따라서 정의를 통하여 개념과 용어의 의미가 분명해지는 것이므로 '개념을 정의한다'라고 하기도 하고 '용어를 정의한다'라고 하기도 한다(강신택, 2002: 21).

(2) 이론적 중요성

이론적 중요성(theoretical importance)은 개념의 구비조건으로 제시된 '체계적 의미'와 거의 유사하다고 할 수 있다. 즉, 어떤 개념이 그 자체로서 의의를 가지려면 그 개념이 지니는 이론이나 명제와 분리되어서는 안 된다. 따라서 하나의 개념이 지니는 이론적 중요성이나 의의는 그 개념을 포괄하는 이론 자체가 얼마나 훌륭한가에 달려 있다고 볼 수 있다.

(3) 경험적 정밀성과 이론적 중요성의 관계

경험적 정밀성과 이론적 중요성의 기준은 각기 달리 존재한다. 다시 말하면 경험적 정밀성이 높다고 해서 반드시 이론적 중요성이 높거나 낮은 것은 아니며, 이론적 중요성이 높다고 해서 반드시 경험적 정밀성이 높거나 낮은 것은 아니다. 따라서 이들 두 기준 중에서 어느 것에 역점을 두느냐는 연구자의 필요와 판단에 달려 있다. 이론을 중심으로 하는 연구에서는 개념의 이론적 중요성이 우선할 것이나, 정책분야에서와 같이 경험적 연구를 중시하는 입장에서는 개념의 경험적 정밀성이 더욱 중요시될 수 있다. 어느 입장을 택하더라도 과학적 개념은 경험적 정밀성과 이론적 중요성을 모두 지니고 있어야 하며, 이러한 두 기준에 의해 과학적 개념이 평가되어야 한다.

4. 개념적 정의

과학적 연구에 있어서 어떠한 유형의 연구설계를 채택하더라도 연구에서 사용되는 개념이나 변수를 명확히 정의하여 이를 경험적 세계에서 측정이 가능하도록 하여야 한다. 특히 실증적 연구를 위해서는 연구대상에 대한 측정이 필연적으로 요구되며, 이러한 측정을 통해서만 특정 개념의 상태와 개념 간의 관계를 파악할 수 있다. 만약 측정하기 이전에 개념들을 명확히 정의하지 않으면, 측정하려는 개념을 측정하지 못하고 잘못된 개념을 측정하게 되는 오류를 범할 수 있다. 따라서 연구자는 측정에 앞서 이론적 준거틀 속에서 의도하는 개념들의 의미를 명확히 하여야 한다. 이러한 활동을 개념화(conceptualization)라 하며, 이를 통해 구체화된 것을 개념적 정의(conceptual definition)라고 한다.

비록 동일한 개념(용어)이라 하더라도, 그것이 사용되는 분야나 맥락에 따라 각기 다양하게 정의될 수 있다. 특히 사회과학분야에서 사용되는 개념들은 사회현상 자체의 특성으로 말미암아 추상적이며 그것이 나타내는 범위가 매우 넓기 때문이다. 예를 들어 '빈곤'이라는 개념을 규정하는 경우, 어떤 연구에서는 '물리적 · 경제적 박탈 상태'로 정의하는 데 반하여 다른 연구에서는 정신적 · 심리적 문제와 결부시키거나 문화적 측면에서 정의하기도 한다.

개념적 정의를 명확히 내린다는 것은 다양한 정의들 가운데 어떤 정의가 가장 좋은지를 선택하는 것이 아니다. 연구의 관심과 초점에 맞추어서 그에 합당한 측면의 개념을 규정하려는 것이 개념적 정의의 목적이다. 따라서 연구문제와 관련된 개념에 속해 있는 속성을 기준으로 하여 더욱 이해하기 쉽고 간단한 다른 개념(용어)으로 그 개념을 정의하게 된다. 이러한 개념적 정의는 개념에 대한 구체적인 묘사이기는 하지만, 그것도 여전히 추상적이다.

예컨대 '지능'에 대한 개념적 정의를 '추상적인 사고능력' 또는 '문제해결능력'이라 하듯이, 하나의 개념을 다른 개념이나 구성(개념)을 사용하여 정의하기 때문에 구성요소적 정의(constitutive definition)라고 한다. 또한 개념적 정의는 통상적으로 사전에서 찾아볼 수 있는 방법이기 때문에 사전적 정의(辭典的 定義)라고 부르기도 한다.[2] 이와 같은 개념적 정의를 행하는 작업, 즉 어떤 개념이 지닌 가장 일반적인 속성을 다른 개념을 사용하여 명확히 규정하는 작업이 바로 개념화이다.

제2절 변수와 조작적 정의

1. 변수의 의미

연구를 통해 해결하려는 문제는 추상화된 개념으로부터 경험적인 것으로 전환된다. 그런데 추상적인 개념을 경험적인 수준으로 나타내려면 그것이 변수

2) 박용치(1997: 104~108)는 개념적 정의를 명목적 정의와 실질적 정의로 구분하여 논의하고 있다. 명목적 정의는 약정의 형식으로 주어진 언어적 표현에 대한 표기이며, 실질적 정의는 어떤 실체의 본질적인 특징의 진술로 인식하고 있다.

(variable)로 전환되어야 한다. 변수란 그 의미에서 알 수 있듯이, 값(value)이나 정도(degree)의 측면에서 변하는(vary) 개념을 말한다.[3] 이러한 점에서 변수는 "숫자 혹은 값이 부여된 상징"이며(Kerlinger, 1986: 27), "둘 또는 그 이상의 값을 갖는 경험적 속성"을 지닌 개념으로 정의되고 있다(Nachmias & Nachmias, 1987: 58). 결국, 변수란 '경험적으로 측정 가능하도록 전환된 개념'으로서 '그 속성에 계량적인 수치를 부여할 수 있는 개념'이라고 할 수 있다.

변수는 특정 대상의 속성을 나타낸다는 점에서 개념과 같으나, 경험적 세계의 측정가능한 속성을 나타낸다는 점에서 개념과 구분된다. 예를 들어 '공무원'은 개념이지만 그 자체는 변화할 수 없으므로 변수가 될 수 없다. 그런데 '공무원의 직위'나 '공무원의 직급' 등은 변수가 될 수 있으며, 여기서 '공무원의 직위'라는 변수는 '국장', '과장', '계장' 등의 다양한 변수값(value)을 가질 수 있다. 그러나 성별, 연령, 신장, 체중, 교육수준 등의 개념은 그 자체로 변수가 되기도 한다. 이처럼 모든 개념이 변수는 아니지만, 모든 변수는 개념이 된다.[4]

2. 변수의 종류

변수는 목적과 용도에 따라 먼저 독립변수와 종속변수로 구분할 수 있다. 그러나 실제 사회현상의 관계는 단순히 독립변수와 종속변수만으로 이루어지는 것이 아니라, 인과적 연쇄 관계가 상당히 복잡하게 얽혀 있다. 여기에서는 독립변수와 종속변수뿐만 아니라, 이들 간의 관계에 개입하는 제3변수의 유형으로 선행변수, 매개변수, 조절변수, 통제변수, 외재변수 등을 설명한다.

(1) 독립변수와 종속변수

인과관계는 원인과 결과의 관계이다. 여기서 원인은 독립변수이고 결과는 종속변수이다. 독립변수는 종속변수의 논리적인 선행 조건으로서, 원인변수, 설명변수, 예측변수 등으로 불린다. 앞에서 살펴보았듯이 실험연구에서 독립변수는

---

3) 이와 달리, 어떤 개념이 변할 수 있는 능력을 결(缺)하고 있을 때(즉, 한 개의 값만을 가질 때), 그것을 불변수(不變數) 또는 상수(常數, constant)라고 한다.

4) 어떤 개념은 매우 추상적이며 복합적이지만(예: 士氣, 권위주의), 어떤 개념은 매우 구체적이며 단순하다(예: 나이, 성별). 개념의 추상성과 복합성이 높을수록 그 개념에 대한 정의는 어려워진다.

연구자에 의해 조작된 변수, 즉 처리(treatment)를 말한다.

종속변수는 독립변수에 의해 영향을 받아 일정한 결과를 나타내는 변수로서, 결과변수, 피설명변수, 반응변수, 의존변수 등으로 불린다. 실험연구에서 종속변수는 독립변수의 조작에 의해 변하는 것으로 예측되는 변수이다. 독립변수와 종속변수의 인과관계는 '독립변수(X) → 종속변수(Y)'로 표현된다.

(2) 선행변수

선행변수(antecedent variable)는 인과관계에서 독립변수에 앞서가면서 독립변수에 대해 유효한 영향력을 행사하는 변수를 의미한다. 선행변수가 의미를 갖기 위해서는 첫째 선행변수, 독립변수, 종속변수가 상호 관련이 있어야 하고, 둘째 선행변수를 통제할 때에 독립변수와 종속변수 간의 관계가 사라져서는 안 되며, 셋째 독립변수를 통제할 때에 선행변수와 종속변수 간의 관계가 사라져야 한다(남궁근, 2003: 133). 결국 독립변수와 종속변수의 인과적 고리 속에서 선행변수의 위치를 보면, '선행변수(A) → 독립변수(X) → 종속변수(Y)'로 표현된다.

(3) 매개변수

매개변수(intervening variable)는 독립변수와 종속변수 간의 관계를 설명하는 데 중간에 개입되는 변수이다. 매개변수는 독립변수와 마찬가지로 종속변수에 영향을 미치지만, 주로 내면적·비가시적인 역할을 하는 변수이다. 독립변수와 종속변수의 인과적 고리 속에서 매개변수의 위치를 보면, '독립변수(X) → 매개변수(I) → 종속변수(Y)'로 표현된다.

예를 들어 '성과급(독립변수)'이 '업무실적(종속변수)'에 영향을 미친다고 한다면, 이는 '성과급'이 개인의 업무실적에 대한 '동기 유발'을 가져오고, 이같이 증대된 '동기 유발'이 더 높은 '업무실적'을 낳는다는 것이다. 이 경우 '동기 유발'이 매개변수가 되며, 이를 고려하지 못하면 독립변수와 종속변수 사이의 관계가 왜곡될 수 있다. 대체로 매개변수는 독립변수가 얼마나 직접적으로 종속변수에 영향을 미치는가를 알아보거나 독립변수가 종속변수를 설명하는 능력이 미흡한 경우에 매개변수의 존재 가능성을 고려해야 한다.[5)]

---

5) 매개변수(x_2)의 역할을 검증하기 위해서는 ① 편상관계수($r_{yx_1 \cdot x_2}$)와 단순상관계수(r_{yx_1})를 비교하거나 ② 단순상관분석의 설명력을 보여주는 결정계수(r^2)와 다중상관분석의 설명력을 보여

(4) 조절변수

조절변수(moderating variable)란 다른 두 변수의 관계를 조절하거나 영향을 미쳐 이들 간에 상호작용효과가 발생하도록 하는 변수이다. 다시 말하면, 두 변수 간의 관계가 제3변수의 값에 따라 달라질 때 그 제3변수는 조절변수가 된다. 이처럼 조절변수는 다른 두 변수 간의 관계를 강화 혹은 약화시키는 역할을 하며, 이때 나타나는 효과를 조절효과(moderating effect), 상호작용효과(interaction effect) 또는 결합효과(joint effect), 조건효과(conditioning effect), 부수효과(contingency effect)라고 한다.

예를 들면, 당뇨치료센터에서 두 가지 치료약 A, B와 더불어 운동프로그램을 도입한다고 하자. 환자가 운동프로그램을 선택하지 않고, 치료약(독립변수)만을 복용하였을 경우 A와 B의 혈당량(종속변수) 감소효과는 거의 같았다. 그런데 운동프로그램과 결합했을 때 A와 B 사이에 혈당량 감소효과의 차이가 있다면, 운동프로그램은 당뇨치료약의 효과에 대한 조절변수가 된다.

(5) 통제변수

통제변수(control variable)는 독립변수와 종속변수 간의 관계를 파악하는 과정에서 적절히 통제된 변수이다. 즉, 독립변수가 종속변수에 미치는 영향을 더 정확히 알 수 있도록 통제되는 변수를 말한다. 여기에서 설명하고 있는 매개변수, 외재변수, 억압변수, 왜곡변수 등이 통제변수의 종류에 해당될 수 있다. 이러한 통제변수를 고정시킬 경우 독립변수와 종속변수 간의 관계를 더욱 명확하게 알 수 있다.

예컨대 민족 간의 AIDS 발병 비율의 차이는 각 민족의 생물학적 요인뿐만 아니라 소득수준의 차이에 의해 설명이 가능하다. 생물학적 요인(독립변수)이 AIDS 발병비율(종속변수)에 미치는 영향을 파악하고자 하는 경우, 각 민족의 소득수준이 동일한 집단을 상호 비교함으로써 소득수준이 AIDS 발병에 미치는 영향을 통제하고, 생물학적 요인이 AIDS 발병에 미치는 영향을 정확하게 파악할 수 있다.

주는 결정계수(R^2)를 비교할 수 있다. ①의 경우, 편상관계수가 단순상관계수보다 상당히 작다면, 그 만큼 매개변수의 역할을 확인할 수 있다. ②의 경우, 단순상관분석의 결정계수와 다중상관분석의 결정계수 간에 차이가 없다면, 그 만큼 매개변수의 역할을 인정할 수 있다. 이에 대한 구체적인 설명은 제18장 제7절을 참조하기 바란다.

(6) 외생변수와 내생변수

외생변수(exogenous variable; source variable)는 '외부로부터 발생한 변수'라는 뜻으로 인과관계의 원인을 제공하여 주는 역할을 한다. 즉, 다른 변수의 영향을 받지 않고 독자적으로 움직이면서 다른 변수에 영향을 주는 변수를 의미한다. 이러한 외생변수는 회귀분석에서 독립변수와 같은 역할을 하며, 주로 경로모형(path model)이나 구조모형(structural model)에서 사용되는 용어이다.

반면에, 내생변수(endogenous variable; downstream variable)는 '내부로부터 발생된 변수'라는 뜻으로 인과관계의 결과를 제공하여 주는 역할을 한다. 즉, 다른 변수로부터 영향을 받는 변수로서, 주로 경로모형이나 구조모형에서 외생변수와 함께 사용되는 용어이다. 이러한 내생변수는 회귀분석에서 종속변수와 같은 역할을 하며, 실제로 매개변수 혹은 최종적인 종속변수로서 위치한다.

(7) 외재변수와 내재변수

독립변수와 종속변수 간의 관계가 표면적으로 인과관계가 있는 것처럼 보이나, 실제로는 두 변수가 우연히 다른 변수와 연결되어 서로 인과관계가 있는 것으로 나타나는 경우가 있다. 이때 다른 변수의 영향을 제거하면 두 변수 간의 인과관계가 사라지게 되는데, 이 제3변수를 '외부에 존재하여 관계가 없는 변수'라는 뜻으로 외재변수(extraneous variable)라 한다. 이러한 점에서 외재변수는 독립변수와 종속변수 간의 관계가 진실된 것인지 판단해 주는 역할을 담당한다고 볼 수 있다.

이처럼 두 변수 간의 관계에 영향을 미치는 외재변수로는 허위변수(spurious variable)와 혼란변수(confounding variable)가 있다(Langbein, 1980: 33~35). 허위변수는 원인변수와 결과변수 모두에 영향을 미치며, 이들 사이의 공동변화를 모두 설명하는 변수를 말한다. 반면에, 혼란변수는 원인변수와 결과변수 모두에게 영향을 미치지만, 이들 사이의 공동변화를 모두 설명하지는 못하는 변수를 말한다.[6]

---

6) 이들의 예로서 남궁근(2003: 175~177)은 직업훈련프로그램(X)이 참여자의 소득(Y)에 미치는 효과에 관한 연구를 들고 있다. X와 Y 간에 공동변화와 시간적 선후성의 조건이 충족되었다고 하더라도, 성취동기(Z)라는 제3변수가 X와 Y에 영향을 미칠 수 있다. ① 만약 Z가 X와 Y 간의 공동변화를 모두 설명한다면(즉, Z가 X와 Y의 변화를 가져온 원인이면), X와 Y 간의 공동변화는 전적으로 X와 Y는 각각 Z에 의존하기 때문에 나타난 것이므로 이는 허위관

예를 들어, 화재 현장에 참가한 소방관의 수가 많을수록 화재의 피해액이 크다는 사실을 발견하였다고 하자. 이 경우 소방관의 수가 화재 피해액의 직접적인 원인이 될 수는 없으며, 이는 '화재의 규모'라는 제3변수가 존재하기 때문이다. 즉, 화재의 규모가 크기 때문에 소방관 수가 많아졌고 피해액이 커진 것이므로, 실제로 소방관 수와 피해액 간에는 아무런 관계가 없는 허위의 관계이다.

(8) 억압변수와 왜곡변수

억압변수(suppressor variable)는 두 변수가 서로 관계가 있는데도 불구하고 관계가 없는 것처럼 보이게 하는 제3변수를 말한다. 이러한 억압변수는 독립변수와 종속변수 간의 사실적인 관계를 약화시키거나 아예 소멸시켜 버린다. 예를 들어 권위적 태도와 계급적 지위는 관계가 없는 것으로 나타났으나, 교육수준을 통제하니 계급이 높을수록 강한 권위적 태도를 나타냈다고 하자. 이것은 교육수준이라는 변수가 작용하여 본래의 권위적 태도와 계급적 지위의 관계를 약화 내지 은폐시킨 것으로 볼 수 있으며, 이때 교육수준은 억압변수가 된다(Rosenberg, 1968: 86~88; 남궁근, 2003: 354).

왜곡변수(distorter variable)는 두 변수가 지니는 사실상의 관계를 정반대의 관계로 나타나게 하는 제3변수를 의미한다. 예를 들어, 교육수준이 높을수록 특정 제품에 대한 선호도가 높다는 연구결과가 있다고 하자. 추가로 소득수준이라는 변수를 고려하여, 소득수준이 높은 사람들만 모아서 교육수준과 선호도의 관계를 분석하고, 또 소득수준이 낮은 사람들만 모아서 교육수준과 선호도의 관계를 분석하여 보자. 만약 두 집단 모두에서 교육수준이 낮은 사람들이 특정 제품에 대한 선호도가 높다는 분석결과가 나온다면, 이는 최초의 분석결과와는 정반대의 사실을 보여준다. 이 경우 소득수준은 교육수준과 선호도의 실제 관계가 표면적으로 나타난 관계와는 정반대임을 밝혀주는 왜곡변수가 된다. 이처럼 다른 변수를 적절히 통제하지 못하여 실제 관계와 상반된 관계가 나타나게 되는 현상

계이며 Z는 허위변수이다. 이 경우에 프로그램 참여자와 비참여자 간의 성취동기를 같은 수준으로 통제하면, X와 Y의 관계는 사라지게 된다. 그러나 ② 만약 Z가 X와 Y 간의 공동변화를 일부 설명한다면(즉, Z가 X와 Y의 변화를 가져온 원인이며, 또 X가 Y의 변화를 주는 원인도 된다면), X와 Y의 관계는 혼란관계이며 Z는 혼란변수이다. 이 경우에 프로그램 참여자와 비참여자 간의 성취동기를 같은 수준으로 하더라도, X와 Y의 관계는 사라지지 않고 단지 줄어들게 된다.

을 '심슨의 역설(Simpson's paradox)'이라 한다.[7]

(9) 잠재변수와 측정변수

잠재변수(latent variable)란 실제 관측되지 않은 추상적인 개념을 말한다. 개념은 그 자체로서는 측정될 수 없으며, 변수로서 조작적으로 정의되어야만 측정이 가능하다. 이처럼 개념을 측정하고자 조작화된 변수가 바로 측정변수(measured variable)이며, 이를 잠재변수에 대응하여 명시변수(manifest variable)라고 한다.

3. 변수간 관계

두 개 이상의 변수가 서로 같이 변하는 경우, 변수 간의 관계가 존재한다고 본다. 다시 말해서 변수간 관계란 둘 또는 그 이상 변수 간의 상호작용을 의미하며, 이는 변수 간에 공통된 무엇이 있다는 것이다. 여기서 중요한 것은 변수간 관계의 본질, 방향, 정도 등이다.

(1) 관계의 본질

만약 두 변수 사이에 관계가 있다면, 이는 상응의 관계뿐만 아니라 인과의 관계도 있을 수 있음을 의미한다. 단순한 상응의 관계는 상관관계(correlation)라 하며, 원인과 결과의 관계는 인과관계(causality)라고 한다. 상관관계는 제18장 제7절에서 구체적으로 다루어질 것이며, 인과관계에 대해서는 제10장에서 이미 논의하였다.

예를 들어, 인플레이션과 실업에 대한 상관분석에서, 인플레이션이 높으면 실업이 높고 인플레이션이 낮으면 실업도 낮은 경향을 보인다면, 두 변수 간에는 상관성이 있다고 본다. 그러나 어떤 것이 어떤 것에 영향을 주는지는 알 수가 없다. 다른 예로 공무원의 보수와 사기 사이에 상당한 상관성이 있다면, 아

---

7) 어느 대학교 입시에서 남자는 1,000명이 지원해 700명이 합격(합격률 70.0%)했고, 여자는 100명 지원해 68명이 합격(합격률 68.0%)했다고 하자. 남녀의 학력차가 없다고 할 때 이 결과만 보면 여자가 차별을 받은 것으로 보인다. 하지만 계열별로 나누어 보면, 이공계열에 남자는 990명 지원해 674명 합격(합격률 68.1%)했고 여자는 5명 지원해 4명 합격(합격률 80.0%)했다. 어문계열에는 남자가 10명 지원해 6명이 합격(합격률 60.0%)했으며, 여자는 95명이 지원해 84명이 합격(합격률 88.4%)했다. 실제로는 남자가 차별당한 것이다.

마도 보수가 사기에 영향을 미친다는 인과성도 검증해 볼 수 있을 것이다.

⑵ 관계의 방향

가. 비대칭적·쌍방적 관계: 두 변수 간의 관계라고 하면, 우선 한 변수가 다른 변수에 일방적인 영향을 미치는 비대칭적 관계(asymmetrical relationship)를 떠올리게 된다. 이와 더불어, 두 변수가 서로 영향을 주고 받는 쌍방적 관계(reciprocal relationship)도 현실적으로 존재하고 있다. 쌍방적 관계란 두 변수 중 하나의 변수가 다른 변수의 원인이 되어 변화를 야기하고 또 반대로 영향을 받는 관계를 말한다.

나. 정·부·복합 관계: 두 변수 간의 관계는 정(正), 부(負), 혹은 정·부의 복합 형태로도 나타나게 된다. 정(正)의 관계(positive relationship)는 긍정적 방향, 부(負)의 관계(negative relationship)는 부정적 방향으로의 두 변수 간의 관계를 의미한다.

정(+)의 관계는 두 변수값이 동일한 방향으로 변화하는 관계로서, 한 변수값의 증가(감소)가 다른 변수값의 증가(감소)를 야기하는 관계이다. 예컨대, 공무원의 보수가 높아지면 공무원의 사기도 높아지는 경우이다.

부(-)의 관계는 두 변수값이 상반된 방향으로 변화하는 관계로서, 한 변수값의 증가(감소)가 다른 변수값의 감소(증가)를 야기하는 관계이다. 예컨대, 어떤 제품의 가격이 상승하면 그에 대한 수요가 줄어드는 경우이다.

복합(+/-)의 관계는 두 변수값이 동일하거나 상반된 방향으로 변화하는 관계로서, 한 변수값의 증감이 다른 변수의 증감과 엇갈리는 모양을 보이는 경우이다. 예를 들어, 투약의 양과 병의 증세 간의 관계를 생각해 볼 수 있다. 즉, 약물의 투여량이 증가하면 일시적으로 병세가 가라앉다가 다시 악화되는 경우가 있다.

⑶ 관계의 정도

변수 간의 관계는 그 방향뿐만 아니라 관계의 정도에 의해서도 특징이 지어진다. 관계의 정도는 무(無)관계에서부터 완전한 관계까지 있을 수 있다. 무관계(no relationship)는 두 변수 간에 아무런 관계가 없음을 의미한다. 즉, 어떤 변수의 변화가 다른 변수의 변화와 유의한 관계가 존재하지 않는다는 것이다. 예를 들어, 혈액형과 학점 간에는 아무런 관계가 없다고 할 것이다.

완전한 관계(perfect relationship)란 독립변수가 완전하게 종속변수의 가치를 결정하는 경우를 말한다. 예를 들어, 물리학에서 에너지 양은 질량에 광속의 제곱을 곱한 것이라는 에너지 질량법칙의 등식($E=mc^2$)이 있다. 이 등식에서 에너지 양은 질량과 광속의 완전한 관계에 의해서 결정되고 있음을 알 수 있다.

그러나 우리가 관심을 가지고 있는 사회현상에서 이와 같은 변수 간의 관계를 무관계 또는 완전한 관계로 설명할 수 있는 경우는 거의 찾아 볼 수 없다. 대부분의 사회현상은 자연현상과 달리 부분적인 관계에 의해서 설명되는 경우가 많다.

4. 조작적 정의

실증적 연구를 위해서는 현상에 대한 측정이 필연적으로 요구되며, 이러한 측정을 통해서만이 특정 변수의 상태와 변수의 관계를 분석할 수가 있다. 따라서 변수는 실제 현상에서 측정이 가능한 형태로 변환되어야 하는데, 이러한 변환 작업이 조작화(operationalization)이며, 이를 통해 변환된 것이 조작적 정의(operational definition)이다.[8] 쉽게 말해서, 조작화는 '변수가 어떻게 측정되는가'를 기술하는 것이며, 만일 '나는 (무엇)으로 그 변수를 측정한다'라고 한다면 그 (무엇)이 바로 조작적 정의이다.

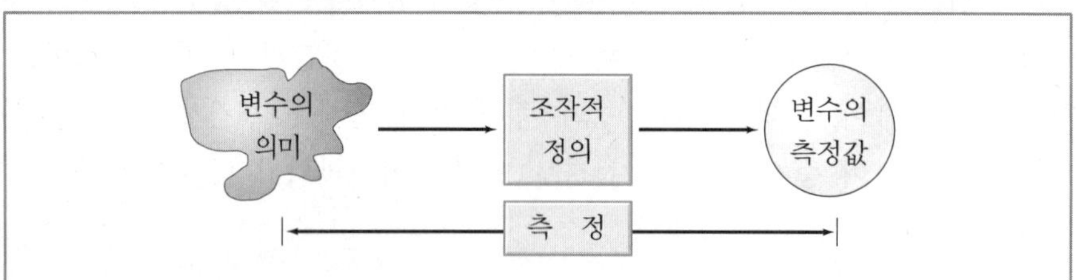

[그림 13-2-1] 조작적 정의의 이해(이군희, 2002: 43)

8) 경험적 연구에서 언급하는 변수의 정의를, 변수 정의의 일반적인 의미와 구분하기 위하여, 조작적 정의라는 용어를 사용한다(이군희, 2002: 42). 이는 변수 자체의 뜻을 구체적으로 밝히는 것과 변수를 측정하도록 조작하는 것은 서로 다르기 때문이다. 여기서 조작이란 操作(operation or manipulation, "기계나 장치 따위를 다루어 움직이게 함")을 의미하며 造作(fabrication, "무슨 일을 지어내거나 꾸며 냄")을 의미하는 것이 아니다.

이러한 조작화의 결과, 변수는 지표(indicator) 또는 지수(index)의 형태로 나타나게 된다.9) 비록 조작적 정의가 대부분 연구자에 의해 개발된다고 하더라도, 이는 변수가 어떻게 측정되고 있는지를 설명하고 변수에 대한 의미를 부여하는 내용을 반드시 포함하게 된다. [그림 13-2-1]은 변수의 의미와 측정값 사이에서 연결고리 역할을 하는 것이 바로 조작적 정의임을 잘 보여주고 있다.

앞에서 말한 바와 같이, 조작적 정의는 매우 다양한 형태로 나타날 수 있다. 어떤 변수의 측정도구로 적합한 지표와 지수가 이미 존재하고 있다면, 그것을 사용하면 된다. 그러한 측정도구가 현실적으로 존재하고 있지 않다면, 그 변수를 측정할 수 있게 n개 항목(a_1, a_2, $\cdots$ a_n)으로 구성된 질문 문항을 작성하거나, 이와 관련된 다른 지표나 지수를 활용하여 새로운 지표나 지수를 만들기도 한다. 이러한 조작적 정의의 몇 가지 예를 보면, [그림 13-2-2]와 같다.

[그림 13-2-2]에서 '빈곤'이라는 개념은 두 개의 변수로 전환되어 한 개의 측정문항과 다른 한 개의 지표로 조작화된다. 또 다른 예로서 '학업성취도'라는 변수는 '수능점수'와 '내신성적'으로 조작적 정의를 할 수 있다. 이처럼 하나

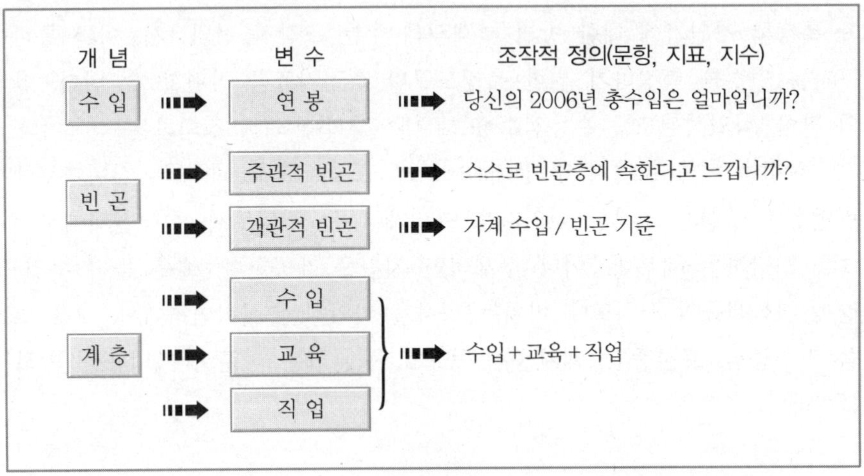

[그림 13-2-2] 조작적 정의의 예(Schutt, 1999: 69 재구성)

9) 어떤 개념이나 변수를 직접적으로 측정하기 어려운 경우 그것을 가리키는 지표나 지수를 사용하여 간접적으로 측정하게 된다. 지표란 개념 속에서 내재된 속성들이 표출되어 나타난 결과를 말하며, 사회지표(인구, 문맹률, 이혼율, 출생률 등)를 그 대표적인 예로 들 수 있다. 그러나 다의적이고 복합적인 개념(변수)들은 하나의 지표만으로는 그 원래의 속성을 전부 반영하기가 어려운 경우가 있다. 이때 여러 개의 지표들을 합산하거나 조합하여 하나의 수치로 표현하는 것이 지수이며, 그 예로서 물가지수, 주가지수, 지능지수, 국가경쟁력지수 등이 있다.

의 개념이나 변수에 대해서 다양한 조작적 정의가 가능하게 된다. 서로 다른 조작적 정의들은 같은 개념이나 변수를 나타내지만, 이들이 의미하는 내용은 전혀 다르며 그것들이 취하는 값도 서로 다르다.[10] 즉, 같은 개념과 같은 이름의 변수를 사용하더라도, 서로 다른 조작적 정의로 인하여 전혀 다른 결과를 얻을 수 있다.

이처럼 모든 개념이나 변수의 추상성이나 모호성은 '한정되고 특수한' 조작기준에 의하여 재정의된다. 다시 말해서 조작화의 과정을 통하여 연구자는 개념이나 변수를 경험적으로 측정하는 방법을 규정할 수 있다. 특히 경험적 연구에서는 개념화된 개념이나 변수를 어떻게 측정하느냐가 대단히 중요한 문제인데, 이러한 조작적 정의 문제를 해결하지 않은 상태에서 연구는 더 이상 진행될 수 없게 된다. 왜냐하면 개념이나 변수가 나름대로 명백하고 한정된 조작적 의미를 지니고 있어야만 경험적으로 측정이 가능하며 또한 이를 통하여 객관적인 검증이 가능해지기 때문이다.

조작적 정의는 '측정을 위한 조작적 정의'와 '실험을 위한 조작적 정의'로 구분된다. 측정을 위한 조작적 정의(measured operational definition)는 변수를 어떻게 측정할 것인가에 대한 방법을 제시해 주는 조작적 정의로서, 이를 통하여 연구자는 변수를 측정하기 위한 측정도구나 측정지표를 마련할 수 있다. 앞의 예와 같이, 학업성취도를 수능점수 또는 내신성적에 의해 정의하는 경우이다.

실험을 위한 조작적 정의(experimental operational definition)는 실험연구에서 독립변수를 어떻게 조작할 것인가를 규명해 주는 정의로서, 실험설계에서 독립변수를 조작하는 세부내용이나 구체적인 지침을 제공한다. 예를 들어 수업프로그램이 대학생들의 성취도에 미치는 영향을 파악하는 실험연구에서, 교육프로그램을 강의중심, 토론중심, 과제중심 등으로 구분하는 기준이나 내용을 밝히는 정의이다.

10) '주관적 빈곤'과 '객관적 빈곤'은 모두 '빈곤'을 나타내지만, 이들이 의미하는 내용이나 취하는 값들은 서로 다르다. 또한 '수능점수'와 '내신성적'이 모두 '학업성취도'를 나타내지만, 이들이 의미하는 내용과 취하는 값들은 전혀 다를 것이다.

제 3 절 개념화와 조작화의 사례

1. 개념화와 조작화의 관계

연구자는 개념화 과정을 통하여 추상적 개념의 의미를 분명하게 하며, 조작화 과정을 통하여 그러한 개념을 경험세계에서 직접 측정할 수 있게 한다. 다시 말해서 개념적 정의가 측정대상이 갖는 속성에 대한 개념적·추상적 표현임에 반하여, 조작적 정의는 그 속성에 대한 경험적·구체적 표현이라고 할 수 있다.

앞에서 살펴보았듯이, 개념과 변수는 특정 대상의 속성을 나타낸다는 점에서 같으나, 개념은 추상적인 것이며 변수는 경험적인 것이다. 개념은 그 자체로서 변수가 되기도 하지만, 개념화(혹은, 경우에 따라 조작화)의 과정을 거쳐 변수가 된다. 또한 어떤 개념이나 변수는 그 자체로서 조작적 정의가 되는 경우도 있지만, 그렇지 못한 경우에는 실제 측정이 가능하도록 조작화의 과정을 거쳐야 한다. 이러한 일련의 과정에 따른 개념화와 조작화의 관계를 간략히 요약하면, [그림 13-3-1]과 같이 나타낼 수 있다.

일반적으로 사회과학분야에서 다루는 개념은 매우 복합적이고 포괄적인 측면을 포함하고 있기 때문에 특정한 조작적 정의가 이를 완벽하게 표현할 수 없는 경우가 많다. 또한 개념적 정의를 현상과 연결시키는 방법도 무수히 많을 수 있으며, 사람에 따라 연구에서 다루는 개념 자체가 정확하게 일치되지 않는 경

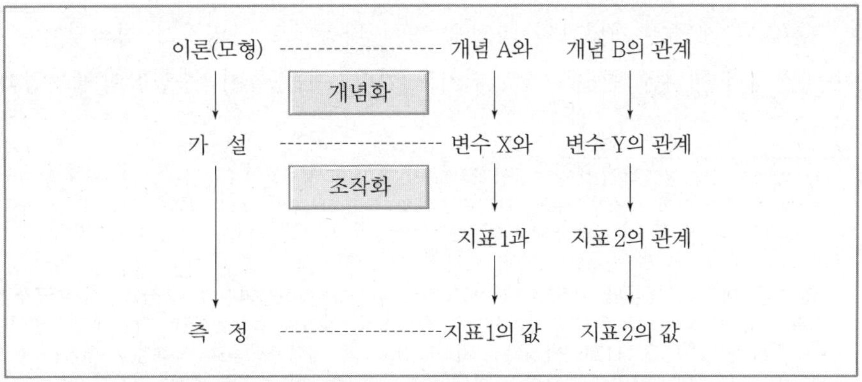

[그림 13-3-1] 개념화와 조작화의 관계

우도 있다. 그러나 어떠한 경우에도 동일 개념을 측정하기 위한 조작적 정의들 사이에는 측정상의 일관성이 유지되도록 하는 것이 중요하다.

2. 개념화와 조작화의 과정

사회과학분야에서 사용되는 개념들은 사회현상 자체의 특성으로 말미암아 매우 추상적이며 그것이 나타내는 범위가 매우 넓어 개념화와 조작화를 통한 구체화가 필수적으로 요구된다. 실제로 개념화와 조작화를 통해 조작적 정의(측정문항, 지표 혹은 지수)를 선택하는 과정은 일률적이지는 않으나,[11] 대체로 다음과 같은 몇 단계의 절차를 거친다고 볼 수 있다. 각 단계별 설명은 '주민참여' 및 '지역발전도', '민원 행정 서비스'에 관한 연구사례를 중심으로 전개하여 본다.[12]

(1) 개념의 추출

연구주제 또는 연구문제와 관련된 여러 가지 개념(용어) 중에서 가장 핵심적인 개념들(key concepts)을 추출한다. 연구에서 핵심이 되는 개념들은 단순히 연구의 주제 또는 제목에 포함된 것일 수도 있으나, 구체적으로 형성된 연구문제(또는 가설) 속에 포함되어 있기도 하다. 예를 들어 '주민참여', '민원 서비스의 질(質)', '지역발전도' 등이 각 연구의 주제로서 선정되거나 연구문제와 관련되는 주요 개념으로 추출된다.

(2) 개념화의 과정

추출된 개념은 개념화의 과정을 거쳐 나름대로 분명하게 정의되어야 하며, 이 과정에서 개념은 변수로 전환되기도 한다. 예를 들어 '주민참여'를 '정책과정

---

11) 앞에서 살펴본 예와 같이, '학업성취도'의 조작적 정의는 '수능점수'라는 지표로 정하거나, 하나 혹은 다수의 측정문항으로 구성될 수 있다. 또한 여러 개의 지표들이나 측정문항들을 합산하거나 조합하여 하나의 수치로 표현한 지수를 이용할 수 있다.

12) 이러한 개념화 및 조작화 과정의 사례로 들은 논문들은 다음과 같다. 육동일 · 박대식, "지방정부에 대한 주민들의 태도와 참여에 관한 연구: 대전광역시를 중심으로," 한국행정학보, 24(1994), 1325~1337; 김렬, "자치시대의 환경정책: 참여와 협상을 통한 규칙제정," 한국행정학보, 29(1995), 1153~1170; 박성복, "지역발전도 및 지역불평등도의 측정," 한국행정학보, 31(1997), 165~185; 오창택, "서비스 질 구성차원의 관리 우선순위: 민원 행정서비스 중심으로," 한국행정학보, 32(1998), 77~95.

이나 행정에 영향을 미치기 위해 행해지는 주민의 행위'로 정의하고, 이를 '투표활동', '단체활동', '접촉활동', '집단행동' 등으로 유형화하여 변수로 전환시킬 수 있다. 또 '지역발전도'는 '지역경제력 등 경제적 측면뿐만 아니라 환경, 지방행정서비스, 지역정보화, 사회간접자본시설, 과학기술수준, 인적 자본형성, 생활환경 및 사회통합 등 다양한 측면이 종합적으로 반영된 지역의 발전수준'으로 정의된다. 그리고 '서비스 질'이란 '서비스의 우수성과 관련된 전반적인 판단이나 태도'로 정의되며, 이는 '유형성', '신뢰성', '대응성', '보증성', '감정이입' 등으로 개념화된다.

(3) 조작화의 과정

경험적 연구를 수행하려면, 개념을 정의한 후 이들을 어떻게 측정하여야 할 것인가에 대해 구체화할 필요가 있다. 다시 말하면, 개념화 과정을 거쳐 정의된 개념이나 변수는 조작화 과정을 통해서 조작적 정의(측정문항, 지표 혹은 지수)로 전환되어 실제 경험적으로 측정할 수 있게 된다. 예를 들면, '주민참여'에서 '투표활동'은 '지방선거에서 투표한 횟수' 등으로 또 '단체활동'은 '지역사회단체의 가입 여부' 등으로 전환이 가능하다. '지역발전도'에서 '지역경제력'은 '1인당 지역총생산액'이나 '경제활동인구 중 취업자 비율' 등으로, '서비스 질'에서 '대응성'은 '민원 1건당 평균 처리시간' 등으로 조작화될 수 있다.

(4) 조작적 정의의 선택

이처럼 개념이나 변수는 개념화 과정을 통해 명확히 정의되고, 조작화 과정을 통해 조작적 정의로 전환된다. 그 다음 단계에서는 다양한 조작적 정의(측정문항, 지표 혹은 지수)들 중에서 가장 적절하고 관련 있는 것을 선택하는 작업이 요구되기도 한다. 이러한 선택작업은 고정점분석(固定點分析, fixed-point analysis)이나 요인분석(要因分析, factor analysis) 등 여러 가지 방법에 의해 이루어질 수 있다.

제14장 측정과 척도

개념화 및 조작화 과정에서 정의된 개념이나 변수는 현실세계에서 측정가능한 자료와 연결되어야 한다. 이러한 연결수단이 바로 측정이며, 그 결과는 숫자의 형태로 나타나게 된다. 이처럼 숫자로 개념이나 변수를 경험적으로 표현하기 위해 척도 혹은 측정도구가 필요하며, 그 적용에 있어서 측정오차를 가능한 제거하여 타당하고 신뢰할 만한 측정이 되도록 노력하여야 한다.

제 1 절 측정의 의의

1. 측정의 의미

측정(measurement)은 일정한 규칙에 따라 측정대상의 속성을 수치나 기호로 나타내는 작업을 의미한다. 추상적 개념이나 변수를 일정한 규칙에 따라 수치나 기호를 부여함으로써 구체적 지표를 나타내는 것을 말한다. 측정에 대한 학자들의 견해는 대체로 유사하여, Kerlinger(1986: 392)는 "기준에 따라 대상 또는 사건에 수치를 부여하는 것," 그리고 Manheim, et al.(2002: 56)은 "속성을 나타내기 위하여 일정한 규칙에 따라 수치를 부여하는 것"으로 정의하고 있다.

이처럼 측정이란 대상에 숫자나 기호를 부여하는 과정이라고 정의되나, 실제로는 대상 자체를 측정하는 것이 아니라 대상이 지니고 있는 속성에 수치를 부여하는 것이다. 다시 말하면, 측정은 대상이 무엇(또는 누구)인가에 관심을 두는 것이 아니라 연구대상의 속성이나 태도에 대한 특징이 어떠한가에 초점이 맞추어진다. 예를 들어 공무원을 대상으로 설문조사를 실시한다면, 공무원을 측정한다는 것이라기보다는 공무원의 인식, 태도, 가치관, 선호도 등이 측정의 대상이 된다는 것이다.

2. 측정의 수준과 척도

측정대상의 속성에 숫자나 기호를 부여하는 작업은 반드시 일정한 규칙(rule)에 따라 행해져야 한다. 이러한 규칙 체계를 척도(scale)라고 하며,[1] 규칙을 담고 있는 것을 측정도구(measurement tool)라고 한다. 예컨대 사람의 몸무게를 측정하는 규칙으로 'kg 저울', 'pound 저울' 혹은 '눈대중 기준(무거워 보인다, 가벼워 보인다)' 등이 있는 것과 같다.

측정이란 규칙 체계에 따라 수치를 부여하는 것이므로, 측정의 수준은 규칙 체계, 즉 척도에 따라 결정된다. 부실한 규칙 체계는 부실한 측정을 만들어 내며, 정밀한 규칙 체계는 정밀한 측정을 가져오게 된다. 따라서 실제 측정에서 연구자는 자신의 필요에 따라 척도를 스스로 만들거나, 다른 사람들에 의해 만들어진 척도를 자신의 목적에 따라 활용하기도 한다.

제 2 절 척도의 유형

1. 척도의 기본유형

척도의 기본 유형이란 측정의 수준에 따른 척도의 이론적 구분을 말한다. 일반적으로 측정의 수준 및 이에 상응하는 척도의 기본 형태는 명목·서열·등간·비율 등 네 가지로 나타날 수 있다. [표 14-2-1]에서 보듯이 측정대상의 속성에 따라 적용가능한 척도가 제한되어 있으므로, 각 척도의 특징을 염두에 두고 그 측정수준에 적합한 분석방법을 사용하여야 한다. 명목, 서열, 등간, 비율 순으로 각 측정수준이나 척도로부터 얻어진 자료가 담고 있는 정보의 양이 많아지며, 더욱더 정밀한 분석방법이 적용될 수 있다.

1) 척도는 지표(indicator) 혹은 지수(index)와 상호 교환적으로 사용되기도 한다. 어떤 개념이나 변수를 직접적으로 측정하기 어려운 경우 그것을 가리키는 지표를 사용하여 간접적으로 측정하게 된다. 예컨대 '학업성취도'와 같은 개념은 '학점'이라는 하나의 지표로 측정이 가능하다. 그러나 다의적이고 복합적인 개념들은 하나의 지표만으로는 그 원래의 속성을 전부 반영하기가 어려운 경우가 종종 있다. 이 때 여러 개의 지표들을 합산하거나 조합하여 하나의 수치로 표현한 것이 지수이며, 그 예로 물가지수, 주가지수, 지능지수, 범죄지수, 국가경쟁력지수, 여성지위지수, 어머니지수, 어린이지수 등 다양하다.

[표 14-2-1] 척도의 기본유형

<table>
<tr><th>유 형</th><th>의 미</th><th>예</th><th colspan="2">다른 명칭</th></tr>
<tr><td>명목척도
(nominal scale)</td><td>· 측정대상을 분류하거나 범주화함</td><td>· 성별, 학번
· 근무 부서
· 공무원 직렬</td><td>범주척도
(categorical scale)</td><td rowspan="2">정성적
(비계량적)
척도</td></tr>
<tr><td>서열척도
(ordinal scale)</td><td>· 측정대상 간에 서열이나 순위를 매김</td><td>· 교육 수준
· 공무원 직급
· 만족도 순위</td><td>순위척도
(ranking scale)</td></tr>
<tr><td>등간척도
(interval scale)</td><td>· 측정대상의 서열 간에 차이를 밝힘
(임의적 원점 존재)</td><td>· 온도, IQ지수
· 경쟁력 지수
· 만족도 점수</td><td>간격척도
(interval scale)</td><td rowspan="2">정량적
(계량적)
척도</td></tr>
<tr><td>비율척도
(ratio scale)</td><td>· 측정대상의 서열·차이·비율관계를 밝힘
(절대적 원점 존재)</td><td>· 나이, 몸무게
· 인구증가율
· 재정자립도</td><td>비례척도
(propotionate scale)</td></tr>
</table>

(1) 명목수준의 측정과 명목척도

명목수준의 측정(nominal level of measurement)은 일명 분류(taxonomy, classification) 혹은 범주화(categorization)라고도 한다. 즉, 측정대상을 그 속성에 따라 분류하거나 범주화할 목적으로 수치나 기호를 부여하는 것을 말한다. 이러한 수준의 측정을 수행하는 규칙 체계를 명목척도(nominal scale), 그리고 이 척도에 의해 측정되는 변수를 명목변수(nominal variable)라고 한다. 명목수준의 측정을 위해 적용되는 규칙 체계(즉, 명목척도)는 아래와 같은 분류 혹은 범주화의 기본 원칙에 충실하게 이루어져야 한다.

> 분류 또는 범주화의 과정에서 지켜야 할 기본적인 원칙을 제시하면 다음과 같다.
>
> ① 분류범주(항목)는 연구목적에 대하여 실질적 적합성(substantive relevance)을 지녀야 한다. 즉, 연구의 목적이나 연구문제의 성격에 맞게 범주(항목)를 정하고, 이에 따라 분류 또는 범주화하여야 한다.
>
> ② 분류범주(항목)는 모든 연구대상을 총망라(exhaustive)하여야 한다. 즉, 모든 대상이 남김없이 전부 포함될 수 있도록 범주(항목)를 정하고, 이에 따라 분류 또는 범주화하여야 한다.
>
> ③ 분류범주(항목)는 상호 배타적(mutually exclusive)이어야 한다. 즉, 하나의 대상이 둘 이상의 범주(항목)에 속하지 않고 단지 하나에만 분류되도록 범주(항목)를 정하고, 이에 따라 분류 또는 범주화하여야 한다.

④ 분류범주(항목)는 상호 독립적(mutually independent)이어야 한다. 즉, 어떤 대상을 분류하는 것이 다른 대상의 분류에 영향을 미치지 않도록 범주(항목)를 정하고, 이에 따라 분류 또는 범주화하여야 한다.
⑤ 분류범주(항목)는 일관성(consistency) 있는 체계를 지녀야 한다. 즉, 하나의 분류원칙에 입각하여 범주(항목)를 정하고, 이에 따라 분류 또는 범주화하여야 한다.

[표 14-2-2] 명목측정의 예

변 수	측 정 값
성 별	남, 여
지 역	대도시지역, 중소도시지역, 농어촌지역
지방자치단체	광역자치단체, 기초자치단체

명목측정의 예로서는 [표 14-2-2]와 같은 것들이 있다. 만약 자료의 부호화를 위하여 측정대상을 성별에 따라 남자와 여자에 각각 1과 2의 숫자를 부여한다면, 이들 숫자들은 단지 분류(구분)를 의미하는 것이지, 2가 1보다 더 크다는 것(양적 관계)을 나타내지는 않는다. 이처럼 명목척도는 분류 혹은 범주를 나타내어 측정대상의 속성 간의 동질성 여부 등 기본적인 관계를 밝히는 역할을 하나, 이들 사이의 양적인 대소 관계나 정도 또는 밀도 등을 판단하는 데 도움을 주지는 못한다.

명목척도를 실제로 사용하는 예는 [표 14-2-2] 이외에도 종교분류, 직업분류, 공무원직류, 정당분류 등 무수히 많다. 명목척도에 의해 얻어진 측정값들은 = 또는 ≠의 수학적 연산이 가능하며, 도수 또는 빈도(frequency), 최빈값(mode), 카이제곱검증(chi-square test), 이항검증(binominal test) 등과 같은 통계분석이 가능하다.

(2) 서열수준의 측정과 서열척도

서열수준의 측정(ordinal level of measurement)은 측정대상을 그 속성에 따라 서열이나 순위를 매길 수 있도록 수치를 부여하는 것이다. 여기서 측정대상 사이에 서열이나 순위 관계를 밝혀 주는 척도를 서열척도(ordinal scale), 그리고 이 척도에 의해 측정되는 변수를 서열변수(ordinal variable)라고 한다.

[표 14-2-3] 서열측정의 예

변 수	측 정 값
선 호 도	낮음, 보통, 높음
교과성적	수, 우, 미, 양, 가
생활수준	상, 중, 하

서열측정의 예로서는 [표 14-2-3]과 같은 것들이 있다. 만약 어떤 정책에 대한 선호도를 높음, 보통, 낮음으로 측정하여, 이를 순서대로 높음은 1, 보통은 2, 낮음은 3으로 숫자를 부여한다고 하자. 이 경우 1, 2, 3의 수치는 1이 2보다, 2가 3보다 더 선호됨을 의미한다. 여기서 1, 2, 3 숫자는 1이 2보다 선호되고 2가 3보다 선호된다는 것을 나타내고 있으나, 얼마나 더 선호되는지에 관한 정보를 담고 있지는 않다. 다시 말해서, 1과 2 사이, 2와 3 사이의 거리가 서로 같지 않다는 의미이다. 이처럼 서열척도는 측정대상의 속성에 따라 측정대상 간에 대소나 고저 등 순위를 부여하지만, 측정대상 간에 해당 속성의 차이를 비교할 수 있는 정보를 제공해 주지 못한다.

서열척도에 의해 얻어진 측정값들은 =, ≠, ≤, ≥의 수학적 연산이 가능하며, 명목측정에서 사용할 수 있는 통계기법뿐만 아니라 중앙값(median), 백분위수(percentile), 사분위수(quartile), 순위서열상관분석(rank-order correlation analysis), 순위분산분석(Friedman's ANOVA), 켄달(Kendall)의 타우(tau) 등과 같은 분석이 가능하다.

(3) 등간수준의 측정과 등간척도

등간수준의 측정(interval level of measurement)은 측정대상을 그 속성에 따라서 서열화하는 것뿐만 아니라 서열 간의 간격이 같도록 수치를 부여하는 것이다. 이러한 측정을 수행하는 규칙 체계를 등간척도(interval scale), 그리고 이 척도에

[표 14-2-4] 등간측정의 예

변 수	측 정 값
온 도	… －30℃ … 0℃ … 36℃ … 200℃ …
지능지수(IQ)	0 … 80 … 130 …
국가경쟁력지수	0 … 4.7 … 5.2 … 10 …

의해 측정되는 변수를 등간변수(interval variable)라고 한다.

[표 14-2-4]에서 보듯이, 등간수준의 측정에 대한 대표적인 예로 온도를 들 수 있다. 섭씨 20℃는 10℃보다 2배 더 높은 것이 아니라 단지 수은주의 눈금을 일정 간격으로 나누어 구분한 정도의 차이일 뿐이다. 이외에 IQ지수 · 물가지수 · 생산성지수 등 임의로 만들어진 각종 지수나 지표도 등간척도의 예에 해당한다.

> 섭씨 20°와 10°의 차이는 화씨 68°와 50°의 차이와 거의 같다(가감가능). 그러나 섭씨 20°가 10°보다 2배 더 더운(뜨거운) 것은 아니다(승제불가능). 그 이유는 화씨 68°와 50°의 관계가 2배 또는 1/2이 아니기 때문이다.

이처럼 등간척도는 측정대상이 갖는 속성의 양적 차이를 나타내어 주기는 하나, 이에는 해당 속성이 전혀 없는 상태인 절대 원점은 존재하지 않는다. 즉, 온도에 있어서 0°는 열(熱)의 부재(不在)를 의미하는 절대적인 원점(절대영점, absolute zero)이 아니며, -20°는 열의 부재보다 20°가 낮다는 것을 의미하지도 않는다. 비록 '0'이라는 임의적인 원점은 존재하지만, 이러한 임의적인 원점만으로는 측정값 간의 비율계산은 전혀 무의미하다.

등간척도에 의해 얻어진 측정값들은 =, ≠, ≤, ≥, +, - 등의 수학적 연산이 가능하며, 서열척도에서 사용할 수 있는 통계기법을 포함하여 범위(range), 산술평균(mean), 표준편차(standard deviation), 피어슨상관관계(Pearson's product-moment correlation), 분산분석(ANOVA), 회귀분석(regression analysis) 등과 같은 분석이 가능하다.

(4) 비율수준의 측정과 비율척도

비율수준의 측정(ratio level of measurement)은 절대영점 또는 자연영점(natural zero)을 지닌 척도를 가지고 수치를 부여하는 것이다. 이러한 수준의 측정을 수행하는 규칙 체계를 비율척도(ratio scale), 그리고 이 척도에 의해 측정되는 변수를 비율변수(ratio variable)라고 한다. 비율척도는 측정대상을 분류할 수 있으며, 순위를 부여할 수 있고, 차이를 비교할 수 있으며, 추가적으로 비율에 대한 분석도 가능하게 한다.

[표 14-2-5]의 예에서 보듯이, 40세는 20세보다 2배 더 나이가 많고 100만원은 200만원보다 1/2배 더 금액이 적다. 또 다른 예로서 0㎝ 또는 0㎞는 모두

[표 14-2-5] 비율측정의 예

변 수	측 정 값
나 이	0세 … 20세 … 40세… 70세 …
소 득	… 0만원 … 100만원 … 200만원 …
경제성장률	… −10% … 0% … 5% … 13% …

같다고 할 수 있기 때문에, 1㎞는 100,000㎝가 되니 1㎞의 두 배인 2㎞는 100,000㎝의 두 배인 200,000㎝가 된다.

비율수준의 측정값에는 절대 불변의 의미가 있는 '0', 즉 절대영점 또는 자연영점이 존재하기 때문에,2) 덧셈과 뺄셈뿐만 아니라 곱셈과 나눗셈을 포함한 모든 형태의 수학적 연산이 가능하다. 따라서 기하평균(geometric mean), 조화평균(harmonic mean), 변동계수(coefficient of variation) 등 다른 척도로는 구할 수 없는 통계량을 구할 수 있으며, 모든 형태의 통계적 분석이 가능하다.

2. 척도의 활용유형

사회과학에서 존재하는 추상적이며 복합적인 개념은 하나의 지표 혹은 단일문항으로 구성된 척도로는 측정하기가 곤란한 경우가 대부분이다. 하나의 지표 혹은 단일문항으로 구성된 척도는 타당성, 신뢰성, 단일차원성, 측정도구의 오류 등의 문제를 가질 수 있기 때문에 일반적으로 복합적인 척도를 사용하여 측정을 하게 된다.

이 경우 기존연구에서 개발된 유용한 척도가 있으면 그 척도를 사용하는 것이 바람직하나, 타당성과 신뢰성이 검증된 척도가 없을 때는 연구자가 나름대로 척도를 구성하여 사용하여야 한다. 실제 연구에서는 앞에서 설명한 척도의 기본유형을 근거로 하여, 이들 척도의 특성을 모두 포함하면서 효과적으로 자료를 수집·분석할 수 있는 다양한 척도가 개발되어 활용되고 있다. 여기서는 [표 14-2-6]과 같이, 실제 연구에서 흔히 사용되는 몇 가지 유형의 척도와 그 척도를 구성하는 기법을 함께 살펴본다.3)

2) '절대영점' 또는 '자연영점'이란 측정하고자 하는 속성이 존재하지 않는 상태를 의미한다.
3) 이를 척도(측정도구) 구성법 또는 간단히 줄여서 척도법(scaling technique)이라고 한다.

[표 14-2-6] 척도의 활용유형

유 형	의 미	다른 명칭
평정척도	· 측정대상 속성의 연속성을 전제로 일정한 등급기준에 따라 개별 속성을 평가함	
리커트척도	· 전체 문항에 대한 응답을 합산하여 속성의 측정값으로 함	총화평정척도 합산평정척도
서스톤척도	· 측정대상에 대한 많은 의견(문장)을 일정한 수의 범주로 분류하여, 각 항목별로 가장 많이 동의하는 의견(문장)을 그 항목의 대표 척도로 함	등현간격척도 유사등간척도 차별척도
거트만척도	· 단일차원의 동질적인 문항으로 척도를 구성하여, 문항과 개인의 총점 간에 누적적인 관계가 성립되게 함	누적척도
쌍대비교척도	· 측정대상의 속성 전부에 대하여 두 개를 한 쌍으로 만들고, 각 쌍 중에서 하나를 선택하게 한 후, 각 측정대상이 차지한 비율을 합한 평균값의 크기에 따라 측정대상의 서열을 정함	일대일 비교척도
고정총합척도	· 일정하게 고정된 수치를 부여하고, 이를 측정대상의 속성에 할당하게 함	
보가더스척도	· 집단 간에 존재하는 사회적 관계의 정도를 측정함	사회적 거리척도
소시오메트리	· 집단 내에서의 위치를 파악하여 구성원 간에 존재하는 사회적 관계의 정도를 측정함	
어의분화척도	· 개념이 갖는 본질적인 뜻을 파악하여 몇 개의 차원에 따라 측정함	
스타펠척도	· 0점이 없는 −5점에서 +5점 사이의 10점 항목으로 측정함	

(1) 평정척도

평정척도(rating scale)는 측정대상의 속성을 단일 연속선상에 배열하고자 일정한 기준을 정하고 그 강도에 따라 몇 개의 항목으로 구별해 만든 척도이다. 즉, 측정대상의 속성을 몇 단계로 구분하여 여기에 임의의 수치를 부여하고, 그 대상의 점수로 하는 방법이다. 이는 등급법(rating method)에 의해 구성된 척도로서, 학생의 성적을 A, B, C, D, F 또는 수, 우, 미, 양, 가 등으로 항목을 나누어 평가하는 것과 같은 예이다.

평정척도의 유형은 대체로 세 가지로 나눌 수 있는데, 범주식 평정척도, 도표식 평정척도, 숫자·언어식 평정척도가 그것이다. 범주식 평정척도는 [표

[표 14-2-7] 범주식 평정척도의 활용 예

귀하께서 거주하시는 지역의 동사무소 직원들은 얼마나 친절합니까? (해당하는 곳에 ○표를 하십시오.)

매우 친절하다	(　)
약간 친절하다	(　)
보통이다	(　)
약간 불친절하다	(　)
매우 불친절하다	(　)

14-2-7]에 보듯이, 측정대상의 속성을 그 정도에 따라 일정 수의 범주에 입각하여 평가하는 것이다.

도표식 평정척도는 [표 14-2-8]과 같이 선과 언어를 합하여 구성한 것인데, 선을 긋고 중간 중간에 숫자 또는 해설을 붙여서 평정자로 하여금 대상의 위치 또는 태도를 기호로 표시하도록 한다.

[표 14-2-8] 도표식 평정척도의 활용 예

귀하께서 거주하시는 지역의 동사무소 직원들은 얼마나 친절합니까?

매우 친절　　　　보 통　　　　매우 불친절

숫자·언어식 평정척도는 측정대상의 특성에 따라 평정자가 일정한 숫자나 언어를 부여하는 것으로, [표 14-2-9]와 같이 친절성의 각 항목에 1, 2, 3, 4, 5의 수를 부여하거나, 성적을 수, 우, 미, 양, 가 또는 A, B, C, D, F로 평가하는 것이 이에 해당된다.

평정척도에 있어서 응답 항목간의 차이는 동일하다고는 할 수 없으므로 서열척도의 한 형태로 간주될 수 있으나, 이들 항목간에 거의 비슷한 정도의 차이가 있다고 가정한다면 등간척도라고 할 수도 있다. 평정척도는 만들기 쉽고 사용이 간편하며, 시간과 비용 측면에서 경제적이어서 실제로 광범위하게 사용되고 있다. 그러나 평정자의 성격과 태도 또는 심리적 편향에 따라 그 측정결과가 달라지는 단점이 있다. 평정자의 성격에 따라 관대하거나 가혹하게 한쪽으로 치

[표 14-2-9] 숫자 · 언어식 평정척도의 활용 예

귀하께서 거주하시는 지역의 동사무소 직원들은 얼마나 친절합니까?
① 매우 친절하다 ② 약간 친절하다 ③ 보통이다 ④ 약간 불친절하다 ⑤ 매우 불친절하다

우치거나, 태도에 따라 중간으로 집중화하는 경향의 오차가 발생할 수 있다. 동시에 한번 치우치기 시작한 평가는 후광효과(halo effect)에 따라 계속해서 동질적인 평가를 내릴 가능성도 있다.[4)]

(2) 리커트척도

리커트척도(Likert scale)는 평정척도를 변형한 것으로, 서베이와 같은 자료수집에 있어서 가장 보편적으로 사용되고 있다. 이 척도는 총화평정법 또는 합산평정법(summated rating method)에 의하여 구성된 것이기에 총화평정척도 또는 합산평정척도(summated rating scale)라고도 불린다. 대체로 측정대상의 속성과 관련된 여러 개의 문항들에 대하여 3~7개 정도의 항목을 만들어 응답하도록 하고, 이들 문항에 대한 측정값을 종합(합산)하여 그 측정대상의 점수를 얻는 방법이다.

[표 14-2-10]은 '5점 척도를 갖는 리커트척도'의 예이다. 민선자치제에 대한 의견을 알아보기 위하여 6개 문항을 묻는데, 이들 여섯 문항은 동등한 가중치를 갖는 것으로 취급한다. 각 문항은 1점(전혀 동의하지 않는다)에서 5점(매우 동의한다)의 응답 항목으로 통일하여 구성되며, 응답 결과는 각 문항의 응답 점수를 단순 합계하는 방법을 통해 처리된다. 따라서 최소 6점에서 최고 30점의 총점을 받는 사람들이 있을 수 있으며, 각 점수는 응답자가 민선자치제에 대하여 생각하는 정도를 서열화하는 데 사용된다.

이러한 척도는 하나의 개념(변수)을 측정하기 위해 여러 개의 항목을 이용

4) 후광효과(後光效果) 또는 광배효과(光背效果)는 특히 평정척도에서 심하게 나타날 수 있는데, 평정자(또는 응답자)가 처음 문항에 좋게 또는 나쁘게 평가했으면 다음 문항들에서도 계속해서 좋게 또는 나쁘게 평가하는 경향을 말한다.

[표 14-2-10] 리커트척도의 활용 예

다음은 민선자치제에 대한 의견입니다. 각 질문 문항에 대하여 어느 정도 동의하는지를 답하여 주십시오(해당 항목에 ○표 하십시오).

측정문항	응답항목				
	전혀 아니다 1	아니다 2	보통이다 3	그렇다 4	매우 그렇다 5
1. 지역경제 활성화에 기여한다					
2. 시민의식 향상에 도움을 준다					
3. 지역자원의 낭비를 초래한다					
4. 지방행정 혁신에 도움을 준다					
5. 주민참여 활성화에 기여한다					
6. 주민의 자치역량을 제고한다					

하므로 문항끼리의 일관성이 높아야 한다. 앞의 민선자치제에 대한 예에서, 각 문항에 대한 높은 점수는 민선자치제에 대하여 높은 선호를 나타내는 일관성이 있어야 한다는 것이다. 그런데 세 번째 문항에서 동의하는 응답은 민선자치제의 선호도와 반대되는 방향이다. 이 경우 5점을 1점으로 바꾸고, 1점을 5점으로 바꾸는 역부호화(reverse coding) 작업이 필요하게 된다.

리커트척도를 사용할 때 또 주의해야 할 점은 문항들이 반드시 단일차원을 설명하고 있는 하나의 개념이어야 한다. 즉, 만일 서로 다른 개념을 설명하고 있는 문항들을 서로 합하여 분석하게 되면, 그 결과에 어떠한 의미도 부여할 수 없게 된다. 문항 간의 일관성·상관성은 문항분석(item analysis)을 통해 확인할 수 있다.[5] 각 문항에 대한 응답과 총점과의 일관성을 파악하여 일관성이 낮은 문항

5) 문항분석은 척도를 구성하는 문항 간의 내적 일관성, 그리고 각 문항과 전체 척도와의 관계를 평가하여 척도의 정확성을 평가한다. 문항의 모집단에서 추출한 표본문항들에 대한 응답자의 응답값이 모집단의 참값들과 상관관계가 크다면, 그 문항표본은 좋은 표본이며, 따라서 척도는 대표성을 갖는 것으로 판단한다. 만약 척도를 구성하는 문항들이 단일차원이며 하나의 구

은 버리고, 대상의 속성을 측정하는 데 판별력이 있는 문항만을 최종적인 척도 구성 문항으로 선정하여 응답자의 총점을 구한다.

(3) 서스톤척도

서스톤척도(Thurstone scale)는 주로 태도를 측정하기 위하여 착안된 것으로서 동현간격척도 또는 유사등간척도(equal-appearing-interval scale)라고도 불린다. 이는 어떤 개념(현상이나 사실)에 대하여 가장 긍정적인 태도와 가장 부정적인 태도를 나타내는 양극단을 등간격으로 구분하여 여기에 수치를 부여하는 방법이다. 최종 척도의 형태는 여러 개의 문항으로 구성되는데, 판정자에 의해 각 문항마다 특정한 점수(1~11점)가 부여된다. 만일 응답자가 해당 문항에 동의하면 해당 문항의 점수를 얻게 되고 그에 반대하면 0점으로 처리한다. 결국 동의한 문항에 대한 점수를 합산하고 평균하여, 그 개념에 대한 측정값을 얻게 된다. 이러한 척도 구성의 예를 보면 [표 14-2-11]와 같다.

앞의 예와 같은 과정을 거쳐 만들어진 서스톤척도가 사람들의 '이타주의(利

[표 14-2-11] 서스톤척도의 구성 예

> 다음과 같은 단계를 거쳐, '이타주의(altruism)'에 대한 태도를 측정하기 위한 척도를 구성할 수 있다.
>
> 첫째, '이타주의'에 대한 태도를 나타내는 50개 이상의 문항들을 문장으로 만든다. 예를 들면,
>
> 1. 주말에 자원봉사하는 것은 그 시간에 돈을 버는 것만큼 즐거운 일이다.
> 2. 사회 전체를 위해 개인의 행복을 희생시키는 것은 옳은 일이다.
> 3. 농어촌출신 고등학생들의 대학 우선입학제도는 바람직한 일이다.
>
> ⋮
>
> 둘째, 이들 문장들을 10~15명의 전문가(판정자)들에게 나누어 주고, 각 문항이 '이타주의'의 측정지표가 될 수 있는 강도를 1에서 11 사이로 평가하게 한다.
>
> 셋째, 각 문장별로 판정자들의 평가 분포를 고려하여 1(가장 호의적)에서 11(가장 비호의적)까지의 각 태도수준을 대표하는 문장을 척도로 삼는다.
>
> 마지막으로, 선정된 문장을 이용하여 실제 자료수집 대상자(응답자)에 대하여 '이타주의'에 대한 태도를 측정하게 된다.

성개념으로부터 도출된 것이라면 그 문항들에 대한 응답은 높은 상관관계를 가져야 한다. 문항분석에서 척도를 구성하는 문항 간의 내적 일관성 및 관련성을 평가하는 지표로서 크론바하 알파(Cronbach's alpha)값을 주로 사용한다(남궁근, 2003: 377~378).

[표 14-2-12] 서스톤척도의 활용 예

문 항	척도값	찬성(동의)
1. 사회 전체를 위해 개인의 행복을 희생시키는 것은 옳은 일이다.	4.5	
2. 아동복지시설이 우리 동네에 신축되는 것은 반가운 일이다.	5.4	○
3. 주말에 자원봉사하는 것은 그 시간에 돈 버는 것만큼 즐거운 일이다.	9.2	○
4. 소득이 많을수록 높은 비율의 소득세를 내는 것은 바람직한 일이다.	3.8	
5. 장애인 의무고용제도는 사회를 발전시키는 데 기여한다.	6.7	○
6. 건강보험 적자분을 세금으로 메꾸는 것은 옳은 일이다.	4.2	
7. 농어촌출신 고등학생들의 대학 우선입학제도는 바람직한 일이다.	5.6	
⋮		

他主義)'를 평가하는 데 사용된 예를 들면, 다음의 [표 14-2-12]와 같다.

여기에서 응답자의 이타주의는 찬성한 문항의 척도값을 평균하여 산정한다. 각 문항의 척도값이 0~10점 사이에 편재되어 있다고 가정하면, 그 응답자의 척도값은 (5.4 + 9.2 + 6.7) / 3 = 7.1이 되어 상당히 높은 편에 속한다고 평가할 수 있다.

이처럼 서스톤척도는 척도의 구성과정에서 항목을 조작할 때 그 적합성 여부를 별도로 선정된 심사자에게 의뢰한다는 점이 다른 척도와 다르다. 따라서 실제로 척도를 만드는 과정이 매우 복잡하고 많은 시간과 노력이 소요되기 때문에 거의 사용되지 않고 있다.

(4) 거트만척도

거트만척도(Guttman scale)는 누적척도의 대표적인 형태로서, 척도를 구성하는 여러 문항이 일정한 기준에 따라 서열을 이룬다. 리커트척도에서는 개별 문항을 동일하게 취급하고 단순히 합산하여 그 결과를 서열화하지만, 거트만척도에서는 개별 문항에 서열을 미리 부여하는 방식을 취한다. 예컨대 어린이에게 난이도에 따라 세 가지 산술문제, 즉 ① 28 ÷ 7 = ? ② 8 × 4 = ? ③ 12 + 9 = ? 를

[표 14-2-13] 거트만척도의 활용 예

다음은 부랑인시설의 입지에 관한 질문입니다. 각 문항에 대하여 찬성 혹은 반대의 의견을 제시하여 주십시오.

	찬성	반대
① 부랑인시설을 우리 도(道)에 두는 것을 어떻게 생각합니까?	( )	( )
② 부랑인시설을 우리 시(市)에 두는 것을 어떻게 생각합니까?	( )	( )
③ 부랑인시설을 우리 구(區)에 두는 것을 어떻게 생각합니까?	( )	( )
④ 부랑인시설을 우리 동(洞)에 두는 것을 어떻게 생각합니까?	( )	( )
⑤ 부랑인시설을 우리 옆집에 두는 것을 어떻게 생각합니까?	( )	( )

배열하여 물어보았을 때, ①의 문제에 답할 수 있는 어린이는 ②와 ③의 문제에도 답할 것이나 ③의 문제에 답하지 못한 어린이는 ①이나 ②에 답하기가 어려울 것이다.

이처럼 문항을 내용의 강도에 따라 일관성 있게 배열하여 측정하면 응답자의 행태를 어느 정도 예측할 수 있다. 이러한 원리에 따라 미국 국방성 조사부의 거트만(Guttman)은 심리상태를 측정하기 위해 척도를 개발하게 되었으며, 의원들의 투표행태, 군인의 사기, 공무원의 주민에 대한 태도 등을 측정하는 데 자주 활용되고 있다.

[표 14-2-13]은 거트만척도의 구성 예를 보여주고 있다. 만약 네 문항에 '찬성'이라고 답한 사람은 ①, ②, ③, ④까지를 찬성하였을 것으로 짐작할 수 있다. 네 문항에 찬성한 사람이 ①, ②, ③, ⑤에 찬성하였거나, 혹은 ②, ③, ④, ⑤에 찬성하였다고 믿기는 힘들다. 여기서 응답자의 점수는 '반대'라고 응답하기 시작한 문항이 된다. 이들 문항에는 이미 서열성이 주어져 있으므로, 응답자가 어떤 문항에 반대했는지(즉, 점수는 몇 점인지)를 알게 되면 저절로 어느 정도의 수용성을 갖는지를 단일한 기준으로 알 수 있다.

이처럼 거트만척도를 한 집단에 적용하여 그 집단의 평균 점수를 도출하면 그것이 의미하는 위치를 쉽게 해석할 수 있다. 따라서 여러 집단들의 비교에 적절하게 사용될 수 있고, 한 집단 내에서 다양한 문제들에 대해서 집단 구성원들이 갖는 인식의 차이 등을 확인해 내는 데도 거트만척도가 유용하게 쓰일 수 있다.

거트만척도에서 문항들 사이의 단일차원성과 누적성 부합 정도는 재생가능계수(coefficient of reproducibility, CR)를 통하여 검증될 수 있다.[6] 재생가능계수는 1에 가까울수록 이상적인 거트만척도에 접근하여 완벽한 척도구성가능성을 가지며, 대체로 .90 이상이면 만족스러운 정도로 판단할 수 있다.

(5) 쌍대비교척도

쌍대비교척도(paired comparison scale)는 쌍대비교법 또는 일대일비교법에 의해 구성된 척도이다. 먼저 측정대상의 속성 전부에 대하여 두 개를 한 쌍으로 조합하여, 이들을 비교하여 하나를 선택하게 한 후, 각 측정대상이 차지하는 비율(%)을 합하여 평균값을 낸 것을 그 대상의 점수로 하여, 이러한 평균값의 크기에 따라 측정대상의 서열을 정하는 방법이다.

예를 들어 A, B, C 정책대안(예: 투자사업, 시설입지 등)에 대한 선호도를 측정하는 경우를 살펴보자. 먼저 [표 14-2-14]와 같이, 세 대안 중에서 차례로 두 대안씩 쌍을 제시하여 '어느 대안을 더 좋아하는가'를 물어서 하나의 대안을 선택하게 한다.

이러한 방식으로 전체 응답자를 조사한 결과, 각각 두 대안 중에서 하나의 대안이 선호된 비율을 산출하면 다음의 [표 14-2-15]과 같다고 하자.[7] 여기서

[표 14-2-14] 쌍대비교척도의 활용 예

다음은 A, B, C의 3개 정책대안을 이용하여 6개의 쌍을 만든 예이다. 각각의 쌍에서 왼쪽에 정렬된 정책대안을 선호하는 경우(행에 해당하는 정책대안을 선호하는 경우)는 0으로 표기하였으며, 위쪽에 나열된 정책대안을 선호하는 경우(열에 해당하는 정책대안을 선호하는 경우)는 1로 표기하였다.

	A	B	C
A		0	1
B	1		1
C	0	0	
합계	1	0	2

6) 재생가능계수$(CR) = 1 - \frac{\text{응답 오류의 수}}{\text{문항 수} \times \text{응답자 수}}$로 계산된다. 여기서 응답 오류의 수는 단일차원으로 누적적인 전체 문항에 대하여 응답자들이 범한 실수(失手)의 개수를 말한다.

7) 표에서 나타난 수치는 열(column)의 대안보다 선호된 응답자의 비율을 나타낸다. 예를 들면, 대안A의 제2번째 행의 수치 0.321은 대안A를 대안B보다 선호하는 응답자 수가 전체의 32.1% 라는 의미이다

[표 14-2-15] 쌍대비교척도에 의한 측정자료

대 안	A	B	C
A	0.500	0.679	0.135
B	0.321	0.500	0.588
C	0.865	0.422	0.500
합 계	1.686	1.601	1.223
평 균	0.562	0.534	0.408

대안 A(평균값 0.562), 대안 B(평균값 0.534), 대안 C(평균값 0.408)의 차례로 선호도 순위가 나타남을 알 수 있다.

쌍대비교척도에서 문제가 되는 경우는 쌍을 비교한 측정값들 간에 모순이 있을 때이다. 예를 들면, 대안 A를 대안 B보다 선호하고, 대안 B를 대안 C보다 더 선호하지만, 대안 C를 대안 A보다 선호하는 경우이다. 이러한 모순성은 응답에 일관성이 없을 때에 나타나게 되며, 이를 제거하기 위해서는 각 쌍을 비교할 때 둘 간 차이의 정도를 표시하게 하거나 차이가 없다는 응답도 가능하도록 척도를 구성하면 된다.

(6) 고정총합척도

고정총합척도(constant sum scale)는 응답자에게 고정된 총합 수치(예: 일정 점수, 일정 금액, 일정량의 칩)를 부여하고, 이 수치를 응답자가 생각하는 기준에 맞추어 측정대상의 속성에 할당하는 것이다. [표 14-2-16]는 응답자가 100점의 고정총합을 이용하여 A지방자치단체의 실·국에 대한 만족도에 따라 점수를 배정하도록 요구하는 예이다. 응답자가 전혀 만족하지 않는 부서에는 0점이나 낮은 점수를 할당하며, 만일 다른 부서에 비해 어떤 실 · 국에 대하여 2배 만족한다면 2배 높은 점수를 받게 된다. 모든 실 · 국에 배정된 점수를 합하면 100점의 고정총합이 되어야 한다.

고정총합척도를 이용한 분석은 일반적으로 각 속성항목에서 얻은 응답자 전체의 총점수를 응답자의 수로 나눈 평균점수를 비교함으로써 이루어진다. 하지만, 각각의 응답자마다 특성이 다르기 때문에 이를 무시하고 평균값을 비교하는 것은 무의미할 수 있다. A지방자치단체의 실 · 국에 대한 만족도 측정의 예에

[표 14-2-16] 고정총합척도의 활용 예

A지방자치단체의 7개 실·국에 대한 만족도를 비교하고자 합니다. 귀하께서 생각하기에 만족도가 높은 기관에 높은 점수를 부여하는 방식으로, 총 점수가 100점이 되도록 각 실·국에 점수를 할당하여 주십시오(참고로, 각 속성의 점수는 0~100점이 가능합니다).

실·국	점 수
1. 기획관리실	______점
2. 자치행정국	______점
3. 농림수산국	______점
4. 문화관광국	______점
5. 과학산업국	______점
6. 건설도시국	______점
7. 보건복지국	______점
총 합	100 점

서, 응답자의 성별이나 연령 혹은 직업 등에 따라 선호되는 실·국에 큰 차이가 있을 수 있다. 이 경우, 실·국에 대한 패턴을 조사하여 비슷한 패턴을 갖는 응답자끼리 묶어서 하나의 군집(cluster)으로 나누는 통계적 방법(군집분석)을 활용하면 도움이 된다.

고정총합척도가 지니고 있는 가장 큰 장점이라면, 투여되는 시간에 비하여 측정대상의 속성간 차이를 쉽게 구분할 수 있다는 것이다. 반면에, 응답자가 점수를 할당하는 과정에서 할당된 총합 점수가 미달하거나 초과하는 경우(예: 90점 혹은 120점)가 발생할 수 있는 문제점이 있다. 이러한 응답은 분석에서 제외시키거나 수치를 고정총합점수(예: 100점 만점)로 재조정하여 분석에 포함시킬 수 있다. 또한, 할당되는 측정대상(또는 속성)의 수가 너무 적을 경우에 그 측정이 부정확해질 수 있으며, 반대로 그 수가 너무 많은 경우에는 응답자가 혼란과 피로를 느낄 수 있다.

(7) 보가더스척도

보가더스척도(Bogardus scale)는 보가더스가 인종적 편견의 강도를 측정하기 위해서 제시한 것으로 사회적 거리척도(social distance scale)라고도 한다. 이는 서스톤(Turstone)척도와 같은 다수의 판정자들의 의견에 따라 그 척도의 등급이나

[표 14-2-17] 보가더스척도의 활용 예

인종적 편견의 강도를 측정하기 위해 다음 표와 같은 문항들을 1,725명의 미국인들에게 제시하여 각 민족에 대한 반응을 측정하였다. 각 문항은 '결혼허용'이라는 긍정적 태도에서 '국외추방'이라는 부정적 태도에 이르는 사회적 거리의 연속성에 따라 배치되었다. 응답자로 하여금 각 민족에 대한 태도를 표시하는 7개 문항 중에서 의견이 합치되는 항목을 모두 체크하도록 하였다. 전체 1,725명의 응답결과는 아래의 표와 같다.

민족 / 문항 점수(A)	영국인		스웨덴인		네덜란드인		한국인	
	(B) (%)	(C) A×B	(D) (%)	(E) A×D	(F) (%)	(G) A×F	(H) (%)	(I) A×H
1. 혼인해서 가족으로	93.7	93.7	45.3	45.3	11.0	11.0	1.1	1.1
2. 클럽에서 친구로	96.7	193.4	62.1	124.2	11.6	23.2	10.8	21.6
3. 동네에 이웃으로	97.3	291.9	75.6	226.8	28.3	84.9	11.8	35.4
4. 같은 직장인으로	95.4	381.6	78.0	312.0	44.3	177.2	20.1	80.4
5. 미국의 국민으로	95.9	479.5	86.3	431.5	58.3	291.5	27.5	137.5
6. 미국의 방문객으로	1.7		5.4		19.7		47.1	
7. 미국에서 추방	0.0		1.0		4.7		19.1	
평 점 합 계	1,440.1		1,139.8		587.8		276.0	

주: 평점화 방법은 여러 가지가 있으나, 여기서는 문항번호(점수)에 수용도(%)를 곱하고 각 민족별 합계를 그 민족이 가지는 점수로 함.[8)]

정도(graduation)를 결정하게 하는 것이다.

보가더스척도는 대체로 개인·집단·종족 등과 같은 대상에 대하여 느끼는 친밀감·무관심·혐오감 등을 측정하는 데 사용된다. 개인과 집단의 관계도 측정할 수 있으며, 특정 지역 혹은 조직에 대한 개인(또는 집단)의 소속감이나 애착심 등을 파악할 수 있게 한다.

[표 14-2-17]에 의하면, 문항 1에서 문항 5까지의 점진적인 하향과 문항 6과 문항 7에서의 급격한 하향이 나타나고 있다. 문항 6과 문항 7의 지나친 의견은

8) 이 외에도 인종간 거리계수(racial distance quotient, RDQ)를 계산하는 방법이 있다. 예를 들어 미국인에 대하여 100명의 한국인 중 25명이 1번에 수용의사를 표시하고 51명이 2번에 수용의사를 표시한다면, RDQ= $\frac{(1\times 25)+(2\times 51)}{100}$ = 1.27이다.

전체 문항의 척도상에 같은 폭을 가지는 의견으로 인정될 수 없어서, 이 두 문항을 제외하면 문항1에서 문항5까지는 비교적 등간격적인 태도의 차이를 보이게 된다. 따라서 이들 다섯 문항의 자료를 점수로 계산한 결과에 따르면, 미국인들은 영국인과 가장 친근하며 그 다음으로 스웨덴인, 네덜란드인, 한국인 순으로 사회적 거리감을 지니고 있음을 보여준다. 보가더스 척도에 있어 요구되는 문항의 수는 정해진 것이 없으나, 보통 5개에서 9개 정도를 사용하고 있다 (Neuman, 2003: 201).

(8) 소시오메트리

소시오메트리(sociometry)는 집단 내 구성원 간의 거리를 측정하는 방법이라는 점에서 집단 간의 거리를 측정하는 보가더스척도와 구별된다. 다양한 내용에 따른 '선택'을 인간관계의 기준으로 삼는다는 점에서 보가더스에 의해 구성된 사회적 거리척도에 포함될 수 있으나, 일반적으로는 J. L. Moreno를 중심으로 발전된 인간관계의 측정에 관한 방법을 소시오메트리로 본다(김광웅, 1997: 336; 김해동, 1982: 436).

소시오메트리의 기본 전제는 인간관계가 역학적으로 친화와 반발의 관계를 맺고 있어서 쌍방의 의도를 서로 모르더라도 그 강도나 빈도를 측정하여 집단 내에서의 위치를 알아낼 수 있다는 것이다. 이러한 집단 내 개인 간의 관계를 측정하는 소시오메트리 방법에는 소시오메트릭 행렬, 소시오그램, 소시오메트릭 지수 등이 있다. 소시오메트릭 행렬(sociometric matrix)은 응답결과를 n×n 행렬로 정리하여 분석하는 방법이며, 소시오그램(sociogram)은 구성원 간의 선택과 배척의 관계를 기호를 사용하여 그림으로 표시하는 방법이다. 그리고 소시오메트릭 지수(sociometric index)는 일정한 공식에 따라 계산된 지수를 구하여 구성원간의 관계를 측정한다.

1) 소시오메트릭 행렬

소시오메트릭 행렬(sociometric matrix)은 응답결과를 n×n 행렬로 정리하여 분석하는 방법으로서, 여기서는 5인으로 구성된 집단(조직)의 구성원들이 그 집단 내에서 가장 선호하는 2인을 선택하게 하는 경우를 예로 들어 본다.

[표 14-2-18]에서 어떤 구성원이 타인을 선택할 경우는 1, 그리고 선택하지 않을 경우는 0으로 표시되어 있다. 이 표에 의하면, 누가 누구를 선택하였으며

[표 14-2-18] 소시오메트릭 행렬의 활용 예(5인 집단, 2인 선택)

구성원	a	b	c	d	e
a	0	1	0	0	1
b	1	0	0	0	1
c	0	0	0	1	1
d	0	1	0	0	1
e	1	1	0	0	0
계	2	3	0	1	4

또 누가 선택받은 횟수가 얼마나 되는지 알 수 있다. 이처럼 소시오메트릭 행렬에서 나타나는 선택은 단순선택 또는 일방선택(예: c→d), 상호선택 또는 쌍방선택(예: a↔b), 무선택(예: c)의 형태가 있을 수 있다. 위의 예에서는 e가 가장 많이 선택되고 있음을 알 수 있다.

2) 소시오그램

소시오그램(sociogram)은 집단구성원 간의 선택과 배척의 관계를 기호를 사용하여 그림으로 표시하는 방법으로서, 방향지시 그래프(directed graph)라고도 한다. 앞의 소시오메트릭 행렬에서 제시된 자료의 예를 소시오그램으로 표시하면 [그림 14-2-1]과 같다.

[그림 14-2-1]에서 알 수 있듯이, e가 선택의 중심이 되어 이 집단의 최고 인기인이라고 추측할 수 있다. 그리고 a, b와 e는 서로 선택을 주고받아 한 패 또는 동일 파벌(clique)이라 할 수 있으며, c는 전혀 선택이 되지 않고 방치되어 있다.

위의 그림에서 나타난 각 구성원들의 여러 가지 관계는 일반적으로 iRj와

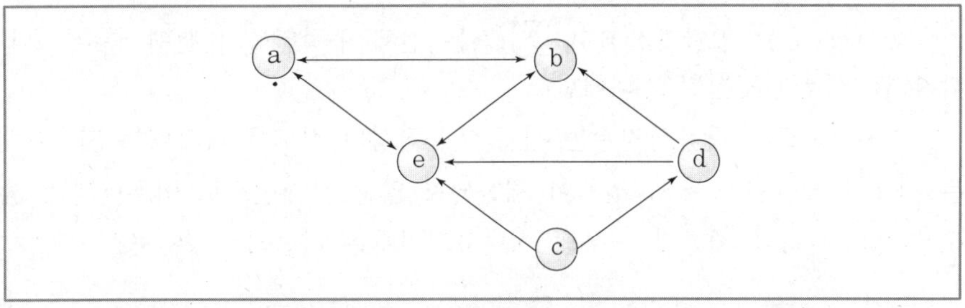

[그림 14-2-1] 소시오그램의 활용 예(5인 집단, 2인 선택)

같은 기호로 표시하기도 한다.[9] 이들 관계의 유형과 수학적 표현을 구체적으로 살펴보면, 구성원 간의 영향관계는 iIj(i influences j), 의사소통관계는 iCj(i communicates j), 지배관계는 iDj(i dominates j), 친구관계는 iFj(i is a friend of j) 등으로 나타난다.

3) 소시오메트릭 지수

소시오메트릭 지수(sociometric index)는 일정한 공식에 따라 계산된 지수를 구하여 구성원 간의 관계를 분석하는 것으로, 측정하고자 하는 내용에 따라 선택지위(choice status)지수, 집단확장(group expansiveness)지수, 집단응집(group cohesiveness)지수 등 세 가지가 있다.

구성원의 선택지위에 관한 지수는 어떤 구성원이 얼마나 잘 선택되고 있는가를 보여주는 지수로서, 그 공식은 다음과 같다.

$$CS_j = \frac{\sum C_j}{n-1}$$

여기서 CS_j는 선택지위, j는 구성원, $\sum C_j$는 선택의 합계, n은 구성원의 수를 나타낸다. 위 식에서 분모가 $n-1$이 되는 것은 어떤 구성원이 자신을 선택할 수 없기 때문이다. 앞에서 제시된 예에서, 구성원 d의 선택지위 $CS_d = \frac{1}{4} = 0.25$이고, 구성원 e의 선택지위 $CS_e = \frac{4}{4} = 1.00$이다.

만약 구성원들로 하여금 원하는 만큼 제한 없이 선택하게 한다면, 집단확장지수를 이용하며 이를 계산하는 공식은 다음과 같다.

$$E = \frac{\sum C_{ij}}{n}$$

여기서 E는 집단확장지수, $\sum C_{ij}$는 전체 구성원들의 선택 총수, i와 j는 각각 열과 행의 구성원을 의미한다.

마지막으로 집단응집지수는 집단의 응집성의 정도를 나타내는 지수이며, 이는 선택이 제한될 경우와 선택이 제한되지 않고 무제한으로 이루어지는 경우로 구분된다. 선택이 제한될 경우의 집단응집지수는 다음과 같은 공식으로 계산될

9) iRj는 'i와 j는 어떤 관계(R)에 있다'는 의미이다.

수 있다.

$$C_o = \frac{\sum(i \leftrightarrow j)}{dn/2}$$

여기서 C_o는 집단응집지수, $\sum(i \leftrightarrow j)$는 상호 선택수의 합계, d는 허용된 선택수를 나타낸다. 앞의 예에서 집단응집지수를 계산하면, $C_o = \frac{3}{(2 \times 5)/2} = 0.60$이 되어 응집성이 상당히 높게 나타나고 있다.

집단의 구성원에게 무제한의 선택이 허용되었을 경우의 집단응집지수를 산출하는 공식은 다음과 같다.

$$C_o = \frac{\sum(i \leftrightarrow j)}{\frac{n(n-1)}{2}}$$

이 공식은 가능한 상호 선택 쌍의 전체 수에 대한 실제 상호 선택의 비율을 나타내고 있다. 앞에서 제시된 5명의 구성원 집단의 예에서, 가능한 상호 선택 쌍의 총수는 $5_2 = 5(5-1)/2 = 10$으로 계산된다. 이 경우 만일 상호 선택이 2라면, 집단응집지수 $C_o = 2/10 = 0.20$으로 응집성이 다소 낮은 편이다.

(9) 어의분화(語義分化)척도

어의분화척도(semantic differential scale)는 하나의 개념이 갖는 본질적인 뜻을 몇 개의 차원에 따라 측정하여 그 상태뿐만 아니라 비교 혹은 변화를 정확히 파악하기 위한 것이다. 주로 심리학적 의미를 파악하기 위한 척도로 쓰였으나, 사회과학분야에서 자유 · 민주 · 무사안일주의 · 복지부동 · 진보 · 보수 등과 같은 추상적 어의를 명백히 하거나 이에 대한 응답자의 태도나 특성을 파악하기 위해 사용되고 있다.

어의분화척도는 두 개의 서로 상반된 형용사적 표현을 양극단에 배열하여 이들 형용사의 쌍 사이에 해당하는 항목을 선택하도록 하는 방법으로 7점 척도를 주로 사용한다. 예를 들어, '결혼'이라는 개념을 측정하기 위해 [표 14-2-19]과 같은 어의분화척도를 구성할 수 있다.

[표 14-2-19] 어의분화척도의 활용 예

다음에 제시된 각 쌍의 형용사를 읽고, 귀하의 느낌과 가장 가까운 곳에 √을 표시하십시오. 이 문항에는 옳은 답과 틀린 답이 없습니다.

귀하는 '결혼'에 대하여 어떤 느낌을 갖습니까?

유쾌한		✓						불쾌한
모 난					✓			둥 근
수동적				✓				능동적
추 한						✓		아름다운
단순한						✓		복잡한
어두운					✓			밝 은
좋 은	✓							나 쁜
약 한						✓		강 한
둔 한				✓				예민한

[표 14-2-19]에서 보는 바와 같이, 어의분화척도에서는 각 문항에 대하여 응답자의 생각과 가장 가까운 느낌이나 태도를 그에 해당하는 위치에 표기한다. '결혼'에 대한 부정적인 문구가 왼쪽에 있는 문항도 있고 오른쪽에 있는 문항도 있다. 이와 같은 문항의 구성은 문항을 제대로 읽지 않고 긍정적으로 또는 부정적으로만 표기하려는 응답자들을 통제시켜주기 위한 것이다.

어의분화척도를 통하여 얻는 점수는 1점에서 7점 또는 -3점에서 +3점으로 코딩(coding)된다. 이렇게 수집된 자료는 평균값분석법, 거리집략분석법 및 요인평점분석법 등에 의해 분석될 수 있다. 평균값분석은 각 기본 개념에 따른 척도점의 평균값을 토대로 개념을 분석하는 것이며, 거리군집분석(distance-cluster analysis)은 각 기본 개념들이 어의공간(語義空間)에서 차지하는 위치 사이의 거리를 측정하여 관계를 분석하는 것을 말하고, 요인평점분석(factor score analysis)은 요인분석의 요인평점을 사용하여 개념을 평가하는 방법이다.

⑽ 스타펠척도

스타펠척도(Stapel scale)는 하나의 개념에 대하여 0점이 없는 -5점에서 +5점 사이의 10점 항목으로 측정할 수 있도록 만든 척도이다. 일반적으로 세로의 형태로 측정기준이 제시되며, 응답자는 해당 항목이 얼마나 정확하게 표현되는지를 수량화된 항목에 표기하게 된다. 높은 점수는 해당되는 항목이 적절하게 표

[표 14-2-20] 스타펠척도의 활용 예

아래에 제시된 단어나 문장이 우리나라 '공무원'을 얼마나 정확하게 표현하고 있는지를 아래의 방식에 따라 평가해 주십시오.

<평가 방식> 정확하게 표현되었다고 생각하는 경우는 '+'에 해당하는 수치를 선택하고, 매우 정확하다고 생각하는 경우에는 높은 수치의 '+'값에 ✓를 하여 주십시오. 만일 적절하지 못한 표현이라고 생각하는 경우에는 '－'에 해당하는 수치를 선택하고, 매우 부적절한 표현이라고 생각하는 경우에는 높은 수치의 '－'값에 ✓를 하여 주십시오. 공무원이 정확하게 표현되었다고 생각하는 경우는 +5까지 ✓할 수 있으며, 공무원이 부적절하게 표현되었다고 생각하는 경우는 －5까지 ✓할 수 있습니다.

[공 무 원]

+5 :		+5 :		+5 :	
+4 :		+4 :		+4 :	
+3 :		+3 :	✓	+3 :	
+2 :		+2 :		+2 :	
+1 :	✓	+1 :		+1 :	
국민의 공복		국가발전의 선봉		창의와 책임을 다한다	
－1 :		－1 :		－1 :	
－2 :		－2 :		－2 :	✓
－3 :		－3 :		－3 :	
－4 :		－4 :		－4 :	
－5 :		－5 :		－5 :	

현된 것(즉, 높은 정확성)을 의미한다. 이 척도의 예를 들면, [표 14-2-20]과 같다.

스타펠척도를 통하여 얻은 측정값은 어의분화척도에 의한 측정값과 비슷한 특성을 지니며, 그 분석방법도 유사하다. 그러나 어의분화척도와 달리, 스타펠척도는 두 개의 상반된 형용사적 표현을 구성하기 위하여 고민하지 않아도 되는 장점이 있다. 하지만, 스타펠척도 역시 응답자에게 다소 혼란을 줄 수 있으며 다양한 문제에 응용이 어렵다는 단점이 있다.

제3절 측정의 오차

1. 측정오차의 의미

측정이란 측정대상의 속성에 척도 또는 측정도구를 적용하여 수치를 부여하는 작업이다. 따라서 측정할 때에는 항상 대상의 속성에 대한 실상을 그대로 파악하는 것이 매우 중요한 과제로 등장한다. 그러나 실제로 측정을 행함에 있어서 측정하고자 하는 속성을 항상 정확하게 측정할 수 있는 것은 아니다. 특히 사회과학연구에서는 측정하고자 하는 속성의 규명이 쉽지 않을 뿐 아니라 이를 측정하기 위한 척도를 완벽하게 개발하기는 쉽지 않다. 따라서 이러한 경우 실제 측정에서 본래의 참값과 측정한 결과 사이에 불일치(차이)가 나타날 수 있으며, 그 불일치 또는 차이를 측정오차(measurement error)라고 한다.

2. 측정오차의 원천

측정오차는 여러 가지 원인에 의해 발생되어 추적하기 힘들지만, 대표적인 원천으로서 측정자, 측정대상, 측정상황, 측정방법 및 측정도구 등에 의한 문제를 들 수 있다. 이들을 구체적으로 살펴보면, 다음과 같다.

첫째, 측정자가 사람이기 때문에, 그로 인한 여러 가지 측정상의 오차가 있을 수 있다. 측정자의 독특한 성향이나 편견, 능력, 혹은 시간과 환경에 따른 태도의 변화 등으로 인하여 오차가 생길 수 있다. 특히 측정자의 신분이나 태도 등에 따라 측정대상이 영향을 받는 상호작용에 의한 오차가 있을 수도 있다. 예를 들면, 측정자가 친절할수록 더욱 호의적인 답변을 얻어낼 가능성이 높을 것이다. 또한 측정자가 측정결과에 영향을 미치려고 의도적으로 특정한 답변을 유도하거나, 측정결과를 정리 · 보고하는 과정에서 잘못하여 오차가 나타날 수도 있다.

둘째, 측정대상과 관련하여 오차가 발생할 수 있다. 예를 들어, 표본이 부적합하거나 무응답이 많아 전체적인 모집단의 특성을 제대로 알 수 없거나, 실험이 필요하지만 실제로 그것이 불가능한 경우에 오차가 나타날 수 있다. 또한 측정대상의 지적 능력이나 사고력·판단력 혹은 의도 등에 의하여 측정오차가 발생하기도 한다. 그 분야의 지식을 충분히 지니지 못하거나, 기억을 제대로 하지 못하거나, 본능적으로 감추고 기피한다거나, 필요시 속이려 하는 경우에 오차가 나타난다.

셋째, 측정상황이 달라짐에 따라 오차가 발생할 수 있다. 예를 들어, 같은 시험을 보더라도 제한된 시간보다 충분한 시간이 주어지는 경우에, 그리고 시끄럽고 산만한 환경보다 조용하고 집중이 용이한 환경에서 시험성적이 좋을 가능성이 높다.

넷째, 측정방법이나 측정도구의 문제로 오차가 발생할 수 있다. 자료수집방법이나 질문지내용 등 측정도구가 불완전하여 연구자의 의도가 명확히 전달되지 않아 측정대상마다 나름대로 해석을 하여 그 측정결과가 왜곡되는 경우가 있을 수 있다. 또 측정도구에 대한 익숙 정도나 반응형태 등과 같이 측정도구와 측정대상자들의 상호작용으로 인하여 오차가 발생할 수 있다. 예컨대 TOEFL시험을 두 번 보는 경우, 측정도구에 대한 익숙 정도의 차이에 의한 효과가 포함되어 두 번째 시험에 더 좋은 성적을 얻을 가능성이 높다.

3. 측정오차의 종류

측정에 있어서 오차의 종류에는 여러 가지가 있으나, 오차가 발생하는 패턴의 여부에 따라 체계적 오차와 무작위 오차로 구분될 수 있다.

(1) 체계적 오차

체계적 오차(systematic error)란 측정대상과 측정과정에 규칙적으로 발생되는 오차를 말한다. 즉, 측정도구가 잘못 선정되어 측정대상 모두에게 동일하게 나타나게 되는 오차가 체계적 오차이다. 예를 들어 어떤 체중계가 실제 몸무게와 달리 항상 일정한 차이로 많거나 적게 보여준다면, 이 체중계는 일정한 차이, 즉 체계적 오차를 발생시키고 있다.

사회과학분야에서 체계적 오차는 주로 지식·교육·신분·정보·인간성 등에 의해 야기되며, 이들은 경우에 따라 인위적 또는 자연적으로 작용하여 오차를 발생시킨다. 측정대상에 대하여 체계적으로 영향을 미침으로써 그 오차는 항상 일정한 방향으로 편향된다. 따라서 측정결과로서 자료의 분포는 한쪽으로 치우치거나 변수 간의 관계가 한쪽으로 높거나 낮게 나타나게 된다.

(2) 무작위 오차

무작위 오차(random error, change error)는 우연적이며 일시적인 사정에 의해 불규칙적으로 나타나는 오차로서 때때로 비체계적 오차(unsystematic error)라고도 한다. 예컨대 사람들의 기분이나 정서는 경우에 따라서 그들의 성취를 부풀리게 하거나 감소시킬 수 있다. 특정한 시험에서 어떤 아동들은 기분이 좋을 수 있고, 다른 아동들은 의기소침할 수가 있다. 만약 기분이 그들의 성적에 영향을 준다면, 어떤 아동들에 대해서는 측정값을 증가시키고 그 반대의 경우에는 감소시키기도 할 것이다.

무작위 오차는 측정대상, 측정과정, 측정수단, 측정자 등에 우연히 또는 일시적으로 영향을 미침으로써 발생하기 때문에 그 근원을 알지 못하는 경우가 대부분이다. 그러므로 이러한 오차는 사전에 알 수 없을 뿐만 아니라 쉽게 통제할 수도 없다. 체계적 오차가 항상 일정한 방향으로 편향되어 있는 데 반하여, 무작위 오차는 그 방향이 일정하지 않고 다양하게 분산되거나 때로는 상쇄되기도 한다.

4. 측정오차의 확인 및 제거

측정오차가 얼마나 개입되어 있는지, 즉 측정결과가 측정대상의 속성을 얼마나 정확히 반영하고 있는지를 알기 위해서는 타당성과 신뢰성에 대한 검토가 필요하다. 다음의 제 4 절에서 설명하겠지만, 타당성은 '측정하려고 했던 것을 제대로 측정하였는가'를 보여주는 것으로, 측정이 의도했던 개념을 측정했는지 아니면 결과적으로 다른 것을 측정하게 되었는지를 판단하게 한다. 신뢰성은 일정한 값을 계속해서 산출해 내고 있는지를 보는 것으로, 측정값들의 일관성을 판단하는 것이다.

측정오차가 확인되면, 이를 감소 혹은 제거시키는 방법은 여러 가지가 있을 수 있다. 측정오차를 유발하는 원천과 관련하여 흔히 사용되는 몇 가지 방법을 살펴보면, 다음과 같다.

첫째, 측정도구를 미리 시험(사전검사, pretesting)해 보거나, 측정이 얼마나 어려웠거나 쉬웠는지에 대해 응답자들로부터 환류(feedback)를 받는다든지, 시험 환경이 응답자의 성취에 어떻게 영향을 주었는지에 대한 정보를 응답자들로부터 얻어 본다.

둘째, 면접이나 관찰과 같이 조사자를 활용하여 자료를 수집하는 경우에는 이들이 비고의적으로 오차를 만들지 않도록 충분히 교육·훈련하는 것이 필요하다.

셋째, 수집한 모든 자료를 철저하게 두 번 이상 재점검하여 본다. 컴퓨터 분석을 위해 입력하는 모든 자료는 이중으로 입력되어야 하며, 상호 비교를 통해 확인되어야 할 것이다. 이것은 두 번째로 자료를 입력할 때에 먼저 입력했던 자료와 차이가 드러날 수 있기 때문이다.

넷째, 측정오차를 조정하기 위해 통계적 절차를 사용해 볼 수 있다. 이것은 자료에 직접 적용할 수 있는 간단한 공식으로부터 오차와 그 효과를 모형화하는 아주 복잡한 방법까지 다양하다.

다섯째, 측정오차, 특히 체계적 오차를 다루기 위한 방법의 하나로서 동일한 구성개념에 대해 다중 측정값을 사용해 본다. 만약 서로 다른 측정값이 동일한 체계적 오차를 보이지 않는다면 다중 측정값에 대해 삼각측정(triangulation)을 함으로써 무엇이 일어나고 있는지에 대해 더욱 정확한 판단을 할 수 있게 된다.

제 4 절 측정의 타당성과 신뢰성

앞에서 살펴보았듯이, 측정이란 추상적인 개념이 숫자나 기호로 표현되게 하는 일련의 작업으로 정의되고 있다. 예컨대 사람의 지능을 측정한다면, 지능은 그 자체로는 측정이 불가능한 추상적인 개념이며, 연구자는 이를 어떠한 정해진 규칙에 의하여 수치로 표현하게 된다.

이처럼 측정대상의 속성에 척도를 적용하여 수치를 부여한 후, 연구자는 타당성과 신뢰성이라는 두 가지 문제에 직면하게 된다. 여기서 타당성의 문제는 연구자가 '측정하고자 하는 것을 측정하였는가' 하는 것이며, 신뢰성의 문제는 '측정하고자 하는 것을 일관성 있게 측정하였는가'에 관한 것이다.

측정에 있어서 타당성과 신뢰성의 문제는 앞에서 논의한 측정오차와 관련

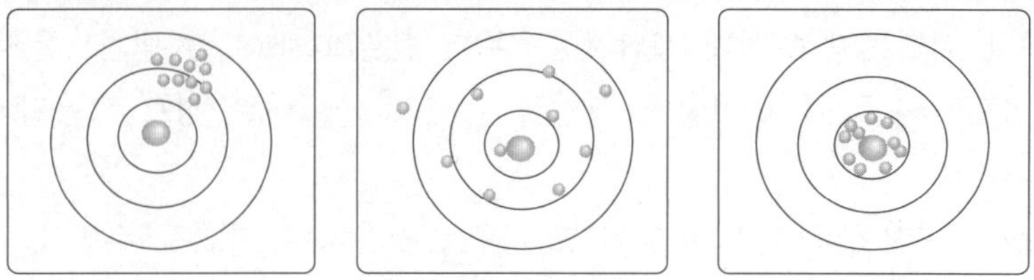

(a) 타당성은 낮으나 신뢰성이 높은 경우

(b) 타당성과 신뢰성이 모두 낮은 경우

(c) 타당성과 신뢰성이 모두 높은 경우

[그림 14-4-1] 측정의 타당성과 신뢰성

지어 살펴볼 수 있다. 우선 측정값을 간단한 식으로 표현하면 다음과 같다.

$$O(\text{측정값}) = T(\text{참값}) + E_s(\text{체계적 오차}) + E_r(\text{무작위 오차})$$

만약 어떤 측정도구를 적용하여 측정한 값이 측정대상의 속성을 완벽하게 반영하고 있다면, 체계적 오차와 무작위 오차를 합한 전체 측정오차($E_s + E_r$)가 거의 0에 가까워, 그 측정은 높은 타당성을 갖게 된다. 한편 어떤 측정대상의 동일한 속성을 동일한 측정도구를 가지고 여러 번 측정했을 때, 그 측정값들이 서로 동일하다면 무작위 오차(E_r)가 거의 0에 가까워지며, 그 측정은 신뢰성이 높다고 할 수 있다. 이 경우 무작위 오차가 매우 작아 신뢰성이 높더라도 체계적 오차가 존재한다면 측정의 타당성은 문제시될 수 있다.

이와 같은 타당성과 신뢰성의 문제는 표적(상)에 대한 사격(측정도구)의 결과인 탄흔(측정결과)을 보여 주는 [그림 14-4-1]을 보면 더욱 쉽게 이해될 수 있다. 타당성은 탄흔이 표적 중심부의 주위에 모여 있는 정도로 평가되기 때문에, (a)와 (b)는 타당성이 낮은 반면에 (c)는 타당성이 높다고 볼 수 있다. 신뢰성은 탄흔이 좁은 범위에 집중된 정도로 평가되기 때문에, (a)와 (c)는 무작위 오차가 작아 신뢰성이 높은 반면에 (b)는 무작위 오차가 커 신뢰성이 낮다고 할 수 있다. 한편 (a)와 같이 무작위 오차가 작아 신뢰성이 높은 경우에도 체계적 오차가 크다면, 측정의 타당성은 낮게 평가된다.

1. 측정의 타당성

(1) 타당성의 의미

측정에 있어서 타당성(validity)은 '측정하고자 하는 것을 측정하는가'에 관한 것이다. 다시 말하면, 타당성은 '무엇이' 측정되고 있는가의 동일성 확인에 관한 문제이다. 특히 사회과학연구에서는 측정대상의 속성상 이를 간접적으로 측정하여야 하는 경우가 대부분이다. 이러한 점 때문에 사회현상을 측정할 때 연구자는 확실히 자기가 '측정하고자 하는 것'을 측정하였다는 확신을 할 수 없게 된다. 즉, 대상을 측정할 때에 연구자가 당초 '측정하고자 하는 것'을 얼마나 정확하게 측정하는가 하는 정도가 바로 타당성의 문제라고 보면 된다.

측정의 타당성은 무엇보다도 척도가 제대로 기능을 하는가의 문제와 직결된다. 실제로 사회과학연구에서는 추상적 개념을 측정하도록 다양한 척도들이 많이 개발되어 활용되고 있다. 그럼에도 과연 이들이 당초 측정하고자 하는 개념이 의미하는 바를 얼마나 정확하게 측정하는지 그 타당성 측면에서 여전히 의문이 있을 수 있다. 예컨대 한국 대학생들의 지능(IQ)검사를 하면서, 영어로 작성된 검사지를 이용하는 경우가 여기에 해당될 수 있다. 이러한 측정도구를 사용하여 나타난 지능검사의 결과가 과연 지능을 측정한 것인지, 아니면 영어 능력을 측정한 것인지 의문을 가질 수 있다. 이러한 의문에 대한 답을 얻기 위해 타당성의 확인이 필요하게 된다.

이처럼 측정에서 타당성은 척도 또는 측정도구 자체가 측정하고자 하는 개념을 정확히 반영할 수 있는가의 문제이며, 이는 측정하고자 하는 개념을 어떻게 정의하였으며 그 개념적 정의를 어떻게 조작적으로 정의하였는가에 따라 상당한 영향을 받게 된다. 이러한 점에서 측정의 타당성은 척도 또는 측정도구의 타당성이자 측정하려는 개념에 대한 개념적 정의와 조작적 정의의 타당성을 의미한다.

(2) 타당성의 유형과 평가방법

타당성은 그 평가방법에 따라 ① 내용타당성 또는 논리적 타당성, ② 기준타당성 또는 경험적 타당성, ③ 구성타당성 또는 개념적 타당성 등 세 가지로

[표 14-4-1] 타당성의 유형 및 내용

<table>
<tr><th>유 형</th><th colspan="2">내 용</th><th>다른 명칭</th></tr>
<tr><td>내용타당성</td><td colspan="2">· 의 미: 측정의 내용이 측정하고자 하는 속성의 내용을 대표하는 정도
· 평가방법: 자기타당성 평가, 전문가 검토(패널토의, 워크숍 등)</td><td>논리적 타당성
외견상 타당성</td></tr>
<tr><td rowspan="4">기준타당성</td><td colspan="2">· 의 미: 측정의 결과가 다른 기준에 의한 측정의 결과에 부합하는 정도
· 평가방법: 상관분석(타당성 계수)</td><td>경험적 타당성</td></tr>
<tr><td>예측타당성</td><td>비교의 시점이 미래인 경우</td><td rowspan="3">일치타당성</td></tr>
<tr><td>동시타당성</td><td>비교의 시점이 현재인 경우</td></tr>
<tr><td>과거타당성</td><td>비교의 시점이 과거인 경우</td></tr>
<tr><td rowspan="4">구성타당성</td><td colspan="2">· 의 미: 측정하고자 하는 개념이 관련되는 이론적 틀에 부합하는 정도
· 평가방법: 다속성 · 다방법행렬기법, 요인분석</td><td>개념적 타당성</td></tr>
<tr><td>이해타당성</td><td>특정 개념을 이해하고 있는 정도</td><td>수렴타당성</td></tr>
<tr><td>집중타당성</td><td>동일한 개념을 상이한 방법으로 측정할 때 그 측정값들 간의 상관 정도</td><td>집중타당성</td></tr>
<tr><td>판별타당성</td><td>상이한 개념을 동일한 방법으로 측정할 때 그 측정값들 간의 상관 정도</td><td>차별타당성
판별타당성</td></tr>
</table>

나눌 수 있다.10) 이러한 세 가지 유형을 간략히 요약하면 [표 14-4-1]과 같다.

1) 내용타당성

내용타당성(content validity)은 측정도구 내용의 대표성(representativeness) 또는 표본추출의 정확성(sampling adequacy)을 의미한다(Kerlinger, 1986: 417). 즉, 측정하고자 하는 속성의 내용 또는 그러한 내용의 모집단이 측정에 얼마나 반영되고(대표성 있게 포함되고) 있는가의 문제이다. 이는 측정도구의 내용에 대하여 그 대표성(representativeness)이나 표본추출의 적절성(sampling adequacy)을 논리적으로 따져보기 때문에 논리적 타당성(logical validity)이라고도 한다.

예를 들어 영어능력을 측정하는 시험에서 영어 단어에 대한 문항만 있었다면, 이 영어시험은 독해나 문법에 관한 측정이 이루어지지 않았기 때문에 내용타당성이 없다고 볼 수 있다. 이처럼 어떤 시험에서 '지엽적인 문제가 나왔다'거

10) 제11장에서 살펴보았듯이, 연구설계의 타당성은 내적 타당성과 외적 타당성으로 구분된다. 이러한 구분은 측정도구를 평가하기보다는 연구의 진행 과정에서 발생되는 문제점을 설명하고 치유할 수 있는 방법에 관한 것이다.

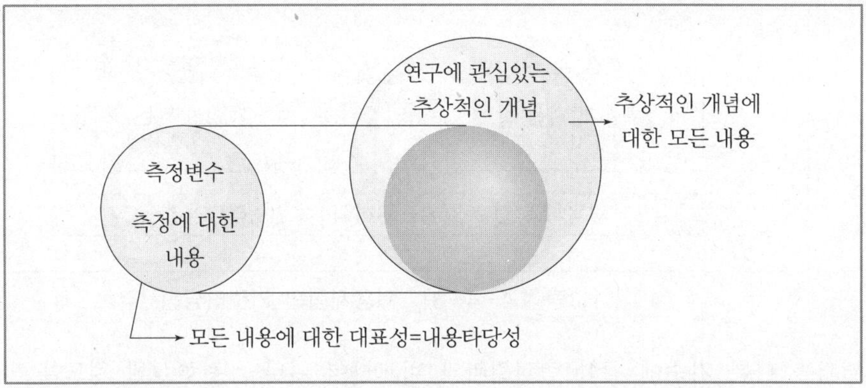

[그림 14-4-2] 내용타당성의 이해(이군희, 2002: 119)

나 '중요하지 않은 문제가 나왔다'는 학생들의 주장에 대해, 이들 시험문제가 그 과목의 전반에 걸친 내용을 대표하는 정도를 평가하려는 것이 바로 내용타당성에 대한 문제이다.

[그림 14-4-2]에서 보듯이, 내용타당성은 측정도구에 포함된 내용(측정지표 혹은 측정항목)이 측정하고자 하는 내용(측정대상의 속성)을 대표하고 있는가를 나타낸다. 측정도구가 측정대상이 가지고 있는 무수한 속성들 중의 일부를 대표성 있게 포함하고 있으면, 그 측정도구 및 이에 의한 측정결과는 내용타당성이 높다고 할 수 있다. 다시 말해서, 측정항목의 모집단으로부터 적절한 항목을 표본추출하여 만든 측정도구는 가능한 모집단으로부터 많은 항목을 무작위적으로 추출하여야 그 측정도구 또는 측정결과의 타당성이 높아지게 된다.

여기에서 측정도구 또는 측정결과의 내용이 측정대상의 속성을 대표할 만한 것인지에 대한 판단은 대체로 주관적일 수밖에 없다. 앞의 예에서 영어능력이라는 개념에 대한 모든 내용을 측정에 포함시킨다면 가장 훌륭한 측정이 되겠지만, 현실적으로 모든 내용을 측정에 포함시키는 것은 거의 불가능하며, 그 중에서 일부를 선택하는 과정은 불가피할 것이다. 따라서 표본으로 선택된 항목으로 만든 측정도구의 내용타당성을 높이기 위해서는 자기타당성(self-validity)평가 과정을 거치거나, 패널토의·워크숍 등을 통해 전문가들의 의견을 활용할 필요가 있다.

2) 기준타당성

기준타당성(criterion validity)은 어떤 척도 혹은 측정도구를 사용하여 측정한

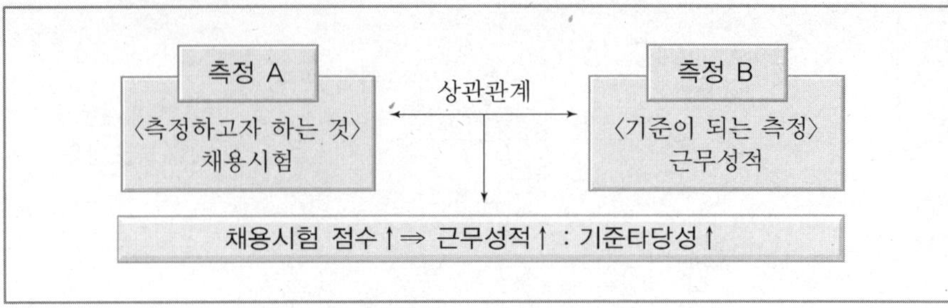

[그림 14-4-3] 채용시험의 기준타당성

결과를 다른 기준에 의한 측정결과와 비교하여 나타난 관련성의 정도를 의미한다. 내용타당성이 주관적인 판단에 의해 이루어지는 것이라면, 기준타당성은 객관적인 근거를 통해 타당성을 확인하는 방법이다. 어떤 척도 또는 측정도구가 타당성이 높다고 한다면, 이를 사용한 측정결과와 다른 어떠한 기준에 의한 측정결과 사이에 높은 상관관계가 존재하여야 한다는 것이다. 예를 들어 공무원 채용시험의 타당성을 평가하는 경우, 채용시험과 임용 후 근무성적 간의 상관관계가 높다면 그 채용시험은 근무성적이라는 기준에 비추어 볼 때 타당성이 높다고 할 수 있다([그림 14-4-3] 참조).

이처럼 기준타당성을 평가하기 위해서는 그 측정도구를 적용하여 얻은 측정값과 다른 기준을 적용하여 얻은 측정값 사이에 나타나는 상관관계를 분석하여야 한다. 이들 두 측정값으로부터 얻은 상관계수를 타당성계수(validity coefficient)라고 하며, 이 계수의 값이 크면 기준타당성은 높다고 할 수 있다. 이와 같이 기준타당성은 연구하려는 속성을 측정해 줄 것으로 알려진 기준에 의한 측정결과와 측정도구에 의한 측정결과 간의 경험적인 관계를 비교하여 타당성 정도를 파악한다는 점에서 경험적 타당성(empirical validity)이라고도 불린다.

기준타당성은 사용되는 비교 기준의 시점에 따라 예측타당성(predictive validity), 동시타당성(concurrent validity), 그리고 과거타당성(postdictive validity)으로 나누어진다. 즉, 연구자가 관심 있는 측정 A를 현재의 시점에서 행할 때 기준이 되는 측정 B의 발생 시점(미래, 현재, 과거)에 따라 세 가지 형태로 구분된다.

예측타당성은 연구자가 관심 있는 측정 A를 현재의 시점에서 행할 때, 기준이 되는 측정 B가 미래 시점에서 나타나는 경우에 해당된다. 이는 측정 A를 이용하여 측정 B를 예측하는 의미를 갖는 것으로, 측정도구에 의한 측정결과가 측정대상의 미래 상태를 얼마나 정확하게 예측할 수 있는가를 보여주는 타당성이다. 예를 들면, 공무원 채용시험은 향후 공무원으로서 근무능력의 여부를 정확하게 예측하는 데 사용된다. 이 경우 근무성적이 예측의 기준이 되어 공무원 채용시험에 대한 타당성을 확인하게 해 주며, 따라서 공무원 근무성적에 대한 채용시험의 예측에 있어서 정확성 정도가 예측타당성이 된다.

동시타당성은 연구자가 관심 있는 측정 A를 현재의 시점에서 행할 때, 기준이 되는 측정 B가 동시에 같은 시점에서 나타나는 경우에 해당된다. 이는 측정도구에 의한 측정결과가 측정대상의 현재 상태를 올바르게 나타내고 있는가에 관한 것이다. 즉, 측정도구가 어떤 기준의 현재 값을 얼마나 정확하게 보여주고 있는가에 대한 타당성을 말한다.

과거타당성은 연구자가 관심 있는 측정 A를 현재의 시점에서 행할 때, 기준이 되는 측정 B가 과거 시점에서 나타나는 경우에 해당된다. 이는 측정 A를 이용하여 과거에 발생된 측정 B를 확인하는 의미를 갖는다.

3) 구성타당성

구성타당성(construct validity)은 측정의 타당성을 측정대상의 속성(구성개념)과 관련되는 이론적 관계로부터 평가한다. 다시 말하면, 실제 측정결과가 추상적인 개념들 사이에 만들어진 이론적 틀에 얼마나 부합하는지를 파악하기 때문에 개념적 타당성(conceptual validity)이라고도 한다. 이러한 부합의 정도는 이론적 틀에서 나타나는 이론적 기대 관계와 실제 측정에서 나타나는 수치의 관계를 비교하여 규명할 수 있다([그림 14-4-4] 참조).

예를 들어 공직부패를 측정하려는 경우, 먼저 공직부패와 관련한 이론적인 틀을 구성해야 한다. 공직부패의 원인과 결과에 대한 설명들이 그러한 이론적

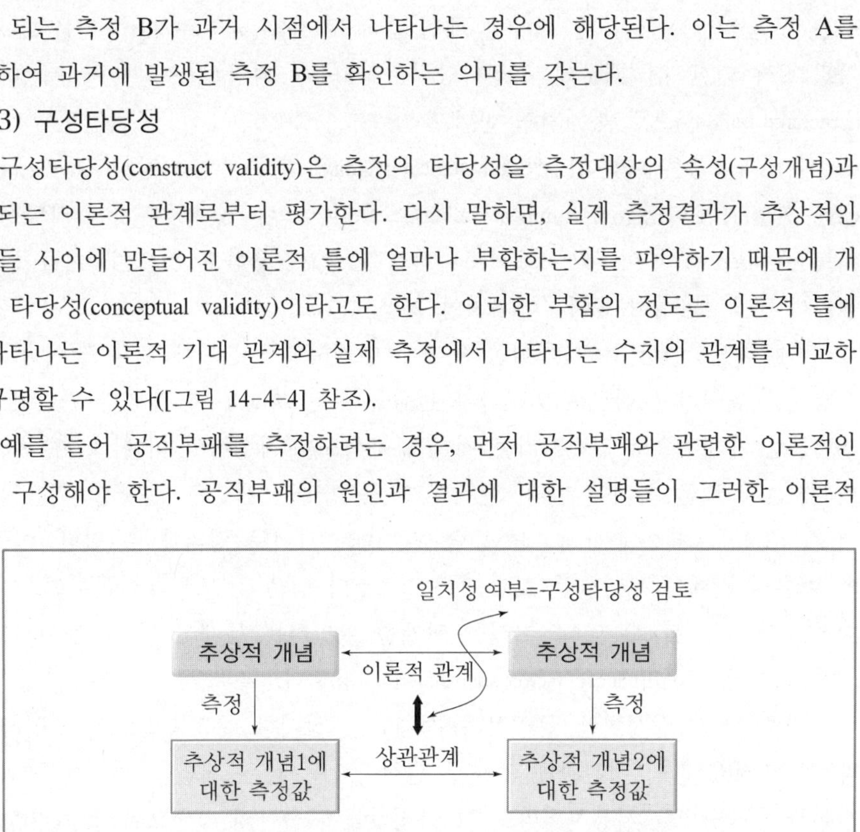

[그림 14-4-4] 구성타당성의 이해(이군희. 2002: 122)

틀을 형성하게 될 것이다. 공직부패를 보수와 관련하여, 보수 수준이 낮을 때는 공직부패 수준이 높게 나타난다는 이론적 설명이 가능하다고 하자. 실제로 공직부패와 보수의 수준을 측정하여, 이들 간에 통계적으로 유의한 상관관계를 발견한다면(즉, 공직부패가 높게 나타나는 경우 보수도 낮게 나타난다면), 공직부패에 대한 측정도구는 구성타당성을 가지고 있다는 하나의 증거가 된다. 반대로 이들 간에 통계적으로 유의한 상관관계가 없다면(즉, 공직부패가 높게 나타나는 경우라도 보수가 낮게 나타나지 않는다면), 공직부패에 대한 측정도구의 구성타당성에 대한 의문이 제기될 수 있을 것이다.

이처럼 구성타당성은 측정의 기초를 이루고 있는 이론적 구성의 타당성을 문제로 삼기 때문에 추상성을 지닌 개념을 효과적으로 측정할 수 있다. 구성타당성은 측정값 자체보다는 측정하고자 하는 속성에 초점을 두기 때문에, 측정도구는 전반적인 이론적 틀 내에서 개념 간의 관계를 밝히는 데 중점을 두고 평가된다. 이러한 점 때문에 구성타당성은 개념적 타당성 또는 구조적 타당성(structured validity)으로 불리기도 한다.

구성타당성은 이해타당성(nomological validity), 집중(수렴)타당성(convergent validity), 판별(차별)타당성(discriminant validity)으로 나눌 수 있다. 세 가지 타당성들은 서로 독립된 것이 아니라 서로 보완적으로 상호작용하고 있으며, 이들이 모두 높아야 구성타당성이 높아진다(채서일, 2006: 187).

이해타당성이란 특정 개념을 어떻게 이해하고 있는가에 관한 것이다. 이해타당성을 높이기 위해서는 연구자가 관심을 두는 특정 (구성)개념과 관련이 있는 개념들을 체계적으로 연결시키는 이론적 구성도를 작성하여 이에 측정방법을 연결시키는 노력을 하여야 한다. 예컨대 ‘지능’이라는 개념은 ‘문제를 푸는 능력’, ‘창조력’, ‘판단력’, ‘순간적 대처능력’ 등 여러 가지로 정의할 수 있다. 이들 간의 이론적 관계를 모형화한 것이 측정으로부터 얻은 결과에 부합한다면, 이해타당성이 높다고 볼 수 있다. 이러한 관계를 확인하는 통계적 검증과정에서는 확인적 요인분석(confirmatory factor analysis)이 사용된다.

집중(수렴)타당성이란 동일한 구성개념을 상이한 측정방법으로 측정하였을 때 그 측정값 간의 상관관계 정도를 말한다. 즉, 같은 개념을 측정하기 위하여 상이한 측정방법을 사용하더라도 그 측정값들은 하나의 차원으로 집중(수렴)해야 한다(높은 상관관계를 가져야 한다)는 것이다. 예를 들면, ‘문제를 푸는 능력’을 측정하기 위하여 대화방법과 시험방법이라는 서로 다른 두 측정도구를 개발하여 사용하였을 때 이들 측정결과 사이의 상관관계가 높게 나타났다면, 두 측정도구는 '문제를 푸는 능력'의 측정에서 집중타당도가 높다고 할 수 있다.

판별(차별)타당성은 상이한 구성개념을 동일한 측정방법으로 측정하였을 때 그 측정값 간의 상관관계의 정도를 말한다. 즉, 서로 다른 개념을 측정하기 위하여 동일한 측정방법을 사용하더라도 그 측정값들 간에는 판별(차별)성이 나타나야 한다(낮은 상관관계를 가져야 한다)는 것이다. 동일한 측정도구가 사용되더라도 상이한 속성을 측정하는 것이면 두 측정값 간에 높은 상관관계가 있어서는 안 된다는 것이다. 예컨대 '문제 푸는 능력'과 '창조력'이라는 상이한 개념을 동일한 측정방법을 사용하여 측정하였을 때, 두 개념을 측정한 측정값 간의 상관계수가 낮게 나왔다면, 그 측정방법은 판별타당성이 높다고 할 것이다.

측정에 있어서 구성타당성을 실제로 확인하는 일은 그리 쉽지 않다. 위에서 제시한 공직부패의 예에서도, 설령 이론적인 설명을 통해 기대되는 결과가 도출되지 않았다 하더라도 그것이 공직부패에 대한 측정도구의 잘못인지, 아니면 이론적인 구성이 잘못되었기 때문인지, 혹은 다른 개념(예: 보수 수준)에 대한 측정이 잘못되었는지를 구분하기가 쉽지 않게 될 것이다.

구성타당성을 평가하기 위하여 보통 이용되는 방법으로는 다속성·다방법 행렬기법(multitrait-multimethod matrix technique)과 요인분석법이 있다. 다속성·다방법행렬기법의 논리에 따르면, 동일한 속성(구성개념)은 상이한 측정도구에 의하더라도 동일한 결과가 산출되며(집중타당성), 상이한 속성(구성개념)은 측정도구에 관계없이 상이한 측정결과가 산출되어야 한다(판별타당성). 이러한 논리에 기초하여 상이한 다수의 개념과 상이한 다수의 측정방법을 통하여 측정결과 간의 상관관계 행렬을 사용하여 구성타당성을 평가하게 된다.

요인분석에 의한 구성타당성 평가도 집중타당성과 판별타당성의 논리에 기초하고 있다. 상이한 개념에 대하여 각각 여러 가지의 측정방법을 적용하여 측정문항을 구성한 다음, 그 측정값을 사용하여 요인분석을 실시하여, 그 결과로 나온 요인들이 원래 의도한 개념을 대표하는지를 평가하는 것이다. 요인분석의 기본 원리는 문항들 간의 상관관계가 높은 것끼리 하나의 요인으로 묶어, 이들 요인들 간에는 상호 독립성이 유지되도록 하는 것이다.[11)] 하나의 요인 내에 묶

11) 요인분석에 대한 설명은 제18장 제9절을 참조하기 바란다.

어진 측정문항들은 동일한 개념을 측정하는 것(집중타당성)으로 판단할 수 있고, 다른 요인에 적재된 측정문항들은 다른 개념을 측정하는 것(판별타당성)이라고 간주할 수 있다.

2. 측정의 신뢰성

(1) 신뢰성의 의미

측정에서 신뢰성(reliability)은 '측정값들이 얼마나 일정하게 산출되는가'에 관한 것이다. 만약 어떤 측정도구를 동일한 현상에 반복 적용하였을 때 항상 같은 측정결과를 얻게 된다면, 그 측정도구 또는 측정결과는 신뢰성이 높다고 볼 수 있다. 신뢰성이 높은 측정도구에 의해 측정된 결과는 안정성(stability)이 높고, 일관성(consistency)이 있으며, 믿음성(dependability)이 있고, 나아가 예측가능성(predictability)이 있다.

예를 들어, 사람들의 몸무게를 재는 저울이 있다고 하자. 이 저울로 똑같은 사람을 연속해서 모두 5번 측정했는데, 각각 70㎏, 71㎏, 69㎏, 68㎏, 72㎏으로 나왔다. 이 경우, 저울이라는 측정도구와 그 측정결과는 신뢰성이 없다고 볼 수 있다. 만약 연속 5번의 측정에서 모두 70㎏이 나타났다면, 그 측정도구와 측정결과는 신뢰성이 있다고 판단할 수 있다. 그러나 이러한 신뢰성이 타당성을 보장하는 것은 결코 아니다. 70㎏이라는 측정결과가 그 사람의 몸무게에 대한 참값인지에 대해서는 신뢰성으로서 나타내지 못한다. 본래 67㎏인 사람을 계속해서 70㎏인 것으로 일관된 측정값을 산출해 내기만 하면, 일단 신뢰성은 확보되는 것으로 간주된다. 70㎏이라는 측정값이 그 사람의 몸무게를 정확하게 나타내고 있는지 아니면 저울의 체계적 오차에 의해서 그렇게 산출되는지 등에 대한 것은 타당성의 문제이다. 이처럼 타당성이 측정에 있어서 체계적 오차와 관련된 것이라면, 신뢰성은 측정에 있어서 무작위 오차와 관련되어 있다.

(2) 신뢰성의 이론적 배경

신뢰성은 동일한 측정대상으로부터 동일한 측정결과를 얻을 수 있는 정도로서, 측정에 있어서 무작위 오차와 관련이 있다. 체계적 오차가 존재하더라도 무작위 오차가 없으면, 항상 동일한 측정결과를 얻게 되기 때문에 높은 신뢰성을 지니게 된다. 따라서 측정에 있어서 신뢰성은 체계적 오차와 무관하게 무작위 오차가 발생하는 정도라고 할 수 있다.

앞에서 제시된 모형($O = T + E_s + E_r$)을 다시 생각해 보자. 신뢰성은 체계적 오차와 무관하기 때문에 무작위 오차만을 기초로 모형을 정리하면 다음의 (식 14-4-1)과 같다.

$$O(\text{측정값}) = T(\text{참값}) + E_r(\text{무작위 오차}) \cdots\cdots \text{(식 14-4-1)}$$

여기서 참값 T는 실제 측정할 수 없는 이론적 수치로서 무한히 반복하여 측정하였을 경우 얻어진 반복된 측정값의 평균, 즉 O의 기대값 또는 평균값으로 정의될 수 있다. 따라서 참값 T는 한 번의 측정으로 얻어지는 것이 아니고 수없이 반복하여 측정한 값들의 평균을 통하여 얻을 수 있다. 하지만 현실적으로 수없이 반복하여 측정한다는 것은 불가능한 일이기 때문에 여전히 참값은 가상적이고 추상적인 수치임에 틀림없다.

무작위 오차는 참값과 측정값의 차이를 만드는 하나의 요인이다. 참값은 측정값보다 클 수도 혹은 작을 수도 있는 무작위성에 의존한다. 만일 무작위 오차가 0을 중심으로 대칭분포를 갖는다고 가정하면, 무한히 반복하여 측정하였을 경우 측정값이 참값보다 큰 무작위 오차($O - T = E_r > 0$)와 측정값이 참값보다 작은 무작위 오차($O - T = E_r < 0$)가 상쇄되어 그 평균은 0이 될 것이다(즉, $E(E_r) = 0$). 따라서 (식 14-4-2)에서 보듯이, 측정값의 기댓값과 참값의 기댓값은 일치하게 됨을 확인할 수 있다.

$$E(O) = E(T) + E(E_r) = E(T) \cdots\cdots \text{(식 14-4-2)}$$

신뢰성의 산출은 한 대상을 여러 번 측정하여 반복 계산되는 것이 아니라, 여러 대상을 동시에 여러 번 반복 측정하여 이에 대한 전체적인 차이를 비교함으로써 이루어진다. 이러한 차이에 대한 개념은 분산으로 설명할 수 있는데, 앞의 기댓값 모형에 분산을 취하면, 분산의 성질에 의하여 다음의 모형이 제시된다.

$$Var(O) = Var(T + E_r) = Var(T) + Var(E_r) + 2\,Cov(T, E_r)$$

$$\cdots\cdots \text{(식 14-4-3)}$$

만약 참값과 무작위 오차 사이의 상관관계가 없다고 가정하면, $2\,Cov(T, E_r) = 0$이 되어 다음과 같이 표현된다.

$$Var(O) = Var(T + E_r) = Var(T) + Var(E_r) \quad \cdots\cdots\cdots\cdots \text{(식 14-4-4)}$$

(식 14-4-4)에 따르면, 측정값의 분산은 참값의 분산과 무작위 오차의 분산의 합으로 나타난다. 두 분산의 합으로 측정값의 분산이 이루어진다는 사실은, 측정값의 분산을 고정시켰을 경우, 참값의 분산이 커지면 무작위 오차의 분산이 작아야 하고, 반대로 참값의 분산이 작으면 무작위 오차의 분산이 커야 한다는 의미이다. 이러한 원리를 기초로 분산 크기에 대한 상대적 비교가 가능하기 때문에, (식 14-4-4)는 신뢰성 개념에서 매우 중요한 의미를 갖는다. 여기서 신뢰성(r)은 측정값의 분산에서 참값의 분산이 차지하는 비율로 정의되며, 이는 다음의 (식 14-4-5)와 같이 표현될 수 있다.

$$r = \frac{Var(T)}{Var(O)} = \frac{Var(O) + Var(E_r)}{Var(O)} = 1 - \frac{Var(E_r)}{Var(O)} \quad \cdots\cdots\cdots\cdots \text{(식 14-4-5)}$$

만약 무작위 오차가 커서 측정값 분산의 대부분을 무작위 오차가 차지하고 있으면, $Var(O) \doteqdot Var(E_r)$이 되어 신뢰성계수($r$)는 0에 가까운 값을 가지게 된다. 반면에 무작위 오차가 전혀 없다면, $Var(O) = Var(T)$가 되므로 신뢰성계수는 1이 된다. 이처럼 신뢰성계수는 0에서 1 사이의 값을 갖는데, 1로 갈수록 측정의 신뢰성이 높아지며 0으로 갈수록 측정의 신뢰성은 낮아지게 된다.

(3) 신뢰성의 산출방법

참값의 분산과 오차의 분산은 측정을 되풀이해서 얻어질 수 있는 결과이다. 그러나 실제 측정은 되풀이되지 않고 한 번에 이루어지는 것이 보통이다. 따라서 신뢰성을 산출하는 데 필요한 $Var(T)/Var(O)$, 즉 측정값 분산 중에서 참값 분산의 비율은 추정될 수밖에 없다. 이러한 신뢰성을 산출하는 데 보통 많이 쓰이는 방법으로는 검사-재검사법, 복수양식법, 반분법, 내적 일관성법 등이 있다. 이들 방법을 개괄하면 [표 14-4-2]와 같다.

1) 검사-재검사법

검사-재검사법(test-retest method)은 동일한 상황에서 동일한 측정도구로 동일

[표 14-4-2] 신뢰성의 산출방법

유 형	의 미	다른 명칭
검사-재검사법 (test-retest method)	· 동일 측정도구로 동일 측정대상을 시간적 간격을 두고 두 번 측정하여 얻은 결과를 비교함	재검사법
복수양식법 (multiple forms method)	· 비슷한 두 형태의 측정도구를 만들어 동일한 측정대상에 적용하여 그 결과를 비교함	복수구성법 평행양식법 대안양식법 동등양식법
반 분 법 (split-half method)	· 측정도구를 임의로 반분하여 각각 독립된 두 개의 척도로 간주하고 동일한 측정대상에 적용하여 그 결과를 비교함	반분검사법
내적 일관성법 (internal consistency method)	· 가능한 한 모든 반분 신뢰성계수를 구한 후 그 평균값을 구함 · 측정문항 상호간에 어느 정도 일관성이 있는가를 판단함	

한 대상을 단지 시간을 달리하여 두 번 측정하여 얻은 값들을 비교하는 것이다. 다시 말해서, 어떤 시점에서 측정을 하고, 일정 기간(보통 2~4주)이 경과한 후에 동일한 측정도구를 사용하여 동일한 응답자를 대상으로 다시 측정하여, 그 값들의 상관계수를 산출한다. 이러한 방법으로 도출한 상관계수가 신뢰성계수(reliability coefficient)가 되며, 이를 통해 신뢰성의 정도를 파악하게 된다.

검사-재검사법은 측정도구 자체를 직접 비교할 수 있고 그 적용이 간편하다는 장점이 있다. 그러나 시간에 따라 참값이 변화할 수 있고, 특히 일정한 기간을 두고 행해지는 반복 측정으로 말미암아 학습요인, 검사요인, 역사요인, 성숙요인 등이 작용하여 신뢰성에 영향을 미칠 수 있는 문제점이 있다. 다시 말해서, 두 측정값 사이의 차이가 발견되었다고 해서 반드시 측정수단의 신뢰성이 낮다고 판단할 수 없다는 것이다.

2) 복수양식법

복수양식법(multiple forms method)은 동일한 측정도구를 형식만 달리하여 동일한 대상에 적용한 후 그 결과를 비교하는 방법으로서 유사양식법(parallel-forms method), 대안양식법(alternative forms method), 혹은 동등양식법(equivalent forms method)이라고도 한다. 즉, 최대한 비슷한(대안적인, 유사한, 평행을 이루는) 두 개 이상의 양식(예: ㎝와 inch, ㎏과 lb.)을 만들어 이들을 동시에 또는 일정한 시간을 두고 동일한 대상에 차례로 적용하여 그 결과 사이의 상관계수를 계산하여 신뢰성 정도를 파악한다. 이러한 방법은 측정도구에 포함된 문항들이 어떤 측정대상 모집단의 한 표본에 지나지 않는다는 논리에 근거하고 있다.

복수양식법은 재검사법의 한계로 지적된 역사요인과 성숙요인의 효과를 어느 정도 극복하게 해 주는 장점을 지니고 있다. 그럼에도 불구하고, 동일한 현상을 측정하는 데 사용되는 두 개 이상의 유사한 측정도구(양식)를 개발하는 것은 현실적으로 쉽지 않으며, 이들 측정도구(양식)가 동등한 경우에는 검사-재검사법과 같이 검사요인의 효과에 의한 체계적 오차가 각 측정도구(양식)에 포함될 수 있는 단점이 있다.

3) 반 분 법

반분법(spilt-half method)은 측정도구를 임의로 반을 나누어 각각을 독립된 척도로 사용하여 그 측정결과들을 비교함으로써 신뢰성을 추정하는 방법이다. 예를 들어 영어 실력을 측정하기 위해 40문항의 시험을 출제하였으면, 전체 문항을 둘로 나누어 매 홀수번 문항들과 매 짝수번 문항들로 이루어진 두 개 세트(set)의 시험을 만든다. 매 홀수번 문항으로 구성된 측정도구를 적용하여 얻은 결과와 매 짝수번 문항으로 구성된 측정도구를 동일한 대상에 적용하여 얻은 측정값 사이의 상관계수를 계산하여 신뢰성 정도를 파악한다.

반분법은 복수양식법을 논리적으로 발전시킨 것으로서, 하나의 개념을 측정하기 위하여 여러 문항들이 있고 반분이 가능한 척도에만 적용할 수 있다. 따라서 이 방법을 이용하기 위해서는 측정도구가 같은 개념을 측정한다는 것이 명백하여야 하며, 양분된 각 측정도구의 문항 수는 그 자체가 각각 완전한 척도를 이룰 수 있도록 충분히 많아야 한다. 그러나 반분된 두 개의 문항을 실제로 완전히 동등하게 만든다는 것은 쉽지 않다. 또한 반분법은 문항들을 구분하는 방식에 따라 신뢰성계수가 달라지는 불확실성(indeterminancy) 문제가 발생하는 단점이 있다.

4) 내적 일관성법

내적 일관성법(internal consistency method)은 반분법에 의하는 경우 전체 문항을 어떻게 나누는가에 따라 신뢰성계수가 달라지는 불확실성 문제에 착안하여, 가능한 모든 반분 신뢰성계수를 구한 다음 그 평균값으로 신뢰성을 추정하는 방법이다. 이는 최초 Kuder와 Richardson에 의해 개발되었으며, 그 후 크론바하(Cronbach)

에 의한 알파값(α coefficient)이 일반적인 신뢰성계수로 널리 활용되고 있다.[12)]

이 방법은 동일한 개념을 측정하기 위해 여러 개의 측정문항을 이용하는 경우 그 측정결과에 일관성이 있어야 한다는 논리에 기초하고 있다. 따라서 일관성이 없는 문항, 즉 신뢰성을 저해하는 문항을 찾아내어 측정도구에서 제외시킴으로써 신뢰성을 높이려고 한다.[13)] 이처럼 내적 일관성법은 사전검사(pretesting)를 통하여 신뢰성이 낮은 문항들을 제거하고서 본 조사를 위한 측정도구를 개발할 때에 적절히 이용될 수 있으며, 본 조사가 끝나고 나서 신뢰성이 낮은 문항들을 분석에서 제외시킬 때도 유용하게 사용된다. 다른 신뢰성계수와 마찬가지로 크론바하 알파값도 0(신뢰성이 전혀 없음)에서 1(완벽한 신뢰성) 사이의 값을 지니며, 일반적으로 0.6 내지 0.7 이상이면 비교적 만족할 만한 수준으로 간주한다.[14)]

(4) 신뢰성의 제고방안

신뢰성은 무작위 오차와 관련된 것이므로 무작위 오차의 발생가능성을 줄이는 것이 신뢰성을 높이는 방안이 된다. 다시 말해서, 무작위 오차의 발생가능성을 최대한 통제하여 오차분산을 극소화시킴으로써 신뢰성을 제고할 수 있게 된다. 오차분산을 극소화하여 측정의 신뢰성을 높이는 방안을 몇 가지 제시하면 다음과 같다.

첫째, 측정도구의 모호성을 제거한다. 측정도구가 되는 측정문항의 내용이

---

12) 크론바하 알파는 측정문항(도구)들 사이에 나타나는 일종의 상관관계로서, 그 값은 다른 측정방법의 신뢰성에 대한 하한값의 역할을 한다. 다시 말하면, 모든 문항이 완벽하게 상호 교환적이라면 신뢰성과 크론바하 알파값은 일치하지만, 문항이 상호 교환적이 아니더라도 신뢰성은 크론바하 알파값보다 작을 수는 없다. 따라서 크론바하 알파값은 측정의 신뢰성을 나타냄에 있어서 실제의 신뢰성계수보다 일반적으로 작게 나타나는 경향이 있다(이군희, 2002: 102).

13) 전체 신뢰성을 낮게 만드는 문항은 문항-총합 상관계수를 이용하여 쉽게 찾아진다. 만일 여러 문항에 대한 문항-총합 상관관계가 낮게 나타났다면, 해당하는 문항을 모두 제거할 수는 없는 일이므로, 각 문항들이 동일한 개념을 나타내고 있는지를 검토해 보아야 한다. 이는 타당성과 관련된 문제이기도 하며, 주성분분석과 탐색적 요인분석을 통하여 어느 정도 극복할 수 있다.

14) 크론바하 알파값은 모든 가능한 조합의 문항간 상관계수에 대한 평균값($\bar{r}$)과 문항의 수에 따라 결정된다. 구체적으로 말하면, 문항간 상관계수에 대한 평균값이 증가할수록, 그리고 문항의 수가 증가할수록, 크론바하 알파값은 커지게 된다. 문항간 상관계수에 대한 평균값이 변화가 없는 상황이라도 문항을 추가하면 크론바하 알파값은 증가하고, 따라서 측정에 대한 신뢰성도 증가하게 된다. 그러나 문항의 수가 이미 충분히 많은 상태에서 추가적으로 문항을 늘리는 것은 신뢰성에 큰 영향을 주지 못한다. 만일 추가된 문항으로 인해 문항간 상관계수의 평균값이 감소한다면, 문항을 추가시켜도 측정의 신뢰성은 오히려 감소될 수 있다(이군희, 2002: 102~103).

애매하면 임의로 해석할 수 있기 때문에 측정오차가 커지게 된다. 따라서 모든 측정대상자가 동일한 의미로 이해할 수 있도록 측정도구가 되는 문항의 내용을 명확하게 작성하는 것이 필요하다.

둘째, 측정도구의 신뢰성이 낮다고 생각되면 측정문항의 수를 늘린다. 이것은 표본의 크기를 크게 하면 측정값이 평균을 중심으로 정규 분포를 이루는 것과 같은 원리로서, 측정문항이 많아지면 측정값들의 평균은 측정하고자 하는 속성의 참값에 가까워지게 되기 때문이다. 즉, 측정문항의 수가 많으면 많을수록 분산이 무한대에 더욱 접근하여 신뢰성을 높일 수 있다는 것이다.[15)]

셋째, 측정도구를 분명히 하고 표준화하여 측정의 일관성을 보장하여야 한다. 면접이나 질문지를 사용할 때 측정방식에 일관성이 없는 경우 동일한 문항에 대한 응답자의 반응이 달라져 측정오차가 발생할 수 있기 때문이다.

이상에서 살펴본 것 이외에도 신뢰성을 제고하는 방안은 여러 가지 있을 수 있다. 따라서 측정에 있어서 어떠한 요인이 측정의 신뢰성을 저하시키는가를 찾아내기 위하여 측정도구를 포함한 측정상황 전반에 대한 세심한 검토가 있어야 한다.

3. 타당성과 신뢰성의 관계

측정에서 타당성이 정확성 혹은 측정하고자 하는 개념의 본질에 관한 것이라면, 신뢰성은 일관성 혹은 안정성에 관한 것이다. 따라서 측정을 수행함에 있어서 타당성과 신뢰성을 동시에 확보한다는 것은 매우 중요한 문제가 된다. 타당성을 확보하기 위해서 신뢰성을 희생할 수 없듯이, 신뢰성을 높이기 위해 타당성을 약화시킬 수도 없다.

일반적으로 타당성과 신뢰성은 상호 보완적인 관계이지만, 실제 측정을 하는 과정에서 종종 서로 갈등적인 성격을 띨 수 있다. 타당성을 강조하다 보면 신뢰성이 약화될 수 있고, 신뢰성을 강화하기 위한 노력은 타당성을 저해하는

---

15) 크론바하 알파값의 특징에서 보듯이, 측정문항의 수를 증가시키면 어느 정도까지 신뢰성을 높일 수 있다. 측정문항의 수와 바람직한 수준의 신뢰성은 $k=\dfrac{r_1(1-r_0)}{r_0(1-r_1)}$와 같은 관계를 보일 수 있다. 여기에서 k는 필요한 측정문항의 수, r_1은 원하는 신뢰성 정도, r_0는 현재의 신뢰성 정도를 나타낸다. 이러한 공식을 이용하여 연구자가 원하는 정도의 신뢰성을 얻기 위하여 필요한 측정문항의 수를 파악할 수 있다.

결과를 초래하기도 한다. 이들 간의 관계를 구체적으로 살펴보면 다음과 같다.

첫째, 타당성이 있는 측정은 항상 신뢰성이 있다.

둘째, 타당성이 없는 측정은 신뢰성이 있을 수도 있고 없을 수도 있다. 다시 말해서, 타당성이 낮다고 해서 반드시 신뢰성이 낮다는 것은 아니다.

셋째, 신뢰성이 있는 측정은 타당성이 있을 수도 있고 없을 수도 있다. 다시 말해서, 신뢰성이 높다고 해서 반드시 타당성이 높다는 것을 의미하지는 않는다.

넷째, 신뢰성이 없는 측정은 항상 타당성이 없다.

이와 같은 타당성과 신뢰성의 관계에서 나타나듯이 신뢰성은 타당성을 위한 기본적인 전제조건이 되고 있다. 그러나 측정에서 연구자의 관심이 측정하고자 하는 바를 얼마나 제대로 측정하였는가에서 시작된다고 볼 때, 일반적으로 타당성의 확보가 더 중요한 가치를 지닌다. 이는 타당성의 문제가 바로 과학적 연구의 핵심이 되며 철학적·이론적 근거를 필요로 하기 때문이다. 따라서 사회과학에서 사용되는 측정도구가 충분히 타당성이 있으면 신뢰성은 방법론에서 큰 의미가 없을 수도 있다. 하지만, 실제 사회현상의 측정에 있어서 많은 경우 타당성에 문제가 있을 수 있기 때문에 그 만큼 신뢰성이 더욱 가치를 지닌다고 할 것이다.

4. 타당성과 신뢰성의 영향요인

앞에서 살펴본 바와 같이 타당성과 신뢰성은 측정오차와 관련된 개념이므로 측정오차의 다양한 원천이 결국 측정의 타당성과 신뢰성에 영향을 미치는 요인이 된다. 이러한 요인에는 여러 가지가 있으나, 크게 네 가지 측면으로 나누어 살펴본다.

(1) 측정 도구와 내용

먼저 측정에 사용된 도구의 내용이 과연 전부 포함되었는가 그리고 각 도구의 내용은 측정하려고 하는 속성을 잘 대표하고 있는가를 알아보아야 한다. 만약 연구자의 부주의 또는 실수로 인해 누락되는 경우 측정의 타당성은 저하될 수밖에 없다. 그러한 요인을 구체적으로 살펴보면 다음과 같다.

1) 측정의 길이 및 형태

측정내용이 많아 측정이 길어지게 되면, 측정대상은 싫증을 느끼게 된다. 이 경우, 이들은 실제 느낀 점을 이야기하기보다는 편의 위주로 응답할 가능성이 있다. 이처럼 측정대상이 형식적으로 세트응답(set response)을 하지는 않았는지 항상 세심하게 점검할 필요가 있다.

특히 개방형 질문에서는 측정대상이 자기표현을 직접 하는 것이므로 측정대상의 지적수준, 표현능력, 교육수준 등이 측정결과의 타당성과 신뢰성에 영향을 미치게 된다.

2) 문화적 요인

관례상 사용하지 않는 단어나 구절을 포함하는 측정은 신뢰성을 떨어뜨리며, 타당성에도 영향을 준다. 특정한 용어에 대하여 연구자가 의도한 의미와 측정대상이 이해하는 의미 사이에 오해가 생길 수 있기 때문이다. 따라서 측정이 이루어지고 있는 시간적 · 공간적 문화는 측정의 신뢰성과 타당성 확보에 영향을 주는 중요한 요인으로 작용하게 된다.

3) 기계적 요인

측정도구로 사용되는 질문지에서 탈자, 오자, 읽기 어려운 단어, 페이지 누락 등 기계적인 요인들도 응답자에게 오해를 일으켜 측정의 타당성과 신뢰성을 저하시킨다. 대인면접에서도 면접표에 제시된 질문 이외의 설명이나 다른 단어로 대체하여 얻은 측정결과는 신뢰성을 떨어뜨리는 요인이 된다. 따라서 모든 측정대상에 대하여 측정도구의 적용조건을 가능한 한 동일하게 해야 한다.

(2) 환경적 요인

측정이 적용되는 환경적 요인도 측정의 타당성과 신뢰성에 영향을 준다. 환경적 요인 중에서 특히 중요한 것으로서 질문형식과 응답절차를 들 수 있다. 어떤 측정대상에게 똑같은 질문을 하여도 그것이 직접 면접자의 얼굴을 대하는 면접인 경우와 측정대상이 직접 문장을 기재하게 하는 경우는 그 결과에 있어서 상당한 차이가 있을 수 있다. 또 측정을 받는 데 필요한 절차를 분명히 하지 않으면, 측정대상이 무의식중에 정보를 잘못 제공할 가능성도 있다.

(3) 개인적 요인

측정대상의 특성 또한 측정의 타당성과 신뢰성에 영향을 미칠 수 있는바, 이들 중 몇 가지를 살펴보면 다음과 같다.

1) 사회 · 경제적 지위

측정대상의 사회 · 경제적 지위를 일차적으로 구성하는 요소로는 직업, 교육수준, 소득, 가치관, 윤리, 종교 등을 들 수 있다. 이러한 요인은 측정결과의 차이를 유발하게 되므로 측정대상의 사회 · 경제적 수준에 적절히 상응하는 측정도구를 개발 · 적용할 필요가 있다.

2) 성별 · 연령 등 성숙도

성별이나 연령은 대체로 인간의 성숙 수준과 관련이 있어 측정내용에 대한 이해에 영향을 미칠 수 있다. 이러한 성숙도를 고려하지 않고 행해진 측정결과는 타당성과 신뢰성이 있다고 볼 수 없기 때문에, 그에 상응하는 측정도구의 개발이나 측정결과의 해석이 필요하다.

3) 기 억 력

만약 측정을 몇 차례에 걸쳐 실시하게 된다면, 처음 측정에서의 응답을 기억하는 능력은 다음 측정의 응답에 영향을 미치게 된다. 이처럼 측정내용에 대한 기억에 따른 측정결과는 타당성과 신뢰성이 있다고 볼 수 없다.

4) 사회적 소망성

사회적으로 바람직한 것으로 인정되는 것이 포함될 경우, 이것은 측정대상의 전반적인 응답 형태에 중요한 영향을 미친다. 즉, 측정대상이 자신의 진실을 밝히기보다 사회적으로 바람직하다고 하는 것을 응답할 가능성이 높다는 것이다.

(4) 연구자의 해석

연구자가 측정결과를 어떻게 해석하는가도 타당성과 신뢰성에 영향을 미친다. 연구자는 자신이 수집한 정보를 나름대로 부호화하는데, 이 경우 부호화의 객관성 정도나 측정값의 해석 등이 타당성과 신뢰성에 영향을 주게 된다.

제15장 표본조사와 표본추출

연구대상의 속성을 측정하기 위한 척도 혹은 측정도구가 결정되면, 이를 실제로 적용할 대상을 선정하여야 한다. 사회과학연구에서는 대체로 연구대상의 일부를 표본으로 삼아 그 속성을 측정함으로써 연구문제 해결에 필요한 자료를 수집하게 된다. 이러한 표본조사의 핵심은 모집단으로부터 일부 선택된 표본의 특성을 바탕으로 모집단의 특성을 추론할 수 있어야 한다는 데 있다. 따라서 표본이 모집단을 대표할 수 있는지, 즉 표본의 대표성 확보가 표본추출에서 가장 중요한 과제로 등장한다.

제 1 절 표본조사의 이해

1. 표본조사의 의미

연구문제의 해결을 위하여 필요한 자료를 수집하기 전에 측정도구를 적용할 대상을 선정하여야 한다. 즉, 연구대상으로 포함된 사람이나 집단의 전부로부터 자료를 수집할 것인가(전수조사를 할 것인가) 또는 그 일부만을 측정대상으로 하여 자료를 수집할 것인가(표본조사를 할 것인가)를 결정하여야 한다. 이때 연구대상을 이론적으로 특정화한 총합체는 모집단(population)이며,[1] 모집단으로부터 측정대상으로 선택된 일부가 표본(sample)이다. 모집단으로부터 그러한 표본을 선택하는 행위 또는 과정을 표본추출(sampling)이라 하며, 이러한 표본추출의 과정을 거쳐 모집단의 일부를 표본으로 선정하고 그 표본에 대해서 자료를 수집·

1) 엄격한 의미에서 모집단은 크게 두 가지로 구분할 수 있다. 연구대상 전체를 뜻하는 이론적 모집단(theoretical population)과 이의 하위 개념으로 실제 표본이 추출되는 연구모집단(study population)이 있다. 대부분의 경우 양자가 구분없이 혼용되지만 일반적으로 모집단이라고 하면 실제로 표본을 선정하는 요소들의 총합체인 연구모집단을 지칭한다.

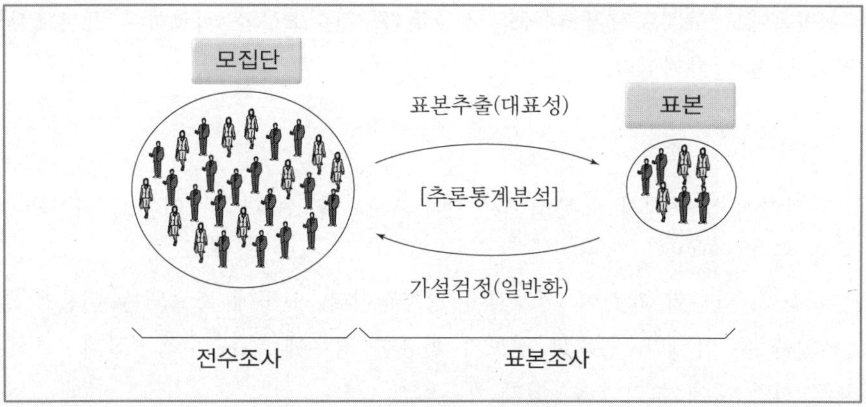

[그림 15-1-1] 표본조사 과정과 통계분석(김영종, 1999: 311 재구성)

분석하는 것을 표본조사(sampling study)라고 한다.

[그림 15-1-1]은 표본조사의 전반적인 과정을 나타낸다. 표본조사는 먼저 모집단으로부터 표본이 추출되는데, 이 과정이 표본추출이다. 표본은 일차적으로 기술적 통계분석의 대상이 되는데, 기술적 통계분석은 모집단을 고려하지 않고 표본 결과만을 고려한다. 표본조사의 궁극적인 관심은 표본을 통해 모집단을 설명하려는 것으로, 이 과정에 추론통계분석이 적용된다.

위의 [그림 15-1-1]에서 보듯이, 모집단의 일부인 표본만을 대상으로 자료를 수집하는 경우 수집한 자료의 분석결과는 모집단 전체를 대상으로 일반화(generalization)될 수 있어야 한다. 따라서 표본추출의 핵심은 모집단으로부터 선택된 일부인 표본의 특성을 바탕으로 모집단의 특성을 추론할 수 있어야 한다는데 있다. 이러한 점에서 표본이 모집단을 대표할 수 있는지의 여부, 즉 표본의 대표성(representativeness) 확보가 표본추출에서 가장 중요한 과제이다.[2)]

2. 표본조사의 장단점

무한(無限) 모집단에 관한 정보를 얻기 위해서는 표본이 사용될 수밖에 없으나, 유한(有限) 모집단의 경우도 전수조사(census)에 의해 완전한 정보를 얻을

2) 표본의 대표성이란 표본의 특성이 그 표본이 추출된 모집단의 특성과 동일한 특성을 가지는 속성을 말한다.

수 있음에도 표본조사가 대체로 선호된다. 전수조사와 비교하여 표본조사의 장점과 단점을 살펴본다.

(1) 장 점

과학적 연구에서 표본조사가 전수조사보다 선호되는 이유로 다음의 몇 가지를 들 수 있다.

첫째, 비용과 시간이 절약되어 경제적이다. 연구에 소요되는 비용을 절약할 수 있을 뿐 아니라, 신속한 정보가 필요한 경우에 자료 수집·집계·분석 등을 빠른 시간 내에 처리할 수 있다.

둘째, 정확한 자료를 얻을 수 있다. 자료의 정확도에 영향을 주는 오차에는 표본(추출)오차와 비표본(추출)오차가 있다. 표본오차(sampling error)는 표본의 특성치(통계량, statistic)로부터 모집단의 특성치(모수, parameter)를 추정하는 데 나타나는 오차이므로 표본조사의 경우에 발생한다.[3] 비표본오차(nonsampling error)는 자료의 수집이나 처리 등이 정확하지 못하여 발생하는 오차로서 전수조사와 표본조사 모두의 경우에 발생한다.[4] 그러나 표본조사에서는 전수조사보다 자료의 수집·집계과정을 더 잘 통제할 수 있기 때문에 상대적으로 비표본오차가 적어 정확도를 높일 수 있다.

셋째, 전수조사가 불가능한 경우에 적용할 수 있다. 모집단이 무한히 많은 경우, 모집단의 정확한 파악이 불가능한 경우, 또는 대상의 파괴(destruction of object)를 수반하는 경우(예: 자동차의 안전도 및 내구성 검사, 통조림 등 식료품의 위생

---

3) 표본(추출)오차는 다음과 같이 모수와 통계량의 차이로 나타난다.

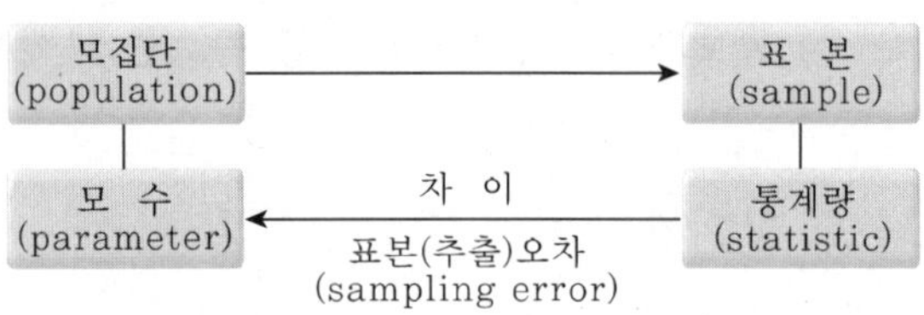

따라서, 표본이 모집단을 대표하는 정확성은 표본오차에 반비례하게 된다. 다시 말해서, 표본오차가 적을수록 표본이 모집단을 대표하는 정확성은 커진다. 다음에 설명하겠지만, 표본오차는 모집단의 성격과 표본의 크기에 의해 결정된다. 동일한 크기의 표본을 가정하면, 모집단이 동질적일수록 표본오차는 줄어들고, 이질적일수록 표본오차는 커진다. 그리고 일정한 모집단을 가정하면, 표본이 클수록 표본오차는 감소하고, 표본이 작을수록 표본오차는 커진다.

4) 비표본오차는 실제 측정상에 나타나므로 측정오차라고도 하며, 이는 체계적 오차와 무작위 오차로 구분된다(제14장 제3절 참조).

점검, 전구(電球)의 수명 조사 등)에는 불가피하게 표본조사를 할 수밖에 없다.

넷째, 비용과 시간이 적게 들기 때문에 표본에 대한 세밀한 조사가 가능하여 더 많은 정보를 얻을 수 있는 장점이 있다.

(2) 단 점

전수조사에 비하여 표본조사도 여러 가지 단점이나 한계를 지니고 있다. 무엇보다도 모집단을 완벽하게 대표하는 표본을 선정하는 일은 결코 쉽지 않다. 특히 모집단 자체가 작은 경우에는 표본조사가 무의미할 수도 있다. 또한, 복잡한 표본설계를 필요로 하는 경우에는 오히려 시간이 많이 들고 오차가 크게 발생할 수 있다.

제 2 절 표본추출의 과정

전수조사보다 표본조사가 더 적합하다고 판단되면 어떻게 표본추출을 할 것인가에 대한 설계를 하여야 한다. 표본추출은 연구목적, 문제의 형성, 자료의 분석 및 해석 등 연구과정상 관련된 모든 측면을 고려하여 행해져야 한다. [그림 15-2-1]에서 보듯이, 먼저 연구대상이 되는 모집단을 확정하고, 적당한 표본

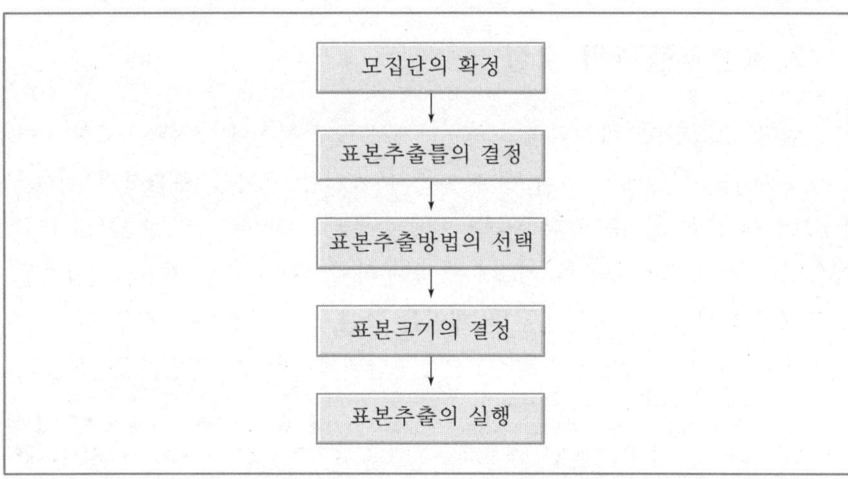

[그림 15-2-1] 표본추출의 절차

추출틀(sampling frame)을 선정한 후, 표본추출방법과 표본크기를 결정하고, 표본을 실제로 추출하는 과정을 거치게 된다.

1. 모집단의 확정

모집단(population)이란 '모든 요소의 총체(aggregate of all elements)'로서 연구의 대상이 되는 전체를 의미한다. 이는 표본을 통해 대표하려는 전체로서, 표본을 대상으로 행한 연구결과를 일반화하고자 하는 궁극적인 대상이다.

실제 연구의 목적에 부합하는 자료를 얻기 위해서는 가능한 완전하고도 정밀한 모집단의 규정이 요구된다. 모집단을 규정하는 일은 이론적인 구체화의 과정이라 할 수 있다. 예를 들어 연구대상이 '지역사회 주민'이라면, 지역사회를 지리적 경계로 볼 것인지 아니면 기능적으로 볼 것인지, 또는 지역사회의 범위를 어느 정도로 잡을 것인지 등을 구체화하여야 한다. 한 도시 전체를 지역사회라 볼 수도 있고, 그 안의 특정 생활 구역이나 행정 단위로 나누어진 지역사회들도 가능하다. 이처럼 연구대상이 되는 요소들의 전체 집합에 대한 이론적인 성격을 명확히 규명함으로써 바람직한 모집단을 결정할 수 있게 된다. 모집단을 정확히 규정하려면 연구내용, 연구범위, 표본추출단위(sampling unit), 시간 등을 명백하고 한정적으로 확정할 필요가 있다.

2. 표본추출틀의 결정

일단 모집단이 확정되면 다음 단계로 연구목적에 적합한 표본추출틀(sampling frame)을 선정해야 한다. 표본추출의 틀이란 표본을 추출하기 위해 사용되는 모집단의 목록, 즉 표본추출단위가 수록된 목록(예: 선거인명부)을 의미한다. 예를 들어 지방공무원들의 친절도를 연구하기 위해 먼저 지방자치단체를, 다음으로 근무부서를, 그리고 공무원 개인을 표본으로 선정하는 경우 지방자치단체, 근무부서, 공무원 개인이 각각 표본추출단위가 되며,[5] 지방자치단체들의 목록,

5) 표본추출단위(sampling unit)는 표본을 추출할 때 적용되는 단위로서, 표본으로 선정되는 요소 또는 요소의 집합이다. 여기서 요소(element)란 모집단을 구성하고 있는 개별 단위(개인, 집단, 조직 등)로서, 자료가 수집 · 분석되는 단위(unit of data collection & analysis)를 말한다. 같은 예에서, 지방공무원들의 친절도를 연구하기 위해 먼저 지방자치단체를, 다음으로 근무부서, 그리

근무부서들의 목록, 공무원 개인의 명단 등이 각 단계의 표본추출틀이 된다.

이상적인 표본추출틀은 모집단의 요소(element)를 모두 포함하면서 어떠한 요소도 이중으로 포함되지 않아, 연구대상에 대한 완전하고 정확한 정보를 담고 있어야 한다. 그러나 실제로는 모집단과 표본추출틀이 완벽하게 일치하지 않는 경우(예: 전화번호부)가 보통인데,[6] 이때 발생하는 모집단과 표본추출틀의 불일치, 즉 표본추출틀 오차(sampling framework error)를 가능한 한 줄이도록 노력하여야 한다.[7]

3. 표본추출방법의 선택

적정한 표본추출틀이 선정되면 모집단을 가장 잘 대표하는 표본(representative sample)을 어떻게 추출할 것인가를 검토하여야 한다. 표본을 추출하는 방법에는 확률표본추출법과 비확률표본추출법이 있다. 확률표본추출(probability sampling)은 모집단의 요소(표본추출의 틀 안에 있는 단위)들이 표본으로 추출될 확률을 서로 동일하게 하는 경우이다. 반면에, 비확률표본추출(nonprobability sampling)은 모집단의 요소가 표본으로 추출될 확률을 동일하게 하는 것이 필요하지 않거나 불가능한 경우에 사용된다. 표본추출방법의 유형을 전체적으로 나타내면 [그림

고 공무원 개인을 표본으로 선정하는 경우 지방자치단체, 근무부서, 공무원 개인이 각각 표본추출단위가 되며, 공무원 개개인이 요소가 된다. 이와 달리, 같은 연구를 위해 전체 공무원 중에서 일정 수를 직접 표본으로 추출하는 경우에는 표본추출단위와 요소는 일치하게 된다.

6) 대표적인 예로서 1936년 미국 대통령 선거에 대한 Literary Digest의 여론조사(poll)를 들 수 있다(Babbie, 2001: 177). 공화당 랜던(Alfred M. Landon) 후보와 민주당 루즈벨트(Franklin D. Roosevelt) 후보 사이의 지지도를 파악하기 위해 전화번호부와 자동차등록부를 표본추출틀로 선정하였다. 이들 두 목록에 있던 1천만 명에게 무기명 질문지를 발송하여, 그 중에서 2백만 명 이상의 응답을 기초로 하여, 랜던이 루즈벨트를 57% 대 43%라는 차이로 당선될 것이라고 예측하였다. 그러나 2주 후에 행해진 선거 결과, 루즈벨트가 523개 선거구에서 그리고 랜던은 8개 선거구에서 승리하여, 루즈벨트가 61%의 지지율로서 3선 대통령에 당선되었다. 이는 표본추출틀로 선택된 전화번호부와 자동차등록부가 루즈벨트의 뉴딜 경기회복정책을 적극 지지하는 저소득층을 제외한 데 있었다고 분석되고 있다. 이는 미국 역사상 최악의 경제불황이었던 당시에 지나칠 정도로 부유한 표본의 목록이었다.

7) 표본추출틀 오차는 ① 표본추출틀이 모집단 내에 포함되는 경우, ② 모집단이 표본추출틀 내에 포함되는 경우, 그리고 ③ 모집단과 표본추출틀의 일부분만 일치하는 경우에 발생하게 된다. 이러한 오차를 줄이기 위해서는 ① 표본추출틀에 맞게 모집단을 재규정하거나, ② 자료수집과정에서 선별문항을 통하여 조사를 시작하기 전에 부적당한 연구대상을 제거하거나, ③ 자료분석과정에서 수집된 자료에 일종의 가중치를 적용시켜 자료를 조정하는 방법을 활용할 수 있다(채서일, 2006: 221~223).

- 확률표본추출
  - 단순무작위표본추출
    - 복원 단순무작위표본추출
    - 비복원 단순무작위표본추출
  - 체계표본추출
  - 층화표본추출
    - 비례 층화표본추출
    - 비비례 층화표본추출
  - 군집표본추출
- 비확률표본추출
  - 할당표본추출
  - 판단(목적, 유의)표본추출
  - 편의(임의)표본추출
  - 누적(눈덩이)표본추출

[그림 15-2-2] 표본추출방법의 유형

15-2-2]와 같다.

(1) 확률표본추출

확률표본추출은 무작위 선정(random selection)을 전제로 한다. 따라서 표본추출과정에 있어 연구자의 주관을 배제할 수 있어서 대체로 객관적인 표본의 추출이 가능하다. 확률표본추출의 대표적인 방법으로는 단순무작위표본추출, 체계표본추출, 층화표본추출, 군집표본추출 등을 들 수 있으며, 이 외에도 여러 가지 변형된 방법들이 실제 이용되고 있다.

1) 단순무작위표본추출

단순무작위표본추출(simple random sampling)은 확률표본추출의 가장 기본적인 형태로서, 모집단을 구성하는 각 요소가 표본으로 선택될 확률을 동일하게 부여하여 표본을 선정한다. 즉, 크기가 N개인 모집단으로부터 각 요소가 선택될 확률(n/N)이 모두 같도록 n개의 표본을 추출하는 것이다. 이 경우 한번 표본으로 뽑힌 요소를 다시 모집단으로 복원시켜 놓고 다시 표본을 추출하는 복원표본추출(simple random sampling with replacement)과, 한번 뽑히면 다시 모집단으로 돌려보내지 않는 비복원표본추출(simple random sampling without replacement)의 두 가지 방법이 있다. 단순무작위표본추출의 특징이 모집단의 요소들이 표본으로 선택될 확률이 이미 알려져 있고 동일하다는 점이라면, 이론적으로 복원표본추출이 이러한 원칙에 더욱 충실하다고 할 수 있다.

단순무작위표본추출은 실제로 추첨(fishbowl draw, lottery), 난수표(random number table), 전산프로그램 등에 의해 쉽게 이루어질 수 있고, 모집단에 대한 사전 지식을 요하지 않으며, 모집단을 잘 대표하는 표본을 추출할 수 있는 장점이 있다. 그러나 모집단에 대한 사전 지식이 있더라도 이를 활용할 수 없으며, 비교적 표본의 규모가 커야 하고, 비용과 노력에 비하여 정확성이 항상 우월하다고 볼 수도 없는 단점이 있다.

2) 체계표본추출

체계표본추출(systematic sampling)은 모집단 요소들의 목록으로부터 일정한 순서나 질서에 따라 매 k번째 요소를 표본으로 선정하는 방식이다. 체계표본추출의 절차를 보면, 먼저 모집단의 규모를 파악하고, 그에 따라 표본의 규모와 표본추출의 간격 k를 결정한다.[8] 다음으로 모집단을 형성하는 각 요소의 배열 또는 순서를 파악하고, 최초의 표본을 표본추출틀의 첫 번째에서 k번째 사이에서 무작위로 선정한 후, 첫 번째 선택된 요소로부터 매번 k번째 요소를 선택하여 표본에 포함시킨다.

예를 들어, N=200 세대로 구성된 아파트 건물에서 n=20 세대 아파트의 표본을 선정한다고 하자. 이 경우, 표본추출간격 k=200/20=10이 되며, 호수의 순서로 배열된 아파트 목록으로부터 1001에서 1010 사이에서 한 숫자를 무작위로 선택한다. 만약 7이란 숫자가 선택되었다면, 첫 번째 요소는 1007호, 두 번째 요소는 1007에 표본추출간격을 더한 값, 즉 1007+10=1017호가 되고, 세 번째 요소는 1007에 2배의 표본추출간격을 더한 값, 즉 1007+2×10=1027호가 된다. 이러한 과정을 반복하여, 1007+19×10=1197호는 20번째 요소가 되어, 총 20세대의 표본을 선택하게 된다.

체계표본추출법을 사용함에 있어 인위적 편견을 줄이기 위해서 최초의 요소는 무작위적으로(단순무작위표본추출법에 의해) 선정되어야 한다. 또한, 목록상 각 요소의 배열 또는 순서는 일정한 주기성(periodicity)이 없이 무작위적으로 이루어져야 한다. 앞에서 본 아파트 표본의 예는 표본추출간격이 한 층 또는 일부 여러 층의 아파트 수와 일치할 위험이 있다. 따라서 표본에는 서북쪽의 아파트만 있거나 엘리베이터 근처의 아파트만 포함될 수 있다. 이런 아파트들이 공통적인 어떤 다른 특징을 갖고 있다면(예: 임대료가 더 낮다든지), 표본에 편향이 있

---

8) 표본추출간격 $k = \frac{\text{모집단의 수}}{\text{표본의 수}}$로 계산된다.

게 될 것이다.

체계표본추출은 단순무작위표본추출과 그 결과 면에서 실질적으로 유사하나, 더욱 간편하고 경제적이며 모집단 전체에 걸쳐 공평하게 표본이 추출되어 표본의 대표성을 더 높일 수 있다. 그러나 이러한 방법은 모집단 요소가 골고루 분산되어 확률화 또는 무작위화가 이루어진 것을 전제로 하기 때문에, 이것이 지켜지지 않은 경우(즉, 모집단의 목록이 일정한 주기성을 지니는 경우)에는 편향이 개입되어 표본의 대표성이 크게 문제시된다.

3) 층화표본추출

층화표본추출(stratified sampling)은 모집단을 여러 개의 상호 독립된 동질적인 층(strata)으로 나누어, 각 층별로 단순무작위추출법을 적용하여 표본을 선정하는 것이다. 이 방법은 각 층이 동질적(homogeneous)이면 이질적(heterogeneous)인 경우보다 표본오차가 더 적은 표본을 추출할 수 있다는 논리에 기초하고 있다. 모집단의 구성에 대한 사전 지식을 활용하여 이를 몇 개의 동질적인 부분집합(subset)인 층으로 나누고, 이들 각 층으로부터 적정한 수의 표본을 무작위로 추출한다.

층화표본추출은 각 층에서 뽑는 표본의 크기에 따라 비례 층화표본추출과 비비례 층화표본추출로 구분된다. 비례층화표본추출(proportionate stratified sampling)은 각 층에 속하는 모집단의 크기에 비례하여 각 층에 속하는 표본의 크기를 결정하는 방법이다. 예를 들어 N=2,000인 모집단에서 n=100인 표본을 뽑는데 (n/N=100/2,000=1/20), 모집단이 남 : 여=3 : 2로 구성되어 있다면(남=1,200명, 여=800명), 성별에 따라 2개의 층으로 나누어 각 층에 동일한 비율을 적용하여, 남자는 1,200×1/20=60명을, 여자는 800×1/20=40명을 각각 뽑아 전체 n=100인 표본을 완성한다.

비비례층화표본추출(disproportionate stratified sampling)은 각 층에 속하는 모집단의 크기에 비례하지 않으면서 전체적으로 비례 층화표본추출과 동일한 크기의 표본을 추출하는 방법이다. 특히 전체 모집단에서 차지하는 비율이 극히 작은 층들이 비례적인 방법으로는 표본에 포함되지 않을 가능성이 있는 경우에 유용하게 사용된다. 위의 예에서 모집단이 남 : 여=9 : 1로 구성되어 있다면(남=1,800명, 여=200명), 동일한 비율을 적용하면 n=100명의 전체 표본 중에서 여자는 단지 100×1/10=10명만이 포함된다. n=10을 가지고 분석을 실시하는 것은 지나치게 편향될 가능성이 크기 때문에, 소수 층에서 더 많은 표본들이 뽑힐 수 있도록 차등적인 비율을 적용한다. 예컨대 여자의 경우 1/10 대신에 3/10의 비율을 적용하여, 여자는 100×3/10=30명을, 남자는 100−30=70명을 각각 뽑아 전체 n=100인 표본을 완성한다. 이와 같은 차등비율의 적용에 의한 표본의 불균형성 문제는 자료분석의 과정에서 각 층의 크기에 비례하는 가중치를 부여함으로써 수정이 가능하다.

층화표본추출은 모집단의 주요 특성을 사전에 고려하여 이를 빼놓지 않고 표본에 포함시킬 수 있어 대표성을 높일 수 있다. 만일 무작위성이 확보된다면 매우 적은 표본으로 표본오차를 줄여 정확성을 기할 수 있으며, 각 층들의 특성을 파악하고 이것을 상호 비교할 수 있다는 장점도 지닌다. 하지만 층화를 위해서는 모집단의 특성에 대한 사전 지식이 필수적으로 요구되며, 층화의 실제 기준이나 방법에 대하여 논란이 제기될 수 있는 단점이 있다.

4) 군집표본추출

군집표본추출(cluster sampling)은 모집단을 여러 개의 상호 배타적인 군집(cluster) 또는 집단(group)으로 나누어, 이들 군집(또는 집단) 안에서 각기 따로 표본을 무작위로 선정하는 방식이다. 여기서 군집이란 주로 지리적 구획과 같이 자연스럽게 나누어졌거나 행정상 혹은 조직체계상으로 구분된 단위들을 의미한다. 바다·산·강 등 자연에 의해 구분된 지역, 특별시·광역시·도·시·군·구·읍·면·동과 같은 행정구역, 또는 학군·도시 내 블록·센서스 구역 등이 군집의 대표적인 예이다.

만약 전국의 지방공무원들에 대한 연구를 한다고 하자. 이를 위해 지방공무원들의 표본을 뽑으려고 전국의 지방자치단체 공무원들의 명부를 작성하여 모집단을 확인하는 것은 매우 힘들 것이다. 군집표본추출법을 사용하면 이러한 어려움 없이도 유사한 효과를 얻을 수 있다. 먼저 전국의 광역시·도 단위의 자치단체를 표본추출단위로 두어 그 안에서 무작위로 몇 개의 광역자치단체를 선택한다. 선택된 각 광역자치단체 내에 있는 일반시·군 단위의 자치단체들을 다시 표본추출단위로 하여 몇 개의 기초자치단체를 무작위로 선정한다. 선택된 각 기초자치단체 내에 있는 읍·면·동을 다시 표본추출단위로 하여 몇 개의 읍·면·동을 무작위로 선정한다. 최종적으로 선정된 읍·면·동에 근무하는 공무원들의 명부를 보고 이들에 대하여 전수조사를 하거나 이들 중에서 일부를 표본으로 무작위 선택한다.

군집표본추출은 모집단을 몇 개의 하위집단으로 나누고 이들 가운데서 표본추출단위를 선정한다는 점에서 층화표본추출과 유사하다. 그러나 층화표본추출에서 표본추출단위는 하위집단(층)이 아니라 각 하위집단(층)의 요소이며, 이들 하위집단(층)은 서로 이질적이나 각 하위집단(층) 내 요소들은 동질적이다. 반면에 군집표본추출에서 표본추출단위는 하위집단(군집)이며, 이들 하위집단(군집)은 서로 동질적이며 각 하위집단(군집) 내 요소들은 이질적이다.

군집표본추출은 모집단의 목록을 필요로 하지 않으며, 모집단이 광범위하여도 비용과 시간 측면에서 경제적인 장점이 있다. 하지만 각 군집의 이질성을 확보하기 위한 구분의 기준 설정이 어려우며, 특정 군집을 과대 또는 과소 표현하여 표본오차가 커질 가능성이 있다.

(2) 비확률표본추출법

비확률표본추출은 실제로 표본으로 추출될 확률이 일정하지 않은 것이 보통이다. 이는 연구자가 주관적으로 표본을 선정하는 방법으로, 표본추출에 있어서 비용과 시간을 줄이는 장점은 있으나, 그 결과를 일반화하는 데는 한계가 있다. 비확률표본추출의 대표적인 방법에는 할당표본추출, 판단표본추출, 편의표본추출, 누락표본추출 등이 있다.

확률표본추출이 이론적으로 더 나은 방법이라고 할 수 있지만, 비확률표본추출법이 실제로 선택되는 경우가 자주 있다. 무작위추출을 위한 모집단의 준거가 존재하지 않거나, 모집단의 준거가 있더라도 너무 방대하여 비용과 시간을 감당할 수 없을 때, 또는 모집단의 특성을 고려하여 의도적으로 표본을 구성하는 것이 의미가 있다고 판단되는 경우에 유용하다.

1) 할당표본추출

할당표본추출(quota sampling)은 모집단의 범주별 분포를 미리 알고, 그에 맞추어 각 집단 내에서 할당된 수만큼의 표본을 추출하는 방법이다. 즉, 모집단에 대한 사전 지식을 기초로 모집단의 속성을 대표할 수 있는 일정 수의 범주를 결정하고, 각 범주를 대표하는 표본의 크기, 즉 할당량(quota)을 결정하여 할당표(quota matrix)를 작성한 후, 이에 따라 각 범주마다 할당된 수의 표본을 주관적 판단에 따라 추출하는 것이다.

예를 들어 $n=50$인 표본을 추출할 때, 모집단의 남 : 여 = 4 : 1 할당비율(남자

=40명 및 여자 10명의 할당량)을 결정하고, 그 안에서 표본을 임의로 뽑는 것이다. 이처럼 할당표본추출에서는 표본에 포함되는 단위들을 모집단에서 나타나는 비율을 근거로 추출하게 된다. 대개는 거주지, 연령, 성별, 사회 계층 등과 같이 이미 알려진 모집단의 특성 차이에 따라 할당비율이 결정된다.

할당표본추출법은 모집단을 일정한 기준에 따라 분류한다는 점에서 층화표본추출법과 유사하지만, 층화표본추출은 무작위적 표본추출방식이나, 할당표본추출은 작위적 표본추출이다. 따라서 할당표본추출은 연구자의 편견이나 현장의 상황적 조건이 개입될 여지가 있어 표본의 대표성 측면에서 층화표본추출보다 문제점이 있을 수 있다. 또한 대부분 모집단에는 많은 수의 변수들이 존재하며 이들의 특성도 매우 다양하기 때문에, 모든 변수들에 대한 할당비율을 사전에 알기는 쉽지 않다.

그럼에도 불구하고, 할당표본추출법은 사전 지식을 기초로 표본을 적절히 선정하는 경우 대표성을 높일 수 있고, 비용과 시간 측면에서 경제적이므로 전국적인 여론조사 또는 갤럽(Gallup)조사 등에 많이 이용되고 있다.[9] 특히 최근에는 확률표본추출법과 할당표본추출법을 결합하려는 노력이 활발히 이루어지고 있음은 기대할 만하다고 할 것이다.

2) 판단표본추출

판단표본추출(judgemental sampling)은 모집단에 대한 사전 지식을 기초로 연구자의 주관적인 판단에 따라 모집단을 대표한다고 생각되는 표본을 선정하는 방식이다. 연구자가 연구목적의 달성에 도움이 될 수 있는 모집단의 요소를 자신의 판단에 따라 의도적으로 추출한다는 뜻에서 목적표본추출 또는 의도표본추출(purposive sampling)이라고도 한다. 예를 들어 어떤 지역 사회의 성향을 알고자 하는 경우, 연구자가 판단하기에 그 지역 사회의 성향을 가장 잘 대표한다고 생각되는 사람들이나 구역을 선택하는 것 등이다.

판단표본추출은 연구자가 임의로 표본을 구성한다는 측면에서 편의표본추출과 유사하나, 연구자가 표본의 대표성을 생각하여 주관적인 판단 하에서 적절

---

9) 앞의 각주 6)에서 제시한 1936년 *Literary Digest*의 사례와 달리, 조지 갤럽(George Gallup)과 그의 미국여론조사연구소(American Institute of Public Opinion)는 할당표본추출을 시도하여 1936년, 1940년, 1944년의 대통령 당선자를 정확하게 예측하였다. 그러나 1948년 토마스 듀이(Thomas E. Dewey)가 해리 트루만(Harry Truman)을 이길 것이라는 잘못된 예측을 함으로써 농촌유권자를 과잉 대표하게 한 할당표본추출방법은 결국 갤럽의 종말을 가져왔다(Babbie, 2001: 178).

한 표본을 선택하는 노력을 기울인다는 점에서 차이가 있다. 이처럼 주관적 판단에 따라 표본을 선정하기 때문에 표본추출이 비교적 쉽고 비용 측면에서 경제적이라는 장점이 있다. 또한 모집단에 대한 사전 지식을 기초로 하기 때문에 모집단을 적절히 대표할 수 없는 표본이 선정되는 것을 사전에 방지할 수 있다. 그러나 모집단에 대한 충분한 사전 지식을 필요로 하며, 연구자 판단의 정확성 정도에 따라 그 유용성이 좌우되는 문제점이 있다.

3) 편의표본추출

편의표본추출(convenience sampling)은 연구자의 편의에 따라 표본을 선정하는 방법으로 우연표본추출(accidental sampling)이라고도 한다. 모집단에 대한 정보가 전혀 없는 경우나 모집단의 요소들 간에 차이가 거의 없다고 판단될 때 표본선정의 편리성에 기준을 두고 연구자 마음대로 표본을 선정하는 것을 말한다. 예를 들어, TV 방송국 시사 프로그램에서 특정 장소를 지나가는 사람들을 선택하여 한 도시의 시민을 대표하는 표본으로 간주하는 경우이다. 혹은 지방행정서비스의 주민 만족도를 연구하기 위하여 특정 시간대에 민원실을 방문하는 사람들을 대상으로 자료를 수집하는 경우도 이에 해당한다.

편의표본추출은 매우 쉽고 편리하며 신속하여 경제적인 반면에, 표본의 편향이 발생하여 표본의 대표성이 저하되는 심각한 문제점을 지닌다. 따라서 과학적 연구를 위한 표본추출방법으로는 다소 부적합하며, 아이디어 또는 대안이나 가설 등을 추출하기 위한 탐색적 연구나 질문지의 사전검사에 주로 이용된다.

4) 누적표본추출

누적표본추출(cumulative sampling)은 최초의 표본을 선택하여 그를 통해 표본을 확대해 나가는 방법이다. 즉, 첫 단계에서 무작위 혹은 임의로 선정한 표본에 해당하는 사람으로부터 추천 혹은 소개를 받아 다른 표본을 선정하는 과정을 되풀이하면서 원하는 표본의 크기를 최종적으로 누적해 간다. 이러한 추출방식이 눈덩이를 굴리는 것과 같다고 하여 눈덩이표본추출(snowball sampling) 혹은 연쇄표본추출(sequential sampling)이라고도 한다. 어떤 방송국의 '칭찬합시다'라는 TV 프로에서 금주의 칭찬주인공으로 하여금 다음의 칭찬주인공을 추천·선발하도록 하는 것과 같은 표본추출방법이다.

누적표본추출의 첫 단계에 표본추출을 무작위로 하는 경우에는 확률표본추출로 볼 수 있으나, 그 다음에 추천된 표본들이 대체로 같은 지역에 있거나, 친척, 동료, 동년배, 비슷한 특성 등 다양한 요인에 의하여 선택되므로, 확률에 의하여 결정된다고 보기 어렵다. 따라서 최종적으로 만들어진 표본은 비확률표본추출에 의한 것으로 보는 것이 타당하다.

누적표본추출은 제한된 대상을 심층적으로 연구하여야 할 필요성이 있는 질적 연구(qualitative research) 혹은 현장연구(field research)에서 많이 사용된다. 특히 모집단에 속하는 연구대상을 찾기 어려울 때, 즉 표본추출의 틀이 존재하지 않을 때 적합한 방법이다. 예를 들어 기초생활보장수급자, 노숙자, 철새 노동자, 불법 이민자, 약물 중독자, 비행 청소년, 특이 체질자, 희귀·난치성 질환자, 특정 분야의 전문가 등을 대상으로 하는 연구에 유용하게 사용될 수 있다.

이러한 표본추출방법은 모집단에 속한 연구대상을 쉽게 찾을 수 있으므로 시간과 비용을 절약하는 장점이 있다. 그러나 표본의 대표성에 의문이 있어 일반화 가능성에 문제가 있고 계량화가 어려운 단점이 있다.

4. 표본크기의 결정

표본추출방법과 함께 결정하여야 할 사항은 표본의 크기(sample size)이다. 표본크기의 결정은 모집단으로부터 뽑는 표본추출단위의 수를 몇 개로 하는 것이 쉽고 경제적이면서 대표성을 지닐 수 있는가 하는 것이다. 결론적으로 말하면, 어느 정도의 표본크기를 가지는 것이 표본조사에 타당할 것인가의 문제에 정해진 답은 없다. 단지 연구의 목적과 성격 그리고 내용에 따라서 표본크기를 적절히 달리할 수밖에 없다.

표본조사에서 발생되는 표본(추출)오차는 표본크기와 반비례하므로, 표본크기는 대체로 클수록 좋다. 그러나 표본을 무한정으로 크게 한다고 해서 반드시 좋은 결과를 얻는 것은 아니다. 왜냐하면, 표본크기가 커지면 작은 차이도 통계적으로 유의미해지기 때문에 실용적 관점에서는 유의도(significant level)를 결정하기 어려운 상황에 직면하게 된다. 또한 표본크기는 직접적으로 시간과 비용의 문제를 수반하기 때문에 지나치게 많은 표본 수는 낭비를 가져올 뿐이다.

적절한 표본크기는 구체적 연구에 따라서 판단이 다를 수 있지만, 이론적으로 신뢰구간접근법과 가설검증접근법과 같은 통계기법에 의해 결정될 수 있다. 그러나 실제로 표본추출방법, 모집단의 성격, 시간과 비용, 연구자·조사원의 능

력 등 여러 가지를 함께 고려하여 결정하여야 한다.[10)]

(1) 표본크기의 결정원리

현실적으로 표본크기의 결정에 영향을 미치는 요인은 여러 가지가 있으나, 이론적으로는 신뢰구간접근법과 가설검증접근법을 사용하여 표본의 크기를 정할 수 있다.

1) 신뢰구간접근법

신뢰구간접근법은 신뢰구간의 크기가 표본의 크기와 분산의 정도에 의해 결정되는 점을 역으로 이용하는 방법이다. 실제 경험적 연구에서는 표본을 여러 번 추출하는 것이 아니라, 단 한번 추출하여 그 평균($\overline{X}$)과 표준편차를 계산하게 된다. 이때 추출된 표본의 평균($\overline{X}$)이 원래 모집단의 평균(μ)과 일치하는 경우는 흔하지 않다. 그러므로 표본평균($\overline{X}$)을 토대로 모집단의 평균(μ)을 추정할 때, 다음과 같은 형태의 구간추정으로 나타내는 것이 바람직하다.

$$\mu = \overline{X} \pm \text{표본오차}(E) \quad \cdots\cdots \text{(식 15-2-1)}$$

표본조사에서 핵심적인 문제는 표본오차(sampling error)를 어느 정도 허용할 것인가에 관한 것이다. 그러기 위해서 먼저 결정해야 할 것이 신뢰수준(confidence level)인데,[11)] 이는 추정된 구간이 옳다는 데 대한 신뢰의 정도를 나타낸다. 이러한 신뢰수준 하에서 도출되는 구간을 신뢰구간(confidence interval)이라 하며,[12)] 정규분포를 가정할 경우 모집단의 평균에 대한 신뢰구간은 다음의 (식

10) 이처럼 통계적 기법에 의하여 최적 표본크기를 파악하는 경우, 이를 표본크기의 이론적 또는 내적 결정요인이라 한다. 반면에, 표본조사의 정확도(adequacy)와 관련된 표본크기를 실제로 결정하는 데 고려하여야 할 표본추출방법, 모집단 특성, 시간과 비용, 연구자 능력 등은 표본크기의 실체적 또는 외적 요인으로 지칭된다. 여기에서는 표본크기 결정의 이론적 또는 내적 요인을 '표본크기의 결정원리'로, 표본크기 결정의 실제적 또는 외적 요인을 '표본크기 결정시 고려사항'으로 간주하여 논의한다.

11) 신뢰수준은 표본 통계량이 모수의 특정 구간 내에 위치하는 정도를 말하는 것으로 통계량의 정확성을 표현하는 용어이다. 다시 말해서, 표본에서 얻은 결과를 통해 모수를 추정할 때 확률적으로 어느 정도를 믿을 수 있는가를 의미한다. 예컨대 사회과학연구에서 많이 사용되는 95%의 신뢰수준은 100번 같은 조사를 하면 같은 결과가 95번 정도 나올 것임을 의미한다.

12) 신뢰구간은 표본 통계량이 모수의 어떤 범위에 포함되는지의 구간을 나타내는 지수이다. 신뢰구간은 신뢰수준과 함께 사용되는 것으로서, 신뢰수준을 높게 잡으면 신뢰구간은 상대적으로 넓어지며, 신뢰구간을 집중하게 하면 신뢰수준은 상대적으로 낮아지게 된다. 예를 들어, 68%의 신뢰수준을 갖추려면 신뢰구간은 ±1 표준오차의 범위에 두어야 하고, 95%의 신뢰수준을 위해서는 신뢰구간은 ±2 표준오차의 범위를, 그리고 99%의 신뢰수준을 위해서는 ±3 표준오차의 범

15-2-2)와 같이 주어진다.

$$\overline{X} - Z \cdot \frac{\sigma}{\sqrt{n}} \leq \mu \leq \overline{X} + Z \cdot \frac{\sigma}{\sqrt{n}} \text{ ··········· (식 15-2-2)}$$

위의 (식 15-2-2)에서 신뢰구간의 두 끝점이 되는 한계값, 즉 신뢰한계(confidence limit)는 다음의 (식 15-2-3)과 같다.

$$\mu = \overline{X} \pm Z \cdot \frac{\sigma}{\sqrt{n}} \text{ ··········· (식 15-2-3)}$$

여기서 Z는 신뢰수준에 따른 값으로 정규분포로부터 얻어지며, σ는 모집단의 표준편차 그리고 n은 표본크기를 나타낸다.

그리고 위의 (식 15-2-2)와 (식 15-2-3)으로부터 다음의 관계가 성립됨을 알 수 있다.

$$\text{표본오차}(E) = Z \cdot \frac{\sigma}{\sqrt{n}} = \text{신뢰계수}^{13)} \times \text{표준오차}^{14)} \text{ ··········· (식 15-2-4)}$$

위의 [식 15-2-4]로부터 다음과 같이 표본크기가 결정된다.

$$E = Z \cdot \frac{\sigma}{\sqrt{n}} \Rightarrow n = \frac{Z^2}{E^2} \cdot \sigma^2 \text{ ··········· (식 15-2-5)}$$

위의 (식 15-2-5)에 의해, 원하는 정확도(허용가능한 표본오차)와 신뢰수준을 정하면 최소한의 적정 표본크기를 산정할 수 있다. 만약 모집단의 표준편차(σ)를 알지 못하는 경우에는 표본의 표준편차(s)나 표본비율(p)을 이용한 불편추정값을 대신 사용하면 된다.

2) 가설검증접근법

가설검증접근법은 제1종 오류(Type Ⅰ error)와 제2종 오류(Type Ⅱ error)의 최

위를 설정해야 한다.

13) 신뢰계수(confidence coefficient)는 주어진 신뢰수준 하에 계산된 표본분포의 확률을 보여주는 임계값(critical value)이며, 이는 자료 분포의 특성에 따라 그 값을 달리한다. 정규분포를 가정하는 경우에는 그에 기초한 Z값을, t분포를 가정하는 경우에는 그에 기초한 t값을 계산한다.

14) 표준오차(standard error)는 표본평균(sample mean)의 표준편차(standard deviation)를 말하며, 하나의 모집단으로부터 추출가능한 모든 표본평균의 변이 정도를 나타내는 척도이다.

대허용치를 정하고 이를 통하여 표본의 크기를 결정하는 방법이다. 기본적인 논리는 신뢰구간접근법과 동일하나 그 절차에 있어서 차이가 있다. 귀무가설과 연구가설의 수치를 정한 후, 제1종 오류가 일어날 확률(α)과 제2종 오류가 일어날 확률(β)을 정하여 이에 따른 Z값을 구하고 모집단의 표준편차를 추정하여 표본의 크기를 결정하게 된다.

귀무가설에 나타난 모평균을 μ_0 그리고 연구가설에 나타난 모평균을 μ_1라고 하면, 각각의 가설이 옳다고 가정할 때의 분포로부터 표본크기를 다음의 (식 15-2-6)과 같이 도출할 수 있다.

$$\mu_0\text{분포에서 } \mu_0 + Z_\alpha \frac{\sigma}{\sqrt{n}}$$

$$\mu_1\text{분포에서 } \mu_1 + Z_\beta \frac{\sigma}{\sqrt{n}}$$

$$\Rightarrow n = \frac{(Z_\alpha + Z_\beta)^2 \sigma^2}{(\mu_1 - \mu_0)^2} \quad \cdots\cdots (\text{식 } 15\text{-}2\text{-}6)$$

여기서 σ는 모집단의 표준편차이고, Z는 신뢰수준에 따른 Z값, 그리고 n은 표본크기를 나타낸다. 모집단의 표준편차를 알지 못하는 경우는 앞에서 설명된 신뢰구간접근법에서와 같이 불편추정값을 사용한다.

(2) 표본크기 결정시 고려사항

이상과 같이 이론적으로 최적 표본수를 결정할 수 있으나, 실제로는 여러 가지를 고려하여 표본크기를 결정하여야 한다. 연구의 목적상 매우 정확한 모수의 추정을 요구할 수도 있고 그렇지 않은 경우도 있다. 따라서 연구의 목적에 따라 요구되는 변수 또는 항목의 수, 표본추출의 방법, 통계적 분석기법 및 신뢰수준 등이 달라지므로, 이에 따라 필요한 표본크기도 달라진다. 또한 표본이 클수록 그것을 추출하여 분석하는 데 소요되는 시간과 비용이 커지기 때문에, 일정한 수준의 신뢰성과 정확성만 확보할 수 있다면 가능한 적은 규모의 표본으로 충분하다고 할 것이다.

모집단의 규모와 성격도 표본크기를 결정할 때 고려되어야 할 점이다. 표본의 크기가 모집단의 크기에 비례하지는 않으나, 모집단의 크기가 크면 상대적으로 표본의 크기도 크게 하는 것이 좋다. 또한 모집단의 요소가 동질적일수록 적은 수의 표본으로 모집단에 대한 대표성을 확보할 수 있을 것이다. 모집단의 요소가 이질적인 경우라도 이를 몇 개의 하위집합(층이나 군집 등)으로 나누어 층화표본추출법이나 군집표본추출법을 활용하면 필요한 표본크기를 줄이면서 대표성있는 표본을 선정할 수 있다.

마지막으로 시간과 비용 및 연구자·조사원의 능력도 표본의 크기에 실제적으로 영향을 미친다. 충분한 시간과 비용, 인력이 없이는 많은 표본을 대상으로 조사할 수 없기 때문에 표본크기를 결정함에 있어서 주어진 비용, 시간, 인력 등도 함께 고려하여야 한다.

5. 표본추출의 실행

모집단, 표본추출틀, 표본추출방법, 표본크기 등이 구체적으로 결정되면, 이에 따라 표본을 실제로 추출하게 된다. 이 단계에서는 실제 응답을 거부하는 경우의 처리방법, 선택된 연구대상을 찾지 못하는 경우의 재시도 횟수 등 표본추출을 실행하는 데 필요한 사항들을 추가로 정해야 한다.

제16장 자료수집방법

적절한 표본이 선정되면, 이를 대상으로 자료를 수집하게 된다. 연구결과의 타당성과 신뢰성은 수집된 자료의 질에 의해 크게 좌우되기 때문에, 필요한 자료를 어떻게 수집할 것인가 하는 문제는 매우 중요하다. 질문지, 면접, 관찰 등 다양한 방법을 통해 연구문제 해결에 가장 적합한 자료를 수집하도록 노력하여야 한다.

제 1 절 자료의 종류와 수집방법

1. 자료의 종류

연구자는 연구목적을 달성하고자 분석에 필요한 자료를 수집하게 된다. 자료란 연구과정에 직접 또는 간접으로 이용되는 일체의 정보를 말하며, 문서 또는 구두 등 어떤 형태이든 상관하지 않는다. 이러한 자료는 성격에 따라 1차 자료, 2차 자료로 구분된다.[1)]

(1) 1차 자료

1차 자료(primary data)는 연구자가 현재 수행 중인 연구목적에 맞게 직접 수집한 자료를 말한다. 즉, 연구자가 자신의 연구문제를 해결하기 위하여 사전에 작성된 연구설계를 통하여 측정, 관찰 또는 질문지 등의 방법을 활용하여 수집한 자료이다.

이처럼 1차 자료는 연구자가 자신의 필요에 의해 수집한 자료이므로, 그것의 타당성과 신뢰성 정도를 평가할 수 있으며 필요한 시기에 적절히 이용할 수

1) 동일한 연구문제에 대하여 방대하게 축적된 경험적 문헌들을 대상으로 분석하는 것을 메타분석(meta analysis)이라고 하는데, 이를 수행하기 위하여 기초적으로 필요한 기존문헌을 3차 자료라고 하기도 한다.

있는 장점이 있다.

그러나 일반적으로 1차 자료를 수집하는 데는 비용, 인력, 시간 등이 많이 소요된다. 따라서 1차 자료를 수집하기 전에 연구목적에 부합하는 2차 자료의 존재 및 사용가능성을 확인하고, 연구목적에 적합한 2차 자료가 없는 경우에 한하여 1차 자료를 수집하는 것이 경제적이다.

(2) 2차 자료

2차 자료(secondary data)는 현재의 연구 목적을 위해 연구자가 직접 수집한 1차 자료를 제외한 모든 자료를 말한다. 이것은 다른 사람이나 조직이 그들의 필요에 의해 만든 자료로서, 단지 연구자가 자신이 수행 중인 연구문제를 해결하기 위해 사용하게 된다.

2차 자료는 기존자료(ready-made data)라고 불리며, 다른 개인, 집단, 정부기관, 언론매체, 기업체, 각종 기관의 간행물이나 보고서, 통계자료뿐만 아니라 이들이 학술지에 발표한 논문 등을 모두 포함한다.[2)] 이러한 자료는 원래 생산자가 자신의 필요에 의해 만든 자료라는 점에서 연구자가 자신의 연구목적을 위해 직접 수집한 1차 자료와 구분된다.

실제로 연구자는 2차 자료 중에서 직·간접으로 관련된 문헌을 찾아 연구의 추세나 동향, 진척 정도, 이론, 개념, 분석방법 등을 검토하게 된다. 따라서 2차 자료는 연구의 중복을 피하고 독창성을 높이는 등 연구 평가의 지침을 제공하는 역할을 한다고 볼 수 있다. 또한 2차 자료는 1차 자료에서 수집된 자료를 보완하고, 새로운 가설을 발견하거나 가설을 검증하기 위해 사용되기도 한다.

2차 자료는 일반적으로 얻기가 쉽고 1차 자료에 비해 시간과 비용을 줄일 수 있으며, 특히 정기적으로 발간되는 자료들을 이용하면 지속적인 자료수집이 가능한 장점이 있다. 또한 정부에서 제공하는 주요 2차 자료들은 개인차원에서 1차 자료로서 접하기 불가능한 경우도 있다. 때로는 1차 자료를 수집하기 전에, 연구문제를 정확히 파악할 목적으로 2차 자료를 이용하기도 한다. 그렇지만 2차 자료만으로 충분한 정보를 얻지 못하는 경우에는 1차 자료를 수집하여 부족한

2) 2차 자료는 사적자료(일기, 서신 등 개인적 문서)와 공적자료(공공기관의 자료), 또는 내부문서(연구자가 종사하는 조직의 내부자료)와 외부문서(타 기관에서 생성된 모든 정보)로 구분되기도 한다.

정보를 보완하는 것이 바람직하다. 따라서 가능한 2차 자료를 최대한 활용하고 부족한 자료는 1차 자료를 수집하여 사용하는 것이 연구의 효율성을 높이는 방법이다.

이와 같은 활용상의 장점에도 불구하고, 2차 자료는 그 타당성과 신뢰성에 문제가 있을 수 있다. 우선 타당성과 관련하여, 2차 자료의 수집목적, 측정단위, 또는 조작적 정의 등이 연구자가 수행하는 연구와 차이가 날 수 있기 때문에 사용상 특별한 주의(예: 연구목적에 맞는 변형)가 필요하다. 그리고 신뢰성과 관련하여, 2차 자료의 수집 및 보고·간행절차가 합리적으로 이루어졌는지 확인할 수 없다는 점이다. 예컨대 통계에 의한 물가상승률과 체감에 의한 물가상승률은 흔히 다를 수 있는데, 이것은 개인이나 품목선정에 따라 영향을 받을 수 있겠지만 그 통계의 신뢰성(예: 의식적·무의식적 누락)에 문제가 있을 수도 있다.

2. 자료의 수집방법

(1) 자료수집방법의 유형

2차 자료는 그 자료를 발간하거나 보유하고 있는 개인이나 기관에서 쉽게 구할 수 있어 별 문제가 없으나, 1차 자료는 연구자가 다양한 방법을 통하여 직접 수집하여야 한다. 1차 자료를 수집하는 방법은 크게 의사소통법과 관찰법으로 구분할 수 있다. 의사소통법(communication method)은 수집자가 수집대상자와 언어적 의사소통을 통하여 자료를 수집하는 방법으로, 질문지를 통한 질문지법(questionnaire method)과 직접 대면을 통한 면접법(interview method)으로 구분할 수 있다.[3] 관찰법(observation method)은 의사소통을 통하지 않고 수집자가 대상자를 관찰하면서 자료를 수집하는 방법이다.

3) 채서일(2006: 264~269)은 체계화 정도, 공개 정도, 의사소통 수단 등에 따라 의사소통방법을 분류하고 있다. 체계화의 정도란 자료수집과정에서 표준화의 정도(degree of standardization)를, 공개의 정도는 연구조사목적의 위장 정도(degree of disguise)를 말하며, 이들 두 가지 기준에 의하여 체계적-공개적 방법, 체계적-비공개적 방법, 비체계적-공개적 방법, 비체계적-비공개적 방법으로 분류하고 있다. 의사소통의 수단에 의한 분류는 자료를 수집할 때 이용할 수 있는 방법을 중심으로 대인면접법, 전화면접법, 우편이용법 등을 들고 있다.

(2) 자료수집방법의 장단점

의사소통법은 관찰법보다 다양하고 폭넓은 자료를 신속하게 수집할 수 있는 장점이 있다. 그러나 대상자가 개인적인 비밀이나 사회적으로 기피되는 사항에 대해 응답을 거부하거나 자료를 제공할 능력이 없는 경우에는 필요한 자료를 수집하기가 곤란하다. 또한 대상자가 고의로 정보를 왜곡하여 제공할 가능성도 있으며, 자신의 태도나 느낌과 달리 사회적으로 바람직한 응답(socially desirable answer)을 한다든가 자료수집자가 바라는 방향으로 응답을 해 주는 경우가 있을 수 있다.

관찰법은 자료수집자가 대상의 행위를 직접 관찰하고 기록하여 분석하므로 의사소통법의 응답과정에서 생길 수 있는 오류를 줄일 수 있는 장점이 있다. 그러나 실제로 관찰이 불가능하거나, 개인적인 비밀이나 사회적으로 밝히기 꺼려하여 타인으로부터 관찰되기를 원하지 않는 경우 관찰이 실제로 어렵게 된다. 또 대상자가 관찰을 당하고 있다는 것을 알고 있다면 평소와 다른 태도나 행동을 보일 가능성도 있다. 특히 관찰법의 경우 자료수집자의 주관이 개입될 가능성이 높으므로 수집된 자료의 객관성과 타당성이 낮아질 수 있는 문제점이 있다.

(3) 자료수집방법의 선택

필요한 자료를 수집하려면 어떤 방법을 선택할 것인가에 대한 기준은 매우 다양하다. 연구의 목적, 자료의 성격과 질, 수집자와 대상자의 특성, 비용과 시간, 기타 환경적 상황 등에 따라서 수집방법을 달리할 수 있다. 그러나 각각의 기준에 따라 상충되는 입장이 있을 수 있기 때문에 전체적인 관점에서 적합한 방법을 결정할 수밖에 없다. 몇 가지 관점에서 자료수집방법을 비교하여 본다.

첫째, 연구에 필요한 자료가 다양한 경우에는 관찰에 의한 직접적 방법보다는 간접적인 방법인 면접법과 질문지법이 더 적합하다.

둘째, 자료수집에 소요되는 시간과 비용을 따져보면, 대체로 관찰법이 가장 많은 노력을 수반한다. 그 다음이 면접법이며, 질문지법이 시간과 비용을 가장 적게 필요로 한다.

셋째, 자료수집이 이루어지는 현상이 복잡한 경우는 직접 관찰이 가장 적합하며, 그리고 면접법과 질문지법의 순서로 적합하다.

넷째, 연구의 궁극적 대상이 되는 모집단의 크기가 클수록, 그리고 공간적 분포가 넓을수록 비용과 시간이 많이 든다. 모집단 규모가 크거나 공간적으로 널리 분포된 경우에는 질문지법을 활용하는 것이 가장 적합하며, 그 다음으로 면접법과 관찰법의 순서로 적합하다.

다섯째, 수집대상의 참여 의욕이 높은 경우에는 질문지법이 면접보다 적합하다. 그러나 수집대상이 정보 제공을 꺼리거나 조사되고 있다는 사실에 예민하게 반응하는 경우(예: 범법행위 · 일탈행위 등의 연구)에는 관찰법이 적합하다.

여섯째, 수집대상의 자료제공 능력도 중요한 기준이 되는바, 관찰은 자료수집자의 개인 능력에 근거하기 때문에 대상자의 능력을 가장 적게 필요로 한다. 반면에, 면접은 자료수집자가 여러 가지 방법으로 대상자를 보호해야 하는 경우도 발생하며, 질문지의 경우에는 주어진 질문을 스스로 해석하는 능력도 어느 정도 필요로 한다.

일곱째, 타당성과 신뢰성 측면에서 자료수집방법을 비교하면, 다소 상반된 경향이 있다. 여기서 타당성은 수집된 자료가 당초에 얻고자 했던 자료와 일치하는 정도를 말하며, 신뢰성은 동일한 절차나 조건에서 동일한 자료를 얻는 정도를 의미한다. 대체로 비구조화된 방법(unstructured method)은 타당성이 높은 반면에 신뢰성이 낮은 경우가 많고, 구조화된 방법(structured method)은 신뢰성이 높은 반면에 타당성이 낮은 경향이 있다. 실제 자료수집방법이 적용되는 방식에 따라 다소 차이는 있지만, 타당성은 관찰법, 면접법, 질문지법의 순으로, 신뢰성은 그 반대인 질문지법, 면접법, 관찰법의 순으로 높아진다고 볼 수 있다.

제 2 절 질문지법

1. 질문지법의 의의

질문지법(questionnaire method)은 미리 작성된 질문지를 배포하여 응답하도록 함으로써 필요한 자료를 수집하는 방법이다. 여기서 질문지(questionnaire)란 좁은 의미로는 질문 문항을 체계적으로 배열하여 인쇄한 문서로서 응답자가 직접 기재하도록 작성된 것을 말한다. 그러나 넓은 의미로서의 질문지는 응답자의 직접 기재 여부와 관계없이 연구자가 자료수집을 위하여 사전에 체계적으로 작성한 것을 말하며 설문지나 앙케트(enquete) 또는 조사표(research schedule)라고도 불린다. 이러한 의미에서 질문지는 면접에서 사용되는 면접표(interview schedule)나 면접지침(interview guideline), 그리고 관찰에서 이용되는 관찰표(observation schedule)나 관찰지침(observation guideline) 등과 실제로 혼용되고 있다.

어떤 의미에서든 질문지는 측정도구를 담고 있는 일종의 틀로서, 대개는 다수의 개념에 대한 측정도구가 포함되어 있다. 좋은 질문지란 통합된 형태로 연구의 목적을 달성하는 데 적합하게 구조화되어 있으며, 타당하고 신뢰할 만한 측정을 바탕으로 하는 질문지이다.

2. 질문지법의 장단점

질문지법은 질문의 유형에 따라 장단점이 달라지나 대체로 다음과 같은 몇 가지 점에서 면접이나 관찰 등 다른 자료수집방법과 비교될 수 있다.

(1) 장　점

질문지법은 다른 자료수집방법보다 시간·노력·비용이 적게 들며, 큰 표본에도 쉽게 적용이 가능하다. 특히 면접법과 관찰법과는 달리, 질문지법에서는 자료수집자의 주관이나 편견이 개입될 가능성이 매우 낮다는 장점이 있다.

질문에 대한 응답을 익명으로 할 수 있으므로 비밀이 보장되어 면접법이나 관찰법으로 수집하기 어려운 자료도 얻을 수 있다. 경우에 따라서는 질문지를 통해서만 접근할 수 있는 수집대상이 있으며, 비대면적인 특성으로 인하여 더욱 솔직한 응답을 구할 수도 있다. 또한 면접에서는 즉시 응답해야 하므로 응답자가 부담이나 압력을 느끼는 데 반하여, 질문지법은 응답에 있어서 시간적 여유가 있어 비교적 정확한 응답을 얻을 수 있다.

(2) 단　점

이러한 장점에도 불구하고 질문지의 작성에 상당한 노력과 주의가 요구되며, 대체로 다른 자료수집방법보다 무응답률이 높게 나타나는 단점이 있다. 응답률이 낮은 경우에는 오히려 비용이 증대되고 연구가 지연되며, 잘못되거나 빠진 부분에 대한 해명이나 보충기회를 얻을 수 없는 문제점이 있다. 특히 응답자 자신의 응답 여부에 대한 확인이나 통제가 불가능하여, 응답자 주위의 제3자의 의견이 반영될 가능성도 배제할 수 없다.

3. 질문지의 작성

질문지의 작성은 [그림 16-2-1]에 나타난 바와 같이 몇 가지 단계에 걸쳐 이루어진다. 실제로 질문지를 작성할 때 이들 단계가 모두 순서대로 행해져야 하는 것은 아니지만, 대체로 ① 필요한 정보의 파악, ② 질문의 내용 결정, ③ 질문의 형태 선택, ④ 질문의 어구 구성, ⑤ 질문지 체계 정립, ⑥ 사전검사, ⑦ 편집 및 인쇄 등의 절차를 거치게 된다.

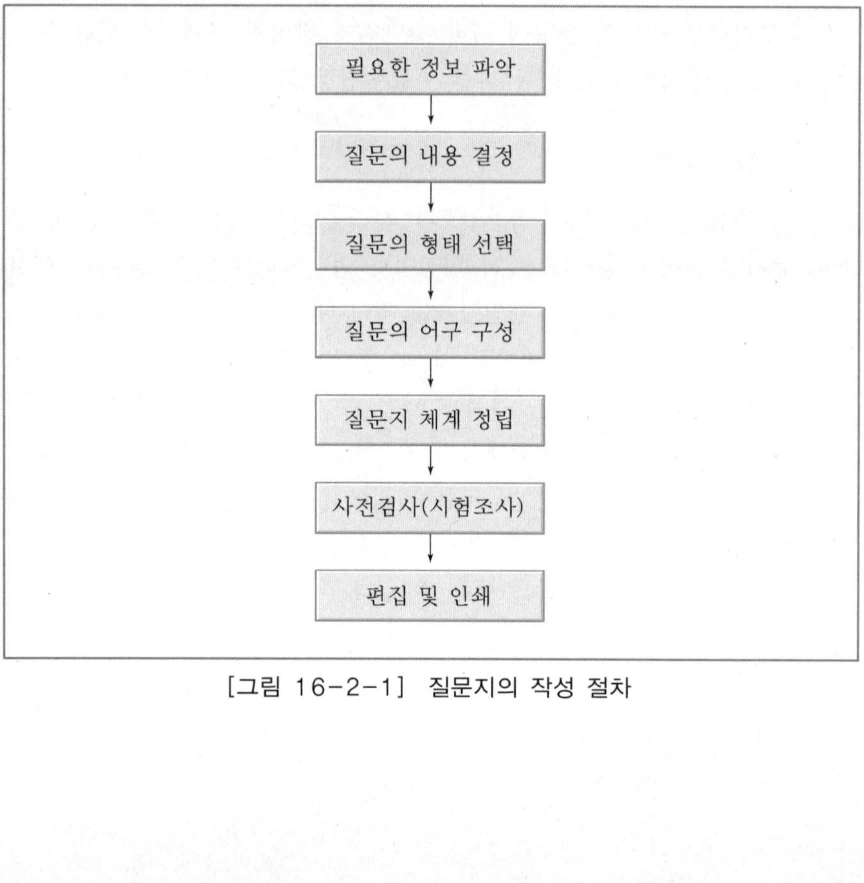

[그림 16-2-1] 질문지의 작성 절차

(1) 필요 정보의 파악

질문지는 연구문제의 해결을 위한 자료를 얻는 데 그 목적이 있다. 따라서 연구 자체의 목적에 비추어 질문지를 이용하여 얻고자 하는 것이 무엇인가를 확실히 하고, 경우에 따라서는 질문지를 어디에 또 어떻게 적용할 것인가도 함께 결정한다. 즉, 질문지를 통해서 얻어야 할 정보의 종류와 양을 파악하고, 질문지를 적용하는 방법에 대하여도 미리 검토를 하는 것이 필요하다. 이 때 연구문제와 관련된 변수들 간의 사전적 결과 분석표인 가표(假表, mock table)를 만들어 보는 것이 필요한 정보를 사전에 파악하는 데 많은 도움이 된다.

(2) 질문의 내용 결정

질문지를 통해서 얻으려는 정보의 종류와 양이 확정되면, 이를 위하여 무엇을 물어야 할 것인가에 대한 문제에 직면하게 된다. 즉, 연구문제를 해결하는 데 필요한 정보의 확인이 이루어지면, 이와 관련된 질문의 내용을 구체적으로 결정하여야 한다.

질문지에서 사용되는 질문의 내용은 필요한 정보의 종류에 따라, 사실에 관한 질문, 행위에 관한 질문, 태도나 의견에 관한 질문, 지식이나 정보에 관한 질문, 기준이나 규범에 관한 질문 등으로 분류할 수 있다.

1) 사실에 관한 질문

사실(fact)에 관한 질문은 응답자의 배경, 환경, 습관 등 객관적 사실에 관한 정보를 얻기 위한 질문을 말한다. 이러한 질문의 가장 보편적인 것은 응답자들에 따라 분류될 수 있는 배경에 관한 것들이다. 일반적으로 성별 · 연령 · 결혼상태 · 가구구성 등 인구통계적 질문, 교육수준 · 직업 · 경력 · 종교 · 소득 등 사회경제적 질문, 부모의 학력 · 직업 · 소득 등 배경에 관한 질문 등이 그 예이다. 이러한 분류에 의한 객관적인 정보는 그들의 의견이나 행태 혹은 태도에 대한 차이를 설명하는 데 도움을 주는 정보가 될 수 있다.

사실에 관한 질문은 다른 형태의 질문보다 설계하기가 용이하지만, 사실이나 개념에 대한 분명한 정의가 없는 경우에는 혼돈을 불러일으킬 수 있다. 즉, 질문 문항에 포함된 개념의 정의와 범위가 명확하지 않은 경우, 연구자의 의도와 응답자의 이해 사이에 괴리(乖離)가 발생할 수 있다. 예를 들어 '귀하는 하루에 음료수를 얼마나 마십니까?'라는 질문은 '음료수'에 대한 개념 정의와 범위가 불분명하여, 커피 혹은 생수 등이 여기에 포함되는지 매우 애매하다.

2) 행위에 관한 질문

행위(behavior)에 관한 질문은 사실에 관한 질문의 형태로서 응답자들이 행한 행동에 관한 질문이다. 이는 미래의 행위에 대해 예측하거나 현재의 구체적인 행동을 파악하는 데 그 목적을 두고 있다. 따라서 일반적인 질문보다 특정 상황이나 시간적 맥락에서 구체적으로 어떤 행동을 취하였는가를 물어보는 것이 유리하다. 어떠한 구체적 행위의 실현 유무, 행위 빈도의 정규성, 성취 정도, 중요성 정도 등의 관점에서 그 행위를 파악하게 된다.

3) 태도나 의견에 관한 질문

태도(attitude)나 의견(opinion)에 관한 질문은 특정 주제에 대한 응답자의 태도나 견해를 파악하기 위한 질문이다. 여기서 태도는 어떤 주제에 대하여 개인이 가지는 총체적인 성향·신념·편견·두려움 등을 의미하고, 의견이나 견해는 이러한 태도를 언어로 표현한 것이라고 볼 수 있다. 예컨대 '지방자치제의 근본취지를 살리기 위해서는 지방자치단체로 권한이양이 이루어져야 한다' 또는 '집단주의 문화를 개선하기 위해서는 파벌을 조성하지 말아야 한다'라는 것은 지방자치제나 집단주의에 대한 견해를 뜻한다. 그러나 지방자치제나 집단주의에 대한 태도는 지방자치제나 집단주의에 대해 느끼고 생각하는 바에 대한 일반적인 성향을 의미한다. 따라서 어떤 대상을 인식했을 때만 그 태도가 말이나 행동으로 표현될 수 있다.

질문에서 태도를 측정하는 것과 의견을 묻는 것은 상당한 차이가 있다. 태도는 응답자의 일반적인 성향을 나타내 주는 것으로, 그 내용, 방향(대상에 대한 찬성, 반대, 중립 등의 감정) 그리고 강도로 표시된다. 이는 보통 3~11개 정도의 항목(범주)으로 구성되는 척도에 의해서 측정된다. 특정 주제에 대한 태도는 종합적인 것이기 때문에 어떤 응답자는 일부분에 대해서 동의하나 다른 부분에 대해서는 동의하지 않을 수 있다. 이처럼 태도는 다양한 면을 내포하고 있기 때문에, 반드시 하나의 문항이 아닌 여러 문항으로 측정해야 한다. 이와 달리 의견은 태도를 나타낼 때에만 중요한 연구대상이 되기 때문에, 어떤 하나의 진술에 대해서 응답자가 얼마나 동의하느냐를 평가함으로써 측정하게 된다. 다시 말해서, 의견은 하나의 항목에 대한 찬성 비율 등으로 측정된다.

4) 지식이나 정보에 관한 질문

지식(knowledge)이나 정보(information)에 관한 질문은 특정 주제에 대해 갖고 있는 지식이나 정보의 양 또는 정확성 등을 파악하기 위한 질문이다. 주어진 사항에 대해 알지 못하고 있는 응답자를 걸러 내는 기능을 하기 때문에, 그것을 알고 있는 응답자만 응답을 할 수 있게 여과 질문의 형태를 주로 취하게 된다. 특정 프로그램이나 서비스의 실시에 관한 주민들의 인식이나 그 내용에 대한 이해정도를 알고자 할 때 많이 이용된다.

5) 기준이나 규범에 관한 질문

기준(criterion)이나 규범(norm)에 관한 질문은 가정불화의 문제, 반사회적인 감정을 나타내는 문제, 비윤리적 행위에 대한 문제 등과 같은 내용을 파악하고자 한다. 이러한 질문은 어떤 개인이나 사회의 가상적 행위에 대한 예측의 기초로 자주 활용된다.

(3) 질문의 형태 선택

질문의 내용이 결정되면 질문의 내용별로 질문의 형태를 선정한다. 질문 문항을 어떻게 제시하고 응답 항목을 어떠한 방식으로 하는가에 따라 응답 결과가 상당히 달라질 수 있기 때문에, 어떠한 형태로 질문 문항을 구성하는 것이 가장 적합한 것인가를 검토하여야 한다.

질문의 형태는 어떠한 것이 적절한가에 대해서는 일반적인 원칙이 있는 것은 아니다. 연구의 목적, 연구의 진행절차, 연구주제의 성격과 범주, 응답자의 능력, 연구자가 의도하는 분석과 해석의 방법 등을 고려하여 결정해야 할 사항이다. 질문의 형식은 크게 개방형과 폐쇄형으로 구분되며, 실제로 질문을 구성할 때는 여러 가지 형태를 적절히 배합하여 사용한다.

1) 개방형 질문

개방형 질문(open-ended question)은 응답자가 아무런 제약 없이 자유롭게 대답을 하도록 구성된 질문이며, 다음과 같은 주관식 질문 또는 자유응답식 질문이 그 예이다.

[예 1] 귀하께서 이번 공청회에 참석하게 된 동기는 무엇입니까?

____

[예 2] 현재 우리 정부가 해결해야 할 가장 중요한 문제는 무엇입니까?

____

개방형 질문은 매우 자세하게 물어볼 수 있으므로 더욱 확실하고 정확한 대답을 이끌어 낼 수 있는 장점이 있다. 비교적 자유로운 의견 수렴이 가능하여, 미리 예상하지 못한 문제를 발굴하거나 새로운 정보를 얻을 수 있다. 특히 연구의 초기 단계에서 응답의 범위를 파악하는 데 도움이 되어 탐색적 연구나 예비조사에 유용하며, 경우에 따라서 폐쇄형 질문 다음에 응답자의 생각을 더욱 심도 있게 알기 위해 사용하기도 한다.

그러나 개방형 질문은 응답자에게 응답에 많은 심적 부담을 주며 응답의 해석에 편견이 개입될 소지가 있으며, 시간이 많이 걸리고 능력이 부족한 응답자에게 적용하는 데 애로가 있다. 또한 이를 통해 수집한 자료를 부호화하여 분석하는 데 상당한 어려움이 따르며, 대체로 폐쇄형 질문에 비하여 무응답률이 높은 단점이 있다.

2) 폐쇄형 질문

폐쇄형 질문(closed-ended question)은 응답 항목을 미리 제시해 놓고 그 중에서 선택하도록 구성된 질문으로, 흔히 객관식 질문 또는 선택형 질문이라고 한다. 폐쇄형 질문에 있어서 응답 항목은 분류 혹은 범주화의 원칙에 따라, 실질적 적합성, 총망라성, 상호 배타성, 독립성, 일관성 혹은 단일분류성에 입각하여 구성되어야 한다.4)

폐쇄형 질문은 개방형 질문보다 응답하기 쉬워 무응답률이 낮고, 수집된 자료의 처리 · 분석이 쉽다. 특히 측정에 있어서 통일을 기할 수 있어 신뢰성이 높다는 장점이 있다. 또한, 응답 항목이 명확하여 신속한 응답을 얻을 수 있으며, 수집된 자료 해석에 있어서 편견의 개입 가능성이 낮다.

그러나 몇 개의 한정된 응답 항목 가운데 선택하게 되어 있기 때문에 응답자의 의견이 충분하게 반영되기가 곤란한 점이 있다. 응답 항목의 배열에 따라 응답 결과가 달라지며, 주요 항목이 빠지는 경우 치명적이라는 문제점을 들 수 있다.

폐쇄형 질문은 이분형, 다항선택형, 체크리스트형, 서열형, 평정형, 행렬형,

4) 분류 혹은 범주화를 위한 원칙에 대한 구체적인 설명은 제14장 제2절을 참조하기 바란다.

어의분화형 등으로 다양하게 나타날 수 있다.

① 이분형 질문: 이분형 질문(dichotomous question)은 '예(yes)-아니오(no)', '좋다-나쁘다', '찬성-반대', '옳다-그르다', '맞다-틀리다' 등과 같이 두 개의 응답 항목 중에서 하나를 선택하게 하는 질문이다. 이러한 질문형태의 예를 들면, 다음과 같다.

[예 1] 귀하는 대중교통을 이용해 출근하십니까?
□ 그렇다(예)　　□ 아니다(아니오)

이와 같은 이분형 질문을 할 때는 중간 혹은 제3의 응답, 즉 '모른다', '똑같다', '차이가 없다' 등과 같은 대답이 나올 수 있는지를 염두에 두어야 한다. 응답자가 응답을 회피하거나 양자택일에 심리적 압박감을 느낄 수 있다면, 중간 항목을 추가함으로써 더욱 더 적절한 응답을 얻어낼 수 있다.

[예 2] 정부기관이 동절기에 오후 5시에 업무를 마치는 것에 대해 찬성하십니까?
□ 찬성　　□ 반대　　□ 모르겠다

② 다항선택형 질문: 다항선택형 혹은 선다형 질문(multiple choice question)은 세 개 이상의 응답 항목 가운데 하나를 선택하도록 하는 질문이다. 이 경우 응답 항목은 분류 혹은 범주화의 원칙에 따라, 실질적 적합성, 총망라성, 상호 배타성, 독립성, 일관성 혹은 단일분류성 등에 입각하여 구성되어야 한다. 하나의 질문 문항에 대해 항목이 너무 많으면 응답자가 혼란을 일으킬 수 있기 때문에, 대체로 3개 내지 5개 정도가 무난하다고 볼 수 있다. 예를 들어, 다음과 같은 질문이 다항선택형 질문에 해당된다.

[예 1] 귀하의 소속부서는 어디입니까? 해당 항목의 □에 ✓표를 하십시오.
□ 영업부　□ 생산부　□ 기획부　□ 인사부　□ 기타 _____

[예 2] 귀하가 배우자를 선택할 때 가장 중요시하는 것은 무엇입니까? ( )
1. 학력　2. 직장　3. 외모　4. 성격　5. 가문　6. 기타 _____

③ 체크리스트형 질문: 체크리스크(checklist)형 질문은 다항선택형 질문의 한

형태로서 여러 개의 응답 항목 중에서 하나 혹은 적합한 모두를 선택하게 하는 질문이다. 앞의 다항선택형 질문이 대체로 문장이나 구절을 선택하도록 하나, 체크리스크형 질문은 주로 단어를 선택하도록 하며 응답 항목도 더 많은 편이다. 또한 필요에 따라 여러 항목 중에서 두 개 이상을 꼭 선택하게 하는 경우도 있다. 예를 들면, 다음과 같은 질문이 체크리스트형 질문에 속한다.

[예] 1억의 복권에 당첨된다면 이 돈을 어디에 쓰고 싶습니까? 해당 항목의 □에 ✓표 하십시오. (2개 이상 선택 가능)

□ 주택 구입　□ 자가용 구입　□ 국내 · 해외여행
□ 예금 저축　□ 부동산 투자　□ 주식 · 채권 투자
□ 기부나 헌납　□ 기타 (구체적으로 기술: ______________)

④ 서열형 질문: 서열형 질문(ranking question)은 일련의 응답 항목에 대해서 중요성, 선호도, 우선순위 등의 순서에 따라 번호를 기입하도록 하는 질문이다. 즉, 어떠한 문제에 대해 가능한 응답 항목을 모두 나열해 놓고, 중요한 순서, 좋아하는 순서, 싫어하는 순서대로 순위를 매기도록 하는 것이다. 이러한 형태는 특히 사회과학분야에서 정확한 수치를 제시할 수 없는 경우에 서열을 정함으로써 최소한 비교 · 상대성에 관한 정보를 파악할 수 있기 때문에 유용하게 쓰인다. 그러나 이 경우에도 서열 간의 거리에 대해서는 알 수 없으며, 응답 항목이 많으면 응답자가 판단하기 곤란하므로 가능하면 10개 항목 이내로 줄이는 것이 좋다. 예를 들어, 앞의 다항선택형 질문을 다음과 같이 서열형 질문으로 변형할 수 있다.

[예] 귀하가 배우자를 선택할 때 중요시하는 것은 무엇입니까?
(가장 중요한 것부터 1, 2, 3 … 순서로 표기하십시오.)

___ 학력　___ 경제적 능력　___ 외모
___ 성격　___ 가문(집안)　___ 기타(구체적으로 기술: 　　　)

이러한 유형의 질문에 있어서 주의하여야 할 점은 응답 항목의 순서를 무작위로 하든지 아니면 '가, 나, 다'의 순으로 하여, 앞이나 가장 위쪽에 위치한 문항이 우선순위가 가장 높다는 인상을 응답자에게 주어서는 안 된다. 또한, 응답 항목에 포함되어 있지 않은 것을 응답자가 지적할 수 있도록 기타 중요한 또는 필요한 내용 등을 기재할 수 있는 공간을 제공하여야 한다.

⑤ 평정형 질문: 평정형 질문(rating question)은 응답의 강도(intensity) 또는 정도(degree)를 구하는 등급형 질문이다. 즉, 강도를 달리하여 서열화된 응답 항목 중에서 하나를 선택하게 하는 것이다. 보통 3~7개 정도의 응답 항목을 가진 리커트(Likert)척도에 의한 질문을 대표적으로 들 수 있다. 이러한 형태의 질문은 그 내용이 주로 '지지, 중립, 반대', '찬성, 중립, 반대', '만족, 보통, 불만족', '동의, 중립, 반대', '많다, 같다, 적다', '크다, 같다, 작다' 등과 같은 의미를 지니는 경우가 많다. 예를 들어, 다음과 같은 질문이 평정형 질문에 속한다.

[예 1] 귀하는 행정전문대학원(MPA)제의 시행을 어떻게 생각하십니까?

① 절대 반대 ④ 중 립 ⑦ 적극 찬성

[예 2] 최근 정부의 8.31 부동산대책이 주택 가격의 안정에 도움이 된다고 생각하십니까?

① 매우 도움이 된다 ② 약간 도움이 된다

③ 그저 그렇다 ④ 별로 도움이 안 된다

⑤ 전혀 도움이 안 된다

평정형 질문의 경우에도 응답 항목들이 강도 순서로 배열되어 있지만 각 응답 항목 간의 거리는 동일하지 않다는 점에 유념할 필요가 있다. 또한 중간 항목이 강도의 중간 지점이 아니라, '모른다', '아무래도 좋다', '생각한 적이 없다', '말하기 곤란하다' 등의 뜻으로 잘못 이해되는 경우가 있으며, 실제로 자주 나타나는 응답자의 중간 평가 경향도 무시할 수 없다.

⑥ 행렬형 질문: 행렬형 질문(matrix question)은 동일한 응답 항목을 가지는 여러 개의 문항들을 체계적으로 한데 묶어서 하나의 질문세트를 만든 것이다. 하나의 행렬에 포함해 질문할 내용은 일정한 기준에 따라 명확히 구별되어야 한다. 예를 들면, 조직의 형태에 관한 문항들과 구성원의 만족도에 관한 문항들을 하나의 행렬로 묶어서 질문세트를 구성해서는 안 된다. 행렬형 질문의 예를 들면, 다음과 같다.

[예] 귀하는 다음의 지방행정서비스에 대하여 어느 정도 만족하십니까?

문 항	매우 만족	약간 만족	중립	약간 불만	매우 불만
1. 일상적 민원서비스					
2. 장기 비전 및 계획					
3. 조세와 예산 집행					
4. 입찰 및 계약					
5. 지역정보 관리체계					
6. 비상시 재난관리					

행렬형 질문은 다른 형태에 비해 여러 가지 장점을 제공해 준다. 질문지의 지면을 경제적으로 활용할 수 있으며, 응답자로 하여금 신속한 응답을 할 수 있도록 한다. 또 연구자뿐만 아니라 응답자에게 주어진 응답결과들의 비교성을 증가시켜 주는 장점이 있다.

그러나 이러한 형태를 사용하는 데 본질적으로 몇 가지 위험이 있다. 질문을 작성함에 행렬형 형태로 짜맞추어 그 문항을 억지로 구성하여야 하는 경우가 있다. 또한 응답자에게 어떤 응답세트(response set)를 마음에 품게 할 수도 있다. 즉, 응답자가 모든 질문에 대해 유사하게 응답하려는 경향을 보일 수 있는 문제점이 있다.[5] 이런 문제는 다른 경향을 나타내는 질문들을 교대로 배치하거나 모든 질문을 짧고 분명하게 만듦으로써 다소 해소될 수 있다.

⑦ 어의분화형 질문: 어의분화형 질문(semantic differential question)은 특정 개념에 대한 응답자의 반응을 평가한다는 점에서 평정형 질문의 변형으로 볼 수 있다. 서로 반대(대립)되는 형용사(contrasting adjectives, 예: 좋은-나쁜, 공정한-불공정한, 강한-약한, 정직한-부정직한, 능률적-비능률적, 깊은-얕은, 능동적-수동적, 외향적-내향적, 가벼운-무거운)를 양극에 두고, 이 사이에 보통 5~7개 단계의 어의분화척도로 응답 항목을 제시하여 응답자의 반응(가치관, 느낌, 의식 등)을 측정한다. 어의분화형 질문의 예를 들면, 다음과 같다.

5) 이러한 고정반응 또는 세트응답은 흔히 후광효과(halo effect)로 지칭되기도 한다. 후광효과란 평가자(또는 응답자)가 처음 문항에 좋게 또는 나쁘게 평가했으면 다음 문항들에서도 계속해서 좋게 또는 나쁘게 평가하는 경향을 말한다.

[예] 귀하는 우리 학교 직원들의 태도나 자세가 어떠하다고 생각하십니까?

	3	2	1	0	−1	−2	−3	
신속한	__:	__:	__:	__:	__:	__:	__:	둔한
정직한	__:	__:	__:	__:	__:	__:	__:	부정직한
친절한	__:	__:	__:	__:	__:	__:	__:	불친절한
능동적	__:	__:	__:	__:	__:	__:	__:	수동적
명랑한	__:	__:	__:	__:	__:	__:	__:	침울한

위의 문항에서 '0'은 중립적인 위치(예컨대 신속하지도 않고 둔하지도 않은 태도나 자세)를 나타내고, '+3'과 '−3'은 각 어의의 가장 강한 강도를 나타낸다.

3) 해당자 질문과 여과 질문

해당자 질문(contingency question)은 전체 응답자 중 일부에게만 해당되는 질문이다. 주로 폐쇄형 질문의 특수한 형태로서 조건부 질문 또는 부수적 질문이라고도 한다. 하나의 질문서에 있는 여러 질문 중에서 어떤 질문들은 특정 응답자에게만 해당되는 질문이 있을 수 있다. 응답자의 성별이나 직종 혹은 경험이나 사실 인지 여부 등에 따라 해당되는 질문이 달라질 수 있으며, 그에 따라 선택적으로 적용되어야 한다는 것이다. 예를 들어 '자가용으로 출근하는 이유는?'라는 질문은 자가용 출근자에게만, '여자대학에 진학하고자 하는 이유는?'라는 질문은 여성이면서 고등학교 3년생(또는 이와 동등한 학력자)이고 여자대학에 진학의도가 있는 응답자에게만 해당되는 질문이다.

이와 같은 질문에 해당되는 응답자들은 대체로 그 앞에 제시된 질문에 의해 결정되고 여과된다. 이처럼 그 앞에 제시되어 해당자 질문을 이끄는 질문을 여과 질문(filter question) 또는 선별 질문(screening question)이라고 한다. 여과 질문은 뒤에 있는 해당자 질문에 적합한 응답자만을 걸러내어, 이들만이 해당자 질문에 답을 하도록 한다.

여과 질문과 해당자 질문을 구성하는 방식은 여러 가지가 있다. 대표적인 몇 가지 형태를 살펴보면, 다음과 같다.

[예 1] 귀하께서 거주하는 도시의 쓰레기 수거 서비스가 이웃 도시들과 비교해서 어떠하다고 생각하십니까?

① 더 나은 정도 ······················ (A에 답하시오)

② 같은 정도

③ 더 못한 정도 ······················ (A에 답하시오)

④ 모르겠다

A. 만약 더 낫거나 못하다고 생각하신다면: 이웃 도시가 (더 나은/더 못한) 서비스를 제공할 수 있는 이유는 무엇이라고 생각하십니까?

____

[예 2] 귀하는 출근시 교통수단으로 자가용을 주로 이용하십니까?

① 예(다음 문항에 답하시오)

② 아니오(다음 문항에 답하지 마시오)

[예 2-1] 자가용 출근의 주된 이유는 무엇입니까?

① 편리성　　② 업무상

③ 신속성　　④ 기타(　　　)

[예 3] 귀하의 출근시 교통수단은 무엇입니까?

① 지하철　　② 자전거　　③ 대중버스

④ 자가용 ↓　　⑤ 기타(　　　)

[예 3-1] 자가용 출근의 주된 이유는 무엇입니까?

① 편리성　　② 업무상

③ 신속성　　④ 기타(　　　)

[예 4] 최근 발표된 그린벨트지역의 부분적 해제에 대해 어느 정도 알고 있습니까?

① 모른다

② 소식만 들었다

③ 어느 정도 알고 있다

④ 자세히 알고 있다

(②~④) → [예 4-1]번 문항으로 가세요.

(4) 질문의 어구 구성

질문의 형태를 결정하는 과정에서 질문의 어구를 어떻게 구성할 것인가도 함께 고려하여야 한다. 질문에 사용되는 용어와 질문을 표현하는 방식에 따라 응답 결과가 상당히 달라질 수 있기 때문에, 어떤 용어를 사용하며 어떠한 방식으로 질문하는 것이 가장 적합할 것인가를 결정하는 일은 매우 중요하다. 따라서 응답자의 의견을 정확히 파악하여 연구의 타당성을 높이기 위해서는 다음과 같은 몇 가지를 염두에 두고 질문의 어구를 구성하여야 한다.

1) 용어의 사용

질문에 사용하는 용어는 무엇보다도 그 개념이 오해를 일으키지 않도록 명백해야 한다. 응답자의 입장에서 알기 쉽고 명확하며, 가능한 한 보편적이고 가치중립적인 용어를 사용하여야 한다. 실제 응답에서 미묘한 의미의 차이가 있을 수 있는 단어도 피하여야 한다. 예를 들어 질문 문항이 '귀하의 가족은 얼마나 자주 외식을 하십니까?'이거나, 응답 항목이 '가끔', '종종', '때때로', '자주', '빈번하게' 등으로 구성되는 경우이다. 또한 약어와 속어 혹은 은어 대신에 표준어를 쓰고, 전문 용어 · 한자 · 영어 등은 꼭 필요한 경우를 제외하고는 자제하는 것이 바람직하다.

특히 편견을 내포하거나 특정한 응답을 부추기는 용어, 속어(slang), 특수 용어(jargon), 인기용어(catchy word) 등은 피하여야 한다. 예컨대 '부모 잃은 불쌍한 아이들을 돌봐 주기 위한 보육원을 우리 동네에 설립하는 것을 어떻게 생각하십니까?'라는 질문은 '부모 없는 아동들이 모여 있는 고아원을 우리 동네에 설립하는 것을 어떻게 생각하십니까?'라는 질문에 비하여 그 응답에 있어서 상당한 차이를 가져오게 될 것이다. 이처럼 편견을 자아내어 특정한 응답을 유도하는 용어들을 사용하게 되면 질문 자체가 의도하는 정확한 측정이 이루어지기 어렵게 된다.

2) 내용의 선택

앞에서 보았듯이, 질문에 포함될 수 있는 내용들은 연구목적에 따라 매우 다양하다. 불필요한 내용은 시간과 비용의 낭비를 가져오고 응답상의 부담을 주어 오히려 중요한 내용에 대한 응답상의 신뢰성이 낮아질 수 있다. 따라서 꼭 필요한 내용만을 선별하여 질문량을 가능한 한 줄여야 한다.

또한 응답자가 당황하여 응답하기 곤란해 하는 어려운 주제에 관한 위협적인 질문(threatening question)을 피하여야 한다. 예컨대 응답자의 도박 습관, 범죄기록, 술버릇, 마약 복용, 아동 학대 등 사회적 일탈 행위 등에 관한 질문이 여기에 속한다. 만약 불가피하게 위협적인 질문을 해야 할 경우에는 개인적 비밀의 보장에 대한 확신을 주어야 하며, 이러한 질문은 가능한 한 질문지의 마지막 부분에 배치하는 것이 좋다.

같은 맥락으로 볼 수 있지만, 응답 대상이 금기(taboo)시하는 것이나 통념상 사회 규범적으로 허용될 수 없는 내용도 피하여야 한다. 반대로, '사람의 생명은 귀중하다고 생각하십니까?'와 같이 사회적으로 바람직하거나 당연한 질문은 아무런 의미가 없다고 할 것이다.

3) 표현의 방식

질문 문항이나 응답 항목을 표현하는 방식도 응답 결과에 상당한 영향을 미칠 수 있다. 실제 질문을 표현함에 있어서 염두에 두어야 할 사항들을 살펴보면, 다음과 같다.

가. 간접 질문을 적극 활용하는 것이 필요하다. 어떤 의견이나 태도 등을 직접적으로 질문하는 것은 심리적 저항이나 반감을 일으켜 정확한 응답을 회피하게 되는 경우가 발생할 수 있다. 특히 사회적 규범, 집단이나 인간관계로 인한 부담, 자신의 체면 등으로 인해 본래의 의견과는 전혀 다른 응답을 할 수 있다. 예를 들어, '귀하께서는 아직도 부인을 때리십니까?'라는 질문에 대하여 사실 그대로의 정확한 대답을 얻는 경우는 매우 드물다고 볼 수 있다.

이처럼 직접 질문으로 정확한 응답을 이끌어내는 것이 불가능하다고 판단되는 경우에는 간접 질문을 활용하여야 한다. 간접 질문은 문맥상 질문이 실제 자료수집자가 파악하려는 내용과 달라야 하고 응답자가 자료수집자의 의도를 이해하지 못하는 것을 전제로 한다. 이러한 간접 질문의 방법으로는 투사기법(projective technique), 오류선택법(error-choice technique), 정보검사법(information-test technique), 토의완성법(argument-completion technique), 연상법(association technique) 등이 있다.[6] 간접 질문은 직접 질문이 갖는 문제점을 보완하여 연구조사의 타당성

6) 투사기법은 정확한 응답에 대한 장애 요인을 피하기 위해 응답자에게 자극을 주어 우회적으로 응답을 얻어 내는 방법이다. 오류선택기법은 어떤 질문에 대해 틀린 항목을 여러 개 제시해 놓고 그것을 선택하게 한다. 정보검사기법은 어떤 주제에 대해 특정인이 지닌 정보의 양과 유형이 그 개인의 태도나 행동을 결정한다고 보고, 그 개인이 가진 정보를 파악하여 응답자의 태

을 높이는 방법이기는 하나, 그 응답을 해석하는 과정에서 그 진의가 왜곡될 우려가 있다.

나. 질문 문항은 명료하게 표현되어 그 의미를 정확하게 알 수 있도록 해야 한다. 예를 들어, '당신이 살고 있는 지역사회의 가장 중요한 문제는 무엇입니까?'라는 질문은 '지역사회'의 공간적 범위를 명확히 하지 못하고 있다. 또 다른 예로서 '최근 우리나라가 제시한 남북협력방안에 대하여 어떻게 생각합니까?'는 응답자에게 '어떤 남북협력방안?'이라는 의문을 주게 된다.

다. 이중 질문(double-barreled question)은 삼가야 한다. 하나의 문항에 둘 이상의 질문이 포함되어 있는 겹치기 또는 쌍렬식 질문은 피해야 한다. 예를 들어, '혼자 있거나 친구와 함께 있을 때 대체로 술을 마시는 경향이 있습니까?'는 어느 때 술을 마시는지 구분이 되지 않는다. 또 다른 예로서 '공공부문의 생산성 제고를 위해 인력을 줄이고 성과급을 높여야 한다고 생각하십니까?'와 같은 질문에 대해서는 한 가지에만 찬성하고 다른 것에는 반대하는 경우가 있을 수 있다.

라. 응답자의 능력을 고려하여야 한다. 응답자가 질문과 관련된 지식을 갖지 못하고 있는 경우에는 의미 있는 대답을 얻을 수 없게 된다. 예를 들어, '하루에 몇 걸음 정도를 걸으십니까?' 혹은 '지난 한 달 동안에 소주를 얼마만큼 마셨습니까?'는 보통 일반인이 정확히 대답을 할 수 없는 질문이다. 이처럼 기간이나 내용이 광범위하여 응답자의 능력을 벗어나는 표현은 피하여야 한다.

마. 응답자가 기꺼이 대답할 수 있도록 동기를 부여하여야 한다. 응답자가 정보의 공유를 꺼리는 경우에는 속으로 생각하는 의견이 있지만, 응답을 회피하거나 엉터리 응답을 할 가능성이 높다. 특히 응답자 자신이 소수집단이라고 생각할 때 본심을 말하지 않고 미정(undecided)하거나 달리 응답하는 경향이 있다.

바. 응답자의 입장을 곤란하게 하거나 자존심을 상하게 하는 표현은 삼가야 한다. 예를 들면, '대부분의 가정에서 지니고 있는 HDTV를 가지고 있습니까?'라는 질문은 응답자의 경제적 능력을 비하하는 표현으로 인식될 수 있다.

사. 가능한 짧은 문장이 좋다. 응답자는 문항을 빨리 읽고, 그것의 의도를 이해하고, 어려움 없이 답을 선택하거나 제공할 수 있어야 한다. 따라서 질문은

도와 행동을 알아보는 방법이다. 토의완성기법은 미완성된 문항을 제시해 놓고 그것을 빠른 속도로 완성하게 하며, 연상기법은 어떤 자극을 주었을 때 가장 먼저 연상되는 것을 응답하도록 하는 방법을 말한다.

너무 길고 복잡하거나 어렵지 않도록 간략하고 명확하며 객관적으로 만드는 것이 좋다.

아. 부정(negative) 또는 이중 부정(double negative) 문항은 피해야 한다. 부정어의 등장은 쉽게 오해하도록 만들며, 특히 이중 부정적인 표현은 절대로 사용하지 말아야 한다. 예를 들어, '정부가 새로운 부동산정책을 즉각 실시하지 않는 것에 반대하십니까?'라는 질문은 응답자에게 약간의 혼란을 줄 수 있다. 다른 예로서 '아파트단지 내에 방범용 CCTV를 의무적으로 설치하는 방안에 대해 반대하는 의견이 있습니다. 이에 대해 동의하십니까?'라는 질문을 보자. 상당한 비율의 응답자들은 '반대'라는 단어를 간과해서 읽고, 그것에 근거하여 대답할 수도 있다. 따라서 어떤 사람들은 CCTV설치를 지지하면서 '예'라고 응답을 할 것이고, 다른 사람들은 CCTV설치를 반대하면서 '예'라고 응답할 수 있다.

자. 특정한 응답에 대한 유도질문(leading question)은 피해야 한다. 어떤 질문은 특정한 응답을 유도하도록 편향되어 있을 수 있다. 예를 들어, '담배가 임산부에 매우 해롭다고 하는데, 여자가 담배를 피우는 것을 어떻게 생각합니까?'라는 질문은 응답자에게 부정적인 응답을 하도록 부추기고 있다. 또 다른 예로서 '훌륭한 대통령의 업적을 기리기 위하여 기념관을 건립하여야 한다고 생각하십니까?'라는 질문도 특정한 방식으로 대답을 유도하고 있다. 이처럼 특히 사회적으로 저명하거나 또는 악명이 높은 사람의 의견을 제시하고 이에 대한 응답을 요구하는 것도 편향된 질문이므로 피하는 것이 좋다.

차. 응답 항목의 중복은 피해야 한다. 앞에서 살펴보았듯이, 응답 항목은 실질적 적합성, 총망라성, 상호 배타성, 독립성, 일관성 혹은 단일분류성 등에 입각하여 구성되어야 한다. 이러한 분류 혹은 범주화의 원칙에 의하지 않고 응답 항목이 나열된다면, 부정확한 측정이 될 수밖에 없다. 예를 들어 '이 제품이 어떤 점에서 가장 마음에 들어서 선택하였습니까?'라는 질문에 대하여, 응답 항목들이 '① 디자인이 좋아서, ② 스타일이 좋아서, ③ 멋있어서, ④ 가격이 적당해서, ⑤ 실용적이어서, ⑥ 색상이 좋아서' 등과 같이 제시되는 경우가 여기에 해당될 수 있다.

(5) 질문지 체계 정립

질문의 내용과 형태 그리고 어구 구성에 대한 검토가 이루어지면, 질문지의 전체 체계를 어떻게 할 것인지에 대해 생각해 보아야 한다. 하나의 질문지는 표지문, 지시문, 질문 문항과 응답 항목, 그리고 끝인사·부탁사항 등의 순으로 구성된다.

1) 표 지 문

질문지 가장 앞면에 붙게 되는 표지문은 응답자가 최초로 질문지를 접하고 그에 대한 첫인상을 갖게 되는 곳이다. 따라서 표지문은 응답자로 하여금 응답 여부를 판단하는 데 매우 중요하며, 궁극적으로 응답률을 좌우하는 결정적 요인이 될 수도 있다.

일반적으로 표지문은 [표 16-2-1]에서 보듯이, 인사말과 연구자의 소속 또

[표 16-2-1] 질문지 표지문의 예

안녕하십니까?

저희 ○○○연구소에서는 ○○○와 공동으로(의뢰로) ○○에 관한 연구를 수행하고 있습니다. 본 조사는 ○○에 대한 ○○와 ○○을 위한 기초자료 수집에 그 목적이 있습니다.

따라서 귀하의 의견은 본 연구 수행을 위한 자료로서 매우 귀중하오니, 바쁘시더라도 잠시 시간을 내어 빠짐없이 정확하게 응답을 해 주시면 감사하겠습니다.

귀하께서 응답하신 모든 내용은 익명으로 통계 처리됩니다. 따라서 개인 정보에 대해서는 비밀을 철저히 보장할 것이며, 수집된 자료는 본 연구 이외에는 일절 사용하지 않을 것을 약속드립니다.

(본 연구는 금년 말경에 완성될 예정입니다. 귀하께서 협조해 주신 연구의 결과는 ○○○연구소 연구보고서 제 ○ 호와 ○○학술지에 발간될 예정입니다. 본 연구의 결과를 알고자 할 경우 귀하의 주소를 기재하여 주시면 연구결과가 완성되는 즉시 우송해 드리겠습니다.)

귀하의 협조에 진심으로 감사를 드리며, 건강과 행운이 함께 하길 기원합니다. (저희 연구진의 작은 정성으로 문화상품권 1매를 질문지에 동봉하였습니다. 유익한 시간이 되길 바랍니다.)

○○○○년 ○월
○○○연구소 연구책임자 ○○○ 드림
(전화: 팩스: e-mail:)

※ 반송 기한: ○○○○년 ○월 ○일
※ 반송 주소: (우)○○○-○○○ ○○시 ○○동 ○번지 ○○○연구소 ○○실

는 연구기관·단체의 명칭을 확실히 밝히는 것으로 시작한다. 다음으로, 연구를 수행하는 목적과 주제 내용을 간략히 소개하고, 질문지에 성실하고 정확하게 대답하여 달라고 정중히 요청하여야 한다. 특히 연구의 중요성을 부각시키고 이를 위한 자료수집의 의도와 내용을 명백히 해야 한다. 본 질문지를 통하여 수집된 자료의 용도를 제시하고, 본 연구 목적 이외에는 절대로 사용하지 않을 것임을 밝혀 두어야 한다. 더불어 응답자에 대한 익명성과 비밀을 확실하게 보장함을 분명하게 한다.

경우에 따라서, 향후 연구결과가 발표될 결과물 등을 소개하여 관심 있는 응답자가 자신이 참여한 연구결과를 확인할 수 있는 기회를 제공하는 것도 좋다. 또한 본 조사에 협조해 준 것에 대한 감사의 말을 잊지 말아야 하며, 혹시 감사의 표현으로 간단한 선물을 준비하였다면 그것을 동봉하였다는 점을 알려 주어야 한다. 마지막으로 연구자나 연구기관 책임자의 성명과 직책, 그리고 연락처 및 반송 주소와 기한 등을 명시한다.

2) 질문의 배치

어떤 기준에 따라서 질문을 배치할 것인가 하는 것은 연구자가 결정하여야 할 사항이다. 물론 연구 목적과 질문 내용 그리고 연구 주제에 따른 질문의 중요성 등에 따라 질문을 배치하게 된다. 그러나 일반적으로 지켜야 할 질문의 배치 순서를 따른다면, 더 효과적인 질문지가 될 수 있다.

질문을 배치하는 데 있어서 가장 중요시되는 점은 질문 내용의 논리적 순서나 연계를 파괴하지 않도록 하여야 한다는 것이다. 질문의 순서가 응답에 미치는 영향을 배제하는 데 초점을 두어 이를 무작위로 배치하는 것은 오히려 응답자들에게 혼란스럽고 가치없는 것으로 비춰질 수 있다. 따라서 질문들 사이에 논리적인 관련성이 있고 동시에 시간적 순서나 심리적 일관성이 있어 전체적으로 하나의 통일성을 이루도록 배열하여야 한다. 대부분의 경우 질문의 주요 내용을 분류하여 제목을 지시문으로 제시하고, 이에 해당하는 질문을 배치하는 방법을 사용한다. 이 방법은 응답자가 각 분류에서 질문에 대답하여야 할 내용이 무엇인가를 사전에 알 수 있게 하는 장점이 있다.

하나의 질문지에서 질문을 배열하는 데 있어서 질문 자체의 성격이나 형태도 매우 중요한 고려 사항이 된다. 질문지는 가장 쉽고 흥미로운 질문으로 시작하는 것이 좋다. 다시 말해서, 처음 몇 질문만 대충 훑어보려는 잠재적 응답자가 그 질문들에 대해 응답하기를 원하도록 동기 유발하는 것이 필요하다. 응답자가 쉽게 답할 수 있고 자신의 의견을 표출하려는 열망을 부추기는 질문을 우선 배치하는 것이 응답자의 관심을 끄는 방법이다. 그리고 가치나 성향 등 어렵고 지루한 질문은 중간부분에 분산하여 배치하고, 민감하게 느낄 수 있는 질문과 많은 시간과 노력이 요구되는 개방형 질문은 후반부에 배치하는 것이 좋다. 또한 단조로운 질문이나 인구통계학적인 자료에 대한 요청은 일반적으로 마지막에 둔다.[7)]

질문의 내용이 포괄하는 범위에 따라 질문 문항의 배열을 달리할 수도 있다. 질문들이 연속적으로 앞의 질문과 서로 관련되어 있는 경우, 그 질문 내용의 범위에 따라 깔대기형 배열(funnel sequence)과 역깔대기형 배열(inverted funnel sequence)의 방식을 취할 수 있다.

깔대기형 배열은 일반적이고 광범위한 질문을 먼저 하고 점차 구체적이고 특정적인 질문으로 배열해 나가는 방식이다. 이러한 방식은 질문들이 연속적으로 앞의 질문과 관계되어 있으면서 차츰 그 범위를 좁혀 나가는 것으로서, 자세한 정보를 얻는 것이 목적이고, 응답자들이 주제에 대해 관심이 있거나 응답에 충분한 동기를 가지고 있는 경우에 유용하다. 깔대기형 배열의 예를 들어 보면 다음과 같다.

1. 현재 우리가 당면하고 있는 사회문제는 무엇이라고 생각하십니까?
2. 여러 가지 사회문제 중 가장 시급히 해결하여야 할 것은 무엇입니까?
3. 위의 2번에서 답하신 사회문제의 시급한 해결책은 무엇이라고 생각하십니까?
4. 지금까지 대답하신 사회문제의 내용에 관한 정보는 주로 어떻게 얻습니까?
5. 귀하께서는 컴퓨터 인터넷망을 어느 정도 이용하고 계십니까?

반대로, 역깔대기형 배열은 특정적이고 구체적 질문을 먼저 하고 점차 일반적이고 광범위한 질문으로 배열해 나가는 방식이다. 이는 질문들이 연속적으로 앞의 질문과 관계되어 있으면서 차츰 그 범위를 넓혀 가는 것으로서, 전반적인 의견을 얻는 것이 목적이고, 응답자들이 주제에 대해 관심이 없거나 응답에 충분한 동기를 가지고 있지 않은 경우에 유용하다. 이러한 방식의 예를 들어 보면

7) 응답자에 대한 기초자료의 의미를 가진 인구통계학적 질문은 대체로 답변이 용이하기 때문에 질문지의 첫 부분에 배치하는 것이 좋다는 견해도 있다.

다음과 같다.

> 1. 지난 해 우리나라의 교통사고 사망자 수는 어느 정도라고 생각하십니까?
> 2. 병원 치료를 요하는 중상자의 수는 어느 정도라고 생각하십니까?
> 3. 부상자들이 병원으로 후송되는 데 소요되는 평균 시간은 어느 정도라고 생각하십니까?
> 4. 부상자들이 병원으로 후송되기 전에 응급처치를 받고 있는 것을 본 적이 있습니까?
> 5. 전반적으로 볼 때 응급처치나 구조활동이 어느 정도 수행되고 있다고 봅니까?

이처럼 질문을 논리적이고 내용적으로 분류한 다음에는 질문 문항의 척도에 따른 배열도 추가적으로 고려하는 것이 좋다. 유사한 형태의 척도를 가진 질문 문항끼리 배열하여 갑자기 다른 형태의 척도 표기와 혼동되지 않도록 해야 한다. 그러나 질문 내용이나 응답 항목과 무관하게 특정한 응답 항목을 되풀이하여 선택하는 경향, 즉 고정반응 혹은 세트응답을 막기 위해 응답 항목들을 적절하게 달리 배치하는 것도 필요하다. 때때로 긍정적 응답과 부정적 응답을 묻는 질문이 존재하는 경우에는 긍정형 질문과 부정형 질문을 적절하게 교대로 배치하는 것도 응답자의 주의를 환기시킬 수 있는 방법이 될 수 있다.

최종적으로 질문을 배치함에 있어서 질문 문항이나 응답 항목의 형식적인 측면도 고려하여야 한다. 질문 문항이나 응답 항목들을 길이와 유형에 따라 보기 좋게 정돈함으로써 응답자가 흥미를 갖도록 하고 응답의 신뢰성을 높이도록 노력하여야 한다.

3) 지 시 문

질문지의 완성도를 높이려면 적합한 위치에 명확한 소개문이나 지시문이 들어가야 한다. 지시문은 질문 내용에 관한 전반적 또는 구체적 배경이나 응답 요령 등에 관한 사항을 제시하게 된다. 이러한 지시문은 전반적 지시문(general instruction)과 구체적 지시문(specific instruction)으로 구분된다.

① 전반적 지시문: 전반적 지시문은 질문 내용에 대한 전반적인 배경이나 개요 등을 제시하거나, 전체 질문지에 걸쳐 준수해야 할 응답 요령 등을 알려준다. 전반적 지시문은 표지문 다음, 실제 질문 문항이 배치되기 전에 기술하며, 흔히 네모 박스(box)형의 표로서 제시된다.

먼저, 질문 내용에 대한 전반적인 배경이나 개요 등을 제시하는 지시문은 연구자가 원하는 것을 정확히 알려주어 응답자의 사전 이해를 높이기 위한 것이다. 이러한 지시문의 예를 보면 다음과 같다.

> ※ 질문을 드리기에 앞서 ○○의 배경(개요)을 알려 드립니다.
> ○○이란 ……………………………………………………………………………

다음으로, 질문지 전체에 걸쳐 응답자가 준수해야 할 응답요령과 주의사항을 알려주는 지시문이 있다. 이러한 지시문은 다중선택형일 경우에는 선택표시 기호와 방법을 알려주며, 개방형일 경우에는 단어 수 등을 제한하는 것과 같은 설명을 말한다. 이러한 지시문의 예를 보면 다음과 같다.

> ※ 질문에 따라 해당되는 번호에 ✓표를 하시거나, □안에 번호를 적어 주시고, 응답 항목이 없는 경우는 귀하의 의견을 직접 기재해 주시기 바랍니다.

② 구체적 지시문: 구체적 지시문은 각 문항별로 참고사항이나 응답 요령 또는 주의사항을 알려주는 설명을 말한다. 많은 경우 질문의 주요 내용을 분류하여 제목을 지시문으로 제시하고, 이에 해당하는 질문을 배치하는 방법을 사용한다. 이 방법은 응답자가 각 분류에서 질문의 내용이 무엇인가를 사전에 알 수 있게 하며, 특히 다양한 자료를 얻고자 할 때 덜 혼란스럽게 보이도록 해 주는 장점이 있다. 만약 하나의 질문지가 몇 개의 하위영역(part)을 가지고 있다면, 각 영역에 속한 질문의 내용과 목적에 관해 짧은 글로 소개해 주면 된다.

예컨대 '※ 다음의 질문들은 ○에 관한 문항입니다. 해당 항목에 ✓표를 해 주십시오'와 같은 글이다. 대부분의 질문지에 포함되는 인구통계학적 문항은 '※ 마지막으로, 통계분석을 위한 자료 분류용으로 귀하에 관해 조금만 더 여쭈어 보겠습니다. 해당 항목에 ✓표를 해 주시기 바랍니다'라고 지시문을 작성할 수 있다.

질문의 내용에 관한 지시문과 함께, 각 문항별로 응답 요령이나 주의사항에 대한 설명을 필요로 하는 경우가 있다. 어떤 질문들은 알맞게 대답하는 것이 쉽도록 하기 위해 다수 응답, 최적 응답, 순위 응답, 행렬형 응답 등에 관한 특별한 지시사항을 필요로 한다. 예를 들어, '가장 알맞은 답 1개만 선택해 주십시오' 혹은 '중요하다고 생각되시는 순서대로 1, 2, 3 … 을 기입해 주십시오' 등과 같은 지시문을 질문문항 다음의 괄호 속에 넣어 제시하기도 한다.

(6) 사전검사

사전검사(pretesting)란 본 조사의 절차와 원칙에 따라 사전에 질문지를 적용하여 본 조사에서 발생될 수 있는 문제점을 미리 찾아 이를 수정하기 위한 절차이다. 질문지를 작성하는 데 아무리 만전을 기하였다고 하더라도 연구자의 생각이 응답자와 차이가 있기 때문에, 응답자에게는 연구자의 의도와 다르게 받아들여질 수 있다. 따라서 질문지의 초안을 완성한 후, 예정 응답자의 일부를 선정하여, 질문의 전체나 일부를 포함한 질문지를 가지고, 정확한 자료를 수집할 수 있을 것인가를 점검하는 절차를 거치게 된다.

사전검사는 연구대상이 되는 모든 계층의 모집단을 골고루 포함하여 실시하여야 한다. 다시 말해서, 사전검사에 참여한 응답자들이 모집단을 대표할 수 있도록 선정되어야 한다는 것이다. 이와 동시에, 연구주제에 대해 전문적인 지식을 가진 전문가 집단에 사전검사를 하여 일반 응답자들이 파악하지 못하는 문제점까지도 해결하도록 하여야 한다.

사전검사에서는 응답자나 전문가의 반응을 토대로 각각의 질문에 대하여, ① 연구자의 의도가 응답자에게 충분히 전달되는지, ② 용어가 응답자에게 생소하지 않은지, ③ 응답에 일관성이 있는지, ④ 한쪽으로 치우치는 응답이 나오는지, ⑤ '모르겠다' 혹은 '알 수 없다' 등과 같은 응답이 많이 나오는지, ⑥ 응답을 회피하는 경우가 많은지의 여부 등과 같은 문제점을 파악한다. 만약 문제점이 나타나면 그 이유를 규명하고, 앞의 단계로 돌아가서 질문지를 수정한 후 다시 사전검사를 하는 과정을 반복하여 질문지를 최종적으로 확정한다.

이러한 사전검사는 몇 가지 점에서 예비조사(pilot study)와는 근본적으로 차이가 있다.[8] 예비조사는 연구의 초기 단계에서 연구문제의 규명 등 연구의 효율

8) 예비조사는 연구주제에 관한 충분한 사전지식을 얻기 위해 실시되는 탐색적 성격을 띤 기초조사이다. 즉, 연구문제의 핵심적인 사항에 대한 정보를 다각적·전문적으로 획득하기 위한 준비과정이라고 볼 수 있다. 따라서 예비조사와 사전검사는 ① 시간적 측면(예비조사는 연구의 초기 단계에, 사전검사는 질문지 작성 후에), ② 목적상(예비조사는 연구문제의 규명과 가설의 명백화 등을 위해, 사전검사는 질문지 작성의 타당성과 신뢰성 검증을 위해), ③ 형식성(예비조사는 비조직적·비공식적 기초조사, 사전검사는 조직적·공식적 조사)에서 차이가 있다(이준형, 2004: 284~285).

성 제고에 필요한 정보를 수집하기 위해 실시된다. 반면에 사전검사는 질문지 초안이 만들어진 후에 질문지를 시험해 봄으로써, 질문 내용, 어구 구성, 질문 형태 및 방식, 질문 순서 등의 오류를 찾아내게 된다. 따라서 사전검사는 예비 조사보다 훨씬 형식이 갖추어진 단계이며, 규모는 작으나 본 조사와 동일한 절차와 방법으로 시행되어야 한다. 따라서 본 조사를 행하기 전에 질문지가 잘 구성되어 있는지를 시험해 본다는 의미에서 시험조사라고도 한다.

(7) 편집 및 인쇄

사전검사를 통하여 필요시 질문지를 수정하여 모든 것이 순조롭다고 확인되면 비로소 질문지를 인쇄한다. 이 때 인쇄된 질문지가 응답자에게 호감을 주고 중요한 것이라는 인식이 들도록 크기, 용지, 활자, 표지, 공간, 번호, 부호 등 여러 가지에 대해 세밀하게 신경을 써야 한다.

질문지 외형은 경비에 따라서 결정되지만, 가능한 어느 정도 고급용지를 사용하는 것이 좋다. 표지문과 질문 내용을 쉽게 구별토록 하고 질문지의 첫 인상을 고려하여 표지의 용지 색상과 질문내용의 용지 색상을 차별하는 것을 생각해 볼 수 있다. 그러나 너무 화려한 색상 등은 전문 학술연구에는 맞지 않을 수 있다.

질문 내용을 인쇄할 글자 크기나 글자 모양, 지시문의 표기 등은 컴퓨터의 문서 편집 기법이나 인쇄소의 편집 기능을 최대한 활용하여 가능한 응답자의 편의를 고려하여 결정하여야 한다. 특히 각 질문 문항은 확실히 구별될 수 있도록 인쇄하여야 하고, 응답 항목에 척도로 표기된 숫자 인쇄는 분명하고 정확하여야 한다. 또한 너무 작은 크기의 글자나 빽빽한 줄 간격은 각 질문 문항이나 응답 항목을 구별하기 어렵게 하기 때문에 피하여야 한다.

우편을 통하여 자료를 수집하는 경우에는 완성된 질문지와 함께 반송용 봉투를 동봉하고, 반송용 봉투에는 반드시 송부할 주소, 즉 연구자나 연구기관의 주소가 인쇄되어야 한다. 이 경우, 질문지의 크기와 양에 따라서 반송용으로 사용될 봉투의 규격이 잘 맞도록 봉투를 제작하여야 하며, 반송용 우편요금은 수취인 부담으로 할 수 있도록 해야 한다.

4. 질문지의 적용

(1) 질문지의 적용방법

질문지를 실제 적용하는 방법에는 대면조사법, 집단조사법, 배포조사법, 우편조사법, 전화조사법, 인터넷조사법 등이 있다. 대면조사법은 자료수집자가 응답자를 직접 만나서 그 질문지에 따라 질문하면서 기입하는 것을 말한다. 집단조사법은 여러 응답자를 한 자리에 모아 놓고 질문지를 일제히 배부하고 응답자로 하여금 직접 기입하도록 하여 회수하는 방법이다. 배포조사법은 응답자에게 질문지를 배부하여 응답자가 기입하고 나중에 회수하는 것으로 유치조사법이라고도 한다. 우편조사법은 우편으로 응답자에게 질문지를 송달하여 기입하게 한 후 반송우편으로 회수하는 방법이다. 마지막으로 전화조사법은 전화를 이용하여 질문하고 자료수집자가 응답을 기입하는 방법이다. 마지막으로 인터넷조사법은 인터넷을 통하여 질문지를 송부하고 응답을 받는 방법을 말한다.

(2) 응답과 무응답

질문지를 이용하여 자료를 수집하려는 연구자는 질문지 적용에 있어서 응답자의 수를 극대화하려 한다. 일반적으로 질문의 내용과 형태 그리고 방식뿐만 아니라, 질문지의 길이와 모양, 익명성, 연구자, 응답요령 등이 실제 응답률(response rate)에 영향을 주게 된다.[9)]

응답률이 어느 정도 되어야 하는지에 대한 기준은 없다. 다만, 수집된 자료의 분석과 연관되어 사용되는 추론통계학(inferential statistics)에서는 최초 표본의 모든 구성원들이 응답을 하는 것을 가정하고 있다. 그러나 이런 경우는 실제 거의 발생하지 않기 때문에 응답 왜곡(response bias)이 관심의 대상이 된다. 전체

9) 일반적으로 응답률이라면 전체 응답률(total response rate)을 의미하며, 이 외에 소재률(location rate, 소재 파악이 된 응답자의 비율), 접촉률(contact rate, 접촉한 응답자의 비율), 적임률(eligibility rate, 응답의 자격·능력기준에 합당한 응답자의 비율), 협조률(cooperation rate, 응답에 참여를 동의하고 실제 협조한 응답자의 비율), 완성률(completion rate, 응답을 완수한 응답자의 비율) 등이 있을 수 있다. 예를 들어, 표본추출틀에 속한 1,000명의 표본 중 950명이 전화 또는 우편으로 위치 파악되어(소재율: 95.0%), 이들 950명 중 800명을 전화 또는 우편으로 접촉하여(접촉률: 84.2%), 이들 800명 중 780명이 응답조건을 충족하고(적임률: 97.5%), 이들 780명 중 700명이 응답에 협조하여(협조율: 89.7%), 이들 700명 중 690명이 응답을 최종적으로 완수한다면(완성률: 98.6%), 전체 응답률은 .95×.842×.975×.897×.986=.690이 된다(Neuman, 2003: 287).

응답률은 표본 응답의 대표성에 대한 하나의 지침이 된다고 볼 수 있다. 높은 응답률은 낮은 응답률보다 유의미한 응답 왜곡의 가능성이 더 낮다. 반대로, 무응답자들은 다른 측면에서 응답자들과 차이가 날 가능성이 있기 때문에 낮은 응답률은 일종의 위험신호로 받아 들여야 한다. 무엇이 높은 또는 낮은 응답률인가에 대한 기준은 없으나, 일상적인 분석과 보고를 위해서 응답률은 50% 이상은 되어야 적절하다고 판단되고 있다(Babbie, 2001: 256).

응답률을 높이기 위해서는 다양한 방법을 활용할 수 있다. 자료수집을 위한 계획을 사전에 통보함으로써 협조적 분위기를 조성하거나, 관심이나 흥미를 유발시키는 동기를 부여하여 적극적으로 참여하도록 유인책을 마련하는 것이 필요하다. 경우에 따라서 완벽하게 응답한 응답자에 대하여 금전적인 혜택이나 선물증정과 같은 인센티브를 제공하는 것도 고려해 볼 수 있다. 이러한 인센티브의 부여는 미리 알려주는 것이 응답률 제고에 훨씬 효과적으로 작용한다. 특히 우편조사에 있어서는 반드시 반송용 봉투와 우표를 동봉하여야 하며, 확인이나 후속 독촉(follow-up)을 하는 등 질문지의 우송과 회수를 위하여 적극 노력하여야 한다.

제 3 절 면 접 법

1. 면접법의 의의

면접법(interview method)이란 언어를 통한 대화를 수단으로 하여 필요한 자료를 수집하는 방법이다. 즉, 면접자가 피면접자와 질문과 응답 등 언어적 상호작용과정을 통하여 연구와 관련된 자료를 얻는 방법이다. 면접은 흔히 얼굴을 마주보는 대면(face-to-face)의 조건하에서 이루어지지만, 전화·화상(畵像)·인터넷 등과 같은 방식을 취하기도 한다. 질문과 응답이 주로 구두(언어)로 이루어지며 면접자가 질문을 하고 응답내용도 기록한다는 점에서 다른 자료수집방법과 차이가 있다.

면접은 무엇보다도 연구에 필요한 자료를 수집하기 위한 주된 도구로서의 기능을 수행한다. 때로는 연구의 초기단계에 연구문제를 설정하거나 연구대상의 한정, 관련 변수의 인지, 가설의 도출 등을 위한 탐색적 방안(exploratory device)으로서 역할을 하기도 한다.[10] 또한 질문지나 관찰에 의해 수집된 자료나 그 분석의 결과를 면접을 통해서 검증하거나 평가함으로써 다른 자료수집방법의 타당성 여부를 검토하는 데 쓰이기도 한다. 특히 자료수집과정에서 미리 예견하지 못한 결과를 접했을 때 이를 추적하는 데 유용하게 사용된다.

2. 면접법의 장단점

(1) 장 점

면접법은 면접자가 자료수집대상을 찾아가 직접 대면한다는 점에서 비교적 적극적인 자료수집방법이라고 할 수 있다. 면접자와 피면접자간 직접적인 상호과정에서 캐묻기(심층규명, probing)나 질문의 반복, 적절한 용어의 선택 등이 가능하여 다양하고 심층적인 자료를 얻을 수 있다.[11]

면접 상황에 따라서 질의와 응답 과정에 융통성과 신축성을 부여할 수 있으므로 환경의 차이에서 오는 무작위 오차를 줄일 수 있는 장점이 있다. 또한 응답의 불명확성이나 무응답을 그 자리에서 직접 확인할 수 있고 제 3 자의 개입(예: 가족, 친구, 이웃, 동료 등의 대신 응답)을 방지할 수 있어 응답의 오류를 줄이고 응답률을 높일 수 있다.

자료수집대상의 성격이 특수하여 다른 방법으로 자료를 수집할 수 없는 경우에는 면접이 유일한 수단이 될 수 있다. 예컨대 문자 해독 능력이 없거나 면접 내용을 이해하는 데 어려움이 있는 경우, 일상적으로 접근하기 어려운 재소자나 격리 수용 환자, 성매매 여성, 비행 청소년 등을 대상으로 하는 경우에 유용하게 사용될 수 있다.

또한 복잡하고 논쟁거리가 될 만한 주제에 대한 질문도 가능하며, 피면접자의 내면적인 세계에 대하여 순간적으로 자연스럽게 나오는 반응을 얻을 수 있다. 당초 의도된 자료 이외에 면접의 환경이라든지 피면접자의 성격 등에 대한

10) 예를 들어 공무원의 사기(士氣)를 연구하고자 하는 경우, 본 연구를 시작하기 전에 공무원과 대화를 나누어 봄으로써 보수나 승진 등이 사기와 관련이 크다는 것을 알아내어 연구수행에 도움을 얻을 수 있다.

11) ‘캐묻기’는 피면접자의 응답이 불충분하거나 부정확한 경우, 연구 목적에 부합하는 완전하고 적절한 자료를 명확하게 얻기 위하여 추가 질문을 하는 것을 말한다.

자료들을 보충적으로 수집하는 것이 가능하며, 면접 도중에 나타나는 우발적인 반응이나 사건들에 대한 정보도 자료 분석과정에서는 유용하게 쓰일 수 있다.

(2) 단 점

면접의 장점이 또한 면접의 단점으로 작용할 수 있다. 왜냐하면, 면접자의 개인적 성격과 심리적 상태, 면접 기술과 방법, 그리고 경험과 태도 등에 따라서 장점 요인이 단점으로 작용할 수도 있기 때문이다. 면접 수행과 기록에 있어서 면접자의 주관이나 편견이 개입될 가능성이 높으며, 면접의 상황 · 장소 · 시간 등 물리적 환경이나 분위기에 따라서도 면접 결과가 좌우되는 문제점이 있다.

면접대상자와 직접 대면을 한다는 점에서 익명이나 비밀의 보장이 사실상 힘들게 된다. 따라서 피면접자는 개인적 사항이나 민감한 사안에 대해서는 부자연스런 응답을 하거나 아예 응답을 거부할 수도 있다. 또한 피면접자가 즉각적인 응답을 해야 할 압력을 받아 숙고할 기회가 적어 왜곡 가능성도 존재한다. 뿐만 아니라, 피면접자의 성격, 심리적 상태, 이해 능력, 사회적 지위 등도 면접 결과에 영향을 미치게 된다.

이처럼 면접법은 면접자, 피면접자 그리고 면접 환경 등에 따라서 면접 결과가 달라질 수 있기 때문에 수집된 자료의 타당성과 신뢰성에 의문이 제기될 수 있다. 실제 면접을 실시함에 있어서도 시간적 · 공간적 제약으로 인하여 면접 대상이 상당히 제한될 수밖에 없는 경우가 허다하다. 예컨대 고위 정부관리, 기업체 임원, 막일 노동자 등 특수층의 사람들을 대상으로 면접을 실시하기는 쉬운 일이 아닐 것이다.

다른 자료수집방법에 비해 면접은 실제 불편하고 사전 준비와 수행과정에 많은 인력 · 비용 · 시간이 소요된다. 특히 별도의 면접자를 활용하는 경우에는 이들을 선발하여 훈련시키고 활용하고 감독하는 데 적지 않은 비용과 시간을 필요로 한다. 또한 표준화되지 않은 면접을 통해 얻은 자료들을 체계적으로 정리하는 데도 많은 노력이 든다. 비록 표준화된 면접을 시도하더라도 개인의 차이, 상호 작용의 편차, 상황 조건의 상이성 등을 완전히 표준화하는 것은 거의 불가능에 가깝다. 따라서 면접을 통해서 타당성과 신뢰성 있는 자료를 수집하기 위해서는 상당한 수준의 경험적 노하우(know-how)가 요구된다.

3. 면접의 형태

면접에 의한 자료수집은 면접의 형태에 따라 그 방법을 달리한다. 면접의 형태는 대상자의 수에 따라 개인면접과 집단면접, 면접에 소요되는 시간의 장단에 따라 단기면접과 장기면접, 그리고 면접 상황 및 내용의 구성형식(혹은 면접자의 자율성 부여 여부)에 따라 표준화(구조화, 조직화, 통제화) 면접과 비표준화(비구조화, 비조직화, 비통제화) 면접 등이 있다.

> 자료수집방법에 있어서 표준화 혹은 구조화란 수집될 자료의 형태와 측정도구가 사전에 얼마나 엄격하게 결정되는지를 의미한다. 즉, 표준화 · 구조화되어 있을수록 자료수집의 내용과 형식이 사전에 결정되어 유동성의 폭이 제한되며, 반대로 비표준화 · 비구조화되어 있을수록 사전에 결정된 형식 없이 상황에 부합되는 자료를 자유롭게 도출할 수 있다.
>
> 어느 정도의 표준화 · 구조화가 필요한지에 대한 결정은 연구의 주제나 성격과 밀접하게 관련되어 있다. 풍부한 선행 연구에 의해 구체적인 가설이 도출되고 그것이 검증될 필요가 있는 연구에서는 엄격한 성격의 자료들이 필요하며 그로 인해 자료수집의 방법들도 표준화 · 구조화가 강화된 것을 선택하게 된다. 반면에, 사전에 알려진 사실들이 부족한 상황에서 출발하는 질적 연구나 탐색적 연구 등의 경우에는 비표준화 · 비구조화된 자료수집방법이 더 적절할 수 있다.

(1) 표준화 면접

표준화 면접(standardized interview)이란 질문의 내용, 형식, 순서 등에 대하여 사전에 작성한 면접표(interview schedule)에 따라 면접을 수행하는 것으로서, 구조화 면접(structured interview) 혹은 통제화 면접(controlled interview)이라고도 한다. 이러한 면접에 의한 자료수집방법은 미리 질문 내용을 결정하여 질의를 하는 것이므로 넓은 의미의 질문지법에 해당된다고 볼 수도 있다. 이 경우 면접자는 임의로 질문의 내용, 형식, 순서 등을 변경하는 재량의 여지가 없이 거의 기계적으로 자료수집을 수행하게 된다.

표준화 면접은 같은 내용의 질문이 모든 피면접자에게 같은 방법으로 주어지기 때문에 각 응답에 대하여 상호 비교를 가능하게 한다. 면접대상 모두에게 동일한 질문을 하게 됨으로써 피면접자의 응답에도 일관성을 유지할 수 있어 자료의 신뢰성을 높일 수 있다. 또한 수집된 자료를 일정한 체계에 따라 분류하여

부호화하고 처리하는 데 용이한 장점이 있다.

그러나 면접상황과 면접대상의 특성에 따라 면접을 융통성 있게 할 수 없다는 점에서 피면접자의 견해를 극소화시키고 부정확하게 만들 우려가 있다. 또한 새로운 사실이나 아이디어의 발견 가능성이 낮고, 특정분야의 깊이 있는 측정을 도모할 수 없는 단점이 있을 수 있다.

(2) 비표준화 면접

비표준화 면접(unstandardized interview)은 질문의 내용, 형식, 순서 등을 미리 정하지 않고 상황에 따라 자유롭게 면접을 수행하는 것으로서, 비구조화 면접(unstructured interview) 혹은 비통제화 면접(uncontrolled interview)이라고도 한다. 이러한 면접은 사전에 정형화된 틀이 전혀 없어서 자유응답식인 경우가 많으며, 대표적인 예로 심층면접(in-depth interview)을 들 수 있다.[12)]

비표준화 면접은 표준화 면접에 비하여 정확한 응답을 구할 수 있어 타당성이 높은 자료를 수집할 수 있다. 또한 면접상황에 따라 그 적용에 있어서 융통성이 있어 면접대상의 협력을 쉽게 얻을 수 있고, 경우에 따라서 전혀 뜻하지 않던 새로운 사실이나 아이디어를 발견할 가능성도 있다.

그러나 이 방법을 사용하려면 고도의 기술이 필요할 뿐만 아니라, 면접자 혹은 면접상황에 따른 응답의 가변성으로 인하여 비교 가능성을 잃기 쉬우며, 면접을 통해 얻은 자료를 분류하고 부호화하거나 계량화하기가 어려운 단점이 있다. 특히 수집된 자료에 있어서 나타나는 차이가 응답 자체의 차이인지 아니면 면접 기술상의 차이인지 구별하기 곤란하여 자료의 신뢰성이 낮은 점이 가장 큰 문제로 간주된다.

(3) 준표준화 면접

준표준화 면접(semi-standardized interview)은 표준화 면접과 비표준화 면접을 결합한 형태로서, 대개 중요한 사항은 표준화하고 그 밖의 사항은 비표준화하는 방법이다. 다시 말해서 주제와 내용 등을 표준화하여 면접지침(interview guide)을 작성하여 사용하되, 이 지침의 범위 안에서 대체로 질문 순서나 형식 등은 면접

12) 심층면접은 숙달된 면접자에 의하여 피면접자의 숨겨진 의도나 신념, 태도, 느낌 등에 대한 자료를 수집하는 일대일(1:1)의 대인면접(personal interview)을 말한다.

자가 재량을 가지고 상황에 따라 융통성 있게 하도록 한다. 이 방법의 대표적인 예로서, 특정한 경험과 그 결과에 집중하여 비교적 융통성 있는 질문을 전개하는 집중면접(focused interview)과 특정 경험 대신 개인의 생활사 전체를 통한 동기 · 감정을 찾아내기 위해 융통성 있는 질문을 하는 임상면접(clinical interview)을 들 수 있다.13)

4. 면접의 수행

(1) 면접의 수행절차

면접에 의해 자료를 수집하는 과정은 면접의 유형이나 상황에 따라 차이가 있으나, 대체로 [그림 16-3-1]과 같은 단계를 거친다. 그러나 이러한 과정이 반드시 획일적인 순서로 결정되는 것이 아니라, 각각의 단계에서 나타나는 문제점으로 인해 다른 단계들이 조정되기도 한다.

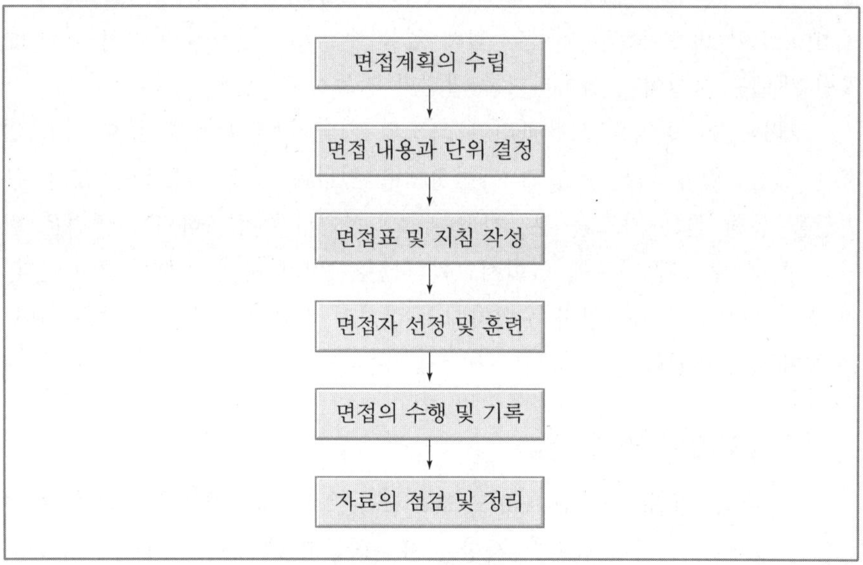

[그림 16-3-1] 면접법의 절차

13) 집중면접은 초점면접으로 번역되기도 한다. 이는 주로 사회심리학 분야에서 사용되며, 특정 경험과 효과에 초점을 두고 특정 경험을 해 본 대상자들에게만 집중적으로 질문함으로써 대상자 스스로의 내면적 경험과 상황의 진상을 밝혀 보려고 한다. 즉, 피면접자에게 영향을 주는 요인이나 자극이 어떤 것이고, 이로 인해 어떤 결과를 가져오는가를 스스로 파악하도록 피면접자를 도와주는 면접을 말한다.

1) 면접계획의 수립

타당하고 신뢰할 만한 자료를 수집하기 위해 면접자는 계획성 있는 면접을 하여야 한다. 연구의 목적이 무엇이고, 그 연구목적에 따라 필요한 자료는 무엇이며, 그 자료를 수집하기 위해 무엇을 물어보아야 하는지, 어떤 면접상황에서 언제 누구를 대상으로 면접을 하며, 어떤 면접방법과 기록방법을 사용할 것인지, 면접자의 선정 및 훈련은 어떻게 할 것이며, 그리고 돌발적인 사건은 어떻게 처리하고, 어떤 기준에 의해 해석 혹은 진단할 것인지 등에 대해 사전에 면밀한 계획을 수립하여야 한다.

2) 면접 내용과 단위 결정

연구자는 면접을 통해 자신의 연구문제를 해결하는 데 필요한 자료를 얻고자 한다. 따라서 연구목적에 비추어 면접에 의해 얻고자 하는 정보가 무엇인가를 확실히 결정하여야 한다. 면접내용을 분명히 함에 있어서 그 내용을 가능한 한 세분하여 몇 개의 항목(범주)으로 나누어 보는 것이 필요하다. 면접항목의 작성에 있어서는 실질적 적합성, 총망라성, 상호배타성, 독립성, 일관성 등의 원칙을 적용하여 타당하고 신뢰할 만한 자료를 수집하도록 노력하여야 한다.[14)]

면접내용과 면접항목이 정해지면 면접단위(unit of interview)를 선정하여야 한다. 면접단위는 주어진 면접항목에 넣어서 측정·집계할 수 있는 면접내용의 최소단위를 말한다. 이러한 면접단위는 연구목적에 따라 정해질 수밖에 없으나, 이를 정의하는 문제는 면접법의 타당성과 신뢰성 정도에 밀접하게 관련되어 있다.

3) 면접표 및 지침 작성

결정된 면접내용과 면접단위를 바탕으로 면접표를 만들고, 이를 실제 면접에 적용하기 위한 지침을 작성하여야 한다. 면접표를 준비하고 사용할 때, 일반적으로 다음과 같은 사항을 고려하여야 한다.

첫째, 면접표를 개발하여 사용하는 데는 상당한 시간과 노력이 요구된다는 사실을 염두에 두어야 한다. 대체로 면접표를 쉽게 작성하는 경우에는 실제 기록을 행하고 그 기록내용을 분석·해석하는 데 상당한 어려움을 겪게 된다. 반대로 면접표를 제작하는 데 시간과 노력을 많이 투자하는 경우에는 실제로 기록을 행하거나 그 기록내용을 분석·해석하는 작업이 비교적 쉽게 수행된다.

---

14) 항목 또는 범주의 작성에 있어서 지켜야 할 원칙은 제14장 제2절을 참조하기 바란다.

둘째, 면접표를 개발하는 궁극적인 목적은 바로 객관적으로 자료를 수집할 수 있도록 고안하는 것이다. 따라서 면접표를 개발하는 과정에서는 이를 통해 수집된 자료의 신뢰성 문제를 항상 염두에 두고 수정과 검토 작업을 끊임없이 수행해야 한다.

셋째, 연구의 관심이 되는 내용을 면접할 수 있는 충분한 기회가 주어지도록 면접표를 작성해야 한다. 즉, 면접하고자 하는 내용의 모두가 가능한 한 포함될 수 있도록 면접표를 개발하여야 한다.

4) 면접자 선정 및 훈련

면접법에 있어서 면접자의 역할은 매우 중요하며 다양하게 나타난다. 면접자는 모든 질문의 표현에 익숙해야 하고, 면접표와 지침을 이해하고 있어야 한다. 또한 연구의 목적을 충분히 숙지하고, 어떻게 면접대상이 선정되었는지, 어떻게 자료가 부호화되고 분석되는지 등을 알아야 한다.

면접법은 질문지법에 비해 면접자의 주관이 개입될 가능성이 상대적으로 크다. 만일 면접자의 주관이나 가치판단이 개입되는 경우, 이로부터 얻은 자료는 타당성과 신뢰성의 문제를 수반하게 된다. 자료의 타당성과 신뢰성을 높이려면 무엇보다도 훈련을 통하여 면접기술을 향상시켜야 한다. 또한 다른 자료수집 방법을 병행하여 추론의 여지를 줄이거나, 하나의 면접대상에 대하여 복수의 면접을 행하여 그 결과를 서로 비교함으로써 편견을 어느 정도 배제할 수 있다.

5) 면접의 수행 및 기록

면접의 목적과 내용, 면접방법, 면접표 및 지침, 면접자 및 면접대상 등이 정해지면, 다음 단계에서는 실제로 면접을 수행하게 된다. 다시 말해서 면접자는 주어진 시간에 특정한 장소에서 면접대상을 면접하고 기록하는 활동을 하게 된다.

면접자가 면접대상을 찾아갈 때는 사전에 약속을 해두는 것이 좋다. 그러나 약속을 하기가 힘이 들 경우, 보통 약속 없이 바로 선정된 면접대상을 찾아가기도 한다. 면접대상과 대면하게 되면, 먼저 상대를 확인하고 동의와 협조를 구하기 위한 활동을 한다. 면접자는 면접대상에게 자신의 신분, 연구의 목적과 성격, 연구의 주체 · 기관 · 단체, 면접대상의 선정방법, 내용의 익명성 · 비밀 보장 등에 대한 간략한 소개와 해명을 하여야 한다. 이 과정에서는 무엇보다 면접자와 면접대상 간에 인간적으로 친밀한 관계(rapport)를 형성하는 것이 대단히 중요하다.

면접대상과의 첫 대면이 이루어져 면접대상이 면접요청을 수락하면 면접이 실시된다. 면접을 성공적으로 수행하여 필요한 자료를 얻기 위해서 면접자는 책임감을 갖고, 정직하고 객관적인 입장에서 성실하게 면접에 임하여야 한다. 편안하고 우호적인 분위기를 조성하면서 면접지침을 성실히 이행하고, 순서대로 빠짐없이 질문을 하고, 응답내용을 정확하게 모두 기록하여야 한다. 부적절한 응답을 하거나 응답의 정확성에 의문이 있는 경우에는 적절한 캐묻기도 병행하고, 최종적으로 면접표를 점검하여 빠뜨린 것이나 잘못 기록한 것 등에 대한 확인을 하여야 한다.

6) 자료의 점검 및 정리

면접을 수행하여 관련 자료를 수집하면, 다음 단계로 그 자료를 점검하고 정리·요약하는 작업이 필요하다. 면접자는 일정한 시간 동안에 면접내용 모두를 기록할 수는 없지만, 주된 관심이 되는 대상에 대한 다량의 정보를 기록할 수 있다. 수집된 다량의 정보를 필요한 형태로 요약·정리하는 방법은 매우 다양하게 이루어질 수 있다.

(2) 면접의 수행원칙

면접을 효과적으로 수행하기 위해서는 무엇보다 면접대상이 면접에 호의적으로 반응할 수 있도록 만들어야 한다. 이를 위하여 다음의 사항들을 염두에 두어야 한다.

첫째, 면접자와 상호작용에서 면접대상이 유쾌하고 만족스러운 느낌을 갖도록 배려해야 한다. 이를 위해서 면접자는 쉽고 편한 대화가 가능하도록 분위기를 조성하여야 한다.

둘째, 면접대상이 생각하기에 연구주제가 가치 있는 것이라고 판단되도록 해야 한다. 연구주제와 면접내용이 대상자 자신뿐만 아니라 사회적으로 유익한 것들이어서 면접에 협조하는 것이 중요하다고 생각되도록 해야 한다. 면접을 실시하기 전에 면접자는 대상자들의 협조가 해당 연구에 얼마나 중요하게 기여할 것인지 상기시켜 줄 수 있어야 한다.

셋째, 면접대상이 면접에 임하는 자세에 있어서 장벽을 극복할 수 있도록 만들어야 한다. 대상자들은 상업적인 목적이나 특정한 이익을 추구하기 위해 행해지는 것이 아닌지에 대해 의심을 가질 수 있다. 비록 표출되지 않는다 하더라도 이런 오해의 소지들이 존재한다면, 면접에 임하는 자세에 장애 요인으로 작용할 것이다. 따라서 연구의 목적, 대상자들의 선발방법, 면접 결과의 비밀 보장 등에 대해서는 오해가 없도록 충분히 설명해 주어야 한다.

제4절 관 찰 법

1. 관찰법의 의의

관찰법(observation method)은 언어적 소통을 통하지 않고 관찰을 통해서 필요한 자료를 수집하는 방법이다. 여기서 관찰이란 "사물이나 현상을 주의하여 자세히 살펴본다"는 의미를 지니고 있다(국립국어연구원, 1999: 583). 따라서 관찰에서는 자료수집자인 관찰자가 관찰대상의 행태나 반응 등을 제3자 입장에서 객관적으로 지켜보거나, 느끼거나, 들어서 기록하게 된다. 관찰법은 이처럼 관찰자가 자료를 산출해 낸다는 점에서 응답자가 자료제공의 원천이 되는 질문지법과 다른 특징을 지니고 있다.

관찰법은 관찰자의 시각, 청각, 후각, 촉각, 미각 등 감각작용에 의존하여 자료를 수집하기 때문에 어떤 현상이나 행위·태도와 같은 외면적인 자료를 수집하는 데 효과적이다. 반면에, 그 현상이나 행위·태도를 야기하는 가치나 동기와 같은 내면적 연구에는 다소 부적절한 점이 있다. 따라서 실제로 관찰법만으로 자료를 수집하는 경우는 그리 많지 않으며, 대체로 면접법이나 질문지법을 병행하여 활용되고 있다. 다른 방법에 의해 얻은 자료의 분석결과를 해석하는 데 유용한 부가 자료를 수집하거나 연구의 초기 단계에서 탐색적 목적을 위해 관찰법을 이용하기도 한다.

2. 관찰법의 장단점

(1) 장 점

관찰법은 자료수집대상의 진면목을 현장에서 즉시 포착할 수 있기 때문에 어떤 행동이 발생하는 때에 바로 그것에 대한 자료를 얻을 수 있다. 행동이 이루어지고 난 후에 기억을 '묻는' 것이 아니라, 그런 행동이 나타나고 있는 상황에서 직접 '보거나 느끼거나 듣는' 것을 통해서 자료를 수집한다. 이러한 점은 기억이나 편견에 의한 심각한 자료의 왜곡 없이 그대로의 생생한 자료를 얻을 수 있게 한다.

관찰에서는 쌍방적 의사소통이 이루어지지 않기 때문에, 자료수집 대상자가 협조할 의사가 없거나 실제 협조할 수 없는 경우에도 자료수집이 가능하다. 따라서 자료수집 대상자의 의도나 마음의 상태 또는 협력의 정도에 따라 그 결과가 좌우되지 않는 장점이 있다. 또한 언어적으로 표현하지 못하거나 표현 능력이 부족한 대상(예: 유아, 장애자, 중증환자, 노인, 동물 등)에 대한 자료수집도 효과적으로 할 수 있다.

다른 자료수집방법과 달리, 관찰에서는 대상을 계속하여 주기적으로 관찰할 수 있기 때문에 더욱 구체적이고 심층적인 자료를 수집할 수 있다. 특히 관찰대상의 일상적이고 무의식적 혹은 비밀스러운 행동·태도 또는 판단 등에 관한 정확한 자료를 얻는 데 매우 유용한 방법으로 간주되고 있다.

(2) 단 점

관찰법은 관찰대상의 행위나 태도를 현장에서 포착해야 하므로 그러한 현장을 발견하는 데 현실적인 한계가 있다. 자연적 사건이나 사망 또는 집단 해체 등으로 관찰을 계속할 수 없거나, 윤리적으로 또는 법적으로 관찰이 불가능한 경우도 발생한다. 특히 겉으로 드러난 현재 상태만을 관찰할 수 있기 때문에, 내면적인 특성이나 과거 사실에 대한 자료를 수집할 수 없는 단점이 있다.

관찰이 현실적으로 가능하다고 하더라도 관찰대상이 관찰되기를 꺼려하는 경우에는 실제 관찰이 어려울 수 있으며, 만약 관찰대상이 관찰 당하고 있다는 것을 알고 있다면 평소와 다른 행동이나 태도를 나타내어 오류가 발생하게 된다. 관찰에서 관찰자는 자신의 추측이나 가치판단에 따라 관찰대상의 행동이나 태도를 기록하기 때문에 주관이나 편견이 개입된 자료를 수집할 가능성이 크다. 이처럼 관찰자의 주관적 기준에 따라 얻은 자료는 신뢰성과 타당성이 낮기 때문에 다른 자료수집방법과 병행하여 사용되는 경우가 많다.

3. 관찰의 형태

관찰에 의한 자료수집은 관찰자와 관찰대상 그리고 관찰의 상황이나 환경 등에 따라 다양한 형태의 관찰이 이루어진다. 관찰자의 참여 정도에 따라 참여 관찰(participant observation)과 비참여관찰(nonparticipant observation), 관찰 절차의 구조화(표준화 또는 체계화) 정도에 따라 구조화(표준화 또는 체계화) 관찰(structured observation)과 비구조화(비표준화 또는 비체계화) 관찰(unstructured observation), 관찰 환경의 조작(통제) 여부에 따라 자연적 환경 관찰(natural observation)과 인위적(통제적) 환경 관찰(contrived observation), 관찰 상황의 공개 여부에 따라 공개적 관찰(overt observation)과 비공개적 관찰(covert observation), 관찰시기에 따라 직접관찰(direct observation)과 간접관찰(indirect observation), 그리고 관찰 도구에 따라 인간의 관찰과 기계의 관찰 등으로 나눌 수 있다.

(1) 참여 · 비참여 관찰

참여 관찰(participant observation)은 관찰자가 관찰대상 집단의 소속 구성원이 되어 그들과 함께 하면서 관찰하는 것이다. 참여 관찰을 할 경우에는 원래 집단 구성원들로부터 이질감이나 친근감 또는 외부인의 참여에서 오는 경계심을 특히 조심하여야 한다. 비록 반감이 있다고 하더라도 자신의 신분을 밝히지 않는 것이 좋을 수 있다. 왜냐하면 관찰대상이 관찰되고 있다는 생각에 평소와 다른 반응을 할 가능성이 크기 때문이다. 따라서 신분을 밝히지 않고 참여 관찰을 함으로써 관찰대상으로부터 매우 자연스럽고 정직한 자료를 수집할 수 있게 된다. 그러나 이 경우 동조현상이 생겨 객관성을 잃게 되거나 관찰대상에 대해서 주의를 기울이지 못하는 문제점이 발생할 수 있다. 또 즉각적인 기록이 어려운 경우가 많이 있으며, 특정 구성원으로서는 관찰할 수 없는 현상들이 있을 수 있다.

반면에, 비참여 관찰(nonparticipant observation)은 관찰자가 관찰대상 집단에 참여하지 않고 제3자의 입장에서 관찰하는 것을 말한다. 한쪽에서만 보이는 거울을 사용하거나 폐쇄회로 TV를 통해 현장에서 격리된 상태로 관찰할 수 있고, 비록 현장에 노출되어 있지만 그 사회적 과정에 참여하지 않고 일종의 '구경꾼'의 입장이 되어 관찰하는 방법도 있다. 어떠한 관찰방법을 취하는가에 따라 수집된 자료의 질이 다소 달라질 수 있다. 특히 자연적 환경 관찰인 경우 또는 외부인의 접근을 극히 꺼리거나 개인의 사생활에 관한 자료를 수집하여야 하는 경우에는 비참여 관찰방법이 유용하다. 이 경우 비조직 구성원으로서 객관적인 입장에서 전체를 정확하게 관찰할 수 있는 장점이 있으나, 관찰을 당하고 있다는 사실이 관찰대상의 태도나 행위의 자연성을 해칠 수 있는 단점이 있다.

이처럼 참여 관찰법과 비참여 관찰법은 제각기 상반되는 장단점을 내포하고 있다. 따라서 관찰되는 현상의 여건을 고려하여 어느 정도의 참여 혹은 비참여가 필요한 것인지 결정할 필요가 있다. 경우에 따라서는 이들 두 관찰방법을 혼용한 준참여관찰(semi-articipant observation)을 통해 자료를 수집하기도 한다.

실제 관찰에 있어서 관찰자가 취하는 역할은 네 가지, 즉 완전한 참여자, 참여자적 관찰자, 관찰자적 참여자, 완전한 관찰자로 나누어 볼 수 있다(Raymond Gold, 1969: 30~39).

1. 완전한 참여자(complete participant): 관찰자로서의 신분을 숨기고 관찰대상 집단에 속하여 실제의 특정 역할을 담당하면서 관찰·기록을 하는 유형이다. 예를 들면, 항의 시위의 행태를 연구하기 위하여 시위자로 직접 참여하는 경우, 특정 종교에 대하여 연구하기 위하여 그 종교에의 전향자로 위장하여 참여하는 경우, 또는 인디언의 사회적 관행과 행태를 연구하기 위해 인디언 여자와 결혼하여 인디언 부락에서 생활하면서 관찰하는 경우 등이 있다.
2. 참여자적 관찰자(observer as participant): 관찰자로서의 신분을 알려주고 관찰대상 집단에 속하여 특정 역할을 담당하면서 관찰·기록을 하는 유형이다. 예를 들어 공장 노동자들의 노동조합 구성과 관련된 사회운동을 취재하려는 신문 기자의 경우, 신문기자는 자신의 신분을 밝히고 동등하게 참여하면서 노동자들의 작업 활동과 시위 과정을 취재할 수 있다.
3. 관찰자적 참여자(participant as observer): 관찰자로서의 신분을 알려주고 관찰대상 집단에 속하지만 특정 역할을 담당하지 않은 상태에서 관찰·기록을 하는 유형이다. 예를 들어 관찰자가 배구팀의 일원이면 스포츠 사회학의 연구를 하기 위해 팀원이라는 지위를 이용할 수 있으며, 팀 동료들에게 자신이 무엇을 하고 있는지 알리면서 관찰할 수 있다.
4. 완전한 관찰자(complete observer): 관찰자로서의 신분을 노출시키지 않을 뿐만 아니라 관찰대상과 어떠한 접촉이나 역할도 하지 않으면서 오로지 관찰·기록만 하는 유형이다. 예를 들면, 교차로 주변의 한 가게에 앉아서 도로를 무단 횡단하는 사람들의 행태를 관찰하는 경우 또는 일면거울이나 비밀 녹화 기록장치를 통해서 성범죄인의 행동과 상담장면을 체계적으로 관찰하는 경우이다.

(2) 구조화 · 비구조화 관찰

자료수집방법에 있어서 구조화(표준화 또는 체계화)란 수집될 자료의 형태와 측정도구가 사전에 얼마나 엄격하게 결정되는지를 의미한다. 즉, 구조화되어 있을수록 자료수집의 내용과 형식이 사전에 결정되어 유동성의 폭이 제한되며, 반대로 비구조화되어 있을수록 사전에 결정된 형식 없이 상황에 부합되는 자료를 자유롭게 도출할 수 있다.

어느 정도의 구조화가 필요한지에 대한 결정은 연구의 주제나 성격과 밀접하게 관련되어 있다. 풍부한 선행 연구에 의해 구체적인 가설이 도출되고 그것이 검증될 필요가 있는 연구에서는 엄격한 성격의 자료들이 필요하며 그로 인해 자료수집의 방법들도 구조화가 강화된 것을 선택하게 된다. 반면에, 사전에 알려진 사실들이 부족한 상황에서 출발하는 질적 연구나 탐색적 연구 등의 경우에는 비구조화된 자료수집방법이 더 적절할 수 있다.

관찰에 있어서도 관찰 내용과 방법, 시기, 시간 등을 사전에 상세하게 정해 놓은 상태에서 관찰을 진행하여 자료를 수집하는 것을 구조화 관찰(structured observation)이라 한다. 이는 표준화 관찰 혹은 체계화 관찰로 불리기도 하며, 관찰대상의 특정 행동이나 태도의 발생 빈도나 강도 또는 발생주기와 기간 등을 수량화할 수 있도록 사전에 일정한 기준을 정한다. 이 경우, 관찰자는 구조화된 양식에 따라 관찰시기, 발생 여부, 발생 정도 등 구체적인 관찰내용을 기입하게 된다.

이러한 구조화 관찰은 관찰자가 서로 다를 때 나타나는 편향의 가능성을 줄여주며, 자료의 신뢰성을 높여주는 이점이 있다. 특히 연구문제가 명확하게 정의되어 있고 어떠한 정보가 필요한지를 정확하게 알고 있다면, 구조화 관찰법을 사용하는 것이 바람직하다.

반면에, 비구조화 관찰(unstructured observation)은 관찰대상과 방법, 시간, 시기 등을 분명히 규정하지 않은 상태에서 관찰을 행하여 자료를 수집하게 된다. 이를 비표준화 관찰(unstandardized observation) 혹은 비체계화 관찰(unsystemized observation)이라고도 하는데, 일정한 지침이나 기준을 결정하지 않고 관찰 환경과 조건에 따라 관찰자 나름대로 관찰을 진행하게 된다. 예를 들어, 어린이에게 새로운 장난감을 사 주었을 때, 그 어린이가 어떻게 행동하는지를 관찰하는 것이 이에 해당될 수 있다.

이러한 비구조화 관찰은 관찰자가 서로 다름으로써 나타나는 편향의 가능성이 높아 자료의 신뢰성을 저하시키는 단점이 있다. 따라서 비구조화 관찰에 의한 자료의 분석결과로부터 도출된 내용은 결론적인 사실로 취급되어서는 안 되며 단지 검증 대상이 되는 가설로 취급되는 것이 바람직하다. 그러므로 비구조화 관찰은 주로 예비조사나 탐색적 연구에 적합하며, 양적 자료보다는 질적 자료가 중요시될 때 많이 이용되는 자료수집방법이다. 즉, 연구문제가 아직 명확하게 정의되어 있지 않은 상태에서 연구문제에 대한 중요한 요소를 확인하고자 하는 경우, 혹은 연구가설을 명확하게 구성하고자 하는 경우나 연구주제에 대한 다양한 측면들에 대하여 융통성을 가지고 파악하고자 하는 경우에 유용하게 사용될 수 있다.

(3) 자연적 · 인위적 환경 관찰

관찰 환경이 자연적인가 아니면 인위적으로 조작한 것인가에 따라서 관찰의 방법도 달라진다. 자연적 환경이라면 연구자가 통제할 수 있는 범위가 좁을 것이고, 인위적 환경에서는 연구자가 통제할 수 있는 범위가 넓어질 것이다.

자연적 환경 관찰(natural observation)은 연구가 실제 진행되는 환경에서 관찰을 행하는 방법을 의미한다. 예를 들면, 분식점에서 음식을 주문하고 식사를 하는 고객의 행동을 관찰하는 방법이 이에 해당된다. 자연적 환경 관찰은 관찰된 현상이 실제 상황과 동일하기 때문에 더욱 정확한 결과를 얻을 수 있다는 장점이 있다. 하지만, 특정한 현상을 관찰하기 위해서 기다리는 비용이나 시간이 많이 요구되며, 자연스럽게 나타나는 현상이기 때문에 측정하기가 어렵다는 문제점을 가지고 있다.

> 자연적 환경에서 관찰자가 참여하면서 비구조적 방법에 의해 관찰을 행하는 것을 현장연구 혹은 현장조사라고 한다. 즉, 자연적 환경이라는 현장에서 관찰자가 관찰대상 집단의 구성원으로 직접 참여하여 장기간에 걸쳐 필요한 자료를 수집하는 방법을 말한다. 이러한 현장연구 방법을 가장 잘 실천하고 있는 하나의 예로서 언론 기자의 르포 잠입 취재를 들 수 있다. 물론 이 경우에는 철저하게 기자 신분을 위장하고 취재대상 집단의 구성원으로 가장하거나 또는 대상자들이 인식할 수 없는 방법으로 관찰하게 된다. 또한 종군 기자가 전쟁터에서 일반 전투 병사와 같이 임무를 수행하면서 전투 현장에서 벌어지는 일들을 생생하게 기록하고 보도하는 것도 현장연구의 하나라고 할 수 있다.

인위적 환경 관찰(controlled observation)은 인위적으로 만든 환경 하에서 관찰 대상을 관찰하는 방법이다. 예를 들어, 분식점에서 음식 가격을 의도적으로 잘못 계산하여 제시하였을 경우 반응하는 고객의 행동에 대한 관찰이 이에 해당된다. 인위적 환경 관찰은 특정한 현상을 필요에 따라 만들 수 있기 때문에 비용이나 시간이 절약되는 장점이 있는 반면에, 관찰된 현상이 실제 상황과 다르기 때문에 다소 부정확한 결과를 가져올 수 있는 문제점이 있다.

4. 관찰의 수행

관찰에 의해 자료를 수집하는 과정은 관찰의 유형이나 상황에 따라 차이가 있으나, 대체로 [그림 16-4-1]과 같은 절차를 거친다. 그러나 이러한 과정이 반드시 획일적인 순서로 결정되는 것이 아니라, 각각의 단계에서 나타나는 문제점으로 인해 다른 단계들이 조정되기도 한다.

(1) 관찰계획의 수립

타당하고 신뢰할 만한 자료를 수집하기 위해서 관찰자는 계획성 있는 관찰

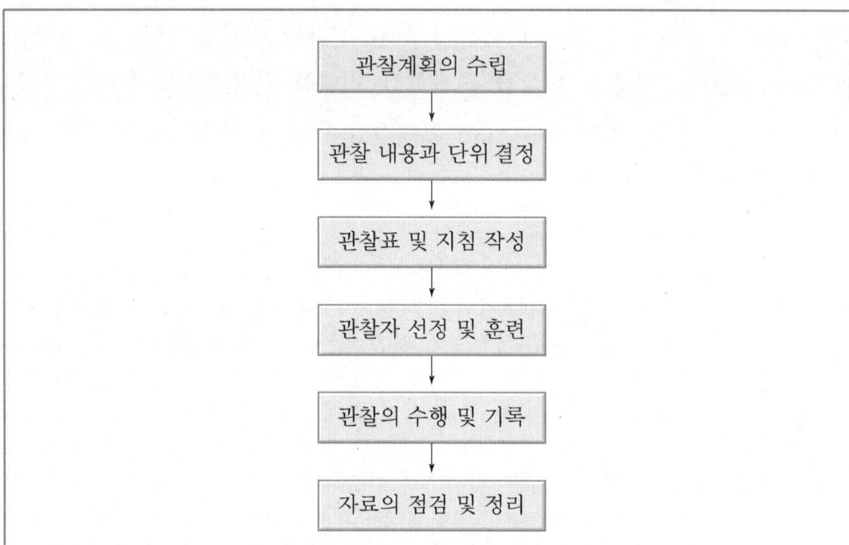

[그림 16-4-1] 관찰법의 절차

을 하여야 한다. 연구의 목적이 무엇이고, 그 연구목적에 따라 필요한 자료는 무엇이며, 그 자료를 수집하기 위해 무엇을 관찰할 것이며, 관찰하려는 단위는 어떻게 정의되는지, 어떤 관찰상황에서 어느 관찰시기에 누구를 관찰대상으로 할 것이며, 어떤 관찰방법과 기록방법을 사용할 것인지, 관찰자의 선정 및 훈련은 어떻게 할 것이며, 그리고 돌발적인 사건은 어떻게 처리하고, 어떤 기준에 의해 해석 혹은 진단할 것인지 등을 사전에 면밀히 계획해야 한다.

(2) 관찰 내용과 단위 결정

1) 관찰내용의 결정

연구자는 관찰을 통해 자신의 연구문제를 해결하는 데 필요한 자료를 얻고자 한다. 따라서 연구목적에 비추어 관찰에 의해 얻고자 하는 정보가 무엇인가를 확실히 결정하여야 한다. 관찰내용을 분명히 함에 있어서 그 내용을 가능한 한 세분하여 몇 개의 항목으로 나누어 보는 것이 필요하다. 관찰항목의 작성에 있어서는 망라성, 상호 배타성, 독립성, 일관성 등의 원칙을 적용하여 타당하고 신뢰할 만한 자료를 수집하도록 노력하여야 한다.[15)]

특히 인간 행동을 측정하는 관찰의 경우, 관찰의 목적을 고려하여 관련되는 행동을 구체적으로 정의하여 항목을 작성하는 작업이 필요하다. 가능한 많은 행위를 나열함으로써 행동을 조작적으로 정의한다면, 신뢰성이 높은 자료를 얻을 수 있다. 그러나 이 경우 행동단위가 매우 축소화·세분화되어 관찰하려고 하는 행동과의 유사점을 찾지 못할 수도 있어, 타당성을 떨어뜨릴 위험이 있다. 반대로 매우 광범위하고 상식적인 정의를 사용함으로써 타당성이 높은 자료를 얻을 수 있으나, 모호한 정의로 인하여 해석상의 차이가 발생할 수도 있어 신뢰성을 저하시킬 우려가 있다. 따라서 관찰하고자 하는 행동단위의 분류는 관찰의 목적에 맞게, 관찰하려는 행동이 모두 포함되고, 분류의 기초가 단일하고, 분류항목 간에 서로 배타적이 되도록 이루어져야 한다.

2) 관찰단위와 표본추출

관찰내용과 관찰항목이 정해지면 관찰단위(unit of observation)를 선정하여야 한다. 관찰단위는 주어진 관찰항목에 넣어서 측정·집계할 수 있는 관찰내용의

15) 항목의 작성에 있어서 지켜야 할 원칙은 제14장 제2절을 참조하기 바란다.

최소 단위를 말한다. 이러한 관찰단위는 연구목적에 따라 정해질 수밖에 없으나, 이를 정의하는 문제는 관찰법의 타당성과 신뢰성 정도에 밀접한 관련이 있다. 특히 인간 행동을 측정하는 관찰에 있어서 어떤 행동단위를 사용할 것인지는 매우 중요한 문제이다.

관찰에 있어서 표본추출은 크게 상황표본추출(situation sampling)과 행동표본추출(behavior sampling)로 나누어진다. 상황표본추출은 상황, 장소, 조건에 대해 관찰을 실시하고 이를 통해 관찰결과에 특수한 상황이나 사건이 포함될 가능성을 최소화하는 방법이다.

행동표본추출은 측정하려는 행동의 전체를 대표할 수 있는 행동표본을 수집하는 것이다. 측정하려는 행동을 무작표위표본추출하면 모집단에 대한 대표성이 어느 정도 보장될 수 있으나, 실제 관찰에서 무작위표본추출을 한다는 것이 불가능할 경우가 많다. 행동의 모집단을 대표할 수 있는 표본행동을 추출하기 위한 방법으로 사건표본추출법과 시간표본추출법이 있다.

사건표본추출(event sampling)은 사건을 관찰단위로 표본행동을 추출한다. 즉, 주어진 범주나 항목에서 발생한 전체 사건 가운데 미리 규정된 유형의 행동이나 사건을 선택하여 관찰하게 된다. 이 경우, 어떤 사건이 언제 그리고 왜 발생하는가를 관찰하기 위해 표본행동을 사건으로 선정하게 된다. 사건을 밝히려는 관찰자는 사건이 언제 발생할 것인가를 알아야 하고, 그 사건이 발생할 때 그 장소에 있어야 하고, 혹은 그 사건이 발생할 때까지 기다려야 한다. 이러한 방법은 사건을 놓칠 위험이 있을 때나 사건이 빈번히 일어나지 않을 때 주로 사용된다.

시간표본추출(time sampling)은 시간을 관찰단위로 표본행동을 추출한다. 즉, 여러 시점에서 관찰을 하기 위하여 특정 시간대를 단위(30초, 1분, 5분, 10분 등)로 하여 계속 무작위적·체계적으로 표본을 추출하여 관찰하게 된다. 이러한 시간표본추출방법은 1회 관찰시간과 관찰간격을 정하는 방법인데, 행동이나 사건이 빈번하게 발생할 때 주로 이용된다.

시간표본추출법은 다시 시점표본추출법과 간격표본추출법으로 구분된다. 시점표본추출법은 1회 관찰시간을 정하는 방법으로, 관찰의 단위시간이 끝나는 순간에 관찰하고자 하는 내용의 행동이나 현상이 나타나는가를 보고 그 결과를 기록한다. 가령 10분 단위로 시점표본추출법을 적용한다면, 10분이 경과하는 동안에 일어나는 행동은 전혀 관찰의 대상으로 삼지 않다가 매 10분이 경과될 때마다 바로 그 순간에 일어나는 행동을 관찰·기록하게 된다. 한편, 간격표본추출법은 1회 관찰간격을 정하는 방법으로, 일정한 시간적 간격에 걸쳐 계속 관찰은 하되, 그 시간 간격 동안에 관찰하고자 하는 행동이나 현상이 여러 번 나타나더라도 정해진 단위간격에 대해 한 번만 기록한다.

(3) 관찰표 및 지침 작성

결정된 관찰내용과 관찰단위를 바탕으로 관찰표 혹은 관찰기록지를 만들고, 이를 실제 관찰에 적용하기 위한 지침을 작성하여야 한다. 관찰표를 준비하고 사용할 때, 일반적으로 다음과 같은 사항을 고려하여야 한다.

첫째, 관찰표를 개발하여 사용하는 데는 상당한 시간과 노력이 요구된다는 사실을 염두에 두어야 한다. 대체로 관찰표를 쉽게 작성하는 경우에는 실제로 기록을 하고 그 기록내용을 분석·해석하는 데 상당한 어려움을 겪게 된다. 반대로 관찰표를 제작하는 데 시간과 노력을 많이 투자하는 경우에는 실제로 기록을 하거나 그 기록내용을 분석·해석하는 작업이 비교적 쉽게 수행된다.

둘째, 관찰표를 개발하는 궁극적 목적은 바로 객관적으로 자료를 수집할 수 있도록 고안하는 것이다. 따라서 관찰표를 개발하는 과정에서 이를 통해 수집된 자료의 신뢰성 문제를 항상 염두에 두고, 수정과 검토 작업을 끊임없이 수행해야 한다.

셋째, 연구의 관심이 되는 행동을 관찰할 수 있는 충분한 기회를 주도록 관찰표를 작성해야 한다. 즉, 관찰하고자 하는 행동을 가능한 한 모두 포함할 수 있도록 관찰표를 개발하여야 한다.

(4) 관찰자 선정 및 훈련

관찰법에 있어서 관찰자의 역할은 매우 중요하며 다양하게 나타난다. 관찰자는 무엇보다도 연구목적과 연구내용에 익숙해야 하며, 관찰표와 지침을 이해하고 있어야 한다. 또한 연구의 목적을 충분히 숙지하고, 어떻게 관찰대상이 선정되었는지, 어떻게 자료가 부호화되고 분석되는지 등을 알아야 한다.

관찰법은 면접법이나 질문지법에 비해 관찰자의 주관이 개입될 가능성이 상대적으로 매우 높다. 특히 관찰자가 완전한 참여자(complete participant)나 관찰자적 참여자(participant as observer)의 역할을 수행하는 경우에 자신도 모르게 관찰대상 집단에 동화되어 세밀하고 객관적인 관찰이 이루어지지 못할 수 있다. 반면에, 완전한 관찰자(complete observer)나 참여자적 관찰자(observer as participant)인 경우에는 오히려 관찰의 내용이 너무 개괄적이며 피상적이 될 우려가 있다.

이처럼 관찰자의 주관이나 가치판단이 개입되는 경우, 이로부터 얻은 자료는 타당성과 신뢰성의 문제를 수반하게 된다. 자료의 타당성과 신뢰성을 높이기 위해서는 무엇보다도 훈련을 통하여 관찰기술을 향상시켜야 한다. 또 다른 자료수집방법을 병행하여 추론의 여지를 줄이거나, 하나의 관찰대상에 대하여 복수의 관찰을 행하여 그 결과를 서로 비교함으로써 편견을 어느 정도 배제할 수 있다.

(5) 관찰의 수행 및 기록

1) 관찰의 실제 수행

관찰의 목적과 내용, 관찰방법, 관찰표 및 지침, 관찰자 및 관찰대상 등이 정해지면, 다음 단계에서는 실제로 관찰을 수행하게 된다. 다시 말해서, 관찰자는 주어진 관찰시간에 특정한 관찰장소에서 관련 사항을 관찰하고 기록하는 활동을 하게 된다.

관찰을 실제 수행하기 전에 관찰대상으로부터 일종의 허락을 얻어야 하는 경우가 있다. 이 경우 관찰을 승인할 수 있을 정도의 영향력 있는 곳으로부터 허락을 얻어야 하며, 허락의 방법이 반드시 정형화된 문서나 계약에 의거할 필요는 없다. 특히 참여 관찰을 하는 경우에는 관찰대상과의 친근감이나 유대를 형성하는 과정이 매우 중요하다. 친밀한 관계가 충분히 형성되지 않은 상태에서 수행되는 관찰은 예상외로 힘든 경우가 많다. 또한 관찰자는 관찰대상에게 피해를 주지 않도록 최대한 노력해야 하며, 자연스럽고 일상적인 행동에 영향을 주지 않도록 주의해야 한다.

2) 관찰의 기록

관찰을 통한 자료수집은 연구목적에 따라 적절한 관찰계획을 수립하는 것에서 시작하지만, 결국 중요한 것은 관찰의 수행내용을 기록하는 것이다. 실제 관찰을 행한 내용을 기록하는 방법에는 크게 행동을 기록하는 방법과 행동단위를 기록하는 방법이 있다.

① 행동기록법: 행동기록법은 실제 관찰되고 있는 사건, 행동 혹은 현상을

'언어적으로' 기술하는 방법으로, 이야기식 기록과 현장노트를 그 대표적인 예로 들 수 있다.

이야기식 기록(narrative record)은 실제 발생하고 있는 시점에서의 행동 혹은 사건을 구체적으로 재현하기 위해 이야기식으로 정리 · 기술하는 방법이며, 이후 그 기록들을 분류하고 조직화하여 연구자료를 마련하게 된다. 이러한 기록은 특수한 상황이나 행동에 대한 완전한 또한 연속적인 기록으로서, 연구목적에 따라 때때로 추론이나 주관적 판단 등을 포함하기도 한다.

현장노트(field note)란 관찰한 사실을 정리하고 메모하는 것을 통칭하며, 관찰의 각 단계마다 기억 유지를 위해 간략한 메모에서부터 매우 세밀하게 관찰 결과까지 기록하기도 한다. 관찰하는 과정에서 발생하는 여러 가지 사건이나 행동을 그때그때 기록해 두지 않으면 기억을 유지할 수 없으므로, 이후에 기억을 되살리는 도구로 현장노트는 반드시 필요하다. 이러한 방법은 저널리스트, 인류학자, 동물학자, 정신과의사 등에 의해 자주 활용된다.

② 행동단위기록법: 행동단위기록법은 실제 관찰되고 있는 사건, 행동 혹은 현상을 '비언어적으로' 표시하는 방법으로, 체크리스트 또는 평정척도에 의한 기록이 해당된다고 볼 수 있다.

체크리스트(checklist)는 준비된 목록(list)상의 적절한 범주에 특정 사건이나 행동 등이 발생하는지 여부를 체크하는 방식이다. 즉, 관찰하고자 하는 어떤 사건이나 행동 등이 관찰상황에 존재하는지를 파악하도록 목록을 만들고 해당되는 경우에 체크한다.

평정척도에 의한 기록방법은 단순히 발생유무의 기록을 넘어, 관찰을 통해 얻은 결과를 빈도 혹은 평정값으로 기록하는 행동관찰측정(behavior observation measures)을 말한다. 대표적인 예로서, 교실행동을 27개의 범주로 구분하여 일정한 시간 간격에 따라 아동의 교실내 행동을 기록하는 '교실활동규준지(Schedule for Class Activity Norms)'를 들 수 있다.16)

(6) 자료의 점검 및 정리

관찰을 수행하여 관련 정보 및 자료를 수집하면, 그 다음 단계로 수집된 정

16) '교실활동규준지'는 동일 아동이 여러 가지 행동범주에서 어떤 행동을 가장 빈번하게 하는가를 파악하도록 구성된 관찰표이다.

보를 점검하고 정리 · 요약하는 작업이 필요하다. 관찰자는 특정 기간에 발생하는 행동 모두를 기록할 수는 없지만, 주된 관심이 되는 대상에 대한 다량의 정보를 기록할 수 있다. 특정 목적을 위해 수집된 다량의 정보를 필요한 형태로 요약 · 정리하는 방법은 다양하다. 관찰에 의해서 수집된 자료들은 보통 명목범주들을 만드는 데 쓰이거나, 둘 이상의 차원에 따라 분류 혹은 유형화될 수 있다. 특히 구조화 관찰의 경우에는 수량화를 시도할 수 있으며, 일반적으로 그래프 및 빈도, 시간, 평균 등과 같은 기술통계량으로 분석된다.

제 5 편

자료 분석

제17장 자료분석의 기초

수집된 자료는 실제 분석에 이용될 수 있는 형태로 편집 · 부호화되고 필요시 보완 또는 조정되어야 한다. 자료의 처리 · 보완 · 조정이 이루어지면 자료를 이해하고 해석할 수 있는 상태로 전환하는 분석 작업이 이루어진다. 연구목적을 효과적으로 달성하고 의미 있는 분석결과를 얻기 위해서는 통계학, 관리과학, 경제학 등 여러 학문분야에서 발달된 기법들을 적절히 활용하게 된다.

제 1 절 자료의 정리

1. 자료의 처리

자료수집방법에 의해 얻어진 원자료(raw data)가 분석되기 위해서는 일종의 자료처리(data processing)과정을 거쳐야 한다. 자료의 처리는 크게 편집과 부호화로 나누어 볼 수 있다. 편집(editing)은 수집된 자료들을 검토하여 정정하고, 경우에 따라서는 미리 정해진 원칙에 따라 사전부호화(pre-coding)하는 것을 포함하기도 한다. 부호화(coding)는 언어로 표시된 자료들을 집계하고 분석하기 쉽도록 일정한 지침에 따라 숫자나 기호로 전환하는 작업을 말한다.

(1) 자료의 편집

편집(editing)은 자료의 정확성과 정밀성을 높이기 위해 수집된 자료를 일정한 기준에 따라 체계적으로 검토하는 작업이다. 특히 면접법이나 질문지법에 의한 자료인 경우, 판독하기 어려운 응답이나 불완전한 응답, 일관성이 없는 응답, 애매모호한 응답, 기록이 제대로 이루어지지 않은 응답 등에 대한 문제를 검토하게 된다. 이 과정에서 연구자는 수집된 자료를 철저히 점검하여 오기 혹은 착오, 누락, 흘려 쓴 것 등을 찾아 교정함으로써, 다음 단계의 부호화 작업이 원활하게 진행될 수 있도록 한다.

이러한 목적을 달성하기 위한 자료 편집은 완전성, 일관성, 명확성 등의 조건이 충족되도록 수행되어야 한다. 완전성(completeness)이란 해당되는 연구대상과 연구내용을 가능한 한 전부 포함하도록 하여야 한다는 것이다. 일관성(consistency)은 전체 자료에 걸쳐 일관성이 유지되도록 편집되어야 한다는 것으로, 특히 여러 명의 편집인이 있는 경우 편집지침을 마련하는 등 일관성을 확보하도록 제반 조치를 취하여야 한다.[1] 명확성(clarity)이란 자료수집자가 부정기입하거나 조작한 부분을 찾아내는 등 자료를 분명하고 알기 쉽도록 하여야 한다는 것이다.

자료의 편집과정에서 잘못된 자료나 불완전한 자료가 발견된 경우에는 재조사하거나, 결측값(missing data)으로 처리할 수 있으며, 나아가 해당하는 사례(예, 응답자)를 제거하는 방법을 사용할 수 있다. 타당하고 신뢰할 만한 자료를 얻으려면 그 수집대상을 다시 찾아 부족한 부분의 자료를 얻는 방법이 가장 좋으나, 이는 수집대상에 대한 확인이 가능하고 표본크기가 작을 경우에만 효과적으로 적용할 수 있다.

추가적인 재조사가 불가능하다고 판단되면, 잘못되거나 불완전한 자료를 결측값으로 처리할 수 있다. 하지만 이러한 결측값 처리는 ① 잘못된 자료값을 갖는 사례(예: 응답자)의 수가 그렇게 많지 않고, ② 잘못된 자료의 비중이 상대적으로 매우 낮고, ③ 결측값으로 처리되는 변수가 연구에서 크게 중요한 역할을 하지 않을 경우에 가능하다.

또한, 잘못되거나 불완전한 자료를 가장 간단하게 해결할 수 있는 방법은 해당되는 사례(예: 응답자)의 전체 자료를 제거하는 것이다. 면접이나 질문에 의해 자료를 수집한 경우, 이 방법은 ① 잘못된 응답을 한 응답자의 수가 적고(대략 10% 이내), ② 표본이 충분히 크며, ③ 잘못된 응답을 한 응답자의 특성이 다른 응답자의 특성과 크게 다르지 않고, ④ 잘못된 응답을 한 응답자는 다수의 잘못된 응답을 지니고 있어야 하고, ⑤ 중요한 문항에 대한 응답이 제대로 이루어지지 않은 경우에 적용할 수 있다(이군희, 2002: 353). 이와 같은 상황을 고려하

1) 편집의 일관성은 구체적으로 ① 서로 다른 질문의 응답들이 서로 논리적으로 일치하는가에 관한 논리적 일관성, ② 어떤 개념이 모든 응답자에게 동일한 의미로 받아들여지고 있는가에 관한 개념적 일관성, ③ 자료수집자에 대한 지도 및 관리를 일관되게 하고 있는가에 관한 관리적 일관성 등에 근거를 두어야 한다(김해동, 1982: 472~473; 박용치, 1997: 559~560).

지 않고 불충분한 응답이라는 이유로 무조건 제거하게 되면, 자료의 일부분에 대한 결과만을 얻게 되는 '편향'의 문제가 발생하게 된다. 만일 잘못된 응답을 한 응답자를 자료로부터 제거하는 경우, 어떠한 응답자인지 확인하고 몇 명의 응답자를 왜 제거하였는지를 반드시 밝혀야 한다.

(2) 자료의 부호화

부호화(coding)란 편집된 자료를 일정한 기준(coding book, coding guide)에 따라 각 항목별로 계통적인 숫자나 기호를 부여하는 과정이다. 이러한 부호화는 응답·관찰결과·행위·행태 등 여러 가지 정보를 몇 가지 한정된 수의 항목으로 대치함으로써 자료의 처리를 단순화시켜 다음 단계인 자료분석을 편리하게 하는 데 그 목적이 있다.

부호화를 위한 항목의 결정은 몇 가지 원칙에 따라 이루어져야 한다.[2] 첫째, 항목들이 연구목적에 맞게 적절히 분류되어 연구문제 또는 세부 질문에 대한 응답을 구할 수 있도록 하여야 한다. 둘째, 분류되는 사례(예: 응답자)나 단위가 하나도 남김없이 전체 항목에 귀속되도록 총망라적이어야 한다. 셋째, 항목들은 상호 배타적이어서 각 사례(예: 응답자)가 하나의 항목에만 분류되도록 하여야 한다. 넷째, 항목들이 상호 독립적이어서 어떤 사례를 분류하는 것이 다른 사례의 분류에 영향을 미치지 않도록 하여야 한다. 다섯째, 분류항목은 하나의 차원에서 제시되어야 하고, 가능하면 같은 유형의 다른 조사결과와 비교할 수 있도록 동일한 분류단위를 사용하여야 한다.

자료의 부호화를 위해서 사용되는 부호(code)에는 여러 가지가 있으나 보통 ① sequence code, ② block code, ③ group classification code, ④ significant digit code, ⑤ mnemonic code 등이 있다(김해동, 1982: 479~485). sequence code는 항목을 일정한 기준에 따라 배열하여 1에서부터 차례로 연속부호를 부여하는 방법이며, block code는 공통된 특징을 갖는 일련의 항목으로 구성된 몇 개의 블록으로 나누어 각 블록 내의 항목을 일정한 순서로 나열하여 처음부터 끝까지 일련 부호를 부여하는 방법이다. group classification code는 항목을 성격에 따라 대·중·소분류하고 이들 각 분류에 따라 부호행(code column)수를 증가시켜 각 수치

2) 이는 분류 혹은 범주화의 과정에서 지켜야 할 원칙으로서, 이에 대해서는 제14장 제2절을 참조하기 바란다.

[표 17-1-1] 부호화체계의 예

변수이름	변수 설명	변 수 값
id	사례(예: 응답자)번호	
gender	성 별	0=남자, 1=여자
age	나이(연령대)	1 = 20대 미만, 2 = 20대, 3 =30대 4 = 40대, 5 = 50대, 6 = 60대 이상
edu	교육수준(기간)	'년'으로 기록
jobcat	직종(분류)	1 = 사무직, 2 = 영업직 3 = 연구직, 4 = 생산직
income	연봉(실제금액)	'만원'으로 기록
⋮	⋮	⋮
⋮	⋮	⋮

가 소속되는 집단을 명확히 하도록 하는 방법이다. significant digit code는 나이, 무게, 면적, 거리, 부피, 온도 등 물리적인 수치를 그대로 부호화하는 것을 말하며, mnemonic code는 숫자나 문자 또는 양자의 조합으로서 기억하기 쉽도록 부호를 매기는 방법이다.

수집한 자료를 부호화하기 위한 체계의 예는 [표 17-1-1]과 같이 나타날 수 있다. 여기서 응답자의 성별에 대한 부호화체계를 보면, 응답자의 성별이 남자면 '0'의 부호를 할당하고 여자면 '1'의 부호를 부여하고 있다.

부호화체계가 수립되면, 이에 따라 자료를 입력하여야 한다. 수집된 자료는 사례(case)의 번호에 따라 각 변수의 값을 부여하는 과정을 거치게 된다. 입력 자료의 예는 [표 17-1-2]와 같이 나타날 수 있다. 만약 첫 번째 사례(예: 응답자)가 남자이며 20대의 연령층으로 고졸의 학력을 지니며 영업직에 종사하고 연봉 2,300만 원을 받는다면, id = 1, gender = 0, age = 2, edu = 12, jobcat =2, income = 2,300 등으로 자료를 입력한다.

여기서 행(row)은 한 사례(예: 응답자)에 대한 측정값(예: 응답결과)을 포함하며, 이는 레코드(record)를 나타낸다. 열(column)은 한 변수에 대한 각 사례(예: 응답자)의 측정값(예: 응답결과)을 포함하며, id, gender, age 등으로 부호화된 항목을 의미하는 필드(field)이다. 따라서 하나의 레코드는 여러 개의 필드로 구성되어 있는 한 사례(예: 응답자)의 측정값(예: 응답결과)에 대응되어 있다고 할 수 있다.

[표 17-1-2] 입력자료의 예

id	gender	age	edu	jobcat	income	…
1	0	2	12	2	2,300	
2	1	5	17	1	6,500	
3	1	3	16	3	4,200	
4	0	4	12	4	3,600	
⋮						

모든 레코드를 종합한 형태의 자료는 일반적으로 컴퓨터 파일로 저장되며, 이를 활용하여 실제 분석을 하게 된다.

2. 자료의 보완

수집된 자료는 그대로 분석되는 것이 이상적이나, 기대하는 바와 같이 자료가 수집되지 않아 부족한 부분이 나타날 수 있다. 비록 엄격한 자료수집과정을 거치더라도 알게 모르게 오차가 개입되거나, 연구문제 해결에 필요한 자료가 근본적으로 존재하지 않아 수집하지 못할 수 있다. 자료의 분석과정에서 이러한 오차를 처리하거나 불완전한 자료를 가려낼 수 있지만, 분석 이전에 이를 보완하여 추후 분석에 차질이 없도록 하여야 한다.

(1) 오차의 처리

측정오차는 무작위 오차와 체계적 오차로 나눌 수 있으며, 그 형태에 따라 처리방법에 차이가 있다. 무작위 오차는 순위화, 집단화 또는 변수 대체 등의 방법을 사용하여 해결할 수 있다. 순위화는 수집된 자료의 실수(實數, actual number) 대신에 그 크기에 따라 순위를 정하여 이를 분석함으로써 오차를 줄이는 방법이며, 집단화는 자료의 실수 대신에 몇 개의 사례(예: 응답자)를 묶어 동일한 집단으로 묶어 분석함으로써 오차를 축소하는 방법이다. 변수 대체는 실제 변수 대신에 이와 높은 상관관계를 가져 실제값을 충분히 대표할 수 있다고 생각되는 다른 변수(proxy variable)를 사용하는 방법이다.

체계적 오차는 더욱 세련된 통계방법을 도입하여 해결할 수 있다. 예를 들어 변수 간에 매우 높은 상관관계가 성립되거나, 지나친 잉여가 생기거나, 요인 적재값(factor loading)이 너무 높다면, 이들 변수를 제거하거나 독립변수로 사용하여 오차를 줄일 수 있다.

(2) 결측값의 보완

자료의 수집 작업이 완료된 이후 여러 가지 사정으로 말미암아 완벽한 자료를 얻지 못했을 때에는 어떤 방법으로든 자료를 보완하여야 한다. 결측값이 많은 변수나 이를 포함하는 사례(예: 응답자)를 제거할 수 있으나, 그 변수가 연구에 필수적이거나 실제 사례(예: 응답자)의 수가 충분하지 않다면 다른 방법을 강구하여야 한다. 이 경우 보완된 자료에는 상당한 정도의 오차가 발생할 수밖에 없다는 점을 감수하여야 한다.

미수집자료를 보완하는 방법은 적용될 자료분석기법에 따라 다르지만, 대체로 평균값삽입법, 보삽법, 임퓨테이션법 등이 있다. 평균값삽입법(means-inserting method)은 해당 변수의 평균값을 계산하여 빠진 사례(예: 응답자)의 변수값으로 대체하거나, 5점 척도에서는 중립을 나타내는 3점으로 결측값을 할당하는 방법이다. 이러한 방법은 그 변수의 전체 평균값을 변하지 않게 하여 실제 분석결과에 큰 영향을 미치지 않는다는 장점을 지니고 있다. 하지만, 결측값을 갖는 사례(예: 응답자)의 특성이 실제로 중간값 정도의 형태를 취하지 않는 경우에는 왜곡된 결과를 제공하게 된다.

보삽법(補揷法, interpolation method)은 주로 시계열 자료에서 전·후시점 자료의 평균값을 빠진 시점의 자료로 추정하여 사용하는 방법이다. 이러한 방법은 시간의 흐름에 따라 급격한 변동을 수반하지 않는 경우에 적합하며, 경우에 따라서 전·후시점의 자료에 적절한 가중치를 부여하여 결측값을 추정하기도 한다.

임퓨테이션법(imputation method)은 어느 정도의 오차를 감수하면서 원래의 변수값을 추정해 가는 방법이다. 연구자가 자신의 기존 지식을 근거로 추측하여 평가하거나, 유사한 다른 사례(예: 응답자)를 선정하여 전체적인 맥락에서 추정하는 것이다. 이 방법은 가치추정법(vlaue-estimating method)으로 지칭되기도 하며, 이러한 추정을 통하여 나타난 값을 임퓨트값(imputed value)이라고 한다. 비록 많은 시간과 노력이 필요하고 분석결과에 심각한 편향이 발생할 소지가 있으나, 최근에는 EM알고리즘과 같은 수준 높은 통계기법이 개발되어 적절히 활용되고 있다.

3. 자료의 조정

자료분석을 더 적절하게 행하기 위하여 때로는 사전에 자료를 조정하는 과정을 거치기도 한다. 자료의 조정(data adjustment)은 주로 통계적 방법에 의해 이루어지며, 가중치를 이용하거나 변수를 재구성하기도 하며, 경우에 따라서 척도를 변환하기도 한다(이군희, 2002: 356~359).

가중치를 이용한 자료 조정은 응답자에게 중요도에 따라 가중치를 부여하는 방법을 말한다. 특정한 응답자에게 높은 가중치를 주게 되면, 그 응답자의 특성에 따른 효과가 분석결과에 확대되어 크게 나타나게 된다. 이러한 조정은 모집단의 특성을 표본이 더욱 잘 대표할 수 있게 하는 목적으로 많이 사용되고 있다. 예를 들어 공공서비스에 대한 주민만족도를 파악하고자 한다면, 각 주민이 일정 기간 동안에 공공서비스를 직접 경험한 횟수를 가중치로 활용하여 자료를 조정할 수 있을 것이다.

변수의 재구성은 연구목적에 적합한 분석을 위해서 변수를 변환시키거나, 기존의 변수를 이용하여 새로운 변수를 정의하는 것이다. 예를 들어 공공서비스의 주민만족도에 대한 문항이 7점 리커트척도로 구성되어 있다면, 이를 연구목적에 따라 크게 세 개의 기준을 설정하여, 공공서비스에 대하여 만족하는 집단, 중간 정도 만족하는 집단, 만족하지 않는 집단 등 세 가지로 변수의 값을 바꿀 수 있다. 또는 공공서비스에 대한 주민만족도를 여러 문항에 걸쳐 측정하였다면, 이들 문항을 모두 더하여 평균을 계산하여 새로운 하나의 변수를 만들거나, 몇 개 문항씩 더하여 각 평균을 계산하여 새로운 복수의 변수를 구성할 수도 있을 것이다. 경우에 따라서 자료의 분포를 바꾸기 위한 로그(log)변환이나 가변수로의 변환도 변수를 재구성하는 방법으로 많이 활용되고 있다.

척도 변환(scale transformation)은 다른 변수들이 가지는 서로 다른 측정단위나 척도를 비교하여 분석할 수 있도록 자료를 변환하는 것을 말한다. 둘 이상의 변수를 비교하고자 하는 경우, 이들이 서로 다른 척도를 가지고 있다면 비교 가능한 기준척도로 모두 변환시킨 다음 분석을 실시하여야 한다. 대부분의 척도 변환은 표준화(standardization) 과정을 통하여 이루어진다.[3]

---

3) 만일 X_i를 측정값, $\overline{X}$를 평균값 그리고 s를 표준편차라고 하면, 표준화에 의해 변환이 이루

제 2 절 자료의 분석

1. 자료분석의 의미

자료의 처리 · 보완 · 조정 등 전체적으로 정리가 이루어지면, 이를 이해할 수 있고 해석할 수 있는 형태로 만들어야 한다. 이처럼 처리 · 보완 · 조정된 자료를 조작하거나 종합하여 해석할 수 있는 상태로 전환하는 것을 자료분석이라 하며, 자료분석의 결과를 바탕으로 연구문제에 대한 적절한 해답을 추론하고 이 추론에 관한 결론을 도출하는 것이 자료해석이다. 여기서는 자료의 분석을 중심으로 분석기법의 유형과 활용방안에 대하여 논의하며, 자료의 해석은 분석결과를 연구문제와 관련하여 추론하는 것이므로 본서의 마지막 연구보고서의 작성 부분에서 다루기로 한다.

자료분석은 결국 연구의 목적을 효과적으로 달성하기 위한 방향으로 행해져야 하기 때문에 그 유형도 연구목적에 따라 탐색적 분석, 기술적 분석, 설명적 분석, 예측적 분석, 선택적 분석 등으로 구분될 수 있다. 탐색적 분석(exploratory analysis)은 문제의 본질이나 대안에 관한 정보를 찾아내기 위한 것이며, 기술적 분석(descriptive analysis)은 문제나 현상을 더 정확하고 상세히 파악하기 위한 것이다. 설명적 분석(explanatory analysis)은 변수 간의 인과관계를 규명하는 데 일차적인 관심이 있으며, 예측적 분석(predictive analysis)은 미래 상태의 정보를 산출하려는 것이고, 선택적 분석(choice analysis)은 최적 의사결정을 위한 분석을 말한다.

2. 자료분석의 방법

자료의 형태 및 특성에 따라 적용될 수 있는 분석방법에 제약이 따르기 때

어진 새로운 측정값 $Y_i = \frac{X_i - \overline{X}}{s}$ 이다. 이와 같이 변환된 수치 Y_i가 음수값을 취할 수 없는 개념이라면, 위의 식에서 상수 C를 더하여 모든 수치를 양수로 만들면 된다. 이처럼 표준화는 기존 측정값에 평균을 빼고 표준편차로 나누는 과정을 거치기 때문에, 새로운 측정값 Y_i는 평균이 0이고 표준편차가 1인 자료가 된다.

문에, 연구의 목적을 효과적으로 달성하고 의미 있는 분석결과를 얻으려면 연구의 설계단계에서부터 분석방법에 대한 구상이 이루어져야 한다. 따라서 어떠한 분석방법을 선택할 것인지에 대한 최종적인 선택은, 정의된 연구문제를 확인하여 어떠한 방법으로 접근할 것인지 결정하고, 연구설계를 계획하는 과정과 연관시키면서 이루어져야 한다(이군희, 2002: 359).

대체로 탐색적 분석에서는 집단토의 · 심층면접 · 예비조사 · 사례분석 등과 함께 기술통계학의 기초적인 기법이 부분적으로 사용되고, 기술적 분석에서는 도수분포 · 중심경향 · 분포도 · 연관분석 등 기술통계학의 기법이 주로 이용되며, 설명적 분석의 경우는 대체로 추론통계학에서 다루는 다양한 통계기법이 사용된다. 예측적 분석은 계량경제학적 모형, 시계열분석, 그리고 집단토의 · 델파이 · 교차영향분석 등에 의하며, 선택적 분석은 경제학 · 관리과학 · 정책분석학에서 활용되는 다양한 최적화기법들을 통하여 이루어진다.

이처럼 사회과학연구에서 자료분석은 통계학, 경제학, 관리과학 등 여러 학문분야에서 발달된 기법들을 적극적으로 활용하고 있다. 통계학에서 개발된 각종 기법은 변수를 탐색하고 그 변수의 특성을 단순히 기술하는 데 그치지 않고, 변수 간의 연관성과 유의성에 대한 검토를 통하여 경험적 · 실증적 연구를 가능하게 한다. 관리과학 기법은 여러 가지 대안을 탐색하고 이들 각 대안들의 결과를 예측하거나 대안 간의 우선순위를 분석 · 평가하여 의사결정자에게 대안선택을 위한 처방을 제시하는 데 도움을 준다. 경제학, 특히 미시경제학의 기법과 후생경제학의 효용이론도 의사결정과 평가에 관한 연구에 많은 공헌을 하고 있으며, 정책의 경험적 · 실증적 측면에 대하여 경제이론적 논리를 적용시키는 공공선택이론도 정책연구의 일부분이 되고 있다. 이러한 분석기법들은 그것이 개발된 학문분야에서 구체적으로 논의되고 있는바, 여기서는 이들을 개괄적으로 고찰하는 데 그친다.

제18장 통계적 분석

통계적 분석은 통계학에서 논의되는 다양한 기법을 활용하여 자료를 처리함으로써 문제해결을 위한 과학적 판단의 기초를 제시해 준다. 특히 통계학의 응용 소프트웨어 발달로 다양한 분석기법의 사용이 더욱 용이해지고 있다. 연구의 목적, 변수의 수, 척도의 형태 또는 이에 따른 자료의 특성 등에 따라 적용되는 기법이 다르기 때문에, 적절한 통계기법을 선택하려면 각 기법의 용도 및 한계 등에 대한 정확한 이해가 선행되어야 한다.

제 1 절 의의 및 유형

1. 통계적 분석의 의의

통계적 분석은 통계학에서 논의되는 다양한 기법을 활용하여 자료를 정리·요약하고, 이를 통하여 문제해결을 위한 과학적 판단의 기초를 제시해 준다. 즉, 연구대상으로부터 수집된 자료를 정리하고 요약하거나, 표본정보를 통하여 모집단의 특성을 추론하여 그것을 토대로 가설검증 등 합리적인 의사결정을 할 수 있도록 한다.

2. 통계적 분석의 유형

분석기법들은 여러 가지 방법으로 나누어질 수 있으나, 대체로 분석대상이 되는 변수의 수, 분석의 성격(연구의 목적), 척도의 형태 또는 이에 따른 자료의 특성 등에 따라 분류될 수 있다.

(1) 변수의 수에 따른 분류

분석에서 고려되는 변수의 수에 따라 통계분석은 크게 일변량분석, 이변량분석, 그리고 다변량분석으로 구분된다. 일변량분석(univariate analysis)은 하나의 변수에 대한 분석을 말하는데, 변수가 어떤 값들을 지니고 있으며, 어떠한 분포를 나타내는지, 둘 이상의 집단 간에 차이는 어떠한지 등을 보여준다. 예를 들어, 소득의 평균은 얼마인지, 소득의 분포는 어떠한지, 개인이나 집단 간의 소득격차는 어느 정도인지 등을 분석하는 것이다.

이변량분석(bivariate analysis)은 두 변수 간의 관계에 대해 설명하는 분석이다. 두 변수들이 어떠한 관계가 있는지, 한 변수가 다른 변수에 어떠한 영향을 주는지, 그러한 관계의 크기와 방향은 어떠한지 등에 대해 분석하는 것이다. 변수들을 측정한 척도 혹은 자료의 특성에 따라 교차분석, 상관분석, 분산분석 등의 방법을 사용한다.

다변량분석(multivariate analysis)은 이변량분석을 포함하기도 하지만, 주로 셋 이상 변수 간의 관계에 대해 분석하는 것이다. 이러한 분석은 두 변수 간의 관계를 파악하는 과정에서 제3변수에 의한 영향을 배제하려는 통제의 목적으로 쓰이기도 하며, 하나의 변수에 대해 작용하는 다양한 변수들의 영향력을 종합적으로 설명하거나, 셋 이상 변수 간의 의존관계를 파악하고자 사용되기도 한다. 이후 제9절에서 다루는 다변량분석은 종속변수가 둘 이상의 경우를 중심으로 한다.

(2) 연구의 목적에 따른 분류

자료의 분석은 연구의 목적에 따라 행해져야 한다. 연구대상의 속성을 탐색하거나 기술하는 것을 목적으로 하는 탐색적·기술적 연구의 경우에는 연구대상의 속성을 나타내는 변수의 값이 어떠한 특징을 가지고 있는지를 파악하는 기술통계기법(descriptive statistics)을 사용한다. 둘 이상 변수 간의 인과관계를 규명하고자 하는 설명적 연구의 경우에는 인과적 가설검증이나 의존관계분석을 위한 추론통계기법(inferential statistics)이 적용되며, 특히 시간에 따른 변화의 양상을 분석하고 미래의 경향을 추정하는 예측적 연구의 경우에는 시계열 통계기법(time-series technique)이 사용된다.

(3) 자료의 특성에 따른 분류

변수들을 측정한 척도의 형태 또는 이에 의해 측정된 자료의 특성에 따라 모수(통계)분석과 비모수(통계)분석으로 구분된다.[1] 모수통계(parametric statistics)는 등간·비율척도에 의해 측정된 계량적(정량적) 변수에 적용하는 분석기법이며, 비모수통계(nonparametric statistics)는 명목·서열척도에 의해 측정된 비계량적(비정량적) 변수에 적용하는 분석기법을 말한다.

제 2 절 기술통계분석

기술통계분석은 수집한 자료를 정리·요약하여 그 특성을 기술하는 통계적 방법이다. 수집된 자료를 정리·요약하는 방법에는 표와 그래프 등이 있으며, 자료의 특성을 묘사하는 방법에는 여러 가지 요약통계량의 산출과 분포의 제시를 포함한다. 이처럼 기술통계분석은 수집된 자료의 요약과 특성을 보여줄 뿐만 아니라, 이를 통하여 특이한 자료를 파악할 수 있어 자료의 수집과 입력 과정에서 발생한 오류도 발견할 수 있다. 또한 둘 또는 그 이상 변수 간의 관계에 대한 설명적 연구를 위한 기초분석의 의미도 지니고 있다.

1. 빈 도

자료가 어떤 빈도 혹은 도수(frequency)를 가지고 있느냐를 파악하는 빈도분석(frequency analysis)은 통계분석에서 가장 기본이 된다. 수집된 자료를 제한된

1) 엄격한 의미에서 모수통계와 비모수통계의 구분은 통계적 추론에 있어서 모집단의 분포형태에 대한 가정에 따른 것이다. 대부분의 통계적 추론은 모집단이 특정한 분포를 따른다는 가정하에 모수에 대한 추정이나 가설검증 등을 다루는 모수적 방법(parametric method)을 사용한다. 예를 들어 '모집단이 정규분포를 따른다면 …'이라는 가정 하에 통계량이 개발되고, 주어진 조건이 만족될 때 그 통계량은 가장 적합한 성질을 갖게 된다. 그러나 실제로 수집된 자료가 정규분포와 전혀 다른 형태의 분포를 띠거나 모집단에 대한 분포의 형태를 가정할 수 없는 경우가 많다. 이 때 '모집단에 대한 가정을 특수한 분포함수의 모수형으로 하지 않는' 비모수적 방법(nonparametric method)을 사용하여 통계적 추론을 행하게 된다. 많은 경우 모집단의 분포형태에 대한 가정을 완화하여 '모집단의 분포함수가 연속이다'라는 가정이나, '모집단의 분포함수가 연속이고 대칭이다'라는 가정을 하게 된다.

수의 범주(category)나 구간(class)으로 나누고, 각 범주나 구간에 속한 자료의 빈도를 헤아려 기록한 도수분포표를 작성하게 된다. 자료의 빈도를 도표(chart or plot) 혹은 그래프(graph)화하여 분포의 특성을 한 눈에 보여 주는 방법에는 막대도표(histogram, bar chart), 히스토그램(histogram), 선도표(polygon), 원도표(pie chart), 줄기와 잎 그림(stem-and-leaf plot), 상자도표(box-and-whisker plot), 누적도수다각형(ogive), 분포곡선(curve), 로렌츠곡선(Lorenz curve) 등이 있다.

2. 중심경향도

하나의 변수에 관한 자료의 중심경향(central tendency)분석은 자료 전체의 분포를 대표하는 단일의 수치를 찾아내는 것이다. 이는 자료가 어떤 값을 중심으로 분포하고 있는가를 파악하려는 것으로서, 자료 분포의 중심이 되는 그 값을 중심경향값 또는 대표값이라고 한다.

자료의 중심경향값 또는 대표값으로는 평균(mean), 최빈값(mode), 중앙값(median), 백분위수(percentile), 사분위수(quartile) 등을 들 수 있다. 평균은 산술평균, 기하평균 및 조화평균 등이 있으며, 대체로 많이 사용되는 산술평균(arithmetic mean)은 자료의 총합을 사례(예: 응답자)의 수로 나눈 값이다. 최빈값은 전체 자료 중에서 가장 빈도가 높은 값을 의미하며, 전체 자료를 크기 순서로 배열하였을 때 가장 중앙에 위치하고 있는 자료를 중앙값, 백등분하여 각 등분점에 위치하는 자료를 백분위수, 4등분하여 각 4등분되는 위치의 값을 사분위수라고 한다.

3. 분 포 도

중심경향분석이 자료 분포의 대표값을 보여주지만, 자료의 흩어진 정도를 나타내지는 못한다. 자료의 분포상태를 정확하게 기술하려면 대표값과 더불어 자료가 중심위치에서 어떻게 펼쳐져 있느냐를 나타내는 분포도(measures of dispersion)의 분석이 필요하다. 분포도를 측정하는 대표적인 방법으로는 범위(range), 평균편차(mean deviation), 사분편차(interquartile deviation), 분산(variance), 표준편차(standard deviation), 변동계수(coefficient of variation) 등이 있다.

범위는 분포도를 측정하는 가장 단순한 방법으로서, 자료의 분포 내에 있는 최고값과 최저값의 차이로 정의된다. 평균편차는 자료의 산술평균을 계산하여 전체 자료가 그 산술평균값으로부터 얼마나 벗어나 있는지를 나타낸다. 사분편차는 제2사분위수와 제3사분위수의 평균을 말하며, 분산은 자료와 산술평균의 차이 제곱을 평균한 것이며, 표준편차는 분산을 제곱근하여 구한 것이다. 변동계수는 표준편차를 평균으로 나눈 값으로 상대적 표준편차라고 불리며, 분포의 상대적 정도를 보여준다.

4. 분포형태

빈도분석이나 분포도분석을 통하여 자료분포의 형태를 쉽게 알 수 있으나, 하나의 수치로 분포형태를 알려 주는 통계값으로 왜도(skewness)와 첨도(kurtosis)가 있다. 왜도는 분포의 좌우 대칭성, 즉 자료가 중앙에서 어느 쪽으로 치우친 분포인지를 보여주는 지표이다. 자료의 분포가 정점을 중심으로 좌우대칭일 경우 왜도값은 0이 된다. 왜도값이 양수(+)이면 오른쪽에 긴 꼬리를 가진 비대칭 분포를, 음수(－)이면 왼쪽에 긴 꼬리를 가진 비대칭 분포를 이루고 있음을 나타낸다.

첨도는 분포의 중앙 밀집성, 즉 자료가 밀집되어 뾰족한지 아니면 분산되어 평퍼짐한지를 보여주는 지표이다. 정규분포일 경우 첨도값은 0이 되며, 이 값이 양수(+)이면 정규분포보다 더 많이 중앙에 밀집해 있음을, 음수(－)이면 정규분포보다 더 적게 중앙에 밀집되어 있음을 나타낸다.

5. 교 차 표

기술통계분석은 주로 하나의 변수에 대한 자료의 특성을 묘사하는 통계적 방법이다. 그러나 둘 또는 그 이상의 변수들간 관계의 본질을 밝히는 설명적 연구를 위해서도 기술통계분석이 유용하게 행해질 수 있다. 이처럼 둘 또는 그 이상의 변수들이 관련되는 기술통계분석의 한 형태로 교차표(cross-tabulation) 혹은 분할표(contingency table)에 의한 분석을 들 수 있다. 교차표(혹은 분할표)란 둘 또는 그 이상의 변수들에 대한 자료들의 모든 가능한 결합들을 보여주는 표를 말한다. 만약 정성적(비계량적) 척도로 구성된 두 변수의 자료가 있다면, 한 변수의 범주들을 가로줄(열)의 맨 상단에 그리고 다른 변수의 범주들을 세로줄(행)에 열거하고, 그 아래 열과 행이 교차하는 칸에 해당되는 빈도수와 백분율(percentage)을 제시한다.

교차표를 활용한 분석, 즉 교차분석은 수집한 자료의 특성을 단순히 기술하는 데 그치지 않고, 모집단의 특성을 검증하는 추론통계의 목적으로도 행해진다. 추론통계에서 교차분석은 주로 비모수적 방법의 하나인 카이제곱(chi-square, χ^2) 검증을 통해 이루어진다. 카이제곱검증의 활용영역은 크게 적합성검증, 동질성검증 및 독립성검증으로 구분될 수 있다. 적합성검증(χ^2 test of goodness-of-fit)은 하나의 변수에 대한 분석으로, 모집단의 분포에 대해 설정된 가설이 적합한지 여부를 검증하는 것이다. 동질성검증(χ^2 test of homogeneity)도 하나의 변수에 대한 검증방법이지만, 다수 집단 사이의 비율분포가 동일한지 여부에 대한 교차분석의 성격을 띠고 있다. 독립성검증(χ^2 test of independence)은 두 변수의 관계가 서로 독립적인지 아니면 상호 연관성이 있는지에 대해 검증하는 교차분석이다. 이들 교차분석에 대해서는 다음의 제4절에 추가로 다루기로 한다.

제 3 절 추정과 가설검증

표본조사의 궁극적 목적은 표본의 특성, 즉 통계량(statistics)의 파악이 아니라, 그 통계량을 이용하여 모집단의 특성, 즉 모수(parameter)를 알려는 것이다. 이처럼 모집단의 일부인 표본으로부터 전체 모집단의 특성을 짐작하여 그 성질 등을 파악하는 것을 통계적 추론(statistical inference)이라고 한다. 다시 말해서 표본이 가진 모집단에 관한 정보를 분석하여, 그 모수에 관한 결론을 유도해 내거나 모수에 관한 결론의 진위를 검증하는 것이다.

이와 같은 통계적 추론은 크게 두 가지로 나눌 수 있다. 하나는 점이나 구간을 통하여 모수를 '추정(estimation)'하는 것이며, 다른 하나는 모수가 취할 것으로 가정한 값의 진위를 판정하는 '가설검증(hypothesis testing)'이다. 추정은 모수에 관한 지식이 거의 없는 환경에서 통계량을 이용하여 모수의 값을 알고자 하는 것이며, 가설검증은 모수에 대해 약간의 지식이 있는 환경에서 모수에 대하여 가설을 세운 후 통계량을 이용하여 가설의 채택 여부를 판단하고자 하는 것이다.

추론적 분석은 모집단에 대해 여러 가지 통계방법들을 적용하는 데 있어 확률적 판단과 본질적인 관계를 맺고 있다. 추론의 정확성 정도, 즉 표본의 통계량이 모집단의 모수를 정확히 반영할 확률은 자료 분포의 특성에 따라 달라진다. 따라서 표본분포(sampling distribution)라고 알려진 확률분포 내의 통계적 형태를 발견함으로써 추론을 정확하게 할 수 있다.[2] 정확한 추론을 하려면 표본이 모집단을 대표할 수 있어야 하고, 표본분포 내에서의 분산도가 비교적 낮아야 한다. 추론적 분석은 대체로 무작위 표본(random sample)의 가정에 근거하고 있기 때문에, 통계적으로 표현된 하나의 수치에 대한 표본분포는 그 통계적으로 표현된 수치의 모수와 같은 평균을 가진 정규분포(normal distribution)에 접근한다. 이처럼 무작위 추출에 의해 모집단 내의 모든 요소가 표본으로 선택될 확률이 동일한 상태에 놓여 있지 않은 경우라도, 중심극한정리(central limit theorem)의 논리에 따라 정규분포에 거의 근접한다고 생각할 수 있다.[3] 그러나 정규분포를 상정하기 어려운 상황에는 다른 형태의 확률분포를 가정하여 통계적 추론을 할 수밖에 없다.

1. 추 정

추정(estimation)이란 모집단으로부터 표본을 추출하여, 그것으로부터 얻어지는 정보를 이용하여 모수의 참값을 추론하는 것이다. 이때 모수를 추정하는 데 사용되는 통계량을 추정량(estimator)이라 하며, 표본을 실제로 추출해서 표본측정값을 추정량에 대입하여 얻는 하나의 실수(實數)를 그 추정량의 추정값(estimate)이라고 한다. 추정의 방법에는 단일 추정값에 의하여 모수를 추정하는 점추정과, 실수 범위에 의하여 모수를 추정하는 구간추정이 있다.

---

2) 표본분포(sampling distribution)는 '여러 개의 표본(sample)으로부터 얻어진 통계량(예: 평균값)이 이루는 분포'를 의미하기 때문에, 엄밀히 말하면 '표본추출분포' 혹은 '표집분포'라는 용어를 사용하여야 한다. 이는 표본오차(sampling error)가 '표본을 추출하는 과정에서 발생하는 오차'라는 의미이기 때문에, 엄밀히 말하면 '표본추출오차' 혹은 '표집오차'라는 용어를 사용하여야 하는 것과 같다.

3) 중심극한정리(central limit theorem)는 모집단의 분포가 정규분포가 아니더라도 표본의 크기가 커짐에 따라 표본평균의 분포는 점차 정규분포에 근접한다는 것이다. 중심극한정리를 적용할 수 있는 적절한 표본크기는 모집단의 분포에 의존하지만, 대체로 $n \geq 30$이면 충분하다고 본다.

(1) 점 추 정

점추정(point estimation)은 표본으로부터 얻은 하나의 값으로 모수를 추정하는 것을 말한다. 점추정에 사용된 점추정량(point estimator)은 일반적으로 불편성, 효율성 그리고 일관성의 특성을 지니는 것이 바람직하다. 여기서 불편성(unbiasedness)이란 추정량의 기댓값과 모수 사이의 일치성을 의미하며, 효율성(efficiency)은 모수에 더 가까운 추정값을 제시할 확률로서 표준오차가 작을수록 더 효율적이며, 일관성(consistency)은 표본의 크기에 따른 불편성의 정도로서 표본크기가 커짐에 따라 모수의 참값에 점점 더 가까워지는 성격을 가지는 것을 말한다.

(2) 구간추정

구간추정(interval estimation)이란 표본으로부터 얻은 하나의 구간으로 모수를 추정하는 것을 말한다. 구간추정에서는 단순히 모수에 대한 구간추정값뿐만 아니라 구간추정값이 모수를 포함할 확률, 즉 신뢰수준(confidence level)도 함께 제시하게 된다. 실제로 진실인 가설을 부정할 가능성, 즉 제1종 오류의 확률(유의수준, significance level)을 α라고 하면, 이러한 오류를 범하지 않을 가능성인 신뢰수준의 크기는 $100(1-\alpha)$%가 된다.[4] 주어진 신뢰수준 하에서 모수가 존재할 것으로 추정된 구간을 신뢰구간(confidence interval)이라 하며, 이를 구하는 방식은 다음과 같다. 이에 대한 자세한 설명은 제15장 제2절을 참조하기 바란다.

$$\text{신뢰구간} = \text{추정값} \pm (\text{신뢰계수})(\text{추정량의 표준오차})$$

여기서 신뢰계수(confidence coefficient)는 자료 분포의 특성에 따라 그 값을 달리한다. 자료 분포가 정규분포를 띠는 경우에는 그에 기초한 Z값을, t분포를 가정하는 경우에는 그에 기초한 t값을 계산한다. 이렇게 계산된 신뢰계수와 표준오차의 곱은 표본오차가 되며, 이는 구간추정에 있어서 오차한계(error margin)가 된다. 위 식에서 보듯이, 신뢰수준이 높은 신뢰구간을 추정하려면 신뢰계수

4) 예를 들어 신뢰수준이 95%라 하면, 일정한 수의 표본을 반복 추출하여 위의 공식으로 신뢰구간을 구하는 경우, 모수를 포함하는 신뢰구간이 95%이고 포함하지 않을 신뢰구간이 5%라는 의미이다. 따라서 엄격하게 말하면, 신뢰수준은 추정한 신뢰구간이 모집단을 포함할 확률이라고 할 수 없다. 그러나 실제로 표본은 한번만 추출하기 때문에 신뢰수준을 신뢰구간이 모수를 포함할 확률로 해석하여도 기술적인 문제가 없다.

가 커야 하므로 신뢰구간의 폭이 넓어지며, 반대로 신뢰수준이 낮은 신뢰구간을 추정하려면 신뢰구간의 폭은 좁아지게 된다.

2. 가설검증

가설검증(hypothesis testing)은 모수에 대한 주장이나 이론이 옳은지 그른지를 표본으로부터 얻은 정보를 이용하여 판정하는 과정이다. 하나의 변수를 대상으로 하는 일변량분석에서 가설검증은 한 집단의 모수에 대한 진위뿐만 아니라 두 개 이상 집단 사이의 차이에 대한 진위 판단도 하게 된다. 둘 이상의 변수를 대상으로 하는 다변량분석에 있어서 가설검증은 이들 변수 간의 다양한 관계에 대한 진위 판단을 주로 하게 된다.

어느 경우에 있어서도 가설검증은 ① 연구가설과 상반되는 귀무가설을 세우고, ② 적절한 유의수준(significance level, α)을 설정하여 귀무가설이 기각될 영역(rejection region)을 계산하고, ③ 적정한 확률분포를 선정하여 표본으로부터 검증통계량(test statistic)의 값을 구하고, ④ 기각영역과 검증통계량의 값을 비교하여 결론(귀무가설의 기각 또는 채택)을 내리는 과정을 거친다.

가설검증을 위한 통계분석은 변수의 수에 따라 일변량분석과 다변량분석으로 구분되기도 하지만, 각각의 분석방법도 분포의 형태, 척도의 수준, 집단의 수 등에 따라 매우 다양하다. 본 절에서는 가설검증에 대한 기본적인 설명만을 행하고, 각 상황이나 조건에 따라 적합한 분석방법들은 이후 제4절부터 제10절에 걸쳐 상세히 다룬다.

(1) 모수적 가설검증

통계분석에서 행해지는 대부분의 가설검증은 모집단이 특정한 분포를 따른다는 가정 하에서 모수에 대한 검증을 다루는 모수적 방법에 의한다. '모집단이 정규분포를 따른다면 …'이라는 가정 하에 Z통계량에 의한 검증을 행하고, '모집단이 근사적으로 정규분포를 따른다'고 판단되면 그 결과에 대한 오차가 극히 적기 때문에 t통계량에 의한 검증을 하게 된다. 앞의 구간추정에서와 같이, 모평균 또는 모비율에 대한 검증은 대표본($n \geq 30$)의 경우는 Z분포를 사용한 Z검증을, 소표본($n < 30$)의 경우 모분산을 알 때는 Z분포에 따른 Z검증을, 그리고 모

분산을 모를 때는 t분포를 사용한 t검증을 한다. 그리고 셋 이상의 표본을 대상으로 그 평균의 차이에 대한 검증은 Z나 t의 분포에 따른 오차로 인하여, F분포를 활용한 F검증을 행한다.

(2) 비모수적 가설검증

실제로 수집된 자료가 정규분포와 전혀 다른 형태의 분포를 띠거나 모집단에 대한 분포의 형태를 가정할 수 없는 경우도 흔히 있다. 또한 변수 측정에 사용된 척도가 등간·비율척도에 의하지 않은 비정량적 형태의 자료를 가질 수도 있다. 이처럼 모집단에 대한 기본 가정들이나 요건들이 충족되지 않을 때는 비모수적 방법을 사용하게 된다. 비모수적 가설검증의 대표적인 방법으로는 카이제곱(chi-square, χ^2)분포를 활용한 교차분석을 들 수 있다. 이 외에도 자료의 구조와 척도의 수준에 따른 다양한 분석기법들이 있으며, 이들에 대한 설명은 다음의 제6절을 참조하기 바란다.

제 4 절 교차분석

앞에서 살펴보았듯이, 교차표(혹은 분할표)는 수집한 자료의 특성을 파악하고자 활용되기도 하지만 모집단의 특성을 추론하여 검증하기 위한 목적으로도 사용된다. 추론통계에서 교차분석은 주로 비모수적 방법의 하나인 카이제곱(chi-square, χ^2)검증을 통해 이루어진다. 카이제곱검증은 크게 적합성검증, 독립성검증 및 동질성검증으로 구분할 수 있으나, 이들 중 독립성검증과 동질성검증은 각각 두 변수 혹은 두 집단을 비교하는 교차분석의 성격을 띠고 있다. 이러한 카이제곱검증은 표본의 관측도수(observed frequency)와 모집단의 기대도수(expected frequency)를 비교하여 독립성 또는 동질성 여부를 판단한다.

1. χ^2 독립성검증

카이제곱 독립성검증(χ^2 test of independence)은 두 변수의 관계가 서로 독립적인지 아니면 상호 연관성을 갖는지에 대해 검증하는 것이다. 달리 말하면, 단일 표본(집단)의 자료에 대해 한 변수와 다른 변수가 서로 관련이 있는지 여부를 알아보는 검증이다.

이러한 검증을 위해서는 몇 가지 요건을 갖추어야 하는바, 첫째 다항분포에서 무작위 추출한 자료이어야 하고, 둘째 표본의 크기가 어느 정도 커야 하며, 셋째 기대도수가 2 미만인 칸(cell)이 없고 대부분(전체 칸수의 80% 이상)의 기대도수가 5 이상이어야 한다.

독립성에 대한 검증 결과, 만일 상호 연관성이 있다면 그것이 어느 정도인지도 파악할 필요가 있다.[5] 연관성 정도를 파악하는 통계량은 변수를 구성하는 척도와 산출방법에 따라 그 값이 달라지므로, 모든 자료에 적합한 최선의 연관성 지표는 있을 수 없다. 따라서 수집한 자료의 형태(척도의 형태 혹은 측정의 수준)나 가설에 따라 그에 맞는 연관성의 지표를 선택하여야 한다.[6]

2. χ^2 동질성검증

카이제곱 동질성검증(χ^2 test of homogeneity)은 다수 집단 간의 비율분포가 동일한지 여부를 검증하는 것이다. 달리 말하면, 두 개 이상의 표본이 동일한 모집단에서 추출되었는지 여부를 알아보고자 하는 분석기법이다.

동질성 검증에서도 독립성검증과 마찬가지로 두 개의 변수가 등장한다. 그러나 그 목적은 두 변수 간의 관계를 규명하려는 것이 아니라, 특정 변수(종속변수)가 다른 변수(독립변수)의 둘 이상 집단 간에 차이가 있는지를 밝히려는 것이다. 따라서 동질성검증에서 두 변수 중 하나는 집단을 구분하는 변수이고, 다른

5) 연관성 정도(measure of association)를 때로는 '결합도'라 하기도 한다.

6) 연관성 정도를 나타내는 통계량을 살펴보면, 두 변수가 모두 명목척도인 경우에는 파이계수(*phi* coefficient, Φ), 분할계수(contingency coefficient), 크래머(Cramer)의 V, 굿맨과 크루스칼(Goodman and Kruskal)의 람다(*lamda*), 굿맨과 크루스칼(Goodman and Kruskal)의 타우(*tau*), 불확실성계수(uncertainty coefficient), 율(Yule)의 Q, 거트만(Guttman)의 예측계수(predictability coefficient) 등이 있다. 모두 서열척도인 경우, 굿맨과 크루스칼(Goodman and Kruskal)의 감마(*gamma*), 소머스(Somers)의 d, 켄달(Kendall)의 타우*b*(*tau b*), 켄달(Kendall)의 타우*c*(*tau c*), 스피어만(Spearman)의 로우(ρ) 등이 있다. 명목척도와 등간척도 간의 연관성 정도는 대표적으로 에타(*eta*)를 그 통계량으로 들 수 있다. 참고로, 명목척도와 서열척도 간의 연관성은 서열분산분석과 다수의 비모수적 통계에 의해, 그리고 명목척도와 등간 · 비율척도 간의 연관성은 가변수를 이용한 (다중)상관분석, 가변수를 이용한 (다중)회귀분석, (일변량)분산분석, 계층분석 등을 통해 파악될 수 있다. 반면에, 독립변수가 등간 · 비율척도이며 종속변수가 명목척도인 경우에는 판별분석이나 로짓(logit)모형에 의해 이들 변수 간의 연관성을 분석할 수 있다.

하나는 각 집단에서 추출한 표본을 분류하는 변수이다.

이처럼 동질성검증은 두 변수 간의 관계를 파악하려는 것이 아니기 때문에 연관성 정도에 관한 통계량은 아무런 의미를 갖지 못한다. 또한 집단별로 변수의 속성에 따른 구성비율이 관심의 대상이므로 집단 내에서의 백분율만 의미를 가진다.

제 5 절 차이분석

차이분석이란 둘 이상의 모집단의 모수에 대한 추론으로, 모집단 간에 의미있는 차이가 존재하는지를 알아보는 것이다. 즉, 둘 이상의 표본의 자료를 바탕으로 각 표본이 추출된 모집단 사이에 차이가 있는지를 판정하게 된다. 따라서 어떤 연구대상에 대하여 특정 정책이나 프로그램을 실시하였을 때 그 결과에 있어서 집단 간에 의미있는 차이가 있는지를 파악하려는 '통제집단 후측정설계(post-test only control group design)'와 기본적으로 동일한 목적을 지닌다고 볼 수 있다.

이러한 차이분석은 어떠한 모수의 차이를 추론하는가에 따라 그 검증방법을 달리한다. 모평균의 차이를 알고자 하는 평균차이분석과 모비율의 차이를 알고자 하는 비율차이분석은 Z검증과 t검증을 통해 가능하나, 실제 경험적 연구에서는 정확성이 더 높은 t검증을 주로 사용한다. 반면에, 모분산의 차이를 알고자 하는 분산차이분석은 F검증을 통해 이루어진다.

평균차이분석에서도 분석대상이 되는 집단의 수에 따라 적용되는 기법이 상이하다. 두 집단을 대상으로 그 평균의 차이를 분석하기 위해서는 t검증을, 셋 이상의 집단을 대상으로 그 평균의 차이를 분석하기 위해서는 분산분석을 사용한다. 어느 경우든 기본적으로 정규성(normality), 등분산(homogeneity), 독립성(independence)의 가정들이 필요하며, 이들 가정의 충족 정도나 분석대상이 되는 집단의 성격 등에 따라 분석방법을 약간씩 달리한다.

1. t 검증

t 검증을 통한 차이분석은 분석대상이 되는 집단의 성격에 따라 크게 두 가

지 유형으로 구분할 수 있다. 첫째의 유형은 독립표본(집단) t 검증(independent t-test)이다. 이는 비교 대상이 되는 두 모집단의 평균이 같은지를 알고자 하는 분석이다. 이 경우는 두 모집단이 존재하므로 각 모집단에서 추출한 두 개의 표본(집단)이 필요하지만, 분석대상이 되는 변수의 수는 같은 변수를 비교하기 때문에 하나이다.

다른 하나의 유형은 대응표본(집단) t 검증(paired t-test)이다. 이는 하나의 모집단에서 동일한 또는 유사한 속성을 나타내는 두 상황(변수)의 평균이 같은지를 파악하려는 분석이다. 예를 들면, 하나의 모집단으로부터 추출된 각 자동차에 첨가제 A와 첨가제 B를 번갈아 사용하여 주행거리를 측정하고 그 차이를 비교하는 경우이다. 이 경우 표본(집단)은 하나지만, 비교 대상이 되는 측정값의 집단(변수)은 두 개이다.

(1) 독립표본(집단)의 t 검증

독립표본(집단)의 t 검증은 비교의 대상이 되는 두 모집단에서 각각 하나씩 두 개의 서로 독립된 표본(집단)을 추출하여 모평균의 차이를 추론한다. 이 경우는 두 모집단이 존재하므로 각 모집단에서 추출한 두 개의 표본(집단)이 필요하지만, 변수의 수는 같은 변수를 비교하기 때문에 하나이다.

독립된 두 표본(집단)의 t 검증은 각 모집단의 분포가 정규분포라는 가정을 두고 있다. 대표본의 경우에는 중심극한정리가 적용될 수 있기 때문에, 정규성(normality)의 가정에 대한 위배는 그다지 심각한 문제를 야기하지 않는다. 비정규 모집단이라 하더라도 분포의 형태가 좌우대칭인 경우에는 표본의 크기가 10개 정도면 충분하나, 비대칭의 정도(왜도)가 큰 모집단은 적어도 30개 이상의 대표본이 요구된다(박명섭 외, 2004: 317). 이러한 정규분포의 가정은 카이제곱 적합성 검증을 사용하여 확인할 수 있다.

그러나 두 모집단의 분산이 같을 경우와 다를 경우에는 검증에 필요한 평균차이의 표준오차 계산방법이 다르므로 분산의 동질성(homogeneity) 가정에 대한 검토가 이루어져야 한다. 등분산의 가정은 하틀리(Hartley)검증이나 레빈(Levene)검증을 이용하여 확인할 수 있다. 그러나 실제로 모집단의 분산을 알 수 없는 경우가 대부분이고, 일반적으로 분산은 표본크기가 작아질수록 더 커지는 경향을 띠고 있다. 따라서 가능하면 각 표본의 크기를 동일하게 균형설계(balanced design)

함으로써 이 가정을 충족시키는 것이 바람직하다.

(2) 대응표본(집단)의 t검증

앞에서 독립표본(집단)의 t검증에서는 두 모집단이 서로 독립이라는 가정 하에서 평균차이를 분석하였다. 독립성(independence)의 가정이란 한 표본(집단) 내의 개체가 다른 표본(집단) 내의 개체와 연계되어 있거나 또는 연관되지 않아야 한다는 것이다.

이와 달리, 한 표본(집단) 내의 한 개체에 대해 두 번 측정을 하고 이들 측정값의 차이를 분석하려는 경우가 있다. 예를 들어, 하나의 모집단으로부터 추출된 각 자동차에 첨가제 A와 B를 번갈아 사용하여 주행거리를 측정하고 그 차이를 비교할 수 있다. 또 다른 예로서, 실험설계에서 하나의 표본(집단)에 대하여 처리를 하기 전과 처리를 한 후의 값을 측정하여 서로 비교하는 경우가 있을 수 있다. 이들의 예에서 두 측정값의 집단들은 서로 독립적이라고 할 수가 없을 것이다. 이처럼 원래 하나의 표본(집단)으로부터 두 개(한 쌍)의 측정값을 얻어, 이들을 두 개의 표본(집단)으로 나누어 놓은 것을 대응표본(paired sample)이라고 한다.

대응표본에 대한 차이분석은 한 표본(집단)의 두 측면을 비교하는 것으로 볼 수 있다. 즉, 하나의 표본(집단)을 대상으로 상이한 두 상황(혹은 두 변수)을 측정하여 두 상황(변수)간에 차이가 있는지를 검증하는 것이다. 이를 검증하는 방법은 독립표본의 t검증과 크게 다를 바가 없다. 대응하는 표본에서 두 측정값의 차이를 새로운 하나의 변수로 삼아 평균과 표준오차를 구하고 그 차이의 평균이 0인지에 대한 t검증이기 때문이다.

대응표본의 t검증에는 두 측정값의 조합이 정규분포를 이루어야 한다는 가정과 비교하는 두 측정값 사이에 공분산(covariance)이 존재하여야 한다는 가정이 요구된다.[7] 그러나 각 변수가 정규분포를 이루고 표본이 충분히 크다면, 정규성 가정은 그다지 문제되지 않는다. 또 공분산이 존재하지 않더라도 검증 자체가 불가능한 것은 아니다. 그러나, 이 경우 평균차이의 표준오차를 줄일 수 없어 대응표본의 t검증은 거의 의미가 없게 된다.

---

7) 공분산에 관해서는 제10장 제2절을 참조하기 바란다.

2. 분산분석

(1) 분산분석의 의미

분산분석(Analysis of Variance, ANOVA)은 셋 이상의 모집단을 대상으로 그 평균의 차이를 검증하는 데 사용되는 통계기법이며, 이 경우 F분포를 이용하기 때문에 F검증이라고도 한다. 셋 이상의 표본 평균값들을 비교하여 그 모집단 평균들 사이에 의미 있는 차이가 있는지를 추정(또는 검증)하기 때문에, 두 집단 간의 평균차이를 분석하는 t검증을 셋 이상의 집단에 확장·적용한 것으로 볼 수 있다. 예를 들면, 행정직 공무원의 직류(일반행정, 법무행정, 재경, 국제통상)에 따른 승진소요연수에 차이가 있는가를 알아보는 경우, 또는 수도권, 충청권, 영남권, 호남권 등의 네 지역들 간에 여당의 지지율이 같은가를 알아보는 경우 등에 분산분석의 방법이 사용될 수 있다.

이처럼 분산분석은 여러 집단의 평균 간에 차이를 알아보는 것인데, 이는 제12장 제4절의 실험설계와 제18장 제8절의 회귀분석에서 인과관계를 규명하는 방법으로도 중요한 의미를 지닌다. 예를 들어, 네 종류(A, B, C, D)의 비료에 따른 농작물의 평균 수확량에 차이가 있는지를 알아보는 연구를 한다고 하자. 이는 농작물에 대하여 비료의 종류라는 처리(독립변수 조작)를 하여, 이 처리에 따른 네 집단(서로 다른 비료를 투여한 네 개의 농작물 집단)간에 수확량 차이가 있는가를 파악하려는 '통제집단 후측정설계'의 한 형태로 볼 수 있다. 또한 비료라는 독립변수가 수확량이라는 종속변수에 미친 영향을 파악하려는 '회귀분석'과 기본적으로 동일한 목적을 지닌다고 볼 수 있다. 여기서 독립변수의 역할을 하는 비료의 종류는 요인(factor), 선택된 비료의 종류 A, B, C, D는 요인의 각 수준(level), 그리고 종속변수의 역할을 하는 수확량은 대응변수(response variable)로 불린다.[8)]

8) 따라서 분산분석에서 사용되는 요인을 독립변수라고도 하며, 이는 실험설계에서 독립변수의 조작을 의미하는 처리(treatment)와 같다. 또한 분산분석에서 요인의 범주 또는 항목은 수준(level) 또는 집단(group)이며, 실험설계에서 처리의 수준은 처리수준(treatment level) 또는 처리집단(treatment group)이라 한다. 여기서 처리는 독립변수의 조작을 의미하나, 이러한 처리과정을 거쳐 얻어진 자료의 수준(level) 혹은 집단(group)을 지칭하기도 한다(박명섭 외, 2004: 304).

(2) 분산분석의 기본가정

분산분석에서 집단을 구분하는 기준이 되는 요인은 명목척도에 의해 측정되어, 셋 이상의 수준에 따라 셋 이상의 집단으로 분류된다. 이들 요인수준에 따라 변화하며 실제 연구대상이 되는 (종속 또는 반응)변수는 등간·비율척도에 의해 측정되어야 한다. 이러한 자료의 형태에 관한 요건 외에도, 다음과 같은 세 가지의 기본 가정이 충족되어야 분산분석의 결과를 신뢰할 수 있게 된다.

1) 정 규 성

모집단은 모두 정규분포를 이루어야 하는데, 이를 분포의 정규성(normality) 가정이라고 한다. 대표본의 경우에는 중심극한정리가 적용될 수 있기 때문에, 이 가정에 대한 위배는 크게 심각한 문제를 야기하지 않는다. 비정규 모집단이라 하더라도 분포의 형태가 좌우대칭인 경우에는 표본의 크기가 10개 정도면 충분하나, 비대칭의 정도(왜도)가 큰 모집단은 적어도 30개 이상의 대표본이 요구된다(박명섭 외, 2004: 317). 이러한 정규분포 가정은 카이제곱 적합성검증을 통해 확인할 수 있다.

2) 등분산성

모집단은 모두 동일한 분산을 지녀야 하는데, 이를 분산의 동질성(homogeneity) 가정이라고 한다. 그러나 모집단의 분산을 실제로 알 수 없는 경우가 대부분이며, 일반적으로 분산은 표본의 크기가 작아질수록 더 커지는 경향을 띠고 있다. 따라서 각 표본을 어느 정도 규모로 하면서 그 크기가 동일하도록 균형설계를 하면 이 가정은 충족될 수 있다.[9] 이러한 등분산 가정은 하틀리(Hartley)검증이나 레빈(Levene)검증을 통해 확인할 수 있다.

3) 독 립 성

모집단들은 상호 독립적이어야 하는데, 이를 독립성(independence)의 가정이라고 한다. 다시 말해서 집단들이 서로 독립적이고 각 집단 내의 개체들도 서로 독립적이어야 한다는 것으로, 분석에 포함된 모든 측정값들은 서로 독립적이어야 한다는 의미이다.[10] 이 가정의 위배는 검증의 정확성에 크게 영향을 미치기

---

9) 불가피한 사정으로 인하여 표본 크기가 동일하지 않은 불균형설계(unbalanced design)의 경우, 분산분석의 계산과정에서 집단의 특성을 고려한 가중치를 적용하여 수정 보정하되, 그 결과의 해석에 있어서 상당한 주의를 기울여야 한다.

10) 예를 들어 50개 가정으로부터 각각 어린이, 청소년, 성인을 추출하여, 각 50개의 어린이집단,

때문에, 이 경우 분산분석을 사용하여서는 안 된다. 일반적으로 어느 한 시점에서 추출된 횡단면적 자료에 비해 여러 시점에서 추출된 시계열 자료로 이루어진 표본의 경우 독립성 가정이 위배될 가능성이 높다.

(3) 분산분석의 유형

1) ANOVA

모집단의 자료를 구분하는 기준 또는 요인의 수에 따라 분산분석의 유형을 구분할 수 있다. 1개의 요인에 의해 자료를 분류하여 평균을 비교하는 경우가 1요인분산분석(one-factor ANOVA) 또는 일원분산분석(one-way classification ANOVA)이며, 2개의 요인에 의해 자료를 분류하여 평균을 비교하는 경우는 2요인분산분석(two-factor ANOVA) 또는 이원분산분석(two-way classification ANOVA)이 된다. 그리고 요인이 2개 이상인 경우의 분산분석을 다요인분산분석 또는 다원분산분석으로 통칭하기도 한다. 2요인분산분석 또는 다요인분산분석은 다수 요인 각각의 주효과(main effect)와 이들 간의 상호작용효과에도 관심을 두지만, 특정 1개 요인에 따른 집단 간의 차이를 더욱 순수하게 파악하기 위하여 다른 요인들을 통제하는 목적으로 사용되기도 한다.

2) MANOVA

앞에서와 같이 하나의 종속변수에 대한 분산분석이 일변량분산분석이라면, 둘 이상의 종속변수에 대한 분산분석은 다변량분산분석(multivariate analysis of variance: MANOVA)이라 불린다. 다변량분산분석에서 요인(독립변수)이 하나인 경우는 일원다변량분산분석이며, 요인이 둘 이상인 경우는 다원다변량분산분석(두 개의 요인에 의한 이원다변량분산분석, 세 개의 요인에 의한 삼원다변량분산분석 등)이 된다.

다변량분산분석의 기본적인 원리는 앞에서 설명한 (일변량)분산분석과 동일하나, 둘 이상의 종속변수들 조합에 대한 효과의 동시 파악을 중시한다. 즉, 다변량분산분석은 둘 이상의 종속변수를 대상으로 이들 종속변수간의 연관성을 설

청소년집단, 성인집단을 구성하여 사회문제에 대한 이들 집단 간의 의견점수 차이를 비교한다고 하자. 이 경우, 한 집단(예: 어린이집단)에 속한 사람(예: 어린이)은 다른 집단(예: 성인집단)에 속한 사람(예: 그 어린이의 부모)과 유전인자, 습관, 사고방식 등을 공유하므로 이들 집단은 서로 독립적이라고 할 수 없다. 또한 한 가정에서 여러 명의 성인(예: 남편, 부인)을 추출하는 경우도 집단 내의 개체들이 서로 독립적이라고 볼 수 없다.

명하면서 동시에 이들 종속변수들에 대한 요인(독립변수)의 집단간 평균에 차이가 있는지를 분석한다. 만일 종속변수 간에 상호 연관성이 없다면 다변량분산분석의 결과는 일변량분산분석을 여러 번 적용한 것과 같은 결과를 가져온다. 그러나 많은 경우 종속변수들은 서로 독립적이 아니고 이들 또한 동일한 개체 혹은 주제로부터 채택되어 어느 정도 연관성을 띠기 때문에, 이들 변수들의 상호 관계를 동시에 고려하여 요인(독립변수)의 수준 또는 집단 간의 평균의 차이를 파악할 필요가 있게 된다.

(4) 분산분석의 논리

분산분석은 집단 간의 분산과 집단내의 분산을 계산하여, 이들을 바탕으로 F값(F-value)을 구하고, 이를 검증통계량으로 삼아 주어진 유의수준 하에서 귀무가설의 채택 여부를 판단한다. 즉, 먼저 두 가지 변동(variation), 즉 집단간 변동(between group variation)과 집단내 변동(within group variation)을 구하고,[11] 이들을 각각 자유도$(k-1)$과$(N-k)$로 나누어 집단간 분산(mean squares between groups)과 집단내 분산(mean squares within groups)을 계산하여, 이들 분산의 비율을 F통계량으로 삼아 주어진 유의수준 하에서 귀무가설(집단간 평균의 차이가 없음)의 채택 여부를 결정한다.

만일 집단간 분산과 집단내 분산을 비교하여 집단간 분산이 집단내 분산보다 통계적으로 유의하게 크다면, 귀무가설을 기각하여 집단 간에 평균 차이가 있다고 판정한다. 여기서 '통계적으로 유의하게 크다'는 것은 집단내 분산에 대한 집단간 분산의 비율인 F값이 특정 신뢰수준$(1-\alpha)$하에서 주어지는 임계값 이상으로 크거나, F값의 유의확률값(p-value)이 특정 유의수준(α)보다 작을 경우에 해당된다.

(5) 다중비교

분산분석은 모든 집단에 걸쳐 어느 하나라도 차이가 있으면 귀무가설을 기각하여 이들 집단 간의 평균에 있어서 차이가 있다는 결과를 보여준다. 즉, 분

11) 변동(variation)이란 각 측정값과 평균의 차이, 즉 편차(차이)를 제곱한 것을 모두 합한 것이다. 집단간 변동은 각 집단의 평균들이 전체 평균에서 얼마나 떨어져 있는가를 나타내며, 집단내 변동은 각 집단의 평균값을 중심으로 집단요소들의 측정값과 얼마나 퍼져 있는가를 보여준다.

석대상이 되는 집단들 간에 차이가 있지만, 이들 집단 중 어느 집단이 다른 집단과 차이가 있는지를 제시하지는 않는다. 따라서 여러 집단 중에서 어느 집단 간의 차이가 유의한지를 알아보는 사후적인 과정이 필요하다. 이러한 과정에 행해지는 분석을 다중비교(multiple comparison)라고 하며, 이는 각 요인수준의 평균을 한 쌍씩 동시에 비교하여 평균 차이를 검증하는 다중쌍비교검증(multiple pair-wise comparison test)과 요인수준의 평균에 차이가 없는 유사집단끼리 같이 묶는 다중범위검증(multiple range test)으로 크게 구분된다.

실제로 사후적 다중비교를 위한 통계량은 매우 다양하나, 여러 가지 상황이나 조건에 따라 적용되는 통계량과 그 특성은 조금씩 다르다. 일반적으로 최소유의차(LSD), Bonferronni, S-N-K, 터키(Tukey), 던칸(Duncan), 쉐페(Scheffe) 등을 주로 사용하나, 이들 통계량의 값이 서로 다르게 나타나는 경우에는 일치하는 것이 많은 결과대로 결론을 내리는 것이 바람직하다.

제 6 절 비모수분석

1. 비모수분석의 의미

통계적 추론에서는 모집단에 대한 특정한 가정 하에서 가장 적합한 추정량이나 검증통계량을 찾는 것이 일반적이다. 그러나 분석을 위해 실제로 수집한 자료가 정규분포와 전혀 다른 형태의 분포를 띠기도 하며, 모집단에 대한 적절한 분포의 형태를 가정할 수 없거나 이를 전혀 알 수 없는 경우가 있다. 이러한 경우에는 모집단에 대한 구체적인 분포를 가정하지 않은 비모수적 분석(non-parametric analysis)을 한다. 비모수분석은 모수통계에서 요구되는 분포의 정규성(normality), 분산의 동질성(homogeneity), 정량적 척도의 요건 등을 전제로 하지 않는다. 따라서 모수통계에서 가정하고 있는 조건들과 상관없이 모든 형태의 자료를 분석할 수 있는 방법이라고 할 수 있다.

2. 비모수분석의 장단점

비모수분석은 일반적으로 최소한의 가정 하에서 개발된 통계방법인데, 가정이 충족되지 않음으로써 발생하는 오류의 가능성은 적은 편이다. 따라서 비모수적 방법은 잘못 사용할 가능성이 적고 그 적용범위가 넓다고 볼 수 있다. 또한 자료가 명목·서열척도로 측정된 경우에도 분석이 가능하며, 상대적으로 서로 다른 크기의 자료가 주어지더라도 서열에 기초한 비모수분석이 가능하다. 특히 모수통계방법에 비해 검증통계량을 구하는 원리와 과정이 매우 간단하고 이해하기 쉬운 장점이 있다.

그럼에도 불구하고 비모수분석이 실제로 자주 이루어지지 않는 가장 큰 이유는 검증력이 미약하다는 점이다. 특정 분포를 가정하고 분석하는 모수통계에 비하여, 그 특정 분포 하에서는 비모수통계가 효율이 떨어지는 경우가 많다. 또한 모수분석에서 얻어지는 신뢰구간 등 다양한 부가적인 통계량을 가질 수 없는 한계가 있다.

3. 비모수분석의 기법

모수분석에서와 같이 비모수분석도 그 대상이 되는 표본(집단)의 수, 표본(집단)의 성격(자료의 구조), 척도의 형태, 표본(집단)의 크기 등에 따라 적용하는 기법이 상이하다. 다시 말해서, 표본(집단)의 수가 1개, 2개 혹은 3개 이상인지, 표본(집단)이 둘 이상이라면 이들의 관계가 서로 독립적인지 아니면 대응적·종속적인지, 자료의 형태가 명목척도 혹은 서열척도에 의해 구성되는지, 표본(집단)의 크기가 어느 정도인지 등에 따라 사용하는 기법이 매우 다양하다.

비모수분석은 먼저 집단의 수에 따라 '단일 집단의 분석', '두 집단 간의 차이분석', '셋 이상 집단 간의 차이분석'으로 분류할 수 있다. 단일 집단에 대한 분석은 카이제곱 적합성검증을 대표적으로 들 수 있고, 두 집단 간의 차이분석은 카이제곱 독립성검증과 카이제곱 동질성검증, 윌콕슨검증, 맨-휘트니검증을, 그리고 셋 이상 집단 간의 차이분석은 크루스칼-왈리스 순위검증을 자주 이용한다. 이처럼 집단의 수에 따라 사용하는 기법이 다르지만, 집단의 수를 둘 혹은 셋 이상으로 구분하는 의의는 모수분석만큼 그리 크지 않다.

[표 18-6-1] 모수적 · 비모수적 분석기법

측정수준		단일표본(집단)	다수표본(집단)	
			독립표본(집단)	대응표본(집단)
모수통계	등간 및 비율척도	· Z	· Z · t · ANOVA	· t
비모수통계	명목척도	· chi-square(χ^2)	· chi-square(χ^2) · Fisher's exact	· McNemar · Cochran
	서열척도	· Kolmogorov-Smirnov	· median · Wilcoxon rank sum · Mann-Whitney · Kruskal-Wallis	· sign · Cox-Stuart · Cochran · McNemar · Wilcoxon signed rank · Friedman 2-way ANOVA

모수통계와 마찬가지로, 특히 둘 이상 집단의 차이분석을 위한 비모수통계도 집단의 성격(자료의 구조)에 따라 그 적용기법을 달리하고 있다. 즉, 분석대상이 되는 둘 또는 그 이상의 집단들이 서로 독립적인지 아니면 대응적 · 의존적인지에 따라 '독립표본(집단)간의 차이분석'과 '대응표본(집단)간의 차이분석'으로 구분된다. 독립표본(집단)간의 차이분석은 카이제곱검증, 피셔의 정확검증, 중앙값검증, 윌콕슨 순위합검증, 맨-휘트니검증, 콜모고로프-스미르노프검증, 크루스칼-왈리스 순위검증을 흔히 사용한다. 대응표본(집단)간의 차이분석에는 부호검증, 콕스-스튜어트검증, 윌콕슨 부호순위검증, 맥네마르검증, 코크란검증, 프리드만검증 등이 있다.

또한 모수통계와 마찬가지로 비모수적 통계에서도 척도 형태와 표본 크기에 따라 분석기법이 약간씩 다르다. 일반적으로 사용되는 비모수적 분석기법의 전체적인 특징을 요약 · 정리하면 [표 18-6-1]과 같다.

(1) 단일표본(집단)의 분석

한 표본(집단)의 검증에 가장 많이 사용되는 비모수 통계기법으로는 카이제곱 적합성검증(χ^2 test of goodness-of-fit)을 들 수 있다. 이 검증은 하나의 집단에 대하여 그것이 지니는 특정한 값의 진위나 모집단의 분포형태에 대한 가정의 적합 여부를 파악하게 한다. 일반적인 카이제곱 검증과 마찬가지로, 표본의 관측도수와 모집단의 기대도수를 비교하여 카이제곱분포에 따른 통계량을 이용한다.

적합성검증의 다른 방법으로 콜모고로프-스미르노프(Kolmogorov-Smirnov)검증을 들 수 있다. 이 방법도 모집단에서 추출된 확률표본(random sample)의 분포가 어떤 특정한 형태를 따르는지 확인하게 한다. 카이제곱 적합성검증이 주로 대표본을 대상으로 하는 데 반해, 콜모고로프-스미르노프검증은 소표본에 대해서도 적용할 수 있는 방법이다. 또한 카이제곱 적합성검증이 원래 이산형 분포인 경우에 적용할 수 있도록 개발된 데 반해, 콜모고로프-스미르노프검증은 적어도 서열척도에 의해 측정되어 모집단의 분포형태가 연속형인 경우에 적용할 수 있도록 개발된 방법이다.

(2) 독립표본(집단)의 차이분석

독립표본(집단)의 차이분석은 두 독립적인 표본의 통계량을 기초로 이들 표본이 각각 추출된 두 모집단 사이에 유의한 차이가 있는지를 검증한다. 모수통계에서 t검증이나 분산분석을 통한 차이분석과 마찬가지로, 독립표본(집단)간의 차이에 대한 비모수분석도 표본(집단)의 수와 척도의 형태 등에 따라 적용하는 기법이 다양하다. 즉, 표본(집단)의 수가 2개 혹은 3개 이상인지, 자료의 형태가 명목척도 혹은 서열척도에 의해 구성되는지 등에 따라 사용하는 기법을 달리한다.

1) 카이제곱 검증

명목척도에 의해 측정된 자료에 대한 검증은 주로 카이제곱분포에 따른 통계량을 이용한다. 앞의 '제 4 절 교차분석'에서 살펴보았듯이, 카이제곱분포를 활용한 독립성검증과 동질성검증의 방법을 통해 명목자료에 대한 차이분석을 행할 수 있다.

카이제곱 독립성검증(χ^2 test of independence)은 두 변수의 관계가 서로 독립적인지 아니면 상호 연관성이 있는지를 알아보는 것이다. 달리 말하면, 하나의 표본(집단)으로부터 추출된 자료에 대해 하나의 특성이 다른 특성에 대해 독립적인가의 여부를 알아보는 분석이다. 분석결과 만일 두 변수가 독립적이지 않아 상호 연관성이 있다면 그 정도는 얼마나 되는지 측정할 필요가 있는데, 그 측정방법은 변수의 유형이 명목적일 경우와 서열적일 경우에 따라 다르다.

카이제곱 동질성검증(χ^2 test of homogeneity)은 다수 집단 간의 비율분포가 동일한지 여부를 파악하는 것이다. 이런 의미에서 동질성검증을 '동일성검증' 혹은 '비율에 대한 검증', '비율차이의 검증'이라고도 한다. 이처럼 동질성검증은 비율에 대한 검증으로서, 두 개 이상의 표본이 동일한 모집단에서 추출되었는가의 여부를 알아보는 것이다. 이 검증에서도 독립성검증과 마찬가지로 두 개의 변수가 등장하나, 그 목적은 두 변수 간의 관계를 규명하려는 것이 아니라, 특정변수(종속변수)가 다른 변수(독립변수)의 둘 이상 집단 간에 차이가 있는지를 밝히는 것이다. 따라서 동질성검증에서 두 변수 중 하나는 집단을 구분하는 변수이고 다른 하나는 각 집단에서 추출한 표본을 분류하는 변수이다.

2) 피셔의 정확검증

피셔의 정확검증(Fisher's exact test)은 두 모집단으로부터 서로 독립인 두 표본(집단)을 뽑고 이들 표본의 반응결과가 '성공' 또는 '실패' 등과 같이 이분화(dichotomous)되어 있을 때 두 모집단의 모비율이 동일한지를 분석한다. 이 방법은 대체로 표본크기가 동일하고 주변합계(marginal totals)가 고정되어 있을 때 더욱 유용하게 적용될 수 있다.[12)]

3) 맨-휘트니검증과 윌콕슨 순위합검증

맨-휘트니검증(Mann-Whitney U test)과 윌콕슨 순위합검증(Wilcoxon rank-sum test)은 모수통계인 t검증의 가정 일부가 충족되지 않는 경우, 즉 자료가 서열척도에 의해 측정되었거나 비정규분포로부터 나온 것인 경우에 두 모집단의 확률분포 혹은 평균이 동일한지를 분석한다. 두 모집단으로부터 취한 두 표본(집단)의 자료를 통합하여 하나의 측정값 집단으로 만들고, 이들 측정값을 크기 순으로 점수를 부여하여, 각 표본(집단)의 측정값과 순위 점수의 합을 기초로 통계량을 구하여 두 모집단의 차이를 분석한다.

4) 콜모고로프-스미르노프검증

하나의 표본(집단)이 정규분포를 따르는지를 분석하기 위한 콜모고로프-스미르노프검증은 두 표본(집단)이 동일한 확률분포를 갖는 모집단으로부터 추출되었는지를 파악하는 데 사용될 수 있다. 앞에서 살펴보았듯이 카이제곱 적합성검

12) 두 개의 독립적 표본(집단)에 대한 이분화된 자료를 2×2 분할표로 작성했을 때, 주변합계란 반응결과에 해당하는 각 표본자료 수의 합, 즉 행(column)의 합계를 말한다. 예컨대 반응결과가 '성공' 또는 '실패'로 이분화되어 있다면, '성공'에 해당되는 표본(집단)1의 자료 수와 표본(집단)2의 자료 수를 합한 개수, 또는 '실패'에 해당되는 표본(집단)1의 자료 수와 표본(집단)2의 자료 수를 합한 개수가 주변합계이다.

증이 주로 대표본을 대상으로 하는 데 반하여, 콜모고로프-스미르노프검증은 소표본에 대해서도 적용할 수 있다. 또한 카이제곱 적합성검증이 원래 이산형 분포인 경우에 적용할 수 있도록 개발되었으나, 콜모고로프-스미르노프검증은 연속형 분포인 경우에 적용할 수 있도록 개발된 방법이다.

5) 크루스칼-왈리스 순위검증

크루스칼-왈리스 순위검증(Kruskal-Wallis rank test)은 셋 이상의 모집단에서 정규분포를 가정할 수 없을 때 이들 모집단이 동일한지를 분석하기 위해 사용된다. 모수통계에서 분산분석(ANOVA)이 두 표본(집단)에 대한 t검증의 일반화이듯이, 비모수통계에서 크루스칼-왈리스검증은 두 표본(집단)에 대한 맨-휘트니검증이나 윌콕슨 순위합검증의 일반화이다.

6) 중앙값검증

중앙값검증(median test)은 둘 이상 모집단의 중앙값이 동일한지를 분석하는 비모수적 방법이다. 두 개 이상의 표본(집단)을 합쳐서 혼합표본을 만든 후 중앙값을 구하고 각 표본으로부터 이 혼합표본 중앙값보다 크거나 작은 측정값의 개수를 계산한다. 이를 근거로 하여 검증통계량을 구하고 모집단의 중앙값이 동일한지를 검증하게 된다. 이러한 중앙값검증을 위한 표본자료는 적어도 서열척도에 의해 측정된 것이어야 한다.

(3) 대응표본(집단)의 차이분석

비모수적 차이분석에서 표본(집단)들이 독립적이지 않고 상호 대응적·의존적 성격을 띠는 경우가 있다. 이러한 대응표본(집단)들을 대상으로 하는 차이분석도 표본(집단)의 수와 척도의 형태 등에 따라 적용하는 기법을 달리한다. 즉, 집단의 수가 2개 혹은 3개 이상인지, 자료의 형태가 명목척도 혹은 서열척도에 의해 구성되는지 등에 따라 활용하는 기법이 매우 다양하다.

1) 부호검증과 콕스-스튜어트검증

단순한 부호검증(sign test)은 가장 이해하기 쉽고 적용이 간편하여 오래 전부터 사용되어 온 방법으로서, 서로 대응이 되는 쌍으로 된 측정값 사이의 차이에 대한 양(+)·음(−)의 부호를 기초로 하여 두 측정값을 비교하는 것이다. 이러한 부호검증의 변형된 방법으로서 콕스-스튜어트검증(Cox-Stuart test)은 시간의 경과에 따른 측정값의 추세를 파악하기 위한 것이다. 먼저 측정된 값들 중 하나와 나중에 측정된 값들 중의 하나를 가지고 쌍을 만든 다음, 이들 값의 크기를 비교하여 양(+) 또는 음(-)의 부호를 부여하고, 전체적으로 이들 부호의 개수로서 상향적 또는 하향적 추세를 판단한다.

2) 윌콕슨 부호순위검증

부호검증과 콕스-스튜어트검증이 서로 대응되는 쌍의 측정값 차이에 대한 부호만을 이용하는 반면에, 윌콕슨 부호순위검증(Wilcoxon signed rank test)은 측정값 차이의 부호뿐만 아니라 차이의 크기도 동시에 고려하는 비모수적 방법이다. 우선 쌍으로 된 측정값 사이의 차이를 구한 후, 부호를 무시하고 차이의 절대값이 작은 것부터 크기 순으로 나열하여 순위를 정한 다음, 그 순위에 부호를 붙인다. 이때 검증통계량은 양(+)의 부호를 가진 순위의 합이 되며, 이를 기초로 모집단의 차이를 검증하게 된다.

3) 맥네마르검증

맥네마르검증(McNemar test)은 사전 · 사후(before and after)형태의 처리(독립변수 조작)에 있어서 변화의 유의성(significance of changes)을 검증하는 비모수적 방법이다. 예를 들어, 상품광고가 광고 이전과 광고 이후에 구매자들의 구매의식에 의미 있는 영향을 미쳤는지를 알고자 할 때, 혹은 TV토론이 대통령후보자에 대한 유권자들의 선호에 의미 있는 변화를 일으켰는지를 분석할 때 유용하다.

4) 코크란검증과 프리드만검증

코크란검증(Cochran test, Cochran's Q test)과 프리드만검증(Friedman's two-way analysis of variance by ranks)은 앞의 두 대응표본(집단)인 경우에 대한 확장으로 k개의 대응표본(집단)에 대한 비모수적 방법이다. 코크란검증 또는 코크란의 Q검증은 처리의 반응결과가 이분화될 때(예컨대 '성공'과 '실패' 또는 '좋다'와 '나쁘다' 등으로 구분될 때), 그 처리의 효과에 있어서 k표본(집단)간에 차이가 있는지를 분석한다. 반면에, 프리드만의 순위에 의한 이원분산분석은 모집단의 분포가 정규분포를 따른다고 보기 어렵거나 적어도 서열척도에 의해 측정된 자료일 경우 k표본(집단)에 대한 차이를 검증하는 방법이다.

제 7 절 상관분석

1. 상관분석의 의미

둘 이상의 변수에 대한 분석은 이들이 어떻게 그리고 얼마나 서로 연관되며, 그것이 과연 통계적으로 유의한지 여부를 알아보는 것을 중점으로 삼고 있다. 즉, 이들 변수 간의 연관 여부뿐만 아니라, 연관의 방향(direction)과 정도(degree) 그리고 연관의 성격 또는 형태(form) 등을 파악하며, 이들 연관성이 통계적으로 의미가 있는지를 판단하게 된다.

연관성에 대한 분석은 무엇보다도 대상이 되는 변수들의 측정수준에 따라 적용되는 통계기법을 달리한다. 명목·서열척도에 의한 비정량적(정성적) 변수 간의 연관성은 주로 비모수적 통계기법에 의하며,[13] 명목·서열척도와 등간·비율척도에 의한 변수들이 함께 존재하는 경우에는 분산분석, 판별분석, 가변수를 이용한 분석 등을 행할 수 있다.

그러나 분석대상이 되는 변수들이 모두 등간·비율척도에 의해 측정된 경우, 이들 변수 간의 연관성은 상관분석과 회귀분석에 의해 알 수 있다. 상관분석과 회귀분석 모두 변수 간의 직선관계를 전제로 하는 점에서 동일하다. 그러나 상관분석이 변수들간 연관성의 방향과 정도를 파악하는 것에 그치는 데 반해, 회귀분석은 관련되는 변수를 포함하는 수학적 모형을 도출하여 변수 간의 종속관계까지도 확인할 수 있다. 이처럼 상관분석은 두 변수를 대등한 입장에 놓고 이들간 상호관계를 밝히려는 것이며, 어느 한 변수가 다른 변수에 미치는 영향이나 인과관계를 규명하려는 것은 아니다.

상관분석은 두 변수 간의 상관관계를 분석하는 단순상관분석, 둘 이상 변수

13) 명목척도 간의 연관성 분석은 파이(phi, ψ)계수, 분할계수, 크레이머의 V(Cramer's V), 율의 Q(Yule's Q)계수, 거트만의 예언도계수(Guttman's coefficient of predictability) 등을 통하여 이들 변수간 연관성을 파악할 수 있으며, 카이제곱검증, 피셔의 정확검증 등을 통하여 이들 변수간 연관성에 대한 통계적 유의 정도를 파악할 수 있다. 그리고 서열변수간의 연관성 분석은 스피어만의 순위서열상관계수(Spearman's ρ), 켄달의 타우(Kendall's τ), 굿맨-크루스칼의 순위서열상관계수(Goodman-Kruskal's γ), 소머의 D(Somer's D) 등의 방법에 의해 가능하다. 스피어만의 순위서열상관계수와 거의 같은 논리에 기초한 켄달의 일치계수(Kendall's coefficient of concordance)는 서열척도로 이루어진 셋 이상 변수 간의 관계를 파악하는 데 유용하다.

간의 상관관계를 분석하는 다중상관분석, 그리고 다른 변수의 영향력을 통제하고 두 변수 간의 상관관계를 파악하려는 편상관분석과 부분상관분석 등이 있다.

2. 상관분석의 기본가정

상관분석의 대상이 되는 모든 변수는 등간척도나 비율척도에 의해 구성된 정량적 변수, 즉 연속확률변수이어야 한다. 만일 변수들이 비정량적(정성적) 척도에 의해 측정된 경우에는 비모수통계에 의한 상관분석을 하여야 한다. 이러한 자료 형태에 관한 요건 이외에 기본적인 몇 가지 가정 또는 요건이 충족되어야 상관분석의 결과를 신뢰할 수 있다. 아래에 제시된 가정들은 모두 잔차분석(residual analysis)을 통해 확인할 수 있다.

(1) 선 형 성

변수들 사이의 관계는 직선관계, 즉 일차함수관계이어야 한다. 만일 직선관계가 아닌 데도 불구하고 상관분석을 한다면, 분석결과는 실제의 상관관계보다 약하게 나타나서 현실을 왜곡시키게 된다. 만약 변수 간에 직선관계가 존재하지 않을 경우에는 하나 또는 두 변수 모두를 로그(log)나 제곱근, sin, 역수 등의 형태로 적절히 변환해 볼 수 있다.

(2) 정 규 성

한 변수의 각 값에 대응하는 다른 변수의 값들이 취하는 분포는 정규분포를 이루어야 한다. 이 정규성(normality)의 가정은 중심극한정리에 따라 표본크기가 어느 정도 크다면 문제가 되지 않는다. 상관분석을 위한 표본크기는 대체로 50개 이상인 것이 좋으며, 최소한 30개 이상은 되어야 할 것이다(김호정, 2001: 313).

(3) 등분산성

한 변수의 각 값에 대응하는 다른 변수의 값들이 이루는 분산은 동일하여야 한다. 분산의 동질성(homogeneity)에 대한 가정은 잔차분석을 통해 확인할 수 있으며, 이 요건이 충족되지 못하면 상관분석의 결과는 부정확한 것이 된다. 이 경우에도 하나 또는 두 변수 모두를 로그(log)나 제곱근, sin, 역수 등의 형태로 적절히 변환해 볼 수 있다. 그러나 사회과학분야에서 완전한 등분산성은 매우 드문 현상이므로, 이 요건을 심각하게 위배한 경우가 아니라면 상관분석의 대상으로 무방하다(김호정, 2001: 313).

(4) 독 립 성

한 변수의 각 값에 대응하는 다른 변수의 값들이 가지는 오차들은 서로 연관성이 없어야 한다. 즉, 어떤 변수값에 발생하는 오차들은 다른 변수값의 오차에 영향을 주어서는 안 된다는 요건인데, 이를 오차항의 독립성(independence)에 대한 가정이라 한다.

이상의 가정들을 충족시키지 못한 상태에서 행해진 상관분석은 정확성과 안정성이 떨어질 것이며, 나아가 이러한 상관분석결과를 토대로 모집단 상관관계를 추론한다면 그 결과는 더욱 신뢰할 수 없는 것이 된다.

3. 상관분석의 논리

상관분석은 다음과 같은 과정과 논리에 따라 이루어진다. 마지막 단계로 제시된 '두 상관계수의 차이 검증'은 특별한 경우에 한하여 거치게 되는 절차이다.

(1) 기본가정의 검토

상관분석의 전제가 되는 가정이나 요건의 충족 여부를 검토한다. 즉, 자료형태(척도 유형), 선형성, 정규성, 등분산성, 독립성 등에 있어서 적합 여부를 살펴보고, 이들 가정의 충족 정도가 미흡한 경우에는 변수나 자료의 변환을 시도해 볼 수 있다.

(2) 상관계수의 산출

두 변수간 상관관계의 방향과 정도를 수치로 간단히 표현할 수 있는데, 이러한 수치를 상관계수(correlation coefficient)라 한다. 따라서, 상관분석은 결국 상관계수를 산출하는 과정이라고 할 수 있다. 다른 통계적 개념들과 마찬가지로, 상관관계 역시 한 분포 내에서 측정값들의 분산을 기초로 하여 추론하게 된다. 즉, 두 변수에 대한 측정값들의 두 분포에서 각각의 평균과 개별 측정값 간의 편차를 기초로 상관계수를 구한다. 이 편차는 한 분포에서 측정값들의 분산을 나타내는 것인데, 측정값들이 평균으로부터 많이 분산되면 될수록 편차는 더욱 커지게 된다. 두 분포에 있어서 이러한 편차 사이의 특정비율을 계산하여 상관계수를 산출하게 된다.

(3) 상관계수의 유의성 검증

상관계수가 산출되면, 그에 대한 통계적 유의성을 검증한다. 산출된 상관계수는 표본을 대상으로 한 것이므로, 이를 바탕으로 모집단의 변수간 상관관계를 추론하여야 한다. 모집단의 상관계수에 대한 검증은 귀무가설을 어떻게 설정하느냐에 따라 적용방법을 달리 한다. 즉, 모집단의 상관계수를 0으로 하는 경우와 모집단의 상관계수를 0이 아닌 다른 값으로 하는 경우에 따라 검증방법에 차이가 있다. 모집단의 상관계수가 0일 것이라는 귀무가설의 경우는 주로 t검증으로, 모집단의 상관계수가 0 이외의 특정한 값일 것이라는 귀무가설의 경우에는 피셔(Fisher)의 Z'계수를 이용한 Z검증을 한다.

(4) 상관계수의 차이분석

때로는 두 상관계수의 차이를 검증할 수도 있다. 즉, 두 표본(집단)을 대상으로 각각 두 변수 간의 상관분석을 하여 그 상관계수들의 차이를 비교해야 할 경우이다. 두 상관계수의 차이분석은 특히 조절변수의 존재 여부를 확인하고자 자주 사용되며, 이 경우에도 피셔(Fisher)의 Z'값을 계산하여 귀무가설을 검증하게 된다.

4. 상관계수의 종류

상관분석의 유형에 따라 상관계수도 두 변수 간의 연관성 정도를 나타내는 단순상관계수, 둘 이상의 변수들과 하나의 다른 변수 사이의 연관성 정도를 나타내는 다중상관계수로 구분된다. 그리고 다른 제3변수를 통제하고 순수하게 두 변수 간의 연관성을 나타내는 편(編)상관계수 또는 부분상관계수 등이 있다.

(1) 단순상관계수

일반적으로 상관계수라 하면 단순상관계수(simple correlation coefficient)를 말하는데, 이는 한 변수와 다른 한 변수 사이의 상관관계 정도와 방향을 나타내는 수치이다. 단순상관계수는 주로 피어슨의 적률상관계수(Pearson's product-moment correlation coefficient, r)를 이용하는데, 이는 기본적으로 두 변수 간의 공분산(covariance)에 기초를 두고 있다. 두 변수 간의 선형적 연관성을 나타내는 공분산의 값이 측정단위에 따라 변하기 때문에, 이 문제를 해결하고자 두 변수의 측정값들을 각각의 표준편차로 나누어 표준화(standardization)시켜 공분산을 구한 값이 상관계수가 된다.[14)]

단순상관계수(r)의 값은 항상 -1과 1 사이에 있으며, 1이면 양의 완전한 직선관계를 나타내고 -1이면 음의 완전한 직선관계를 나타낸다. 두 변수가 양(+)의 상관계수 값을 가지면 한 변수의 증감이 다른 변수의 증감과 같은 방향으로 나아가며, 음(-)이면 서로 다른 방향으로 나아가는 것을 의미한다. 만약 그 값이 0이면 아무런 직선관계가 없다는 것으로, 전혀 관계가 없다는 뜻이 아니라 단지 직선관계가 없음을 나타낸다. 상관계수의 절대값이 클수록 두 변수 사이에 직선관계의 정도가 강함을 나타내며, 0에 가까울수록 이러한 직선관계가 약함을 보여준다. 특히 상관계수는 하나의 지수(예: IQ지수)에 불과한 등간수준의 측정값이므로, 예를 들어 $r=.60$은 $r=.30$보다 두 배만큼 상관관계가 강하다는 것을 의미한다고 볼 수 없다.

(2) 다중상관계수

다중상관분석에서 산출되는 다중상관계수(multiple correlation coefficient)는 둘 이상 변수들의 결합과 하나의 다른 변수 사이의 상관관계 정도와 방향을 나타내는 수치이다. 두 변수 $x_1 \cdot x_2$와 다른 한 변수 y 사이의 다중상관계수(R)는 이들 세 변수 중 쌍을 이루는 두 변수 간의 단순상관계수(r)를 확대 적용함으로써 산출된다.

다중상관계수는 0과 1 사이의 값을 취하나, 그 크기에 따른 해석은 단순상

14) 공분산과 상관계수의 관계에 대한 설명은 제10장 제2절을 참조하기 바란다.

관계수와 동일하다. 다중상관계수에서 사용된 변수들이 단순상관계수의 두 변수를 모두 포함하고 있다면, 다중상관계수는 항상 단순상관계수보다 큰 값이 된다. 그 이유는 한 변수보다 둘 이상 변수가 다른 변수를 설명하는 능력이 더 크기 때문이다. 이와 같이 변수의 수가 많을수록 설명력은 커지나, 어느 정도 넘어서면(대체로 5~6개 이상이면) 설명력의 증가폭은 현저히 줄어들게 된다. 특히 변수의 개수와 관련하여 주의할 것은 표본크기와 변수의 수 사이의 차이가 작을수록 상관계수가 실제의 관계보다 크게 나타나는 허위상관관계(spurious correlation)를 보일 가능성이 높다는 점이다.[15] 만일 표본크기가 변수의 수와 차이가 없어 동일하면, 다중상관계수는 1의 값을 가져 완벽한 관계가 성립된다. 따라서 표본크기는 변수의 수보다 월등히 커야 하며, 변수의 수는 가능한 표본크기의 1/20 이하가 됨이 바람직하다(임인재, 1991: 512).

(3) 편상관계수와 부분상관계수

다수의 변수를 분석하는 경우에는 여러 변수가 서로 영향을 미치기 때문에 두 변수의 변동에 영향을 주는 다른 변수를 통제하지 않고 단순히 피어슨의 적률상관분석을 하면 부정확한 결과가 나타나게 된다. 만일 두 변수 간에 실질적으로 의미 있는 상관관계가 있는데도 불구하고, 다른 변수에 변동의 효과가 흡수되어 상관관계가 낮거나 정·부의 관계가 반대로 나타날 수 있다. 이처럼 제3변수가 두 변수 간의 관계를 방해하거나 억압함으로써 두 변수 간의 관계가 아주 낮아지거나 의미없게 되는 것을 억압관계(suppressor relationship)라고 한다.[16]

이와 반대로 두 변수 간에 실질적인 상관관계가 거의 없는데도 불구하고, 다른 변수의 영향으로 그들 간의 상관관계가 있는 것처럼 나타나는 경우가 있다. 앞의 다중상관계수에 대한 설명에서 보았듯이, 이러한 관계는 허위상관관계라고 할 수 있다. 허위상관관계는 제3변수가 두 변수 모두에 영향을 미쳐 두 변

15) 허위상관관계란 실질적인 상관관계가 거의 없는데도 불구하고 제3변수의 작용으로 인해 상관관계가 있는 것처럼 나타나는 것을 말한다. 이는 제10장 제2절에서 다룬 '비허위성'과 관련된 개념으로, 다음의 '편상관계수와 부분상관계수' 부분에서 추가적으로 설명한다.

16) 예컨대 인구수와 1인당 지방세부담액 사이의 낮은 상관관계는 두 변수와 높은 연관성을 지닌(즉, 두 변수에 대한 영향력이 강한) 지역총생산이라는 제3변수를 함께 고려하였기 때문으로 볼 수 있다. 이 경우 지역총생산을 통제한다면, 인구수와 1인당 지방세부담액은 실질적으로 의미 있는 상관관계를 보이게 될 것이다. 따라서 당초 낮은 상관관계는 지역총생산의 작용에 의한 억압관계로 간주할 수 있다.

수 간의 상관관계를 높게 보이게 하는 경우와, 제3변수가 매개변수의 역할을 하여 두 변수의 관계를 밀접하게 연결시키는 경우가 있을 수 있다.17)

이처럼 두 변수 간에 억압관계 혹은 허위상관관계가 발생하는 경우에는 이들 변수에 작용하는 제3변수를 통제하고 상관분석을 하여야 한다. 이들 제3변수를 통제하여 상관관계를 파악하는 방법으로는 편상관분석(partial correlation analysis)과 부분상관분석(part correlation analysis)이 있으며, 각각의 분석결과로 나타나는 수치를 편상관계수(partial correlation coefficient)와 부분상관계수(part correlation coefficient)라고 한다.

편상관계수는 제3변수가 다른 두 변수들과 무시할 수 없을 정도의 상관관계를 가진다고 예상될 경우, 제3변수를 통제한 상태에서 두 변수 간의 순수한 상관관계를 나타내는 수치이다. 이러한 편상관계수는 단순상관계수의 결점을 보완하여 상관분석의 정확성과 신뢰성을 제고시키며, 특히 매개변수의 역할을 검증하는 데 유용하게 사용된다.18)

부분상관계수는 분석하고자 하는 변수들의 일부에 대하여 제3변수를 통제하고, 이 통제된 변수와 제3변수를 통제하지 않은 변수 간의 상관관계를 나타내는 수치이다. 편상관계수가 상관관계를 알고자 하는 변수들 모두에 대하여 다른 제3의 변수들을 통제하고 이들 간의 순수한 상관관계를 보여주는 반면에, 부분상관계수는 제3변수를 통제한 하나의 변수와 그를 통제하지 않은 다른 변수 사이의 관계를 나타낸다. 예를 들어 세 개의 변수 x_1, x_2, y에서 x_1과 y간의 상관관계를 알고자 한다면, 편상관계수는 'x_2의 영향을 배제한 y'와 'x_2의 영향을

---

17) 첫 번째 경우의 제3변수는 허위변수(또는 외재변수), 두 번째 경우의 제3변수는 매개변수의 역할을 하고 있다. 첫 번째 경우의 예로서, 지방자치단체의 예산규모와 지역주민의 예금수준 사이에 높은 상관관계가 발견되었다고 하자. 이는 인구수라는 제3변수의 개입으로 이들 간의 관계가 높게 나타났을 수 있기 때문에, 인구수를 통제한다면 이들은 매우 낮은 상관관계를 보일 것이다. 두 번째 경우의 예를 들면, 세대주의 교육수준과 세금 사이에 높은 상관관계가 산출되었다면, 이는 소득이라는 제3변수가 매개되어 나타난 결과로 볼 수 있다. 만약 동일한 소득을 지닌 세대주를 대상으로 한다면, 교육수준과 세금 간의 상관관계는 매우 낮게 나타날 것이다. 즉, 소득으로 인하여 교육수준과 세금은 높은 허위상관관계를 보이게 되며, 이 경우 소득은 매개변수의 역할을 한다고 볼 수 있다.

18) 매개변수(x_2)의 역할을 검증하기 위해서는 ① 편상관계수($r_{yx_1 \cdot x_2}$)와 단순상관계수(r_{yx_1})를 비교하거나, ② 단순상관분석의 설명력을 보여주는 결정계수(r^2)와 다중상관분석의 설명력을 보여주는 결정계수(R^2)를 비교할 수 있다. ①의 경우, 편상관계수가 단순상관계수보다 상당히 작다면, 그 만큼 매개변수의 역할을 확인할 수 있다. ②의 경우, 단순상관분석의 결정계수와 다중상관분석의 결정계수 간에 차이가 없다면, 그 만큼 매개변수의 역할을 인정할 수 있다.

배제한 x_1' 사이의 상관관계($r_{yx_1 \cdot x_2}$)를, 부분상관계수는 'x_2의 영향을 배제한 y'와 'x_1' 사이의 상관관계($r_{x_1(y \cdot x_2)}$)가 어느 정도인지를 보여준다. 이 경우 비록 x_2가 x_1에 미치는 영향이 있다고 하더라도 부분상관계수는 이를 그대로 두어 포함하기 때문에 편상관계수보다 항상 작게 나타난다.[19)]

5. 상관계수의 영향요인

모집단을 대상으로 상관계수를 구할 경우, 그 측정이 정확하게 이루어진다면 항상 일정한 하나의 값이 산출된다. 그러나 표본을 대상으로 할 때는 표본의 대표성, 표본의 크기, 자료의 특성, 사례(예: 응답자)의 수 등에 따라 상관계수가 상이하게 나올 수 있다. 이처럼 표본조사에서 변수 간의 상관계수에 영향을 미치는 몇 가지 요인들을 살펴보면 다음과 같다(김호정, 2001: 318~319).

(1) 표본의 대표성

표본의 대표성과 관련된 문제이다. 표본은 모집단을 골고루 잘 대표할 수 있도록 추출되는 것이 바람직하나, 모집단의 특정 계층에서 집중적으로 표본이 추출되어 편향이 발생한다면, 상관계수는 실제 상관관계보다 약하게 나타날 가능성이 크다. 예컨대 하위직 공무원들만을 표본으로 추출하여 재직기간과 직무만족도 간의 상관분석을 하거나, 20~30대의 특정 연령층만을 대상으로 유권자 연령과 정치성향간의 상관관계를 분석하는 경우이다.

(2) 중간층 변수값

중간층 변수값의 포함 여부이다. 중간층의 변수값을 지닌 자료들을 제외하고, 평균에 비해 상당히 큰 값과 작은 값들을 지닌 자료들만으로 상관분석을 한

---

19) 아래와 같은 간단한 그림을 보면, 편상관계수와 부분상관계수의 차이를 쉽게 이해할 수 있다.

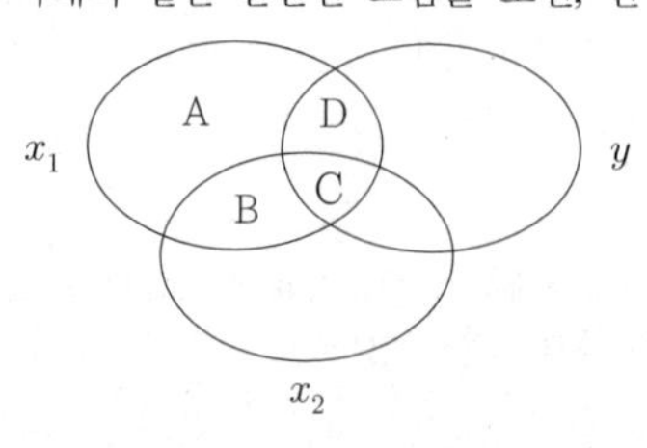

• 편상관계수 $r_{yx_1 \cdot x_2} = \frac{D}{A+D}$

• 부분상관계수 $r_{x_1(y \cdot x_2)} = \frac{D}{A+B+C+D}$

다면, 상관계수는 실제보다 크게 나타난다. 반대로 중간층의 변수값들을 지닌 자료들을 주로 이용한다면, 상관계수는 실제보다 작게 나오게 된다. 예를 들어 상위직과 하위직을 골고루 표본으로 추출하였더라도 주로 재직기간이 짧은 공무원들과 긴 공무원들을 대상으로 하거나, 평소에 직무에 강한 불만을 느끼는 사람들과 상당한 만족을 가지는 사람들만을 대상으로 한다면, 표본의 상관관계는 모집단을 대상으로 했을 경우보다 강하게 나타난다.

(3) 극단적 변수값

극단값 또는 이상값(outlier)과 관련된 문제이다. 지나치게 크거나 작은 변수값을 지닌 자료가 포함된다면, 상관계수는 그 자료의 영향을 받아서 실제보다 큰 값이 되며, 이러한 현상은 표본크기가 작을수록 뚜렷하게 나타난다. 예를 들어 지역총생산과 예산규모 사이의 상관관계를 분석하는 경우, 다른 도시에 비해 두 변수값이 모두 극단값을 가지는 서울의 포함 여부에 따라 상관계수는 상당히 달라지게 된다. 이러한 극단적인 값은 잔차산점도(residual plot), 마할라노비스거리(Mahalanobis distance), 쿡거리(Cook's distance), 리버리지값(Leverage) 등을 통해 탐색이 가능하고, 이를 제거한 후 상관분석을 행하는 것이 바람직하다.

(4) 사례의 수

사례(예: 응답자)의 수와 관련된 문제이다. 사례수가 너무 많으면 변수 간의 연관성이 과대평가되므로, 상관관계가 실제로 없는데도 상관관계가 있는 것처럼 혹은 상관관계가 실제로 낮은데도 상관관계가 높은 것처럼 나타날 수 있다. 따라서 적절한 사례수를 갖는 것이 정확한 상관분석의 결과를 얻는 데 중요하다.

제 8 절 회귀분석

1. 회귀분석의 의미

회귀분석(regression analysis)은 변수 간의 함수적인 연관성을 규명하기 위하여 수학적 모형을 가정하고 측정된 자료를 이용하여 통계적 추론을 하는 방법이다.

상관분석이 변수 간의 대칭적 관계를 전제로 상호 연관성의 방향과 정도를 알려주는 데 그치나, 회귀분석은 변수 간의 비대칭적 관계를 전제로 이들 사이에 나타나는 상호 인과(영향)관계의 파악과 이에 기초한 변화의 예측까지도 가능하게 해 준다.

이처럼 회귀분석은 변수들 간에 존재하는 인과적 연관성을 밝혀주는 통계기법인데, 쉽게 말해서 하나의 종속변수에 대하여 독립변수들이 미치는 영향의 본질을 규명하게 한다. 여기서 독립변수란 다른 변수(즉, 종속변수)를 변화시키는 원인이 되는 변수이며, 종속변수는 독립변수에 의해 영향을 받아 변화되는 변수를 말한다.

회귀분석에 있어서 종속변수의 수는 한 개이나, 독립변수는 하나 또는 둘 이상이 될 수 있다. 하나의 독립변수와 하나의 종속변수 사이의 관계를 분석하는 단순회귀분석(simple regression analysis)과, 여러 개의 독립변수들과 하나의 종속변수 사이의 관계를 분석하는 다중회귀분석(multiple regression analysis)이 있다. 또한 일반적인 회귀분석의 특별한 경우로서 가변수를 이용한 회귀분석, 로지스틱 회귀분석, 판별분석, 비선형회귀분석 등이 있으며, 특히 종속변수의 수가 둘 이상인 경우를 다변량회귀분석이라고 한다.

2. 회귀분석의 기본가정

회귀분석의 대상이 되는 모든 변수는 등간척도나 비율척도에 의해 구성된 정량적 변수, 즉 연속확률변수이어야 한다. 그러나 명목척도로 구성된 정성적 변수도 회귀분석에 활용될 수 있는바, 일반적으로 0과 1의 값을 취하는 변수를 가변수(dummy variable)라고 한다. 가변수가 독립변수로 사용된 경우는 '가변수를 이용한 회귀분석(regression analysis with dummy variables)'이라 하며, 가변수가 종속변수로 사용된 경우는 로지스틱 회귀분석(logistic regression analysis)이라고 한다.

척도의 유형 또는 그에 의해 측정된 자료의 형태에 관한 요건 이외에, 회귀분석은 기본적인 몇 가지 가정 또는 요건이 충족되어야 한다. 선형성, 정규성, 등분산성, 독립성(非자기상관성)의 가정들은 모두 잔차분석(residual analysis)을 통해 확인할 수 있으며, 비(非)다공선성 가정은 둘 이상의 독립변수를 지닌 다중회귀분석에 적용된다. 일반적으로 회귀모형에서 사용되는 독립변수는 연구자에 의해 조정될 수 있는 결정변수로서 측정오차가 없으나, 종속변수는 측정오차를 수반하는 확률변수임을 전제로 한다. 따라서 회귀분석의 기본요건으로서 정규성, 등분산성, 독립성은 회귀모형의 오차항에 관한 가정사항이 된다.

(1) 선 형 성

독립변수와 종속변수 간의 관계는 직선관계, 즉 일차함수관계이어야 한다. 이러한 선형성(linearity)의 가정은 측정된 자료의 분산도를 그림으로 보여주는 편회귀산점도(partical regression plot)와 잔차산점도(residual plot)를 이용하여 확인할 수 있다. 만약 독립변수와 종속변수 간에 직선관계가 존재하지 않을 경우에는 하나 또는 두 변수 모두를 로그(log)나 제곱근, sin, 역수 등의 형태로 적절히 변환해 볼 수 있다.

(2) 정 규 성

독립변수의 각 값에 대하여 종속변수의 값들이 취하는 분포는 정규분포를 이루어야 한다. 즉, 오차항의 분포는 정규성(normality)을 띠어야 한다는 것이다. 이 가정도 자료의 분산도를 그림으로 보여주는 잔차히스토그램(residual histogram)이나 정규확률산점도(normal probability plot)를 통해 확인할 수 있다. 중심극한정리에 의해 표본크기가 어느 정도 크다면 표본평균의 분포는 모집단분포의 형태에 무관하게 정규분포를 이룰 수 있으므로, 표본크기는 최소한 30개 이상을 확보하는 것이 안전하다(김호정, 2001: 338).

(3) 등분산성

독립변수의 각 값에 대하여 종속변수의 값들이 이루는 분산은 모두 동일해야 한다. 즉, 오차항의 분산은 그 독립변수의 모든 값에 대하여 일정하여야 한다는 것으로 등분산성(homoscedasticity)의 가정이라 한다. 만약 종속변수의 분산이 독립변수의 값에 따라 달라진다면 이분산성(heteroscedasticity)을 가지며, 이 경우 로그(log)나 제곱근, sin, 역수 등의 형태로 변수를 적절히 변환해 볼 수 있다. 그러나 사회과학분야에서 완전한 등분산성은 아주 드문 현상이므로, 심각하게 위배한 경우가 아니라면 대체로 회귀분석의 대상으로 무방하다. 등분산성의 가정은 골드펠드-콴드(Goldfeld-Quand)검증 등과 같은 잔차분석을 통해 확인할 수 있다.

(4) 독립성(非자기상관성)

독립변수의 각 값에 대하여 종속변수의 값들이 가지는 오차들은 서로 연관성이 없어야 한다. 즉, 어떤 종속변수값에 발생하는 오차는 다른 종속변수값의 오차에 영향을 주어서는 안 된다는 것으로, 오차항의 독립성(independence)에 대한 가정이라 한다. 이 가정이 충족되지 않아 오차들 간에 서로 연관성이 있다면, 자기상관(autocorrelation) 또는 계열상관(serial correlation)이 존재한다고 볼 수 있다. 자기상관의 문제는 시계열자료를 다룰 때 주로 나타나는데, 이는 연속부호검증이나 잔차들의 독립성 여부에 대한 카이제곱(chi-square, χ^2)검증 등에 의해 확인이 가능하며, 실제로 더빈-왓슨(Durbin-Watson)의 d통계량을 가장 많이 사용하고 있다.[20)]

(5) 비(非)다공선성

다중회귀분석에 있어서는 독립변수들 사이에 연관성이 없어야 한다. 만약 독립변수 간의 선형적 상관관계, 즉 다공선성(multicollinearity)이 존재하면 독립변수들의 개별적인 영향을 정확히 분리할 수 없게 된다. 사회과학자료에서 다공선성이 존재하지 않는 경우는 거의 없으나, 존재하는 정도에 따라 문제가 될 수 있다. 다공선성은 독립변수 간의 상관계수, 허용오차(tolerance), 분산확대요인(VIF), 고유값(λ), 상태지수(CI), 분산비율(VP) 등에 의해 진단이 가능하다.[21)]

이상의 요건들을 충족시키지 못한 상태에서 행해진 회귀분석은 정확성과 안정성이 떨어질 것이며, 나아가 이러한 회귀분석의 결과를 토대로 모집단 회귀관계를 추론한다면 그 결과는 더욱 신뢰할 수 없는 것이 된다.

---

20) 보통 Durbin-Watson의 d값은 공식에 따라 0과 4의 값을 갖는데, 완전 정(+)의 상관일 때는 0의 값을 갖고, 완전 부(－)의 상관일 때는 4의 값을 갖는다. 일반적으로 d값이 2에 근접할 때 독립성의 가정을 충족하는 것으로 해석할 수 있다.

21) 허용오차는 한 독립변수를 종속변수로 하고 다른 변수들을 독립변수로 하여 계산된 설명량으로 $(1-R^2)$이며, 그 값이 1.0 이상이면 다공선성이 없는 것으로 판단한다. 분산확대요인은 독립변수 사이에 발생하는 다공선성으로 인한 분산의 증가분을 의미하며, 허용오차의 역수이므로 그 값이 5～10을 넘으면 다공선성에 문제가 있다고 본다. 그리고 대체로 단순상관계수가 0.8 이상, 고유값이 1에 비하여 현저히 작을 때, 상태지수가 경험적 기준인 15～30을 넘거나, 분산비율이 0.5～0.9 이상이면, 다공선성의 영향이 있다고 판단한다.

3. 회귀분석의 논리

회귀분석은 다음과 같은 과정과 논리에 따라 이루어진다. 회귀분석의 유형과 분석결과의 활용에 따라 일부 과정이나 절차가 생략되기도 한다.

(1) 기본가정의 검토

회귀분석의 전제가 되는 가정이나 요건의 충족 여부를 검토한다. 즉, 척도의 형태, 선형성, 정규성, 등분산성, 독립성(非자기상관성), 비(非)다공선성 등에 있어서 적합 여부를 살펴보고, 이들 가정의 충족 정도가 미흡한 경우에는 변수나 자료의 변환을 시도해 볼 수 있다. 만약 두 변수 간에 직선관계가 나타나지 않을 경우에는 다항회귀(polynomial regression)분석을 하거나, 하나 또는 두 변수 모두를 로그(log)나 제곱근, sin, 역수 등의 형태로 적절히 변환하여 선형회귀분석을 한다. 등분산성의 가정이 위배될 때는 가중회귀(weighted regression)분석을, 독립성에 대한 가정이 위배될 경우에는 시계열분석 등 다른 분석방법을 강구해야 한다.

(2) 회귀선의 도출 및 유의성 검증

최소제곱법(least squares method)을 이용하여 회귀선을 도출한다. 최소제곱법은 종속변수의 실제 측정값과 회귀선으로 추정된 값의 차이인 잔차를 전체적으로 최소화하는 선형함수를 추정하는 방법이다. 회귀선의 추정과정에서 기본가정들의 충족 여부에 따라 일반최소제곱법(OLS) 대신에 가중최소제곱법(WLS)이나 일반화최소제곱법(GLS)을 활용하기도 한다.

회귀선을 추정한 후에 그것이 바람직한지를 검토할 필요가 있다. 추정된 회귀선의 유의성은 분산분석에 의한 F검증을 통해 이루어진다.

(3) 회귀선의 적합도 파악

추정된 회귀선의 유의성이 검증되면, 이에 대한 적합성 혹은 설명력의 정도를 파악할 필요가 있다. 회귀선의 적합도(goodness-of-fit)란 표본으로부터 산출된 회귀선이 실제 모집단의 자료들을 얼마나 잘 요약하고 있으며, 독립변수와 종속변수 간의 관계를 얼마나 정확하게 설명하고 있는지에 대한 것이다.

회귀선의 적합도를 측정하는 대표적인 방법으로는 '추정값의 표준오차(standard error of estimate)', '결정계수(coefficient of determination, R^2)', '조정된 결정계수(adjusted coefficient of determination, adjusted R^2)' 등이 있다. 이들은 모두 잔차를 기초로 하고 있으며, '잔차가 클수록 회귀선의 적합도는 감소'하는 원리에 따르고 있다. 추정값의 표준오차는 실제 자료가 회귀선으로부터 얼마나 흩어져 있는가를 보여주는 잔차 총평균을 의미하고, 결정계수는 전체 분산 가운데 회귀선에 의해 설명되는 분산의 비율이며, 조정된 결정계수는 표본크기와 독립변수의 수를 고려하여 적절히 조정한 결정계수를 말한다. 추정값의 표준오차는 그 값이 커질수록 회귀선의 적합도는 낮아지는 반면에, 결정계수와 조정된 결정계수의 값은 커질수록 회귀선의 적합도는 높아지는 경향이 있다.

(4) 추론 및 예측

추정된 회귀선을 통해 모집단의 회귀계수, 모집단의 종속변수값, 미래의 종속변수값 등을 추론한다. 모집단의 회귀계수(regression coefficient)란 모회귀선의 기울기와 절편을 말하며, t검증에 의해 유의성을 판단하고 t분포를 이용하여 신뢰구간을 추정한다. 또한 회귀선에 기초하여 독립변수의 값에 대한 모집단 종속변수값을 추정하거나, 미래의 종속변수값을 예측하기도 한다.

특히 다중회귀분석에서는 독립변수들의 상대적 중요성을 파악할 필요성이 있는 경우가 많다. 회귀분석에서 회귀계수는 독립변수들의 측정단위가 변하기 때문에, 독립변수의 단위가 모두 직접 비교가 가능한 동일한 단위가 아닌 한 회귀계수의 크기를 독립변수의 고유한 공헌도의 지표로 삼을 수는 없다. 따라서 모든 변수의 값을 표준화한 Z값으로 변환시켜 회귀분석을 한 결과로 제시되는 회귀계수인 베타계수(beta coefficient), 부분상관계수, 편상관계수 등을 독립변수의 상대적 중요도에 대한 지표로 사용하고 있다.

4. 회귀분석의 영향요인

모집단을 대상으로 회귀분석을 할 경우, 그 측정이 정확하게 이루어진다면 항상 일정한 회귀선과 회귀계수가 산출된다. 그러나 표본을 대상으로 할 때는 표본의 대표성, 표본의 크기, 자료의 특성, 사례의 수 등에 따라 회귀분석의 결과가 상이하게 나올 수 있다. 회귀분석의 결과에 영향을 미치는 요인들은 대체로 상관분석의 경우와 유사하므로, 앞의 제 7 절에서 설명한 내용을 참조하기 바란다.

5. 경로분석

(1) 경로분석의 의의

경로분석(path analysis)은 수식이 아닌 그림을 이용하여 변수 간의 인과관계를 설명하는 것을 목적으로 한다. 인과관계를 규명한다는 점에서 회귀분석과 같은 목적을 지니고 있으나, 경로분석은 독립변수와 종속변수 사이에 다른 변수들이 추가되어 '독립변수→매개변수→종속변수'의 모습을 기본적인 형태로 삼고 있다. 따라서 경로분석은 어떤 변수가 특정변수에 직접 또는 간접으로 미치는 효과를 전체적으로 파악하는 데 유용하게 사용되고 있다.

경로분석에서 변수 간의 관계는 경로도(path diagram)라는 그림으로 나타난다. 이는 변수들의 관계를 쉽게 파악할 수 있도록 만들어 놓은 그림인데, 연구자의 이론적 가설을 한눈에 알 수 있도록 보여주기 위하여 사용되는 것이다. 일반적으로 변수들은 영문문자나 변수이름으로 표현하고, 변수들 사이의 관계는 화살표로 표현한다. '→'형태의 한쪽 방향 화살표는 한 변수로부터 다른 변수로 직접적인 일방향의 영향을 미치는 것을 보여 주며, '↔'형태의 양방향 화살표는 두 변수 간에 직접적인 영향관계는 없지만 그 변수들이 상관관계를 가지고 있음을 나타낸다. 그리고 '⇄'형태의 화살표는 두 변수들이 서로 직접적인 영향을 주고받는 쌍방향의 관계를 가지는 경우이다.[22] 특히 구조방정식모형에서 잠재변수는 동그라미 안에 변수이름을 넣으며, 측정변수는 네모 안에 변수이름을 넣는다.

(2) 경로분석의 기본가정

경로분석은 회귀분석의 한 형태이므로 다중회귀분석의 요건이나 기본가정을 동일하게 요구하고 있다. 분석대상이 되는 모든 변수들은 정량적 척도로 측정되어야 하며, 이들 변수 간의 관계도 선형적이어야 한다. 또한 정규성, 등분산

22) 변수 간의 관계에 대한 상세한 설명은 제7장 제2절 및 제13장 제2절을 참조하기 바란다.

성, 독립성(非자기상관성), 비(非)다공선성 등의 가정도 충족되어야 한다.

이와 같은 가정들 이외에, 경로분석에서는 변수 간의 관계에 있어서 일방적인(unidirectional) 혹은 단일방향적인(one-way) 인과적 흐름의 순서가 있어야 하고, 그 인과관계가 폐쇄적(causal closure)이어야 한다. 일방적인 인과적 흐름의 순서란 영향을 주는 변수와 영향을 받는 변수가 뒤바뀔 수 없음을 의미한다. 그리고 폐쇄적 인과관계란 종속변수가 독립변수로 제시되지 않은 다른 요인에 의해서 영향을 받게 되는 상황을 배제하는 것을 말한다.

(3) 경로분석의 논리

경로분석은 회귀분석을 하는 논리와 대체로 동일하게 진행되지만 몇 가지 다른 점이 있다. 우선 변수 간의 관계에 대한 연역적인 설명이 필요하다. 다시 말해서 변수 간의 인과적 순서가 먼저 밝혀져 있어야 한다는 것이다. 그렇지만 이러한 과정이 경로분석만의 유일한 절차는 아니며, 모든 과학적 연구에서 연역법과 귀납법의 상호 보완에 의한 이론형성과정과 동일한 방식에 의해 이루어질 수 있다.

변수 간의 관계를 나타내는 각 경로에 대한 연역적 설명이 이루어지면, 영향을 미치고 받는 두 변수간 관계의 방향과 강도를 파악하기 위하여 회귀분석을 행한다. 여러 번의 회귀분석을 통해 회귀계수를 추정하여 모든 변수 간의 관계를 알 수 있으며, 이러한 관계의 방향과 강도는 경로계수(path coefficient)에 의해 나타나게 된다. 경로계수는 회귀분석에서의 표준화된 회귀계수, 즉 베타계수(beta coefficient)를 일반적으로 사용한다.

경로계수가 표현된 경로도는 특정 독립변수가 특정 종속변수에 이르는 직접적 관계는 물론, 다른 매개변수를 거치는 간접적인 영향력의 성격과 인과적 관계에 대해서도 명확히 알려준다. 그리하여 관계가 인과적 관계에 의한 것인지 그렇지 않은지, 그리고 직접적인 영향과 간접적인 영향의 비중이 얼마나 되는지 확인할 수 있게 해 준다. 이 과정에서 관계의 정도가 미약한 경로를 생략하여 당초 경로도를 수정하기도 한다.

제 9 절 다변량분석

앞 통계분석의 유형에서 다변량분석을 단순히 둘 이상의 변수를 포함하는 분석으로 통칭하였으나, 여기서는 종속변수의 수가 둘 이상인 경우에 행하는 분석이라는 의미로 한정한다. 앞의 분산분석이나 회귀분석에서는 하나의 종속변수에 대한 하나 또는 둘 이상의 요인이나 독립변수의 경우를 중심으로 다루고 있다. 이와 달리 종속변수의 수가 둘 이상인 분산분석과 회귀분석은 각각 다변량분산분석과 다변량회귀분석이 된다. 따라서 다변량분석이란 단일변량자료에 대한 분석에서 종속변수의 수를 단순히 확장한 경우를 주로 지칭한다고 볼 수 있다. 하지만 일변량분석에서 고려할 수 없는 차원이 확장된 영역에 존재하며, 이 경우 더는 일변량분석의 목적과 같지 않게 된다.

다변량분석은 분석의 목적과 척도의 유형 등에 따라 매우 다양한 방법으로 이루어진다. 앞에서 살펴본 다변량분산분석을 제외하고, 흔히 사용되는 다변량분석방법의 개념과 실례를 개괄적으로 살펴본다.

1. 주성분분석

통계분석에는 많은 변수와 사례가 사용되는 경우가 흔히 있다. 변수들 가운데는 서로 연관성이 높은 변수도 있으며, 사례(예: 응답자)들 가운데는 여러 변수에 걸쳐 유사한 값을 지닌 사례도 있을 수 있다. 이처럼 연관성이 많은 변수나 유사한 사례들을 묶어 자료의 구조를 요약하고 압축하는 통계기법으로 주성분분석과 요인분석을 들 수 있다.

주성분분석(principal component analysis)은 여러 정량적 변수들 사이의 관계를 분석하여 이 변수들의 선형조합으로 표시되는 주성분을 찾고, 이 중에서 중요한 몇 개(보통 2~3개)의 주성분으로 전체의 변동을 설명하고자 한다. 이러한 분석은 여러 변수들 중에서 변수 간의 선형관계(linear relationship)를 설명할 수 있는 구조를 찾아내는 것으로, 추출된 주성분은 원래 변수들의 선형결합(linear combination)으로 구성되게 된다. 최초로 전체 자료의 구조를 가장 잘 설명하는 주성분으로 1번 주성분이 추출되며, 그 다음으로 주성분의 번호가 커짐에 따라 그 설명력은 점차적으로 낮아진다.

이처럼 주성분분석의 목적은 고차원의 원래 변수를 몇 개의 주요한 주성분으로 차원(dimension)을 축소하는 데 있다. 원자료 내에 존재하는 전체 변동을 가능한 한 많이 보유하도록 원자료를 몇 개의 주성분으로 변환시킴으로써 정보의 손실을 최소화하면서 차원을 축소시킨다. 이 때 주성분점수(principal component score)는 판별분석, 군집분석, 회귀분석 등의 추후 분석의 입력자료로 이용되기도 하며, 특히 요인분석에서는 요인을 구하는 방법 중의 하나로 많이 사용된다.

예를 들어, 학생들이 20개의 과목에서 취득한 점수가 있다고 하자. 20개의 과목을 나타내는 변수에 대하여 언어영역, 수리영역, 탐구영역 등 3개의 새로운 변수(주성분)로 축약하여 해석하려고 한다. 이 경우 주성분분석을 통해, 어떤 과목들이 각각 언어 · 수리 · 탐구영역에 속하는지 또는 언어 · 수리 · 탐구영역에 속하는 과목은 각각 몇 개인지 파악할 수 있다. 이처럼 주성분분석은 원래의 변수를 몇 개의 새로운 축약된 변수로 만들어주며, 최종적으로는 축약된 정보를 바탕으로 여러 가지 해석을 가능하게 한다.

2. 요인분석

요인분석(factor analysis)은 주성분분석과 같이 자료의 구조를 요약하고 압축하는 것을 주된 목적으로 한다. 연관성이 많은 '변수'를 묶는 경우를 R형 요인분석(R-type factor analysis), 유사한 '사례'를 묶는 경우를 Q형 요인분석(Q-type factor analysis)이라 한다. R형 요인분석에 있어서 변수들 간에 연관성이 있다는 것은 변수들이 공유하고 있는 알려지지 않은 공통적인 요소가 존재하고 있기 때문이다. 이러한 공통적인 요소를 '요인'이라 하며, 이는 주성분분석에서의 '주성분'과 같이 기본적으로 변수간의 선형조합이다. Q형 요인분석은 계산상의 복잡성으로 인하여 실제 거의 쓰이지 않고, 대신에 군집분석이 널리 사용되고 있다.

예를 들어, 질문지에 100문항의 질문이 있다고 하자. 이 질문들은 서로 다른 내용이므로 분석시 문항들은 서로 다른 변수가 되어 100개의 변수에 대해 각각 분석을 해야 한다. 이 때 요인분석(또는 주성분분석)을 실시하여 100개의 변수를 서로 비슷한 특성의 공통요인으로 묶어 전체 변수를 정리할 수 있다.

요인분석을 하기 위해서는 몇 가지 조건을 만족시켜야 한다. 앞의 상관분석이나 회귀분석에서와 같이, 모든 변수는 정량적 척도에 의해 구성되어야 하며, 각 변수는 정규분포를 이루고 분산은 동일하여야 한다. 표본의 크기 또는 자료의 수는 최소 50개, 통상 100개 이상은 되어야 바람직하며, 일반적으로 분석하려는 변수의 수에 비하여 최소한 5배 이상은 되어야 한다(황현식 외, 2001: 305; 최태성 외, 2004: 368).

요인분석의 적용가능성이 점검되면, 모든 변수 간의 상관행렬로부터 최초요인행렬을 추출하여, 추출된 요인들 중에서 설명력이 낮은 요인들을 제거하여 적합한 요인들을 찾아내고, 요인과 변수와의 관계를 더욱 용이하게 해석하려고 추출된 요인행렬을 회전시켜 각 변수들이 어떠한 요인과 어떠한 관계에 있는지를 찾아낸다.[23] 이 경우 변수들의 선형조합인 요인은 주성분분석법, 주요인분석법, 최대우도법 등에 의해 추출할 수 있으며, 공통요인의 수는 고유값(1 이상), 분산비율(0.6 이상), 산비탈그림(scree plot) 등을 기준으로 하고,[24] 이들 사이의 연관성 여부에 따라 직각회전(orthogonal rotation)이나 사각회전(oblique rotation)을 실시한다.[25] 결국, 초기요인추출의 방법, 공통요인의 수, 요인회전의 방법에 따라 요인분석의 결과는 다르게 나타나게 된다.

이처럼 요인분석의 주목적은 많은 변수를 적은 수의 요인으로 압축하는 데 있다. 이 때 각 사례별로 계산되거나 추정된 요인점수(factor score)는 주성분분석

---

23) 추출할 요인의 수는 대체로 고유값(eigenvalue)을 이용하는 데, 주성분분석에서는 그 값이 1보다 큰 요인은 유의미하다고 간주한다(공통인자분석에서는 변수의 공통분산추정값이나 community의 평균값을 기준치로 사용하기도 함). 또한 요인과 변수 간의 상관관계 정도를 나타내는 요인적재값의 고려수준은 변수나 요인의 수에 따라 달라지나, 대체로 표본이 50개 이상일 경우는 ±0.4 이상이면 중요한 변수로 간주하여도 무방하다(최평길 외, 2000: 171).

24) 고유값(eigenvalue)이란 요인이 변수들의 분산을 설명하는 양을 말하며, 상관행렬을 사용할 경우 1보다 큰 요인만을 선택하는 것이 바람직하다(분산-공분산행렬을 사용하는 경우는 1보다 조금 작은 값을 적용하기도 함). 고유값이 1보다 작으면 변수의 분산을 설명하는 데 그 요인의 공헌도가 변수 하나보다 못하다는 것이 이 기준의 논리이다. 이 기준은 변수의 수가 20~50개인 경우에 가장 신뢰할 만한 결과를 주며, 20개 미만인 경우 요인의 수가 적게 선택되며, 50개를 초과하는 경우 요인의 수가 너무 많이 선택되는 경향이 있다(최태성 외, 2004: 374).

25) 직각회전이나 사각회전 내에서도 많은 요인회전방법이 존재하며, 어떠한 회전방법을 사용하느냐에 따라 그 결과도 다르게 나타난다. 직각회전으로는 베리맥스(varimax)방법을 대표적으로 들 수 있으며, 사각회전은 비직각회전(nonorthogonal rotation)이라 부르며 쿼티맥스(quartimax)방법, 쿼티민(quatimin)방법, 코베리민(covarimin)방법, 바이쿼티민(biquartimin)방법, 오브리민(oblimin)방법을 포함한다. 사회과학연구에서 가장 많이 사용하는 베리맥스방법은 한쪽 요인의 요인적재값에는 1에 가까운 값을, 나머지 요인의 요인적재값에는 0에 가깝게 만들어 주기 위하여, 요인적재값의 분산을 최대화(variance maximization)하여 이에 해당되는 새로운 요인적재값을 얻는 방법이다.

에서의 주성분점수와 같이, 판별분석, 군집분석, 회귀분석 등과 같은 추후 분석의 입력자료로 이용될 수 있다.

3. 판별분석

판별분석(discriminant analysis)은 종속변수가 명목척도로 측정된 경우(집단으로 구분된 경우)에 등간·비율척도로 측정된 독립변수들을 이용하여 종속변수를 분류(사례가 속한 집단을 예측하여 집단별로 분류)하는 기법이다. 판별분석은 집단을 구분하는 데 영향을 미치는 중요한 독립변수가 무엇인지 알려주고, 그 변수의 집단간 차별성을 밝혀주며, 더 나아가 이들 독립변수를 토대로 하여 차별성을 가진 각 집단을 구분하고, 어떤 대상이 어느 집단에 속하게 될 것인가를 판별할 수 있게 한다. 따라서 하나의 개별적인 변수만을 이용하여 집단이나 범주를 분류할 때보다 여러 개의 의미 있는 변수들을 동시에 고려하여 집단 간의 차이를 나타내 주기 때문에 더욱 유용한 결과를 제공하게 된다.

예를 들어 신용카드회사에서 학력, 직업, 수입, 자녀수, 근무기간, 주택 등 여러 정보를 이용하여 신청자의 신용상태를 파악하고 발급 여부를 결정하거나, 유권자들의 인구통계학적 변수와 정치적 성향이나 태도 등을 기초로 특정 후보자의 당선 여부를 예측하는 데 판별분석이 활용될 수 있다.

판별분석의 과정을 살펴보면, 먼저 종속변수의 집단을 가장 잘 판별해 주는 독립변수들을 찾아내어, 종속변수 집단 간의 중복을 최소화하는 독립변수들의 선형조합(linear combination)으로 판별식(discriminant function)을 만든다. 집단 간의 차이를 가장 의미 있게 설명해 주기 위한 기준으로 '집단내 분산'에 대한 '집단간 분산'의 비율을 사용하여, 집단내 분산을 최소화시키는 대신에 집단간 분산을 최대화시킴으로써 그 비율을 극대화하는 독립변수들의 선형조합인 판별식을 찾게 되는 것이다. 판별식을 통해 각 사례별로 판별점수(discriminant score)를 산출하고, 종속변수의 집단별로 각 사례들의 판별점수를 평균화하여 집단중심값(group centroid)을 계산한다. 집단중심값은 특정 집단의 각 사례들이 위치하고 있는 가장 전형적인 위치를 나타내 주기 때문에, 이를 비교함으로써 각 집단들이 어느 정도 차이가 있는지를 알 수 있고, 이것을 이용하여 새로운 대상이나 사례가 특정 집단에 속할 가능성을 예측할 수 있다.

이처럼 판별분석은 독립변수의 선형조합인 판별식을 도출하는 면에서 회귀분석과 유사한 점이 있다. 그러나 회귀분석의 종속변수는 정량적 변수인 반면에, 판별분석의 종속변수는 정성적(비정량적) 변수이다. 또한 회귀분석은 종속변수의 분산을 줄일 수 있는 회귀식을 도출하여 종속변수값을 예측하는 것이 목적이지만, 판별분석은 종속변수가 규정한 집단별로 사례들을 분류할 수 있는 판별식을 도출하여 사례가 속한 집단을 예측하는 것이 목적이다. 또한 분산분석은 명목척도인 요인(독립변수)에 의해 구분된 집단들 사이에 등간·비율척도에 의한 종속변수의 평균이 같은지를 검증하는 기법이나, 판별분석은 명목척도인 종속변수에 의해 구분된 집단들 사이에 판별함수값(즉, 판별점수)의 평균이 같은지를 직접 검증하지는 않지만 그 차이를 최대화하는 기법이다.

4. 군집분석

군집분석 또는 집락분석(cluster analysis)은 이질적인 대상이나 개체들을 그 속성의 유사성을 바탕으로 동질적인 군집으로 묶거나 분류하는 방법이다. 군집분석에서 대상이나 개체들은 그들이 지닌 속성의 유사성, 즉 변수의 값이 얼마나 비슷한 값을 갖는지를 거리로 환산하여 거리가 가까운 것들을 동일한 집단으로 편입시키는 과정을 거치게 된다. 이는 대상들을 분류하기 위한 명확한 기준이 없거나 밝혀지지 않은 상태에서 대상들이 지닌 다양한 속성을 바탕으로 이들을 분류하기 위한 것이다. 예를 들어 생물학에서 동물이나 식물을 종·속·과·목으로 묶어 분류하거나, 의학에서 질병을 유형이나 진행정도 등에 따라 분류하기도 하며, 심리학에서 성격유형의 분류와 경영학에서 기업군의 분류 등에 군집분석이 사용될 수 있다.

군집분석은 사례를 유사성에 따라 분류한다는 점에서 판별분석과 같다. 그러나 판별분석에서는 대상들이 종속변수의 분류범주에 따라 이미 몇 개의 집단으로 구분된 상태에서 그 집단의 구성원이 갖고 있는 속성 또는 변수 가운데 어떤 것이 집단을 분류하는 데 좋은가를 알아내게 된다. 즉, 이미 알려진 각 사례가 속한 집단을 종속변수로 사용하여 사례를 잘 분류할 수 있는 기준(판별식)을 추정하는 기법이다. 반면에, 군집분석은 전체 대상들을 그 속성의 유사성 또는 상이성을 기초로 연구자가 대상들을 몇 개의 집단으로 분류하고자 할 때 사용된다. 다시 말해서 군집분석은 각 사례들을 변수값의 유사성에 따라 군집으로 묶는 기법이며, 이 경우 군집의 수는 분석을 통해 결정되는 것이 아니라 연구자가 분석결과를 이용하여 결정한다.

또한 군집분석은 유사성이 있는 사례나 변수들을 집단으로 묶어 자료를 압축하고 그 구조를 파악한다는 점에서 요인분석과 같다. 그러나 요인분석은 판별분석과 마찬가지로 자료의 분산, 즉 상관관계를 이용하여 변수들을 압축하는 반면에, 군집분석은 변수값의 크기, 즉 측정값 간의 차이를 이용하여 사례를 압축한다. 요인분석은 상관관계를 이용함에 따라 변수값의 형태에 의해 유사성이 결정되며, 군집분석은 주로 거리를 이용함에 따라 변수값의 근접정도에 의해 유사성이 결정되는 점에서도 차이가 있다.

5. 정준상관분석

정준상관분석(canonical correlation analysis)은 독립변수와 종속변수가 모두 둘 이상이고 등간·비율척도로 측정된 경우에 이들 변수 간의 상호 관계를 분석하는 방법이다. 즉, 여러 개의 종속변수들과 여러 개의 독립변수들 사이의 연관성을 파악하는 동시에 종속변수들과 독립변수 사이의 적절한 선형관계식을 찾는 데 목적이 있다.

정준상관분석은 다중회귀분석과 다중상관분석의 확장된 개념으로 볼 수 있다. 정준상관분석과 다중회귀분석의 공통점은 종속변수와 독립변수간의 관계에 가장 적절한 선형식을 찾는 것이며, 차이점은 종속변수의 개수가 서로 다르다는 것이다. 다중회귀분석에서는 종속변수가 하나인 데 반하여, 정준상관분석에서는 종속변수가 둘 이상이 된다. 종속변수가 하나 이상일 때 다중회귀분석을 사용하여 각각의 종속변수별로 분리된 회귀식을 구할 수는 있지만, 정준상관분석의 경우처럼 여러 개의 종속변수의 효과를 동시에 고려한 분석결과와는 큰 차이가 있게 된다.

예를 들어, 성장기 어린이를 대상으로 연령 및 육류의 1일 평균섭취량에 따른 키와 몸무게를 예측하고자 한다. 이 때 '키'를 종속변수로 하고 '연령'과 '육류 섭취량'을 독립변수로 하는 하나의 다중회귀분석과, '몸무게'를 종속변수로 하고 '연령'과 '육류 섭취량'을 독립변수로 하는 또 다른 다중회귀분석을 생각할 수 있다. 이 경우, 키와 몸무게 사이에는 상호 연관성이 존재할 수 있기 때문에, 각각에 대해서 다중회귀분석을 두 번 할 것이 아니라, '키'와 '몸무게'를 동시에 종속변수로 하고 '연령'과 '육류 섭취량'을 독립변수로 하는 정준상관분석을 하는 것이 바람직하다. 또 다른 예로서 '수능시험'과 '본고사'라는 두 개의 종속변수와 '내신에 포함된 20개 과목들' 사이의 상관관계를 바탕으로 한 자료의 축약 및 관계식을 도출하고자 한다면 정준상관분석을 하면 된다.

이처럼 정준상관분석은 독립변수 전체와 종속변수 전체를 동시에 고려하는 방법이다. 두 변수군(群)의 선형조합 사이의 단순상관계수를 극대화시키는 각 변수군의 최대 선형조합을 찾아내어, 이로부터 두 변수군 사이에 어떠한 관계가 존재하는지를 알아낸다. 결국, 독립변수군의 선형조합이 종속변수군의 선형조합과 최대한으로 상관관계를 갖게 되는 두 변수군 사이의 상관계수가 정준상관관계의 정도를 보여주게 된다.

제10절 시계열 분석

1. 시계열분석의 의미

지금까지 설명한 통계기법들은 주로 하나의 시점에서 여러 대상으로부터 수집한 횡단면적 자료(cross-sectional data)에 대한 분석을 위한 것이다. 그러나 실제에는 시간에 따라 연속적으로 측정·배열된 자료에 대하여 분석을 해야 할 경우가 흔히 있다. 이처럼 연속적으로 이어진 시간의 단위(시점, time point)마다 취한 통계량을 시계열(time series) 혹은 종단면적(longitudinal) 자료라 하며, 이러한 자료를 분석하는 것을 시계열분석이라고 한다.

시계열분석을 통하여 시간적 변화나 흐름의 메커니즘(mechanism)을 이해·묘사하고, 이에 기초하여 미래를 예측을 할 수 있으며, 그 예측결과를 바탕으로 관련 시스템에 대한 적절한 통제를 할 수 있게 된다. 다시 말해서, 과거에서부터 작용하여 온 변수에 대한 이해를 증진시켜 미래에 대한 예측을 하고자 하는 데 시계열분석의 목적이 있다고 할 것이다. 따라서 시계열분석은 어떤 현상에 관련된 자료를 시간의 흐름에 따라 순차적으로 측정하여, 이들이 가진 변화패턴이나 인과관계에 관한 통계적 모형을 설정하고, 그 모형에 있는 미지의 모수를 통계적 방법으로 추정함으로써 미래를 예측하게 된다.

2. 시계열분석의 기법

모든 예측기법은 시계열자료 속에 기본적인 계통이 깔려 있으며 이에 약간의 우연적인 움직임이 덧붙여 있다고 가정하고 있다. 따라서 예측기법의 초점은 가능한 한 정확하게 이러한 기본적인 계통의 유형을 우연적인 변동으로부터 격리시켜 미래 예측에 대한 기초로 사용하려는 데 있다. 일반적으로 사용되는 예측기법으로는 회귀법, 이동평균법, 지수평활법, 요소분해법 등이 있다.

(1) 회 귀 법

회귀법(regression method)은 통계적 회귀모형을 시계열자료에 적용하여 미지의 모수를 추정하는 방법이다. 주로 최소제곱법(OLS)에 의해 모수를 추정하며, 경향변동이나 계절변동을 갖는 시계열자료의 분석에도 적용이 가능하다. 이 경우, 시계열 자료에서 일반적으로 나타나는 자기상관 혹은 계열상관의 문제를 적절히 해결하여야 한다.[26)]

(2) 이동평균법

이동평균법(moving-average method)은 과거의 모든 자료를 동등하게 이용하는 최소제곱법에 의한 회귀법과 달리, 최근의 자료에 비중을 더 두는 예측기법이다. 대부분의 시계열자료는 영구적 변화와 더불어 일시적 변화를 포함하고 있으며, 주어진 시계열 모형도 국부적으로는 타당하나 시간이 경과함에 따라 새로운 모형으로 변할 수 있다. 따라서 영구적 변화에 적응하면서 일시적 변화에 민감한 반응을 나타내지 않고 최근의 경향에 더욱 적응하는 예측기법이다.

이동평균법의 한 형태로서 박스-젠킨스(Box-Jenkins) 예측기법 혹은 자기회귀 통합이동평균모형(autoregressive integrated moving-average model, ARIMA)이 있다. 이 방법은 역사적 자료 속에 특정한 계통이 있다고 가정하지 않고, 반복적인 접

26) 이에 대해서는 앞의 제18장 제8절에 설명된 내용을 참조하기 바란다.

근을 통해 여러 가지 모형 중에서 가장 가능성이 있는 모형을 선정한다. 다시 말해서, 선정된 모형이 역사적 자료에 대해 시계열을 제대로 정확히 기술하고 있는가를 지속적으로 검증하게 된다. 만약 선정된 예측모형과 역사적 자료 간의 잔차가 작고 무작위적으로 분포되어 있고 독립적이라면, 그 모형은 잘 설정된 것이라고 본다. 만약 이러한 성질을 가지고 있지 않다면, 반복적인 모형 설정의 시도가 계속 이루어지게 된다.

(3) 지수평활법

지수평활법(exponential-smoothing method)은 이동평균법과 마찬가지로 최근의 자료에 가중치를 주는 방법이며, 이동평균법의 특별한 유형으로 간주되기도 한다. 이것은 브라운과 마이어(Brown and Meyer)에 의해 개발되었으며, 계산이 간편하고 예측을 정확히 해 주기 때문에 특히 가까운 미래의 예측에 가장 많이 사용되고 있다.

(4) 요소분해법

요소분해법(decomposition method)은 그 단어가 의미하는 바와 같이 시계열자료의 변동을 몇 가지 주요 변동으로 분해하여 설명하는 것이다. 이 때 고려되는 변동들은 주로 경향변동, 계절변동, 순환변동 등이며, 특히 경제와 경영분야에서 많이 활용되고 있다.

제19장

관리과학적 분석

관리과학적 분석은 관리과학에서 논의되는 기법을 활용하여 자료를 처리함으로써 문제해결을 위한 과학적 판단의 기초를 제시해 준다. 관리과학적 기법은 기술적·설명적·예측적 연구뿐만 아니라 특히 합리적인 의사결정을 위한 연구에 많은 도움을 준다. 이러한 기법은 대체로 의사결정이 이루어지는 상황에 따라 그 형태를 달리하는바, 각 상황에 따른 적용기법의 용도 및 한계 등에 대한 정확한 이해가 선행되어야 한다.

제 1 절 의의 및 유형

1. 관리과학적 분석의 의의

관리과학적 분석은 관리과학에서 논의되는 기법을 활용하여 자료를 처리함으로써 문제해결을 위한 과학적 판단의 기초를 제시해 준다. 의미상 약간의 차이가 있으나, 관리과학은 경영과학(management science), 운용연구(operations research), 운용분석(operations analysis), 계획연구(planning research), 체제분석(system analysis), 의사결정과학(decision science) 등으로 불리기도 한다.

관리과학의 기본 목적은 의사결정의 질을 높이는 데 있다. 다시 말해서, 의사결정대안이 제시하는 행동노선에 따르는 경우 얻어지는 결과를 기술하거나 미래의 상태를 확률적으로 예측하도록 한다. 또한, 시스템 내의 어느 부분이 변화함에 따라 다른 부분이 이에 대응하여 어떻게 변화하는지를 설명하거나, 다수의 선택가능한 대안들 중 적절한 해결방안을 선택하기 위한 의사결정규칙을 제시하기도 한다.

2. 관리과학적 분석의 유형

관리과학의 모형과 기법은 의사결정이 이루어지는 환경에 따라 매우 다양하다. 의사결정환경은 주어진 상황에 따라 대체로 확실상황, 위험상황, 불확실상황 및 상충상황으로 구분되며, 각 상황에 따라 해결 대안과 적용기법들이 달라진다.

확실(certainty)상황이란 의사결정에 필요한 모든 정보가 알려져 있으며 이것이 실제로 가능한 상태를 말한다. 이처럼 완전한 정보가 갖추어진 상황 하에서는 문제의 해결대안에 대하여 정확한 결과를 예측할 수 있다. 선형·정수·목표계획법, 수송·할당문제, 동적계획법, 네트워크모형, PERT / CPM모형 등이 확실한 상황 하에서 의사결정을 위한 적용기법들의 대표적인 예이다.

위험(risk)상황은 특정 의사결정에 대한 발생확률만이 알려져 있는 상태를 의미한다. 즉, 실제 또는 미래 상황이 무엇인지 정확히 알 수는 없다 하더라도 각 상황의 발생가능성을 확률로 나타낼 수 있는 경우이다. 이와 같은 위험상황 하에서 의사결정문제를 분석하기 위해서는 여러 가지 통계학적 확률이론이 필요하며, 확률적 선형계획법, 확률적 재고모형, 대기행렬모형, 마코브(Markov)모형, 시뮬레이션모형 등이 분석에 사용될 수 있다.

불확실(uncertainty)상황은 발생가능한 여러 상황들을 추정할 수 있으나 상황의 발생확률을 전혀 예측할 수 없는 경우이다. 이러한 상황하의 의사결정에 있어서는 완전한 의사결정기준이란 존재하지 않으며, 의사결정자의 가치관이나 선호 또는 위험에 대한 태도 등에 따라 의사결정방법의 차이가 나타나게 된다. 이 경우 선택할 수 있는 의사결정기준에는 최대최소값(maximin)기준, 최대최대값(maximax)기준, 후르비츠(Hurwicz)기준, 라플라스(Laplace)기준, 최소최대값(minimax)기준 등이 있다.

상충(conflict)상황은 다수의 의사결정자가 동시에 경쟁적인 상태에 놓여 있을 때 존재한다. 이와 같은 상충상황 하에서는 경쟁상대에 따라 결과가 달라지기 때문에 의사결정문제가 매우 복잡하게 구성되어 대안을 찾기가 쉽지 않다. 이러한 의사결정문제는 주로 게임이론(game theory)을 이용하며, 부분적으로 계층분석과정(Analytic Hierarchy Process)을 통하여 최적 대안을 찾을 수 있다.

제 2 절 확실상황하의 분석

확실(certainty)상황이란 의사결정에 필요한 모든 정보가 알려져 있으며, 이것이 실제로 가능한 상태를 말한다. 이처럼 완전한 정보가 갖추어진 상황 하에서는 문제의 해결대안에 대하여 정확한 결과를 예측할 수 있다. 선형 · 정수 · 목표계획법, 수송 · 할당문제, 동적계획법 PERT / CPM모형 등이 확실한 상황 하에서 의사결정을 위한 적용기법의 예가 된다. 여기서는 대표적인 기법인 선형계획법, 정수계획법, 목표계획법 등을 개괄적으로 다룬다.

1. 선형계획법

(1) 선형계획법의 의의

선형계획법(線型計劃法, liner programming)은 관리과학기법 중 가장 널리 사용되고 응용되는 기법으로서, 하나의 목표달성을 위하여 한정된 자원을 가장 효율적으로 배분하는 수리계획법(數理計劃法)의 일종이다. 선형계획법은 제2차 세계대전 당시 수송, 할당, 배치 등 군수관리문제에 관한 의사결정에 사용된 이래, 1947년에 댄지그(George Dantzig)가 선형계획을 풀기 위한 심플렉스법(simplex method)을 개발함으로써 획기적인 발전을 하게 되었다. 이후 국방분야뿐만 아니라 민간부문과 공공부문의 전반에 걸쳐 매우 광범위하게 활용되고 있다.

(2) 선형계획법의 형태

선형계획문제는 그 목적에 따라 최대화 문제와 최소화 문제로 구분할 수 있다. 최대화 문제는 주어진 자원을 활용하여 최대의 목적을 달성하고자 하는 것이며, 최소화 문제는 정해진 목적을 달성하기 위하여 자원을 최소화하고자 하는 것이다. 목적이 어떠하든 선형계획분석은 의사결정변수(decision variable)와 목적함수(objective function), 그리고 제약조건(constraints)을 정하여 모형을 정립하고 이의 최적해를 구하는 절차를 거친다.

선형계획법을 효과적으로 활용하기 위해서는 최적해를 구한 후 민감도분석(sensitivity analysis)을 하는 것이 필요하다. 민감도분석은 선형계획모형에서 목적함수, 제약조건, 사용가능자원 등을 변경시킴으로써 최적해가 반응하는 여러 가지 상황을 분석하여 문제의 대안을 찾는 추론적 분석(what-if analysis)이다. 민감도분석을 통하여 의사결정자는 다양한 대안들을 비교·검토함으로써 최적 대안을 선택할 수 있으며, 매개변수의 변화와 관련된 의사결정정보를 효율적으로 수집할 수 있다.

(3) 자료포락분석

최근 들어 선형계획법에 근거한 효율성 측정기법으로서 자료포락분석이 여러 학문분야에 걸쳐 활발히 사용되고 있다. 자료포락분석(data envelopment analysis)은 단일의 투입·산출비율을 복수의 투입·산출비율로 확장한 기법인데, Charnes, Cooper & Rhodes(1978)의 모형을 기본으로 하고 있다. 즉, 초기의 분수(分數)계획형태를 전형적인 선형계획형태로 변환시켜 이 선형계획모형을 통해 의사결정단위 간의 상대적 효율성을 사후에 비교·평가한다.

함수접근법, 지수법, 비율법 등과 같은 기존의 기법이 다수의 투입요소와 다수의 산출요소가 관련되거나 규모의 경제나 비경제가 존재하는 경우에 그 적용에 있어서 한계가 있는바, 자료포락분석을 통해 이러한 측정기법이 지니는 한계를 어느 정도 극복할 수 있게 된다. 이러한 장점 때문에 군부대, 보건소, 학교, 지방정부, 법원, 교도소, 파출소, 시설입지, 도로정비 등 비영리부문뿐만 아니라 학원, 병원, 약국, 금융기관, 항공회사, 부동산 등 영리를 목적으로 하는 민간부문의 효율성 평가에도 유용하게 사용되고 있다.

2. 정수계획법

(1) 정수계획법의 의의

정수계획법(integer programming)은 최적해가 항상 정수(整數)값을 취하는 선형계획법의 특수한 형태이다. 이는 의사결정변수들의 분할이 실제로 불가능하여 정수이어야 하거나 가부(可否) 간의 결정(either-or type decision)을 해야 하는 경우에 유용하게 사용된다. 정수계획법은 선형계획법의 특성 중 분할성 대신에 정수제약조건을 갖는다는 점을 제외하면 일반적인 선형계획법의 특성과 동일하다. 따라서 정수계획모형은 선형계획모형의 목적함수와 제약조건식을 동일한 형태로 지니고 있으며, 추가로 특정 변수에 대한 정수제약조건을 포함하고 있을 뿐이다.

(2) 정수계획법의 형태

의사결정변수를 토대로 정수계획모형을 분류하면 대체로 세 가지로 나누어 볼 수 있다. 첫째 형태는 모든 의사결정변수가 정수값을 갖는 순수정수계획모형(pure-integer programming model)이며, 둘째 형태는 모형의 변수 중에서 특정 변수는 정수값을 가지나 다른 변수는 연속적 형태를 지니는 혼합정수계획모형(mixed-integer programming model)이다. 그리고 셋째 형태는 모든 의사결정변수가 0 또는 1의 두 값 중 하나만을 갖는 0-1 정수계획모형(zero-one integer programming model)이 있다. 그러나 실제로 투자사업선정, 예산배정, 시설설치, 입지선정, 조직(기관) 설립, 인력할당 등 많은 의사결정문제가 0 또는 1의 의사결정변수를 갖는 최적의 정수해를 요구하고 있다.

(3) 최적해의 도출방법

정수계획모형의 최적해를 구하는 방법에는 반올림법, 도표해법, 분단탐색법, 열거법 등이 있으며, 각 방법을 간략히 설명하면 다음과 같다.

1) 반올림법

반올림법(rounding method)은 주어진 정수계획문제를 일반 선형계획법에 의해 최적해를 구한 후, 정수제약조건을 갖는 변수의 최적해 값이 소수값을 갖는 경우에 반올림하여 정수값을 얻는 방법이다. 이는 매우 쉽고 경제적으로 사용될 수 있으나, 소수값을 가진 최적해를 반올림하여 정수로 만들면 제약조건을 벗어날 수 있으며, 만약 반내림을 하면 최적 정수해보다 열등할 수도 있는 문제점이 있다.

2) 도표해법

도표법(graphic method)은 이차원(二次元)의 도표를 토대로 최적해를 구하는 방법이다. 제약조건식 도표 내 실행가능점의 정수해를 설정하고, 목적식을 나타내는 직선식을 이동시켜 이들 정수해 중에서 목적함수의 값을 최대(최소)로 하는 최적해를 구해 나가는 것이다. 이러한 도표해법은 시각적으로 쉽게 이해할 수 있는 장점이 있으나, 변수가 세 개 이상이면 실제로 이용할 수 없게 된다.

3) 분단탐색법

분단탐색법(branch and bound method)은 가장 많이 이용되고 있는 정수계획법인데, 실행가능한 정수해 중에서 최적 정수해를 구하는 방법이다. 일단 정수제약조건을 무시하고 심플렉스법에 의해 일반최적해를 구하고, 이들 해가 모두 정수값을 가지면 그 값이 정수계획모형의 최적해가 된다. 만일 일반최적해 중 어느 하나라도 정수제약조건을 충족하지 못하면, 가장 큰 소수값을 가지는 일반최적해의 변수를 한번은 올림을 다른 한번은 내림을 하고 제약조건식을 변형시켜 두 개의 문제로 재작성한다. 각 문제의 해가 제약조건을 만족시키는지 확인하고 목적식의 값을 비교하여 최대(최소)가 되는 해를 선택하는 과정을 거친다.

4) 열 거 법

열거법(enumeration method)은 가능한 모든 해를 열거한 후 실행 불가능한 해는 버리고 실행 가능한 해 중에서 목적함수의 값이 가장 크거나(최대화 문제의 경우) 작은(최소화 문제의 경우) 해를 최적해로 선택하는 방법이다. 열거법은 특히 0-1 정수계획모형에 가장 적합한 방법의 하나로 간주되고 있다.

3. 목표계획법

(1) 목표계획법의 의의

선형계획법이 단일목표의 의사결정방법이라면, 목표계획법(goal programming)은 여러 개의 목표를 동시에 달성하기 위한 다수 의사결정방법이다. 비록 목표계획법이 선형계획법의 발전된 형태로 개발되었으나, 선형계획법을 단순히 연장한 차원의 이론에 그치는 것은 아니다. 왜냐하면 목표계획법이 다수의 의사결정수준을 분석하고, 모형의 제약조건을 완화하며, 상충된 의사결정 목표에 대해 우선순위를 검토하기 때문이다. 이러한 목표계획법의 특징 때문에 의사결정자는 의사결정수준과 우선순위의 결정을 통해서 환경이나 조직, 그리고 주관적인 판단요소도 동시에 고려할 수 있다(이상문, 1997: 312).

(2) 목표계획법의 형태

목표계획모형의 해법은 목표 우선순위의 절대성 여부에 따라 우선순위 목표계획모형과 가중치 목표계획모형으로 나눌 수 있다. 이러한 구분은 목표의 우선순위에 따라 목적식의 선정을 서로 달리하기 때문이다.

1) 우선순위모형

우선순위모형(preemptive goal programming model)은 우선순위가 높은 목표를 위해 우선순위가 낮은 목표를 희생하는 것이다. 우선순위모형을 적용할 때는 제약조건식에서 우선순위가 높은 목표로부터 낮은 목표로 목표의 충족범위를 순차적으로 한정해 간다. 다시 말해서 각 목적식들 간에 우선순위를 미리 설정하여 우선순위가 높은 목적식의 목표 미달치를 우선적으로 최소화하고, 그 후 순차적으로 다음 우선순위를 지닌 목적식의 목표 미달치를 최소화한다. 수학적으로 볼 때 제약조건식은 선형계획모형의 형태가 되지만, 여러 개의 목적함수를 순차적으로 최적화한다는 점에서 차이가 있다.

2) 가중치모형

가중치모형(nonpreemptive goal programming model)에서는 목표마다 가중치를 두어 목표를 일반적인 제약조건과 목적식으로 환산하여 각 목적식들의 목표 미달치들의 적당한 가중합계를 최소화한다. 이 때 가중치들은 대개의 경우 의사결정자의 주관적인 판단에 의하여 결정된다. 이러한 형태의 목표계획모형의 최종적인 형태는 수학적으로 볼 때 선형계획모형이 되기 때문에 심플렉스법으로 해가 구하여진다. 그러나 가중치들이 의사결정자에 의하여 임의적으로 선택되기가 쉽기 때문에 세심한 주의가 필요하게 된다.

제 3 절 위험상황하의 분석

위험(risk)상황은 특정 의사결정에 대한 발생확률만이 알려져 있는 상태를 의미한다. 즉, 실제 또는 미래 상황이 무엇인지 정확히 알 수는 없다 하더라도 각 상황의 발생가능성을 확률로 나타낼 수 있는 경우이다. 이와 같은 위험상황 하에서의 문제를 분석하려면 여러 가지 통계적 확률이론이 필요한데, 여기서는 대표적으로 대기행렬모형, 마코브모형, 시뮬레이션에 대하여 개괄적으로 설명한다.

1. 대기행렬모형

(1) 대기행렬모형의 의의

대기행렬모형(queuing model)은 덴마크 수학자 Erlang의 연구를 시작으로 하여, 실제 사회 및 조직의 문제를 해결하는 기법으로 널리 활용되어 왔다. 이 모형은 대기비용, 서비스비용, 그리고 그 효과 등을 분석함으로써, 최소한의 인적·물적 자원을 사용하면서 대기시간을 최대한 단축시키려는 목표를 달성하려고 한다. 다시 말해서, 대기행렬의 길이, 대기시간, 서비스시간 등을 적절하게 설정하여 고객에게 최상의 서비스를 제공하고자 하는 것이 그 근본 취지이다. 여기서 서비스관련비용과 대기시간관련비용을 최소화하는 것이 의사결정자의 목적이며, 대기행렬시스템의 기본 요소들을 통계학이나 수학을 사용하여 적절히 모형화하여 이를 분석함으로써 원하는 결과를 얻고자 한다.

(2) 대기행렬분석의 논리

대기행렬모형은 그 모형의 기본 요소들에 대한 가정에 따라 여러 가지 다양한 형태를 띠게 된다. 대기행렬모형에서 기본적으로 고려해야 할 요소들은 크게 고객에 관한 요소(대상 고객집단의 크기, 고객의 도착과정, 도착한 고객의 형태 등)와 서비스 시스템에 관한 요소(시설의 규모, 서비스 제공방법, 서비스 시설의 구조, 서비스 시간 등)로 이루어진다. 그러나 대상 고객집단의 크기가 유한한 경우, 고객의 도착과정이 이미 확정된 일정(schedule)에 따르는 경우, 도착한 고객이 대기행렬을 이탈하는 행태를 지닌 경우, 또는 서비스 시설의 규모가 무한한 경우에 대기행렬분석은 큰 의미가 없다.

대기행렬분석에 있어서 고객에 관한 가장 중요한 가정은 고객의 도착과정이 무작위적(random)으로 이루어진다는 것이다. 고객의 도착과정이 무작위적이면 대기행렬이 발생하게 되고, 이 경우 도착과 도착 사이의 시간에 대한 확률분포를 알아야 한다. 도착사이시간(inter-arrival time)이 음(−)의 지수분포(exponential distribution)를 갖는다면,[1] 고객의 도착은 포아송(Poisson)분포에 의한 과정을 갖는

---

1) 음(-)의 지수분포는 다음과 같이 나타낼 수 있다.

$f(t) = \mu e^{-\mu t}$

여기서 $f(t)$는 시간 t와 관련된 확률밀도함수, t는 서비스 시간, 그리고 μ는 평균 서비스율 ($1/\mu$는 평균 서비스 시간)을 의미한다.

다.[2] 포아송분포는 어느 순간에 있어서도 미래가 과거와는 무관하다는 성질로 인하여 분석이 용이하며, 실제로 고객의 도착분포가 단위시간당 도착 수와 관련이 있기 때문에 대기행렬분석에 가장 많이 이용되고 있다.

서비스 시스템에 관한 요소 중 서비스 제공방법은 선착순(first come, first served), 후착순(last come, first served), 우선순위의 부여 등이 있을 수 있다. 서비스 시설의 구조는 서비스 단계의 수에 따라 단일단계구조(single-phase structure)와 다단계구조(multi-phase structure)로 구분되며, 또 서비스 시설의 수에 따라 단일경로체계(single-channel system)와 다경로체계(multi-channel system)로 나누어진다. 이러한 두 가지 측면의 서비스 시설 구조에 따라 단일단계-단일경로모형, 다단계-단일경로모형, 단일단계-다경로모형, 다단계-다경로모형 등으로 유형화할 수 있다.

2. 마코브모형

(1) 마코브모형의 의의

마코브(Markov)모형은 러시아의 확률이론가 마코브(A. A. Markov)에 의해 개발된 것으로서, 시간에 따라 반복되는 사건의 확률변화를 규명하는 데 유용하다. 마코브모형을 통하여 미래에 시스템이 있을 상태를 예측함으로써 의사결정에 필요한 확률적 정보를 얻을 수 있다. 이러한 모형을 통하여 얻을 수 있는 정보에는 특정 시간에 시스템이 특정 상태에 있을 특정상태확률과 장기적으로 시스템이 각각의 상태에 안정적으로 있을 안정상태확률 등이 있다.

마코브모형은 바로 이전 단계의 상태에 의해서만 현재 단계의 상태가 결정된다는 특성을 지닌 확률적 과정(stochastic process)에 기초하고 있다. 이러한 확률적 과정을 마코브과정(Markov process)이라 하며,[3] 마코브과정은 시스템 상태(sys-

---

2) 포아송분포는 비연속적인 이산확률분포(discrete probability distribution)의 형태를 띠고 있다. 평균도착률(λ)이 주어졌을 때, t시간 내에 n번의 도착이 있을 확률을 나타내는 포아송분포는 다음과 같이 정의된다.

$$P_n(t) = \frac{e^{-\lambda t}(\lambda t)^n}{n}$$

여기서 t는 시간간격, n은 도착횟수(1, 2, 3, …), 그리고 λ는 단위시간당 도착률(평균도착률)을 의미한다.

3) 연속적인 시간의 흐름에 따른 확률값의 변화를 마코브과정이라 한다면, 일정한 시간 간격(이산적인 시간)에 따른 확률의 변화를 마코브연쇄(Markov chain)라고 한다. 따라서 마코브과정은 마코브연쇄의 과정을 보여 주는 것으로 마코브연쇄의 시점 간을 무수히 세분하여 나타낼 수 있다.

tem state)와 시스템 간의 이동확률을 의미하는 전이확률(transition probability)로 구성된다.[4)]

(2) 마코브분석의 논리

전이확률을 이용한 미래 상태의 예측은 나무모형과 행렬을 이용하는 방법이 있다. 나무모형접근법(tree diagram approach)은 확률나무(probability tree)를 도식적으로 이용하여 쉽게 미래 상태를 추정할 수 있어 단순하고 단기간에 걸친 미래 상태를 예측하는 데 유용하다. 그러나 이 방법은 시스템이 취할 수 있는 상태의 유형이 많거나 전이기간이 여러 번 있을 경우 오히려 복잡하여 예측이 불가능할 수도 있다.

행렬접근법(matrix approach)은 전이확률을 정방형(正方形) 행렬(square matrix)로 표현한 전이확률행렬을 이용하여 미래의 시스템 상태를 예측하는 방법이다. 예를 들어 최초 0시점의 시스템 상태가 $p(0)$이고 전이확률행렬을 P라고 한다면, 시점 1의 시스템 상태는 $p(1)=p(0)\cdot P$, 시점 2의 시스템 상태는 $p(2)=p(1)\cdot P=p(0)\cdot P^2$, …, 시점 n의 시스템 상태는 $p(n)=p(0)\cdot P^n$으로 계산될 수 있다. 이러한 행렬접근법은 시스템의 상태가 장기간에 걸치거나 시스템의 유형이 많은 경우 널리 이용되고 있다.

3. 시뮬레이션

시뮬레이션(simulation) 혹은 모의분석은 실제 상황에서 발생하는 문제를 일반적인 계량모형에 의해 분석할 수 없는 경우에 사용된다. 다양한 조건하에서 실험적으로 운영상황을 흉내 내어 실험한 후 그 결과가 어떻게 되는지 알아봄으로써 적절한 해답을 구하는 기법이다.

넓은 의미에서 시뮬레이션은 물리적 모형을 통하여 실험하는 아날로그 시뮬레이션(analog simulation)도 포함하나, 대체로 주어진 조건하에서의 실제 상황을 컴퓨터를 이용하여 수리적(數理的)으로 실험하는 디지털 시뮬레이션(digital simula-

4) 다시 말해서, 전이확률은 한 기간 동안 한 상태에서 다른 상태로 옮겨갈 확률을 의미한다. 마코브분석에서 전이확률은 바로 이전 단계의 상태에 따라 좌우되며 시간이 바뀌어도 변하지 않는 특징을 지니고 있다.

tion), 즉 몬테칼로 시뮬레이션(Monte Carlo simulation)을 지칭한다. 확률적 시뮬레이션에 널리 쓰이는 이러한 몬테칼로 시뮬레이션은 먼저 주어진 상황에 따라 난수(random number)를 산출하고, 다음 단계에서 산출된 난수를 특정 확률분포에 적합하도록 전환시켜 필요한 값을 구하는 과정을 거친다.

최근 컴퓨터 하드웨어와 소프트웨어의 발달에 따라 복잡한 시스템을 시뮬레이션하는 것이 더욱 활성화되고 있다. 아주 단순한 경우를 제외한 대부분의 시뮬레이션에 있어서 컴퓨터의 사용은 거의 절대적으로 필요하다. 특히 실험의 진행과정에서 수정보완이 용이하도록 한 GPSS, SIMSCRIPT, SIMULA, DYNAMO, SIMAN 등 다양한 시뮬레이션 프로그램 언어가 개발되어 적극적으로 활용되고 있다.

4. 의사결정분석

위험한 상황하의 의사결정은 우선 선택가능한 대안들을 확인한 후 발생가능한 상황이 어떤 것인가를 파악하고 각 상황의 발생확률을 정해야 한다. 다음으로 주어진 상황에서 각 대안의 조건부 수익이나 손실이 정해짐으로써 각 대안의 기대이익을 구할 수 있으며, 최종적으로 최대기대이익을 갖거나 최소기대손실을 나타내는 대안을 선택하게 된다. 물론 이 때 위험선호형(risk taking), 위험회피형(risk averting), 위험중립형(risk neutral) 등 의사결정자의 위험에 대한 태도에 따라 의사결정이 달라질 수도 있다.

(1) 기댓값기준

기댓값(expected value)기준은 각 대안에 대한 기댓값을 구한 후, 이들 중에서 최선의 값을 갖는 대안을 선택하는 방법이다. 예를 들어, A투자회사는 주식, 채권 그리고 부동산의 세 가지 투자대안을 고려하고 있다고 하자. 각 투자대안의 수익은 향후 1년 간의 경제상황에 따라 달라지는 것으로 알려져 있다. 경제상황은 크게 세 가지 패턴, 즉 저속성장을 할 경우, 정상성장을 할 경우, 고속성장을 할 경우 등으로 구분되며, 각 경제상황이 발생할 확률은 저속성장이 30%, 정상성장이 50%, 고속성장이 20%라고 한다. 이러한 경제상황 하에서 각 대안의 투자수익은 [표 19-3-1]에서 보는 바와 같다.

[표 19-3-1] 기댓값기준의 적용 예

경제상황 / 대안	저속성장	정상성장	고속성장	기 대 값
	$P_1 = 0.3$	$P_2 = 0.5$	$P_3 = 0.2$	
주 식	-100	70	120	(-100×.3)+(70×.5)+(120×.2)=29
채 권	-40	50	90	(-40×.3)+(50×.5)+(90×.2)=31
부동산	-150	40	180	(-150×.3)+(40×.5)+(180×.2)=11

표에서 보듯이, 각 투자대안의 기댓값은 각 대안의 예상수익을 각 경제상황이 발생할 확률과 곱해서 합한 것이 된다. 이에 근거하여 그 투자회사는 기댓값이 가장 높은 채권에 투자하기로 결정한다.

(2) 기대기회손실기준

기대기회손실(expected opportunity loss)기준의 원리는 특정 대안을 선택함에 따라 발생할 수 있는 기대손실을 최소화하는 데 있다. 앞의 예에서, 기회손실은 각 경제상황별로 계산될 수 있다. 우선 기회손실을 구하려면 각 경제상황에서 최선의 선택이 무엇인가를 알아야 한다. 저속성장 하에서 최선의 선택은 채권에 투자해서 40의 손실만을 보는 것이다. 그러나 동일 조건 하에 주식에 투자했다면 100의 손실을 가져오고, 이 경우 기회손실은 100의 손실과 40의 손실의 차액인 60이다. 이러한 방식으로 각 투자대안의 기회손실을 구하면, [표 19-3-2]와 같다.

기대기회손실기준에서는 기대기회손실을 최소화하는 데 그 목적이 있으므로, A투자회사에서 선택되는 투자대안은 채권이 될 것이다.

[표 19-3-2] 기대기회손실기준의 적용 예

경제상황 / 대안	저속성장	정상성장	고속성장	기대기회손실값
	$P_1 = 0.3$	$P_2 = 0.5$	$P_3 = 0.2$	
주 식	60	0	60	(60×.3)+(0×.5)+(60×.2)=30
채 권	0	20	90	(0×.3)+(20×.5)+(90×.2)=28
부동산	110	30	0	(110×.3)+(30×.5)+(0×.2)=48

(3) 완전정보 기댓값기준

기댓값기준과 기대기회손실기준의 개념을 확장한 것이 완전정보의 기댓값(expected value of perfect information)기준이다. 의사결정상황을 위험상황에서 확실한 상황으로 바꾸어 놓을 정보가 있다고 할 때, 그러한 정보를 완전정보라고 한다.

앞의 예에서 각 투자대안의 기댓값은 불완전한 정보가 주어져 있을 때 투자자가 기대할 수 있는 투자수익이다. 이 기준에 의하면, 최선의 선택안은 채권에 투자하는 것이었다. 그러나 만약 확실한 상황이 존재한다면, 투자자는 미리 어떤 경제상황이 발생하고 어떠한 대안을 선택할지를 알 수 있을 것이다. 저속성장이 확실하게 발생한다면 40의 손실만 발생시키는 채권에 투자할 것이고, 정상성장이 확실하다면 70의 수익을 남기는 주식에 투자할 것이며, 고속성장이 확실하다면 180의 수익을 가져다주는 부동산에 투자할 것이다.

그러나 저속성장은 30%, 정상성장은 50%, 그리고 고속성장은 20%의 확률로 발생하기 때문에, 완전정보 하에서 기대투자수익은 $-40\times0.3+70\times0.5+180\times0.2=59$이다. 완전정보 하에서 기대투자수익(59)과 불완전정보 하에서 기대투자수익(채권: 31)간의 차이가 바로 완전정보의 기댓값(28)이다. 이 금액은 의사결정자가 완전정보를 얻기 위해 지불하고자 하는 최대금액이다.

(4) 의사결정나무분석

현실적인 의사결정 문제에는 단일단계 또는 단일시간의 개념하에서 발생가능한 상황에 따른 확률적인 고려뿐만 아니라 이후의 여러 단계 또는 시간을 고려해야 하는 경우가 많다. 이처럼 다단계 또는 연속적인 의사결정문제는 의사결정나무(decision tree)를 사용하여 분석이 가능하다. 의사결정나무는 의사결정마디(decision node), 상황마디(event node or chance node), 확률(probability), 그리고 조건부결과가 표시되는 최종마디(terminal node) 등으로 구성되는데, 이들을 나무형태로 도식화하여 최적 대안을 식별하는 과정을 거친다.

제 4 절 불확실상황하의 분석

불확실(uncertainty)상황은 발생가능한 여러 가지 상황들을 추정할 수 있으나, 상황의 발생확률을 전혀 예측할 수 없는 경우이다. 이러한 상황에서 의사결정을 할 때에 완전한 의사결정기준은 존재하지 않으며, 의사결정방법도 의사결정자의 가치관이나 선호 또는 위험에 대한 태도 등에 따라 차이가 나타나게 된다. 이 경우 최대최소값기준, 최대최대값기준, 후르비츠기준, 라플라스기준, 최소최대값기준 등을 적용하여 의사결정을 행할 수 있다.

1. 최대최소값기준

최대최소값기준(maximin criterion)은 비관적(pessimistic) 입장에서 의사결정이 이루어지는 것으로서 왈드기준(Wald criterion)이라고도 한다. 이 기준은 미래에 항상 자신에게 불리한 상황이 전개된다고 가정하고, 각 의사결정대안이 가져올 최소한의 이익을 기준으로 하여 이들 최소값 중에서 가장 큰 최소값을 가진 대안을 선택하게 된다.

예를 들어, 미래의 두 가지 상황 S_1과 S_2에서 세 개의 대안 A, B, C를 고려한다고 하자. 각 상황에 따른 대안의 예상수익이 [표 19-4-1]과 같이 나타날 경우, 최대최소값 기준에 따라 분석을 해 본다.

각 대안으로부터 얻을 수 있는 최소의 이익은 각각 −6, −2, −1이다. 최대최소값기준에 따른 의사결정은 이들 중 가장 큰 값인 −1을 갖는 대안 C를 선택한다.

[표 19-4-1] 최대최소값기준의 적용 예

경제상황 / 대안	S_1	S_2	최 소 값
A	−6	7	−6
B	−2	5	−2
C	−1	1	−1 ← 최대

[표 19-4-2] 최대최대값기준의 적용 예

경제상황 / 대안	S_1	S_2	최 대 값
A	−6	7	7←최대
B	−2	5	5
C	−1	1	1

2. 최대최대값기준

최대최대값기준(maximax criterion)은 최대최소값기준과 정반대의 입장인 낙관적(optimistic) 입장에서 의사결정이 이루어지는 것을 말한다. 미래의 상황이 자신에게 유리하게 전개될 것이라고 가정하고, 각 의사결정대안이 가져올 최대한의 이익을 기준으로 하여 이들 최대값 중에서 가장 큰 최대값을 가진 대안을 선택하게 된다.

각 상황에 따른 대안의 예상수익이 [표 19-4-2]와 같이 나타날 경우, 최대최대값기준에 따라 분석을 해 본다.

각 대안으로부터 얻을 수 있는 최대의 이익은 각각 7, 5, 1이다. 최대최대값기준에 따른 의사결정은 이들 중에서 가장 큰 값인 7을 갖는 대안 A를 선택한다.

3. 후르비츠기준

후르비츠기준(Hurwicz criterion)은 최대최소값기준과 최대최대값기준의 중간형태로서, 대부분의 의사결정자가 미래에 대해 완전한 비관주의자이거나 낙관주의자이기보다는 그 중간의 입장에 있다는 견해를 바탕으로 하고 있다. 이 기준에서는 최대최소값기준이나 최대최대값기준과 같이 극단에 치우치는 결정을 배제하도록 의사결정자가 지니는 낙관적 또는 비관적인 성향을 나타내는 계수(낙관계수)를 가중치로 활용한다.[5] 즉, 각 의사결정대안별로 최대예상수익(낙관적인 예

---

5) 의사결정자가 미래에 대해 지니는 낙관적인 견해의 정도를 낙관계수(coefficient of optimism) α라고 한다면, 비관계수(coefficient of pessimism)는 $1-\alpha$로 표시된다. 여기서 α는 0에서 1까지 사이의 값을 가지며, 만약 α가 1이면 완전한 낙관주의자이고 α가 0이면 완전한 비관주의자임

[표 19-4-3] 후르비츠기준의 적용 예

대안 \ 경제상황	S_1	S_2	예상수익(α=0.6인 경우)
A	-6	7	-6×.4+7×.6=1.8
B	-2	5	-2×.4+5×.6=2.2 ← 최대
C	-1	1	-1×.4+1×.6=0.2

상성과)에 낙관계수를 곱한 것의 합을 구한 후, 합산한 값들 중에서 가장 큰 값을 가지는 대안을 선택하게 된다.

각 상황에 따른 대안의 예상수익이 [표 19-4-3]과 같이 나타날 경우, 낙관계수 $\alpha=0.6$을 가정하고 후르비츠기준에 따라 분석을 해 본다.

각 대안으로부터 얻을 수 있는 이익은 각각 1.8, 2.2, 0.2이다. 따라서 60% 정도의 낙관주의적 성향을 지닌 의사결정자는 이들 중에서 가장 큰 값인 2.2를 갖는 대안 B를 선택한다.

4. 라플라스기준

라플라스기준(Laplace criterion)은 각 대안별로 모든 가능한 성과들의 평균값을 의사결정기준으로 하여 이들 중에서 가장 큰 평균값을 가진 대안을 선택하는 것이다. 이러한 기준에서는 각 상황이 발생할 확률을 전혀 알 수 없어서 모든 상황이 동일한 확률로 발생한다고 가정하고 있다.

각 상황에 따른 대안의 예상수익이 다음 [표 19-4-4]와 같이 나타날 경우,

[표 19-4-4] 라플라스기준의 적용 예

대안 \ 실제상황	S_1	S_2	평 균 값
A	-6	7	(-6+7)/2=0.5
B	-2	5	(-2+5)/2=1.5 ← 최대
C	-1	1	(-1+1)/2=0

을 나타낸다.

라플라스기준에 따라 분석을 해 본다.

각 대안에 의해 얻을 수 있는 평균 이익은 각각 0.5, 1.5, 0이다. 라플라스기준에 따른 의사결정은 이들 중 가장 큰 값인 1.5를 갖는 대안 B를 선택한다.

5. 최소최대(기회손실)값기준

최소최대값기준(minimax criterion)은 최대기회손실(또는 후회)이 가장 최소인 대안을 선택하는 것으로서, 새비지기준(Savage's criterion) 또는 기회손실기준(opportunity loss criterion)이라고도 불린다. 여기서 기회손실(opportunity loss) 또는 후회(regret)란 하나를 선택함으로써 잃게 되는 기회를 의미하며, 어떤 상황에서 얻을 수 있는 최대 이익과 실제 의사결정의 결과로 얻게 된 이익과의 차이를 말한다. 따라서 각 상황에서 발생할 수 있는 값 중에서 가장 큰 값을 선택한 다음, 이 값에서 각 칸의 이익(손실)을 빼어 최대기회손실값을 계산하고, 이들 최대기회손실값 중에서 가장 작은 최대기회손실값을 지닌 대안을 선택하게 된다.

앞의 예에서 의사결정결과는 각 경우에 발생하는 순이익 또는 순손실로 표시되었으나, 여기서는 '그 의사결정을 선택함으로써 잃게 되는 기회'로 표시될 수 있다. S_2의 상황 하에서 C의 경우는 1의 이익을, B의 경우는 5의 이익을, A의 경우는 7의 이익을 보게 된다. 만일 선택한 대안이 B였는데 실제로 S_2의 상황이 되었다면, 이 경우 A를 선택하였다면 7의 이익을 얻을 수 있었는데, B를 선택하였기 때문에 2만큼의 추가 이익을 얻을 수 있는 기회를 잃은 것이 된다. 이때 이 2는 S_2의 경우의 기회손실이 된다.

따라서 각 상황에서 얻을 수 있는 최대수익에서 각 대안의 실제 수익을 빼는 방법으로 세 가지 대안의 기회손실을 계산하면, [표 19-4-5]와 같은 기대손

[표 19-4-5] 최소최대(기회손실)값기준의 적용 예

실제상황 / 대안	S_1	S_2	최 대 값
A	$-1-(-6)=5$	$7-7=0$	5
B	$-1-(-2)=1$	$7-5=2$	2← 최소
C	$-1-(-1)=0$	$7-1=6$	6

실표가 제시된다.

각 대안의 최대기회손실은 각각 5, 2, 6이다. 최소최대(기회손실)값기준에 따른 의사결정은 이들 중 가장 작은 값인 2를 갖는 대안 B를 선택한다.

제 5 절 상충상황하의 분석

상충(conflict)상황은 다수의 의사결정자가 동시에 경쟁적인 상태에 놓여 있을 때 존재한다. 이와 같은 상충적 상황 하에서는 경쟁상대에 따라 그 결과가 달라지기 때문에 의사결정문제가 매우 복잡하게 구성되어 대안을 찾기가 쉽지 않다. 여기서는 대표적으로 게임이론을 중심으로 설명하고, 계층분석과정기법은 간략히 언급하는 데 그친다.

1. 게임이론

(1) 게임이론의 의의

게임이론(game theory)은 이해가 상충되거나 경쟁적인 환경 하에서 상대를 이기기 위한 최적 계획을 수립하는 의사결정방법이다. 이해가 엇갈리는 환경에서 각 당사자가 어떠한 결정을 내려야 하며 그렇게 하는 경우 어떠한 결과를 기대할 수 있는가에 관한 문제를 다룬다. 경쟁적인 상황을 단순히 분석하는 데 그치지 않고, 이해에 직접적으로 관련된 당사자들에게 적절한 행동전략을 제시해 준다는 점에서 행동과학의 한 분야로 간주되고 있다.

게임이론의 전개과정에서 게임은 참가자가 특정 전략을 통해 어떤 득실 또는 성과를 얻는 기본 구조를 지닌다. 여기서 참가자(player)란 게임에 참여하고 있는 당사자로서 개인 또는 집단이 될 수 있다. 전략(strategy)은 모든 가능한 상황에서 게임의 참가자가 선택할 수 있는 모든 가능한 대처방법이며, 득실 또는 성과(payoff)는 게임의 참가자가 어떤 전략을 선택하여 사용할 때 얻을 수 있는 효용을 말한다.

(2) 게임이론의 유형

일반적으로 게임은 참가자의 수에 따라 2인 게임(2-person game)과 3인 이상의 n인 게임(n-person game)으로 나누어진다. 또한 참가자들이 얻는 득실(성과)의 특성에 따라 제로섬 게임(zero-sum game)과 비제로섬 게임(nonzero-sum game)으로 구분된다. 제로섬 게임은 각 참가자들의 득실에 따른 게임의 결과 모든 참가자의 이익과·손실의 합이 0이 되는 경우이고, 비제로섬 게임은 각 참가자들의 득실에 따른 게임의 결과 모든 참가자의 이익과 손실의 합이 0이 되지 않는 경우의 게임을 말한다. 결국 참가자의 수와 득실의 특성을 조합하여 게임을 분류하면, 2인 제로섬 게임(two-person zero-sum game), 2인 비제로섬 게임(two-person nonzero-sum game), n인 제로섬 게임(n-person zero-sum game), n인 비제로섬 게임(n-person nonzero-sum game) 등 네 가지의 유형이 나타난다. 이들 각 유형에 따라 매우 다양한 게임전략이 논의될 수 있다.

2. 계층분석과정

계층분석과정 혹은 분석적 계층과정(Analytic Hierarchy Process)은 Saaty에 의해 개발된 기법인데, 다수의 목적이나 기준을 포함하는 의사결정에 있어서 최적안을 선택하기 위한 의사결정기법의 하나이다. 이 기법은 주어진 의사결정문제를 계층화한 후, 상위계층에 있는 한 요소(또는 기준)의 관점에서 바로 하위계층에 있는 요소들의 상대적인 중요도 또는 가중치를 쌍비교(pairwise comparison)에 의해 측정함으로써, 궁극적으로 최하위 계층에 있는 대안들의 가중치 또는 우선순위를 구할 수 있게 한다.

계층분석과정은 의사결정자의 오랜 경험이나 직관 등도 평가의 바탕으로 삼기 때문에 정성적 평가기준들도 비교적 쉽게 처리할 수 있다. 따라서 앞에서 논의된 목표계획법이 주로 객관적인 의사결정변수를 분석하는 정량적 의사결정기법이라면, 계층분석과정은 객관적이고 주관적인 의사결정변수를 모두 분석할 수 있는 정성적 의사결정기법이다. 또한 분석과정도 비교적 쉬워서 복잡한 의사결정문제의 해결을 위해 많이 사용되고 있다.

제20장 경제적 분석

경제적 분석은 경제학에서 논의되는 이론이나 기법을 활용하여 연구문제를 해결하려는 것이다. 특히 미시경제학의 논리, 후생경제학의 효용이론, 그리고 공공선택이론 등은 의사결정에 관한 연구에 많은 도움을 주고 있다. 여기서는 의사결정대안의 사전 분석뿐만 아니라 사후 평가에 자주 사용되는 비용 · 편익 분석과 비용 · 효과 분석에 대해서 개괄적으로 살펴본다.

제 1 절 비용 · 편익분석

1. 비용 · 편익분석의 의미

비용 · 편익분석(cost-benefit analysis)이란 하나의 대안이나 사업에 수반되는 모든 비용과 편익을 금전적으로 추정하고 이들을 일정한 기준에 따라 비교 · 평가하는 것을 말한다. 이러한 분석은 하나의 대안이나 사업에 대한 경제적 타당성을 검토하거나, 다수의 대안들이나 사업들 가운데 하나를 선택하거나 우선순위를 결정할 때 유용한 판단 기준을 제공한다. 특정 사업에 대한 투자 혹은 지출의 사전결정에 주로 사용되지만, 그에 대한 사후 평가에도 적절히 활용된다.

2. 비용 · 편익분석의 기법

비용 · 편익분석의 방법은 매우 다양하나, 일반적으로 순현재가치, 편익비용비, 내부수익률 등의 세 가지 평가기준을 사용한다. 아래에 각각의 평가기준 또는 분석기법을 간략히 설명한다.

(1) 순현재가치기준

순현재가치(net present value, NPV)를 통한 분석은 여러 시점에 걸쳐 나타나는 편익과 비용에 적정한 할인율을 고려하여 환산한 현재가치 총합의 차이를 활용한다. 즉, 편익의 총현재가치에서 비용의 총현재가치를 뺀 순편익(net benefit)을 기준으로 하는 분석인데, 이는 다음과 같이 구해진다.

$$
\begin{aligned}
\text{순현재가치(NPV)} &= \text{편익의 현재가치 총합} - \text{비용의 현재가치 총합} \\
&= B_0 + \frac{B_1}{(1+r)^1} + \frac{B_2}{(1+r)^2} + \dots + \frac{B_n}{(1+r)^n} \\
&\quad - \left[C_0 + \frac{C_1}{(1+r^1)} + \frac{C_2}{(1+r)^2} + \dots + \frac{C_n}{(1+r)^n} \right] \\
&= \frac{B_0 - C_0}{(1+r)^0} + \frac{B_1 - C_1}{(1+r)^1} + \dots + \frac{B_n - C_n}{(1+r)^n} \\
&= \sum_{t=0}^{n} \frac{B_t - C_t}{(1+r)^t}
\end{aligned}
$$

여기서 B는 편익, C는 비용, r은 할인율, 그리고 t는 현재 0에서 미래 n까지의 시점을 나타낸다.

순현재가치기준에 있어서 중요한 문제는 할인율을 결정하는 일이며, 대체로 사회의 평균이자율 또는 평균투자수익률을 일반적으로 많이 사용한다. 적정한 할인율을 적용한 결과, 순현재가치가 0보다 크면 그 대안이나 사업은 일단 경제적으로 가치가 있다고 판단한다. 만약 비교의 대상이 되는 대안이 다수인 경우에는 순현재가치의 값이 0보다 큰 대안들 중에서 그 값이 가장 큰 대안이 가장 경제적이라는 점에서 최선의 대안이 된다.

(2) 편익비용비기준

편익비용비(benefit-cost ratio, B/C ratio)를 통한 분석은 여러 시점에 걸쳐 나타나는 편익과 비용에 적정한 할인율을 고려하여 환산한 현재가치 총합의 비율을 활용한다. 즉, 편익의 총현재가치를 비용의 총현재가치로 나눈 비율을 기준으로 하는 분석인데, 이는 다음과 같이 구해진다.

$$\text{편익비용비}\left(\frac{B}{C}\right) = \text{편익의 현재가치 총합} \div \text{비용의 현재가치 총합}$$

$$= \frac{\sum_{t=0}^{n} \frac{B_t}{(1+r)^t}}{\sum_{t=0}^{n} \frac{C_t}{(1+r)^t}}$$

편익비용비기준의 적용에 있어서도 할인율의 결정이 중요한 문제인데, 그 비율이 1 이상이면 일단 경제적으로 가치가 있다고 판단한다. 만약 비교의 대상이 되는 대안들이 다수인 경우에는 편익비율비가 1보다 큰 대안 중에서 그 비율이 가장 큰 대안을 우선적으로 선택하게 된다.

(3) 내부수익률기준

내부수익률(internal rate of return, IRR)을 통한 방법은 일련의 편익과 비용의 균형점을 보여 주는 할인율을 산출함으로써 대안이나 사업의 투자수익 정도를 판단하게 한다. 내부수익률이란 순현재가치(NPV)가 0 또는 편익비용비(B/C ratio)가 1이 되는 할인율을 의미하며, 다음과 같이 계산된다.

$$\text{순현재가치}(NPV) = \sum_{t=0}^{n} \frac{B_t - C_t}{(1+\lambda)^t} = 0$$

$$\text{또는 편익비용비}\left(\frac{B}{C}\right) = \frac{\sum_{t=0}^{n} \frac{B_t}{(1+\lambda)^t}}{\sum_{t=0}^{n} \frac{C_t}{(1+\lambda)^t}} = 1$$

여기서는 λ는 내부수익률을 나타내며, 이를 외부적으로 설정된 기준값(예: 평균이자율, 평균투자수익률 등)과 비교하여 그 대안이나 사업의 경제성을 판단하게 된다. 만약 내부수익률이 사회적으로 설정된 기준값보다 크다면 그만큼 투자의 수익률이 높아 경제적으로 가치가 있다는 것을 의미한다.

3. 분석기준의 선택

단일 대안에 대한 경제적 분석은 앞에서 논의된 세 가지 분석기준을 일관성 있게 공통으로 적용하여 대안의 적격성 여부를 판단하는 것이 바람직하다. 즉, 그 대안의 순현재가치(NPV)가 0보다 큰지, 편익비용비(B/C ratio)가 1보다 큰지, 그리고 내부수익률(IRR)이 할인율보다 큰지를 살펴보아야 한다. 만약 이들의 기준을 하나라도 충족하지 못한 경우에는 부적격한 것으로 판단하고, 이들 세 기준을 모두 충족한 경우에는 적격한 것으로 선택하게 된다.

다수 대안에 대한 경제적 분석에서는 이들 세 가지 기준의 분석결과들이 상충될 수 있기 때문에 더욱 세밀한 검토가 필요하다. 대체로 자원의 제약이 있는 경우에는 편익비용비(B/C ratio)기준을 활용하여 편익비용비의 값이 가장 큰 대안을 선택하며, 자원의 제약이 없는 경우에는 순현재가치(NPV)기준을 활용하여 순현재가치가 높은 대안을 선택하는 것이 바람직하다. 그러나 자금의 상환능력이 주요 결정요인이라면 내부수익률(IRR)기준을 활용하는 것이 가장 적절하다.

이들 세 가지 분석기준 이외에 한정기간(cut-off period), 원금회수기간(pay-back period), 순평균수익률(net average rate of return), 최소평균비용(minimum average cost), 형평성(equity) 등을 기준으로 비용·편익분석을 할 수 있다. 한정기간기준은 미래의 특정 기한이 정해져 그때까지 모든 비용을 다 충당할 수 있는 대안을 선택하며, 원금회수기간기준은 비용을 최단기간 내에 회수할 수 있는 대안을 가장 우수한 것으로 판단한다.

순평균수익률기준은 사업기간에 걸쳐 나타나는 순편익의 총합을 편익이 발생한 연수로 나눈 값을 기초로 대안을 평가하며, 최소평균비용기준은 평균비용만을 고려하여 이를 최소화하는 대안을 찾는다. 형평성 기준에 의한 분석은 대안의 편익과 비용이 사회의 개별 구성원(또는 집단, 계층 등)에 미치는 영향을 고려하는 것으로서, 단순히 경제적 추론으로만 적절히 해결될 수 없는 가치판단적인 문제가 개입된다.

제 2 절 비용 · 효과분석

1. 비용 · 효과분석의 의미

비용 · 효과분석(cost-effectiveness analysis)은 비용 · 편익분석과 마찬가지로, 하나의 대안이나 정책에 수반되는 모든 투입과 산출을 추정하고 이들을 합리적으로 일정한 기준에 맞추어 비교 · 평가하는 것이다. 비용 · 편익분석이 모든 투입과 산출을 금전적인 가치로 환산하는 데 반해, 비용 · 효과분석에서는 투입은 금전적 가치로 환산하나 산출은 금전적 가치로 환산하지 않고 산출물을 그대로 분석에 활용한다. 따라서 대안이나 정책의 산출물을 금전적 가치로 환산하기 어렵거나, 그 혜택이 불특정 다수에게 광범위하게 부여되어 편익의 계산이 곤란하거나, 비교하려는 대안들이나 정책들의 산출물이 동일한 경우에 비용 · 효과분석을 한다.

2. 비용 · 효과분석의 기준

비용 · 효과분석에서 사용하는 일반적인 기준으로 최소비용기준과 최대효과기준을 들 수 있다. 최소비용기준은 일정한 효과수준을 정해 놓고 이 수준에 도달하는 대안들의 비용을 비교하여 이들 중에서 최소의 비용이 드는 대안을 선택하는 것이다. 최대효과기준은 비용의 최고한도를 정해 놓고 이 한도를 넘는 대안을 제거하고 나머지 대안 중에서 최대의 효과를 제공하는 대안을 선택하며, 만일 동일한 비용을 지닌 대안이 다수이면 이들 중에서 효과가 가장 큰 대안을 선정하게 된다.

비용 · 효과분석에서 비용과 효과의 추정은 다소 가변적(可變的)인 측면이 있기 때문에 실제로 이를 적용함에 어려운 점이 있다. 그러나 모든 가치를 금전적으로 환산할 필요가 없기 때문에 응용범위가 비교적 넓고 사용하기가 쉽고 간편한 장점이 있다. 특히 비용 · 효과분석이 정책대안의 효용을 경제적인 총량뿐만 아니라 비경제적 · 비계량적 가치도 포함하여 판단하므로, 어느 정도 사회적 합리성 측면도 고려하는 분석방법으로 간주되고 있다.

제 6 편

결과 제시

제21장 연구보고서 작성

과학적 연구의 최종단계에서 연구자는 자료 분석의 결과를 제시하고, 이를 바탕으로 제반 논의를 하고 보고서를 작성하게 된다. 연구보고서는 연구문제의 제기에서부터 연구결과의 도출과 해석에 이르는 모든 것을 포함하여야 한다. 이러한 연구보고서는 경우에 따라 구두의 형태를 띠기도 하지만, 대체로 일정한 체계하에서 학위논문이나 전문학술논문의 형태로 제시된다.

제 1 절 연구보고서의 의의

1. 연구보고서의 의미

과학적 연구의 최종단계는 연구자와 연구결과 활용자(연구의뢰자, 정보이용자, 이해관계인 등) 사이에 원활한 의사소통을 이루는 것이다. 이를 위해서 연구결과는 그것을 활용하는 사람의 이해도와 지식의 정도에 맞게 구두로 보고되거나 문서의 형태로 정리되어야 한다. 이처럼 연구결과를 다른 사람에게 전달하기 위해 문서의 형태로 체계적으로 정리 · 서술한 것이 연구보고서이다.

2. 연구보고서의 종류

연구의 결과를 제시하는 보고서는 매우 다양하다. 아주 간단한 연구노트에서부터 학술논문이나 단행본 서적에 이르기까지 여러 형태를 띠고 있다. 이는 연구를 행한 동기가 무엇이며, 연구의 궁극적인 목적이 무엇인지, 연구결과의 활용자 또는 잠재적 독자가 누구인지 등에 따라 그 연구결과를 제시하는 방식이 달라지기 때문이다.

먼저, 가장 간단한 형태의 보고서로 연구노트(research note)를 들 수 있다. 연구노트는 대략 1~5페이지 정도의 짧은 문서로서, 흔히 매월 혹은 매분기 정기적으로 발간되는 소식지 수준의 학술잡지나 기술잡지에 게재하는 것을 말한다. 이러한 형태의 연구보고서는 연구조사 배경이나 방법론에 대한 언급은 자제하고, 대신에 연구결과를 중심으로 이를 간략하고 직설적으로 제시한다.

다음으로, 미완성논문(working paper) 또는 특수연구논문(monograph) 형태의 보고서가 있다. 이는 대규모 복잡한 연구과제를 수행하는 과정에 자료의 분석과 해석에 대한 논평을 얻는 것이 유용하다고 판단될 때 주로 작성한다. 이러한 연구보고서는 논평을 암묵적으로 요청하는 가설적인 결론을 발표하는 것이므로, 분량이나 길이가 매우 다양하며 연구결과의 모두 혹은 일부를 제시하기도 한다. 관련분야의 연구자로부터 논평을 얻고자 학술세미나 또는 전문가회의에서 연구결과와 연구자의 생각을 발표하는 보고서의 한 형태라고 할 수 있다.

경우에 따라서 연구자는 연구를 요청한 기관이나 후원자를 위해 보고서를 작성하게 된다. 다시 말해서, 연구문제를 제시하고 그 연구결과를 향후 활용하고자 하는 사람이나 기관이 명확히 정해진 상황에서는 그에 적합한 목적과 형식에 따른 보고서를 준비하여야 한다. 이들에게 흥미를 주지 못하거나 가치가 없는 연구결과를 제시하는 것은 정치적으로 좋지 못할 뿐만 아니라 옳지 못한 태도이기도 하다.

가장 보편적인 연구보고서로서 학술지논문(journal article), 학위논문(thesis or dissertation), 과제보고서(term paper) 등을 들 수 있다. 학술지논문이라 함은 전문분야의 학회지나 대학 및 연구기관의 학술지에 게재되는 논문이며, 학문분야나 학술지에 따라 다소 차이는 있으나 대체로 20~25쪽 정도의 분량을 지닌다. 학위논문은 대학원 과정에서 학위를 얻기 위해 작성하는 논문이며, 과제보고서는 주로 특정한 교과목이나 수업에서 학생들에 의해 작성되는 연구보고서를 말한다. 학위논문과 과제보고서도 대체로 학술지논문과 유사한 논리적 체계를 지니며, 그 분량은 학문분야나 요구되는 상황에 따라 많은 차이가 있다.

가장 훌륭한 보고서의 형태는 단행본 서적이라 할 수 있다. 다른 형태의 연구보고서에 비해, 그 분량의 제한이 없어 완성도가 높고 종합적인 체계화가 가능하다. 단행본 서적으로 출판하는 것은 자신의 연구결과를 더 널리 공개함으로써 그것을 더 중요하고 가치있게 하는 것이라 할 수 있다. 따라서 연구자는 잠재적인 독자들에게 그 연구결과에 대하여 더욱 특별한 의무감을 가질 필요가 있다.

제 2 절 연구보고서의 목적

과학적 연구의 궁극적 목적이 의문이나 문제의 해결에 있다면, 연구보고서는 의문이나 문제를 해결하는 과정과 활동 그리고 그에 따른 결과를 제시하는 것이 된다. 또 연구결과를 통해 관련 분야나 주제에 대한 전문지식의 발전에 기여하고, 앞으로의 연구를 자극하고 방향을 제시하는 목적도 함께 가진다고 할 수 있다.

이러한 궁극적인 목적 하에서 개별 연구보고서는 본서의 제1편에서 논의한 연구목적에 따라 다음과 같이 구체적인 목적을 갖게 된다. 따라서 연구자는 연구보고서를 준비함에 그 연구의 목적을 염두에 두고 보고서를 작성하여야 한다.

1. 기 술

연구가 기술(description)의 목적이 있다면, 그러한 연구의 결과를 제시하는 보고서는 기술적 목적을 지니게 된다. 이 경우, 연구보고서는 연구문제나 연구대상이 되는 사건이나 현상의 속성을 정확하고 체계적으로 묘사하여 있는 그대로를 보여 주어야 한다. 예컨대 기술하고자 하는 현상의 형태, 구조, 흐름, 움직임, 변화 등과 같은 속성에 관한 자료, 사례, 설문 결과 등을 구체적으로 제시하게 된다.

특히 표본조사에 의한 기술적 연구보고서는 표본에만 적용되는 기술과 모집단으로 추론할 수 있는 기술을 주의 깊게 구분해야 한다. 모수에 대한 추론적 기술을 하려면, 그 기술에서 있을 수 있는 오차의 범위를 어느 정도 지적해 주어야 한다.

경우에 따라서 기술적 연구보고서는 간혹 관심주제를 탐색(exploration)하는데 초점을 두기도 한다. 탐색의 목적에는 결론의 임시성과 불완전성이 내재하여 있기 때문에, 연구자는 독자에게 연구의 탐색적 목적을 분명하게 밝히면서 그 연구의 한계를 지적해야 한다. 탐색적 보고서의 중요한 측면의 하나는 그 주제에 대하여 앞으로 더욱 세련된 연구를 하기 위한 방법을 제시하는 것이다.

2. 설 명

연구가 설명(explanation)의 목적이 있다면, 그러한 연구의 결과를 제시하는 보고서는 설명적 목적을 지니게 된다. 이 경우, 연구보고서는 연구문제나 연구 대상이 되는 사건이나 현상의 속성을 단순히 기술하는 차원을 넘어 그 사건이나 현상이 발생하게 된 원인이나 이유, 즉 인과관계(causality)를 밝혀 주어야 한다. 예컨대 어떤 사건이나 사실에 관한 언명을 받아들일 수 있는 객관적이고 논리적으로 타당한 근거를 경험적으로 제시하게 된다.

이처럼 설명을 목적으로 하는 연구보고서는 잠재적 독자들에 따라 경험적 분석과 그 결론 뒤에 있는 설명의 규칙을 주의 깊게 서술해야 한다. 또한 기술적 연구보고서와 마찬가지로, 연구자는 독자들에게 그 결론의 상대적 명확성 혹은 오차의 가능성에 대하여 일부 지침을 제공해야 한다.

3. 예 측

연구가 예측(prediction)의 목적이 있다면, 그러한 연구의 결과를 제시하는 보고서는 예측적 목적을 지니게 된다. 이 경우, 연구보고서는 연구의 목적이 기술적 예측이냐 혹은 설명적 예측이냐에 따라 그 목적과 형태를 달리하여 미래의 상태에 대한 언명을 제시하게 된다.

기술적 예측을 목적으로 하는 연구보고서는 사건이나 현상의 발생순서에 기반을 두어 단순히 미래의 일정 시점에 그것이 발생할 것이라는 것을 경험적 자료를 토대로 추론하여 그 결과를 보여준다. 이러한 연구보고서는 기술적 연구보고서와 유사하게, 연구대상의 속성에 대한 미래 상태를 가능한 한 정확하고 체계적으로 묘사하여야 한다.

반면에, 설명적 예측을 목적으로 하는 연구 보고서는 경험적 자료를 토대로 사건이나 현상이 발생하는 원인에 대한 충분한 이해와 설명을 전제로 미지의 사건이나 현상을 연역하게 된다. 이러한 연구보고서는 설명적 연구보고서와 유사하게, 연구대상의 속성에 대한 미래의 인과관계를 가능한 한 정확하고 체계적으로 규명하여야 한다.

4. 통제(제안)

연구가 통제(control) 또는 제안(suggestion)의 목적이 있다면, 그러한 연구 결과를 제시하는 보고서는 통제적·제안적 목적을 지니게 된다. 이 경우, 연구보고서는 어떤 사건이나 현상의 원인 또는 선행조건을 조작하여 바람직한 방향으로 통제하거나 유도하기 위한 행동을 제안하게 된다. 예컨대 인간의 행태 또는 사회현상이 발생하는 원인을 파악함으로써 이를 바람직한 방향으로 개선하거나 이끌어갈 수 있는 방법에 대한 제안을 하게 된다.

이처럼 행동을 제안하는 보고서에는 연구자 자신의 가치와 성향 또는 환경적·상황적 조건이 불가피하게 개입될 수밖에 없는 문제점이 있다. 따라서 연구자는 경험적 자료로부터 그 제안이 이루어진 논리를 가능한 한 객관적이고 타당하게 그리고 자세히 설명하는 데 주의를 기울여야 한다.

제 3 절 연구보고서의 체제

1. 연구보고서의 내용

연구보고서를 작성하는 데 있어 가장 중요한 작업은 연구자가 수행한 연구결과를 명확히 보여주는 것이다. 제1장 제2절에서 설명하였듯이, 어떠한 연구결과가 과학적 지식의 맥락 속에 포함되려면 과학적 방법에 의해 이루어진 것이어야 한다. 즉, 객관성과 논리성을 전제로 경험적 검증에 의하여 지식을 획득하고 문제를 해결하는 과정이나 절차를 거친 것이어야 한다. 따라서 연구보고서는 단순히 연구결과만을 보여주는 데 그치지 않고, 그 연구결과를 얻게 된 논리적인 절차나 활동들을 모두 제시하여야 한다.

제4장의 과학적 연구절차에서 보듯이, 연구는 문제 형성에서 시작하여 그 문제를 해결함으로써 종결하게 된다. 이러한 연구 과정에 따라 수행된 모든 연구활동이 사실상 연구보고서의 내용이 된다. 다시 말해서, 연구의 시작인 연구

문제 형성에서부터 연구의 마지막인 연구결과 도출에 이르는 모든 활동이 연구보고서의 시작인 서론에서부터 연구보고서의 마지막인 결론에 이르기까지 제시되어야 한다.

2. 연구보고서의 구성

연구보고서의 형식 또는 구조는 구체적인 연구목적이나 연구보고서의 종류, 연구보고서의 주된 대상이 되는 사람이나 집단 등에 따라 상당히 달라질 수 있다. 그러나 [그림 21-3-1]과 같이 일반적으로 지켜지는 표준적인 양식을 제안할 수 있으며, 이를 약간씩 변형함으로써 대부분의 연구보고서 형식으로 활용할 수 있다.

(1) 앞 부분

연구보고서의 본문(text)에 들어가기 전의 앞부분에 포함되는 내용으로는 ① 제목, ② 연구자의 이름, 소속 및 직위, ③ 서문 또는 제출문, ④ 목차(내용목차, 표목차, 그림목차), ⑤ 개요 또는 요약문 등이 있다. 분량이나 지면에 비교적 제한이 없는 학위논문이나 용역보고서, 단행본 서적 등에서는 대체로 이러한 내용을 모두 포함하고 있다. 반면에 분량에 제약이 있는 미완성논문이나 특수연구논문, 그리고 학술지논문의 경우에는 서문과 목차를 생략하며, 개요 또는 요약문도 3～4문단 이하로 간략히 작성하게 된다.

(2) 본문 부분

연구보고서의 중심이 되는 본문부분은 크게 ① 서론, ② 이론 및 실제 고찰, ③ 연구조사 설계, ④ 분석결과 논의, ⑤ 결론 및 함의 등 다섯 부문으로 구성된다. 연구목적이나 연구보고서의 종류에 따라 다소 형식상의 차이가 있으나, 본문을 작성하는 기본 원칙은 대동소이하다.

1) 서 론

일반적으로 서론은 연구문제에 관한 부분이라고 할 수 있다. 앞의 제2편에서 설명하였듯이, 넓은 의미에서 연구문제 형성은 문제 선정에서부터 기존문헌 검토, 연구모형 정립이나 가설 설정 등을 포함할 수 있다. 그러나 대부분 연구

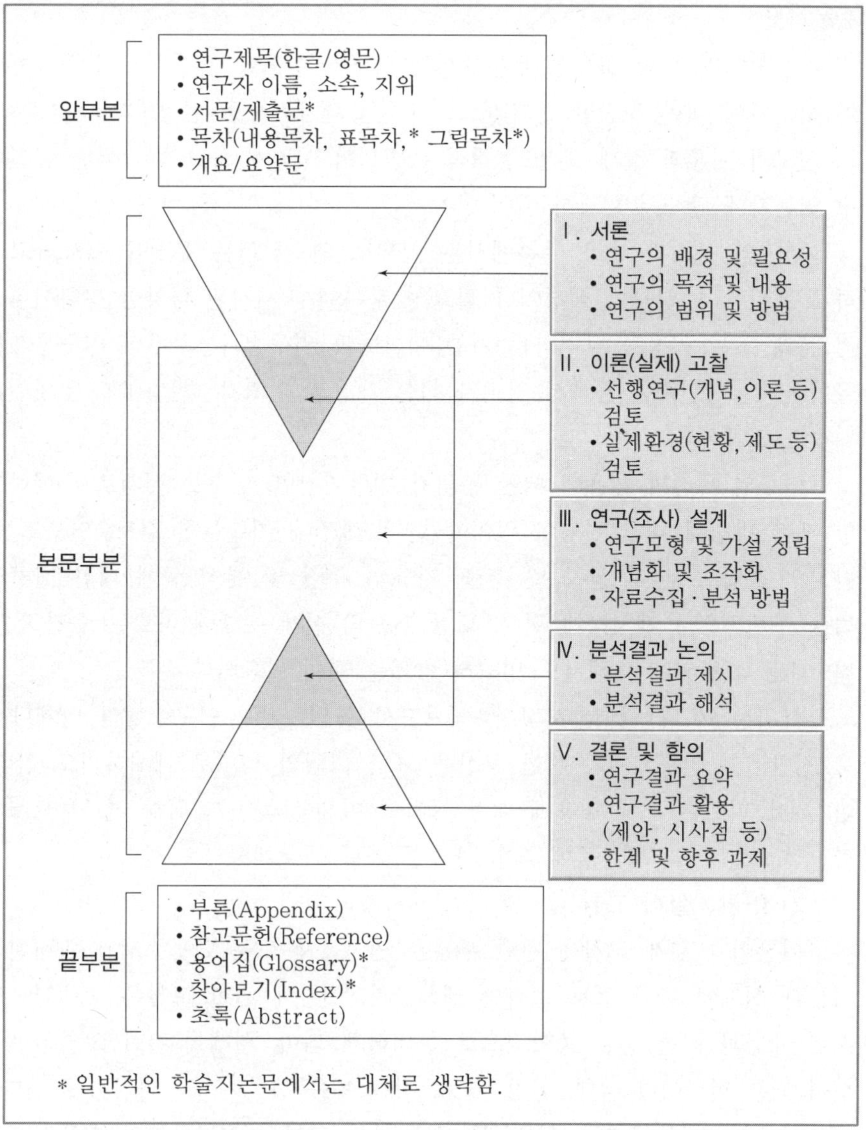

[그림 21-3-1] 연구보고서의 체제

보고서의 서론 부분은 연구문제 제기에 관한 내용으로 한정하여, 연구의 배경 및 필요성, 연구의 목적과 내용, 연구의 범위 및 방법 등을 다룬다. 학위논문에서 서론은 대개 몇 개의 절(節)로 구분하여 상세하게 기술할 수 있지만, 분량의 제한이나 지면의 제약이 있는 학술지논문과 같은 경우에는 비교적 간략하게 기술한다.

연구의 배경 및 필요성 부분에서는 연구가 어떠한 배경 하에서 왜 수행되어야 하는가에 대한 정당한 근거와 그 가치를 전체적으로 설명한다. 즉, 수행하려는 연구가 이론과 실제 혹은 정책적 측면에서 어떻게 중요하며 어떤 공헌을 할 수 있는가에 관해서 언급하는 것이다.

연구의 목적과 내용 부분에서는 실제로 연구하려는 문제를 명료하고 간결하게 제시한다. 연구의 배경이나 필요성 부분에서 제시된 다양한 상황이나 실제적 문제 또는 입장을 달리하는 기존 이론들과 연구결과들로부터 연구문제를 이끌어내어, 그 연구를 통해서 알고자 하는 내용과 얻고자 하는 바가 무엇인지 구체적으로 밝힌다.

연구의 목적과 내용에 대한 논의가 이루어지면, 연구를 실제로 수행하기 위한 제반 방법에 대한 설명이 있어야 한다. 예컨대 기존문헌 검토, 연구모형이나 가설의 정립, 표본의 선정 및 추출, 자료의 수집 및 분석 등에 대한 절차와 방법을 구체적으로 제시하게 된다. 또한 연구의 실제 수행에 따르는 공간적 · 시간적 · 내용적 범위에 대해서도 명확히 밝히는 것이 필요하다.

학위논문이나 단행본서적, 용역보고서 등의 경우, 연구수행의 단계나 절차 등 전반적인 연구체계에 관한 구상을 표나 그림의 형태로 제시하기도 한다. 또한, 뒤에 따르는 전체 내용에 대한 독자의 이해를 높이기 위해 연구보고서의 각 장 · 절 또는 여러 부분들에 대한 개요를 간략히 소개하기도 한다.

2) 이론 / 실제 고찰

이론이나 실제 고찰에 관한 부분은 연구문제 또는 연구주제와 관련된 제반 이론과 실제에 관한 검토 결과를 제시한다. 이론에 관한 고찰은 선행연구에 제시된 개념과 이론 등을 종합적으로 논의하게 되며, 실제에 관한 고찰은 연구대상이 되는 현상이나 실태, 환경, 제도, 정책 등을 전반적으로 파악하게 된다.

앞에서 말하였듯이, 이론과 실제에 관한 고찰은 연구문제의 전체적 구성에서 하나의 핵심이므로 서론 부분에 포함될 수도 있다. 그러나 충실한 내용의 전개를 위해서 이들은 연구보고서의 독립된 부분으로 다루어지는 것이 더 바람직할 수 있다. 또 분량이나 성격에 따라 이론적 고찰과 실제에 관한 고찰을 분리하여 각각 별도로 논의하기도 한다.

특히 학위논문이나 학술지논문에서는 이론에 대한 검토가 연구의 기초를 제공하는 핵심으로 간주되는 만큼, '이론적 고찰'을 하나의 독립된 장(章)으로 삼아 기존문헌에 관한 검토를 심도 있게 제시하여야 한다. 형식면에서 본다면, 단순하게 학자들의 입장을 개별적으로 열거하기보다는 몇 가지 세부적인 주제나 내용에 따라 요약적 입장에서 전체를 논의하는 것이 좋다.

3) 연구조사 설계

연구조사 설계에 관한 부분은 주로 연구방법론에 관한 내용으로, 연구모형 정립과 가설 설정, 개념화 및 조작화, 자료의 수집·분석방법 등을 서술한다. 이들을 각각 별도로 분리하여 다루거나, 그들 중의 일부를 함께 이어서 논의할 수도 있다.

연구모형 정립에 관한 부분은 이론적 고찰을 통해 얻은 지식과 연구문제를 연계하여 연구자가 나름대로 수립한 연구모형 혹은 개념적 준거틀을 제시한다. 전체를 한눈에 보기 쉽게 하기 위하여 그림이나 표를 활용하기도 하며, 정립된 연구모형에 대한 논리적 설명을 구체적으로 부가한다.

가설 설정에 관한 부분은 연구모형에 기초하여 도출한 가설을 제시한다. 이 부분에서는 단순히 가설을 제시하는 데 그치지 말고, 각 가설에 대한 가상적인 논리를 구체적으로 언급하는 것이 좋다.

조작화·개념화와 자료수집·분석에 관한 부분은 가설검증을 위하여 사용되는 방법들의 개요를 밝힌다. 이 부분에서는 연구조사의 형태 혹은 접근방법, 변수의 측정(개념 정의, 척도 혹은 측정도구 등), 연구대상의 선정(표본추출의 방법 및 절차, 표본의 크기, 표본추출의 장소 등), 자료의 수집방법(질문지법, 면접법, 관찰법, 또는 2차자료 활용 등), 자료의 분석방법(통계기법 등), 컴퓨터 패키지의 종류(SPSS, SAS, LISREL, AMOS, LP 등) 등에 관한 논의가 포함되는 것이 일반적이다.

4) 분석결과 논의

분석결과의 논의는 연구보고서의 본체에 해당하는 부분으로서, 자료를 분석한 결과를 제시하고 이를 연구문제 혹은 가설과 관련하여 해석한다. 분석결과의 제시 부분에는 일반적으로 다양한 도표나 그림 등이 포함되며, 관련되는 통계값 혹은 통계적 유의수준 등도 함께 제시된다. 도표나 그림의 내용을 설명하는 본문에서도 도표나 그림의 수치를 자세히 언급하여, 독자들이 본문이나 도표(또는 그림) 중 어느 하나만을 보고도 그 결과를 파악할 수 있도록 한다.

여기서 가장 중요한 것은 단순한 자료의 기술 차원을 넘어 가설의 입증 여부에 대한 명확한 판단이 분명하게 이루어져야 한다는 것이다. 즉, 분석결과가 가설에 어떻게 그리고 얼마나 관련되는지에 대하여 가능한 한 정확하고 완벽한 설명을 체계적으로 제공하여야 한다. 또한 분석결과를 몇 가지 세부적인 주제나 내용으로 나누어 제시하더라도, 그에 대한 논의들은 궁극적으로 통합되어 선행 연구들과 다각적으로 비교 · 검토되어야 한다. 특히 분석결과를 해석하는 데 있어서 객관성과 공정성이 유지되도록 노력하여야 하며, 자신의 견해와 상반되더라도 그 결과는 있는 그대로 제시하여야 한다.

5) 결론 및 함의

결론 및 함의 부분은 연구결과를 간결하게 요약하고, 연구결과가 시사하는 이론적 · 실제적 · 방법론적 함의를 논의하며, 마지막으로 연구의 한계와 향후 연구의 과제 혹은 방향을 제시하게 된다. 이들 세부 부분들은 각기 별도로 구분되지 않고 함께 서술되는 것이 일반적이나, 때로는 크게 요약 부분과 함의 부분으로 나누어 논의하는 경우도 있다.

요약에서는 본문 부분의 전체, 즉 연구문제, 연구(조사)설계, 연구결과를 공정한 관점에서 개괄적으로 정리한다. 여기서는 연구문제 또는 가설과 그 가설을 도출한 연구모형에 비추어 연구결과를 핵심적으로 명확히 제시하는 작업이 가장 중요하다.

다음으로 연구결과가 관련된 분야의 이론과 실제에서 지니는 의의와 그 활용에 대한 논의가 필요하다. 한 연구를 통해 얻어진 결론은 그 자체로서 별도로 존재하는 것이 아니라, 지금까지 이루어졌거나 앞으로 이루어질 연구와 지식과의 관련성에 비추어 어떤 의미가 있게 된다. 따라서 그 연구결과가 이론 구축과 실제 활용에 주는 함의와 시사점을 밝히고, 이와 더불어 사회적 실천이나 제도 개선, 구조 변화, 입법 제안, 정책 건의 등에 대한 의견을 제시한다.

마지막으로 연구의 취약점과 한계점, 그리고 앞으로의 연구과제 또는 연구 방향에 대해 논의한다. 모든 과학적 연구는 나름대로 취약점과 한계를 지니고 있으므로, 이를 솔직하고 정확하게 알려 연구의 가치와 결론의 타당성을 독자가 판단할 수 있도록 해야 한다. 또한 연구에 의해 나타난 결과로부터 후속 연구를 위한 아이디어들을 제공하거나, 연구에 의해 제기된 새로운 문제점들을 지적함으로써 향후 연구에 대한 제언을 하기도 한다.

(3) 끝 부분

연구보고서의 마지막 부분에는 ① 부록, ② 참고문헌, ③ 용어집, ④ 색인(찾아보기), ⑤ 초록 등을 포함한다. 부록에는 본문에 수록하기 어려운 기초자료, 질문지, 통계표, 수식 또는 그림 모형 등을 수록한다. 부록목차는 내용목차와 표목차·그림목차 다음에 오며, 단순히 부록으로 표시하지 말고 그 내용을 알리는 제목을 붙인다. 학위논문이나 학술지논문, 단행본 서적에서는 본문에서 인용된 참고문헌을 반드시 제시하는 것이 원칙이며, 그 형식은 각 기관이나 학술지에서 정한 규칙에 따라야 한다. 색인(찾아보기)은 학위논문이나 학술지논문에는 대체로 필요하지 않으나, 단행본 서적의 경우에는 사항색인과 인명색인으로 구분하여 포함해야 한다. 초록은 본문이 국문으로 작성되었을 때에는 영어를 비롯한 해당 외국어로 작성하며, 외국어로 작성되었을 때는 국문 초록을 첨부한다.

참고문헌

국내문헌

1. 저서 및 역서

강신택(1995), 『사회과학연구의 논리』, 서울: 박영사.

______(2002), 『행정학의 논리』, 서울: 박영사.

고성호 외(공역)(2002), 『사회조사방법론』, 서울: 도서출판 그린.

국립국어연구원(1999), 『표준국어대사전』, 서울: 두산동아.

김경동 · 이온죽(1989), 『사회조사연구방법』, 서울: 박영사.

김광웅(1996), 『방법론강의: 기초 · 원리 · 응용』, 서울: 박영사.

김대수(1991), 『개념형성론: 개념 · 원리 · 법칙 · 이론』, 대구: 우신출판사.

김　렬(1999), 『사회과학조사방법론: 정책연구의 원리』, 서울: 박영사.

______ · 성도경 · 이환범 · 송건섭 · 조태경 · 이수창(2005), 『통계분석의 이해 및 활용』, 대구: 도서출판 대명.

김범종(2001), 『연구조사방법론 워크북』, 서울: 도서출판 석정.

김승현 · 이경숙 · 심미선 · 황치성(옮김)(2003), 『사회과학방법론』, 서울: 일신사.

김영종(1999), 『사회복지조사방법론』, 서울: 학지사.

김해동(1982), 『조사방법론: 이론과 기법』, 서울: 법문사.

김호정(2001), 『행정통계학』, 서울: 삼영사.

남궁근(2003), 『행정조사방법론』, 서울: 법문사.

박도순(2002), 『교육연구방법론』, 서울: 문음사.

박명섭 · 박광태(2004), 『통계학개론』, 서울: 홍문사.

박용치(1997), 『현대조사방법론』, 서울: 경세원.

신경식 · 서아명(옮김)(2005), 『사례연구방법』, 서울: 한경사.

안영섭(1996), 『사회과학방법론총설』, 서울: 법문사.

윤성채 · 최종후(1999), 『연구조사방법의 이해』, 서울: 세창출판사.

이군희(2002), 『사회과학연구방법론』, 서울: 법문사.

이상문(1997), 『신경영과학』, 서울: 형설출판사.

이영준(1993), 『다변량분석』, 서울: 도서출판 석정.

이준형(2004), 『조사방법론』, 서울: 대영문화사.

이해영(2005), 『조사방법의 이해』, 서울: 대영문화사.

임인재(1991), 『통계방법』, 서울: 박영사.

채서일(2006), 『사회과학조사방법론』, 서울: 비엔엠북스.

최태성 · 김성호(2004), 『통계자료분석』, 서울: 다산출판사.

최평길 외(2000), 『(사례중심) 다변량분석론』, 서울: 나남출판.

한승준(2000), 『사회조사방법론』, 서울: 대영문화사.

홍종선 · 박옥희 · 최창현(2000), 『조사방법과 통계자료분석』, 서울: 박영사.

황현식 · 김공순 · 김진 · 이승희 · 박정수(2001), 『SAS와 통계분석』, 서울: 경문사.

2. 논　　문

김　렬(1995), 자치시대의 환경정책: 참여와 협상을 통한 규칙제정, 『한국행정학보』, 29(4).

______(1998), 민선자치제 실시 후 지방행정의 변화: 공무원의 설문조사를 통한 의식 · 행태 및 내부 관리 분석, 『한국행정논집』, 10(2).

______ · 고재경(1996), 환경정책결정과정에서의 정치적 합리성: 주민참여 행태와 정부대응방식을 중심으로, 『한국행정학보』, 30(4).

______ · 구정태 · 유근환(2004), 참여정부의 지방분권정책네트워크 분석: 지방분권특별법의 제정과정을 중심으로, 『대한정치학회보』, 12(1).

______ · 권영주(2005), 책임운영기관 선정기준의 적합성에 관한 연구, 『한국행정논집』, 17(2).

______ · 유근환(2003), 정보기술과 공공대응성의 관계: 네티즌과 공무원의 설문결과를 기초로, 『한국정책과학학회보』, 7(3).

나중식 · 정진주(2003), 기초의회 예산심의의 질의 - 답변성향분석, 『한국행정학보』, 37(2).

나태준(2005), 내용분석 방법론을 활용한 정책분석의 시도: 청계천 복원사업 사례를 중심으로, 『한국정책학회보』, 14(3).

박성복(1997), 지역발전도 및 지역불평등도의 측정, 『한국행정학보』, 31(3).

설진화(2004), 퇴원한 정신분열병 환자와 가족에 대한 지역사회복지관에서의 단기가족교육프로그램의 효과, 『한국사회복지학』, 56(2).

오창택(1998), 서비스 질 구성차원의 관리 우선순위: 민원 행정서비스를 중심으로, 『한국행정학보』, 32(2).

육동일 · 박대식(1994), 지방정부에 대한 주민들의 태도와 참여에 관한 연구: 대전광역시를 중심으로, 『한국행정학보』, 28(4).

정광호 · 김원수(2005), 토지거래허가제의 정책효과에 관한 연구, 『한국행정학보』, 39(1).

제갈돈(1997), 임하댐이 안개증가에 미친 추가적인 영향에 관한 연구, 『정책분석평가학회보』, 7(1).

하귀염 · 임희진 · 김초강(2005), 복지시설 이용 노인을 위한 보건교육 효과분석, 『보건교육 · 건강증진학회지』, 22(1).

황경수 · 고태호(2005), 선거공보물을 이용한 환경과 지역개발 의제의 경향 분석, 『한국사회와 행정연구』, 15(4).

외국문헌

1. Books

Alreck, Pamela L. and Robert B. Settle(1995). *The Survey Research Handbook*. Chicago: Richard D. Irwin, Inc.

Babbie, Earl R.(2001). *The Practice of Social Research*. 9th ed. Belmont, California: Wadsworth Publishing Co.

Bailey, Kenneth D.(1987). *Methods of Social Research*. New York: The Free Press.

Berelson, Bernard(1952). *Content Analysis in Communication Research*. New York: The Free Press.

Black, James A. and Dean J. Champion(1976). *Methods and Issues in Social Research*. New York: John Wiley & Sons.

Borgadus, Emory S.(1959). *Social Distance*. Yellow Spring, Ohio: Antioch Press.

Braithwaite, Richard B.(1960). *Scientific Explanation*. New York: First Harper Torchbook.

Campbell, Donald T. and Julian C. Stanley(1963). *Experimental and Quasi-Experimental Designs for Research*. Chicago: Rand McNally College Publishing Company.

Cook, Thomas D. and Donald T. Campbell(1979). *Quasi-Experimentation: Design and Analysis Issues for Field Settings*. Boston: Houghton Mifflin Company.

Daymon, Christine and Immy Holloway(2002). *Qualitative Research Methods in Public Relations and Marketing Communications*. London: Routledge.

Dooley, David(2001). *Social Research Methods*. Upper Saddle River, NJ: Prentice-Hall, Inc.

Dubin, Robert(1978). *Theory Building*. New York: The Free Press.

Duncan, MacRae Jr. and James A. Wilde(1979). *Policy Analysis For Public Decision*. Belmont, CA: Wadsworth, Inc.

Dunn, William N.(1994). *Public Policy Analysis: An Introduction*. 2nd ed. Englewood Cliffs, NJ: Prentice-Hall, Inc.

Folz, David H.(1996). *Survey Research for Public Administration*. Thousand Oaks, CA: Sage Publications, Inc.

Golembiewski, Robert T., et al.(1969). *A Methodological Primer for Political Scientists*. Chicago: Rand McNally.

Hamburg, Morris(1983). *Statistical Analysis for Decision Making*. 3rd ed. New York: Harcourt Brace Jovanovich Publishers.

Hempel, Carl G.(1966). *Philosophy of Natural Science*. Englewood Cliffs, NJ: Prentice-Hall.

John, Lofland(1971). *Analyzing Social Settings: A Guide to Qualitative Observation and Analysis*. Belmont, CA: Wadsworth.

Kaplan, Abraham(1964). *The Conduct of Inquiry: Methodology for Behavioral Science*. San Francisco: Chandler Publishing Co.

Kerlinger, Fred N.(1986). *Foundations of Behavioral Research*. 3rd ed. New York: Holt, Rinehart and Winston.

Krippendorf, Klaus(2004). *Content Analysis: An Introduction to Its Methodology*. Thousand Oaks, CA: Sage Publications, Inc.

Kuhn, Thomas S.(1996). *The Structure of Scientific Revolutions*. 3rd ed. Chicago: The University of Chicago Press.

Langbein, Laura I.(1980). *Discovering Whether Programs Work*. Glenview, IL: Scott, Foresman and Company.

Lasswell, Harold D. et al.(1965). *Language of Politics: Studies in Quantitative Semantics*. Cambridge: MIT Press.

Lewis-Beck, Michael S., Alan Bryman, and Tim Futing Liao(2004). *The Sage Encyclopedia of Social Science Research Methods*. Vol. 1~Vol. 3. Thousand Oaks, CA: Sage Publications, Inc.

Majchrzak, Ann(1984). *Methods for Policy Research*. Newbury Park, CA: Sage Publications, Inc.

Manheim, Jarol B., Richard C. Rich, and Lars Willnat(2002). *Empirical Political Analysis: Research Methods in Political Science*. New York: Addison Wesley Longman, Inc.

Mayer, Robert R. and Ernest Greenwood(1980). *The Design of Social Policy Research*. Englewood Cliffs, NJ: Prentice-Hall.

Merton, Robert K.(1969). *Social Theory and Social Structure*. New York: The Free Press.

Mitroff, Ian I. and Ralph H. Kilmann(1979). *Methodological Approaches to Social Science*. San Francisco: Jossey-Bass.

Nachmias, David and Chava Nachmias(1987). *Research Methods in the Social Sciences*. New York: St. Martin's Press.

Nagel, Ernest(1961). *The Structure of Science*. New York: Harcourt, Brace and World.

Neuman, William Lawrence(2003). *Social Research Methods: Qualitative and Quantitative Approaches*. Boston: Pearson Education, Inc.

O'Sullivan, Elizabethan and Gary R. Rassel(1989). *Research Methods for Public Administrators*. New York: Longman.

Patton, Carl V. and David S. Sawicki(1993). *Basic Methods of Policy Analysis and Planning*. 2nd ed. Englewood Cliffs, NJ: Prentice-Hall.

Putt, Allen D. and J. Fred Springer(1989). *Policy Research: Concepts, Methods and Application*. Englewood Cliffs, NJ: Prentice-Hall, Inc.

Quade, Edward S.(1991). *Analysis For Public Decisions*. New York: American Elsevier Publishing Co.

Ragin, Charles C.(1987). *The Comparative Method: Moving Beyond Qualitative and Quantitative Strategies*. Berkeley, CA: University of California Press.

Rosenberg, Morris(1968). *The Logic of Survey Research*. New York: Basic Books, Inc.

Rosenthal, Robert and Ralph L. Rosnow(1991). *Essentials of Behavioral Research: Methods and Data Analysis*. New York: McGraw-Hill Publishing Company.

Rossi, Peter H. and Howard E. Freeman(1985). *Evaluation: A Systematic Approach*. Beverly Hills, CA: Sage Publications, Inc.

Rubin, Allen and Earl Babbie(1989). *Research Methods for Social Work*. Belmont, CA: Wadsworth Publishing Company.

Rudner, Richard S.(1966). *Philosophy of Social Science*. Englewood Cliffs, NJ: Prentice-Hall, Inc.

Schon, Donald A.(1971). *Beyond the Stable State*. New York: W. W. Norton.

Schutt, Russell K.(1999). *Investigating the Social World: The Process and Practice of Research*. Thousand Oaks, CA: Pine Forge Press.

Simon, Julian L.(1969). *Basic Research Methods in Social Science*. New York: Random House.

Singleton, Royce Jr., Bruce C. Straits, Margaret M. Strait, and Ronald J. McAllister(1988). *Approaches to Social Research*. New York: Oxford University Press.

Smith, Barbara L., K. F. Johnson, D. W. Paulsen, and F. Shocket(1976). *Political Research Methods: Foundations and Techniques*. Boston: Houghton Mifflin Company.

Stokey, Edith and Richard Zeckhauser(1978). *A Primer For Policy Analysis*. New York: W. W. Norton and Company, Inc.

Wallace, Walter L.(1971). *The Logic of Science in Sociology*. Chicago: Aldine-Atherton, Inc.

Yin, Robert K.(1984). *Case Study Research: Design and Methods*. Thousand Oaks, CA: Sage Publications, Inc.

2. Articles

Berelson, Bernard(1968). Content Analysis. In G. Lindzey and E. Aronson(eds.), *The Handbook of Social Psychology,* Vol. 2. Reading, MA: Addison-Wesley.

Campbell, Donald T.(1975). Degree of Freedom and the Case Study. *Comparative Political Studies,* 8(July): 178~193.

________(1969). Reforms as Experiments. *American Psychologist,* 24(April): 409~429.

Charnes, A., W. W. Cooper, and E. Rhodes(1978). Measuring the Efficiency of Decision Making Units. *European Journal of Operation Research,* 2(6): 429~444.

Cronbach, Lee J.(1951). Coefficient Alpha and the Internal Structure of Tests. *Psychometrika,* 16: 297~334.

Guttman, L.(1949). A Basis for Scaling Quantitative Data. *American Sociological Review,* 9: 139~150.

Ragin, Charles C.(1992). Introduction: Cases of What is a Case?. In Charles C. Ragin and Howard S. Becker(eds.), *What is a Case?: Exploring the Foundations of Social Inquiry,* 1~18. New York: Cambridge University Press.

________(1994). Introduction to Qualitative Comparative Analysis. In Thomas Janoski and Alexander M. Hicks(eds.), *The Comparative Political Economy of the Welfare State,* 299~319. Cambridge: Cambridge University Press.

Solomon, Richard L.(1949). An Extension of Control Group Design. *Psychological Bulletin,* 46(January): 137~150.

Saaty, Thomas L.(1977). A Scaling Method for Priorities in Hierarchical Structures. *Journal of Mathematical Psychology,* 15(3): 234~281.

Stake, Robert. E.(1994). Case Studies. In N. K. Denzin and Y. S. Lincoln(eds.), *Handbook of Qualitative Research,* 236~247. Thousand Oaks, CA: Sage Publications, Inc.

찾아보기

ㄴ

ㅇ

ㅈ

ㅊ

ㅎ

저자약력

영남대학교 법정대학 졸업(행정학 학사)
서울대학교 행정대학원 졸업(행정학 석사)
미국 University of Akron 대학원 졸업(행정학 석사)
미국 Ohio State University 대학원 졸업(행정학 박사)
제23회 행정고등고시 합격, 총무처 · 내무부 · 경상북도 근무
영남대학교 국제협력실장 · 기획처장 · 행정대학원장 · 정치행정대학장
행정 · 입법고등고시 및 각종 국가 · 지방공무원임용시험 출제 · 선정위원
대통령자문 정책기획위원, 행정자치부 정책자문 · 평가위원, 경상북도 인사위원
한국정부학회 회장, 한국행정학회 이사, 한국지방자치학회 이사 등
현, 영남대학교 교수

주요 저서 및 논문

『지방재정론』(공저, 대영문화사, 1993)
『사회과학조사방법론: 정책연구의 원리』(박영사, 1999)
『행정학의 이해』(공저, 영남대 출판사, 2005)
『통계분석의 이해와 활용』(공저, 도서출판 대명, 2005)
자치시대의 환경정책: 참여와 협상에 의한 규칙제정(한국행정학보, 1995)
Flight from Blight and Metropolitan Suburbanization Revisited(Urban Affairs Review, 1996)
환경정책 결정과정에서의 정치적 합리성(한국행정학보, 1997)
지방채무 규제정책: 미국 주의 규제제도와 채무수준의 변화(한국행정학보, 2000)
지방자치단체 채무수준의 변화에 대한 결정요인 분석(한국지방자치학회보, 2002)
지방재정조정제도의 지출효과분석(한국행정학보, 2003)
경찰공무원 승진제도의 개선방안(한국사회와 행정연구, 2004)
지방자치단체 중기재정계획과 예산의 연계성 분석(지방정부연구, 2005)
책임운영기관 선정기준의 적합성에 관한 연구(한국행정논집, 2005)
랜드마크(Landmark) 건립사업의 경제적 타당성 분석(정책분석평가학회보, 2006) 외 다수

E-mail: ykim@ynu.ac.kr

사회과학도를 위한
연구조사방법론

2007년 2월 25일 초판발행
2019년 2월 10일 중판발행

저 자 김 렬
발행인 안 종 만
발행처 (주) 박영사
서울특별시 종로구 새문안로3길 36, 1601
전화 (733)6771 FAX (736)4818
등록 1959. 3. 11. 제300-1959-1호(倫)

저자와 협의하에 인지첩부를 생략함

www.pybook.co.kr e-mail: pys@pybook.co.kr

정 가 27,000원 ISBN 978-89-7189-196-4